THOMAS GERLACH

Evangelischer Glaube

Basisinformationen und neue Zugänge

V&R

VANDENHOECK & RUPRECHT
IN GÖTTINGEN

BENSHEIMER HEFTE
Herausgegeben vom Evangelischen Bund
Heft 98

Die Deutsche Bibliothek – CIP-Einheitsaufnahme

Gerlach, Thomas:
Evangelischer Glaube : Basisinformationen und neue Zugänge : Thomas Gerlach. – Göttingen: Vandenhoeck und Ruprecht, 2002
(Bensheimer Hefte; H. 98)
ISBN 3-525-87189-9

Göttingen · Vandenhoeck & Ruprecht · 2002
Umschlaggestaltung: Hans-Martin Barth,
Landkarte, Tempera, 50 x 60 cm, 1991
Herstellung: Ph. Reinheimer GmbH, Darmstadt
ISSN-Nr. 0522-9014
ISBN 3-525-87189-9

INHALT

VORWORT

Dieses Buch richtet sich an alle, die den christlichen Glauben zu verstehen suchen. Seien es „Skeptiker", die begonnen haben, an der Berechtigung ihrer Zweifel zu zweifeln. Oder seien es „Gläubige", die nach Klärung und Vertiefung ihrer Überzeugung streben. Beiden Gruppen hoffe ich durch die hier zusammengefassten 54 Artikel hilfreiche Denkanstöße zu geben.

Die Texte sind aus meiner Tätigkeit als Gemeindepfarrer hervorgegangen und haben teils im Gottesdienst Verwendung gefunden, teils im Gemeindebrief und in Gesprächskreisen. Welchen Gebrauch nun Leserinnen und Leser davon machen, bleibt ihnen selbst überlassen:

Man kann einzelne Themen aufsuchen wie in einem „Wörterbuch". Man kann das Ganze durcharbeiten wie einen „Grundkurs des Glaubens". Man kann es der stillen Besinnung zugrunde legen wie ein „Andachtsbuch". Man kann aber auch Gesprächsimpulse für Gruppen daraus entnehmen.

Um alle diese Möglichkeiten offen zu halten, habe ich darauf verzichtet, die einzelnen Abschnitte aufeinander aufzubauen. Sie wurden zwar in Anlehnung an das Glaubensbekenntnis gegliedert. Die dadurch vorgegebene Reihenfolge ist aber nicht zwingend, weil jeder Artikel für sich gelesen und verstanden werden kann.

Natürlich entsteht auf diese Weise mehr ein „Mosaik" als ein „System" des Glaubens. Eben mehr ein „Lesebuch" als ein „Lehrbuch". Ich bin aber zuversichtlich, dass dem aufmerksamen Leser der innere Zusammenhang des Ganzen trotzdem nicht entgehen wird.

Sollte das Buch (über die „Theologische Information" hinaus) für den einen oder anderen eine „Anstiftung zum Glauben" werden, so würde mich das sehr freuen. Wenn die Lektüre aber jemandem dazu verhilft, genauer zu wissen, was er nicht glaubt und warum er es nicht glaubt, so halte ich auch das für einen Gewinn.

Lichtenfels, den 2. Februar 2002
Thomas Gerlach

Gedruckt mit Unterstützung
der Diaspora-Stiftung
„Protestantische Ökumene und Identität“
in Taunusstein
und des Evangelischen Bundes
in Hessen und Nassau.

ICH GLAUBE ...

1. Sinn

Das Leben gleicht einem seltsamen Kartenspiel: Wir werden geboren und sind plötzlich mittendrin. Wir müssen das Spiel des Lebens mitspielen, obwohl wir die Spielregeln nicht gemacht haben. Und wir dürfen noch nicht einmal selbst die Karten mischen. Nein, jeder bekommt ungefragt sein Blatt zugeschoben: Talente und Begabungen, aber auch persönliche Schwächen und Unzulänglichkeiten – ein buntes Gemisch aus Trümpfen und Nieten. Jeder hat ein anderes Blatt, und so sind die Ausgangspositionen der Menschen ganz unterschiedlich. Weil uns aber gar nichts anderes übrig bleibt, versuchen wir im Spiel des Lebens die richtige Karte im richtigen Moment auszuspielen.

Dabei planmäßig vorzugehen ist schwer: Die Regeln des Spieles sind kompliziert, sein Verlauf ist kaum vorherzusagen. Wir müssen mit Mitspielern zurechtkommen, die sich ohne zu fragen plötzlich an den Tisch setzen – Menschen treten unverhofft in unser Leben. Und wir müssen ebenso damit leben, dass Mitspieler, an die wir uns gewöhnt haben, plötzlich aussteigen – Ehepartner, Eltern und Freunde wenden sich ab oder sterben. So wandelt sich das Bild ständig: Mal meinen wir, das Spiel des Lebens zu gewinnen, mal meinen wir zu verlieren.

Irgendwann aber legt uns jemand die Hand auf die Schulter und sagt: „Für dich ist das Spiel jetzt aus.“ Dann haben wir meist noch wenig verstanden und noch weniger vollendet, müssen aber doch erkennen, dass das Spiel des Lebens Ernst war: Während uns die Karten aus der Hand genommen werden, fragen wir uns, ob wir vielleicht allzu viel falsch gemacht haben und deshalb das Leben verlieren. Dann aber müssen wir gehen – und wissen nicht einmal genau wohin ...

Ist es da nicht natürlich, dass der Mensch sich selbst zum Rätsel wird? Mitten in der Routine des Alltages halten wir inne, wundern uns über unser Dasein – und fragen nach dem Sinn des Ganzen. Wozu bin ich, wo ich bin? Wozu tue ich, was ich tue? Was soll das ganze bunte Treiben um mich her? Worauf soll das alles hinauslaufen? Hat mein Leben bloß ein Ende oder hat es auch ein Ziel?

Gewiss – an manchen Tagen ist das Leben so schön, dass es sich gewissermaßen von selbst versteht. Dann bedarf seine Fortsetzung keiner weiteren Rechtfertigung, weil fröhliches Lachen alle Fragen übertönt. Aber es gibt auch die finsteren Tage voller Blut, Schweiß und Tränen. Und da fragen wir dann mit Nachdruck nach dem tieferen Sinn dessen, was wir durchstehen und erleiden. Wir wollen verstehen, woher, wohin und wozu das Rad der Weltgeschichte sich dreht. Denn wenn wir es verstünden, könnten wir die Opfer leichter tragen, die diese Drehung fordert, und könnten unsere Rolle im großen Welttheater leichter finden. Doch eben da liegt die Schwierigkeit:

Wir wissen einfach zu wenig über den großen Zusammenhang, in dem wir stehen. Wir überblicken nicht das große Getriebe, in dem wir ein kleines Rädchen sind. Und ohne einen solchen Überblick über das Ganze lässt sich die Frage nach dem Sinn der Teile nicht beantworten. Denn schließlich ist nichts „an und für sich" sinnvoll oder sinnlos. Alles ist, was es ist, nur in dem ganz bestimmten Kontext, in dem es steht:

– Ein Auto ist nicht „an und für sich" gut oder schlecht, sondern gut oder schlecht im Blick auf einen bestimmten Zweck. Was gut ist für asphaltierte Rennstrecken, kann schlecht sein auf Wüstenpisten.

– 100 Dollar sind nicht „an und für sich" viel Geld oder wenig, sondern viel oder wenig im Kontext einer bestimmten wirtschaftlichen Lage. Für einen verwöhnten Europäer, der durch eine noble Einkaufsstraße schlendert, ist es nicht viel. Für ein hungriges Kind in Kalkutta ist es ein Vermögen.

– Eine Pistolenkugel ist nicht „an und für sich" gefährlich oder ungefährlich, sondern das ist abhängig von ihrem Ort. Steckt sie im Wald in einem Baum, ist sie ohne Bedeutung. Steckt sie aber im Revolver des Straßenräubers, der mir den Weg verstellt, oder steckt sie mir gar im Leib, so bedeutet sie mir auf einmal sehr viel.

Viele Beispiele ließen sich hinzufügen, die dasselbe verdeutlichten: Über Sinn und Bedeutung einer Sache lässt sich nur urteilen, wenn man den Zusammenhang kennt, in dem sie steht. Weil das aber nicht nur von irgendwelchen „Sachen" gilt, sondern ebenso von meinem eigenen Leben, darum ist die Frage nach dem Sinn meines Lebens so schwer zu beantworten.

Jeder von uns ist nur ein Teil eines riesigen Puzzles, ein Rädchen in einer gewaltigen Maschinerie, eine kleine Fußnote im Roman der Weltgeschichte. Weil unsere Kenntnis vom großen Zusammenhang aber sehr begrenzt ist, darum bedarf die Welt der Interpretation. Wir müssen sie deuten, wie man ein rätselhaftes Gedicht oder eine verschwommene Fotografie zu deuten versucht. Wir müssen unsere Welt deuten, wie man ein Buch deutet, in dem viele Seiten fehlen, oder wie einen Film, bei dem der Ton ausgefallen ist. Und wie macht man das?

Indem man von dem, was klar scheint, zurückschließt auf das, was dunkel ist. Und indem man eine Hypothese bildet bezüglich des Leitmotivs, von dem her das Ganze gedeutet und verstanden werden will. So eine „Grundidee" zu unterstellen, ist natürlich ein Wagnis. Die Lage ist unübersichtlich. Aber da wir trotzdem in ihr handeln und leben müssen, können wir nicht warten, bis wir das Ganze durchschauen. Täglich werden uns Entscheidungen abverlangt. Deshalb kommt keiner von uns darum herum, die Welt, die er nicht wirklich „begreift", wenigstens so oder so zu „deuten". Jeder macht sich seinen Reim darauf – und wenn es auch ein ganz simpler ist. Dabei gilt aber immer, dass der Mensch, indem er dem Ganzen eine Bedeutung unterstellt, auch seinem eigenen Leben, als Teil des Ganzen, eine bestimmte Bedeutung unterstellt:

– Deutet er die Welt als eine Art Kriegsschauplatz, so findet er seinen eigenen Lebenssinn vermutlich darin, stark und im Lebenskampf überlegen zu sein.

– Deutet er die Welt als großen Vergnügungspark, so wird er seinen Lebenssinn darin finden, keine „Attraktion" zu verpassen.

– Und deutet er die Welt als große Täuschung und als Gefängnis seines „wahren Ichs", so wird sein Lebenssinn wahrscheinlich darin liegen, sich von dieser Welt abzukehren und eine mystische Reise ins Innere anzutreten.

Freilich: Die Zahl solcher „Weltanschauungen" ist unendlich. Und ihre Qualität ist sehr unterschiedlich. Einige wurden uns anerzogen oder zumindest von den Eltern nahe gelegt. Einige kollidieren mit harten Fakten. Einige sind in sich widersprüchlich. Einige vertragen sich nicht mit meinem Charakter. Einige machen den, der sie vertritt, geradezu lebensuntüchtig. Und andere geben Kraft und Orientierung.

Kein Wunder also, dass uns die Wahl schwer fällt. Kein Wunder aber auch, dass die, die eine tragfähige und überzeugende „Weltanschauung“ gefunden haben, sie anderen Suchenden weiterempfehlen. Auch die Kirche tut das – auf Geheiß Jesu Christi und im Interesse der Menschen. In der Auseinandersetzung mit der Bibel sind Christen zu der Überzeugung gelangt, dass keiner zu sich selbst, zur Wahrheit und zum Sinn seines Daseins finden kann, wenn er nicht zu Gott findet. Ihn aber zu finden, heißt zu begreifen, dass diese Welt von Gott her und auf Gott hin geschaffen ist. M. a. W.: Für Christen ist Gottes Plan der „große Zusammenhang“, in dem sie stehen. Und auch in diesem Fall ergibt sich der Sinn des kleinsten Teiles aus dem Sinn des großen Ganzen:

Denn wer glaubt, findet den Sinn seines Daseins darin, an dem Ort, wo ihn Gott hingestellt hat, seine Aufgabe in Gottes Plan zu suchen und sie mit Hilfe der ihm von Gott geschenkten Gaben und Talente möglichst gut zu erfüllen.

Dass das immer leicht wäre, kann man nicht behaupten. Aber wo wir es versuchen, ist unser Leben zumindest kein absurdes „Kartenspiel“ mehr. Die Rahmenbedingungen sind zwar noch dieselben. Wir sind den Wechselfällen des Lebens immer noch ausgeliefert. Aber wir sehen die Welt mit anderen Augen, weil wir wissen, was der große Regisseur letztlich im Schilde führt. Wir erahnen etwas von der Weisheit des Projektes, in das er uns einbindet. Wir spüren, dass die Karten in unserer Hand uns nicht grundlos zugeschoben wurden. Und je länger wir uns auf das Wagnis des Glaubens einlassen, umso mehr erfahren wir, dass es den Sinn und das Glück des Lebens ausmacht, in etwas Größerem aufgehoben zu sein, als man selbst ist – nämlich in Gott.

➟ *Der Sinn einer Sache ist immer abhängig von dem Zusammenhang, in dem sie steht. Da wir aber den großen Zusammenhang, dessen Teil unser Leben ist, nicht überblicken und nur bruchstückhaft erkennen, müssen wir ihn (so oder so) deuten. Christlicher Glaube ist die Deutung des Daseins von Gott her. D. h. der Christ sieht Gottes Plan als den „großen Zusammenhang“ seines Lebens an und findet dementsprechend den Sinn seines Lebens darin, die eigene Rolle in Gottes Plan zu erkennen und auszufüllen.*

2. *Glaube*

Auf der Suche nach sinnerfülltem Leben streben viele nach dem Glauben, weil sie vom Glauben befriedigende, sinnstiftende Antworten erwarten. Aber glauben wollen heißt noch nicht glauben können. Und oft ist auch gar nicht klar, was Glaube überhaupt ist. Glauben – wie macht man das? Was tut einer, wenn er glaubt?

Darüber Auskunft zu geben, ist schon deshalb schwer, weil uns die Umgangssprache aufs Glatteis führt. In der Alltagssprache verwenden wir das Wort „glauben“ nämlich dann, wenn wir etwas vermuten, uns der Sache aber nicht sicher sind. Wir sagen z. B.: „Ich glaube, es wird bald regnen“ oder „Ich glaube, unser Nachbar hat ein neues Auto“.

Übertragen wir diesen Sprachgebrauch aber auf den christlichen Glauben, so entsteht sofort ein schiefes Bild. Denn der christliche Glaube hat genau das, was „Vermutungen“ nicht haben: Er hat Gewissheit. Und die muss er auch haben, denn sonst könnte man sich nicht im Leben und im Sterben auf den Glauben stützen. Sollte man also das Moment der Gewissheit hervorheben, indem man sagt, der christliche Glaube sei eine Art „Wissen“?

Glaube ist (k)ein Wissen

Das Wesen des Glaubens als „Wissen“ zu bestimmen, liegt insofern nahe, als der Glaube ja beansprucht, Erkenntnis zu vermitteln. Schließlich muss man etwas von Gott <u>wissen</u>, um an ihn glauben zu können. Der Glaube kommt ohne das Denken nicht aus, denn das Evangelium kann nur dort Glauben wecken, wo man seine Botschaft <u>versteht</u> – und wer könnte die verstehen ohne Verstand? Ohne Denken geht es also nicht. Und doch ist unsere Frage nach dem Wesen des Glaubens damit noch nicht beantwortet. Denn wer den Glauben aus dem Denken herleiten wollte, käme in Schwierigkeiten:

Wäre Glaube nichts weiter als eine spezielle Art von Wissen, so wäre ja zu erwarten, dass die klügsten und gebildetsten Menschen automatisch auch immer die frömmsten wären. Das ist aber nicht so. Und ein zweites Problem kommt noch dazu: Wäre der Glaube nur eine Sache des Verstandes, so müsste er lehr- und lernbar sein wie das Einmaleins. Auch das widerspricht der Erfahrung. Wir machen Erfahrungen mit Gott, nicht wenn es unsere Wissbegier fordert, sondern wenn es ihm gefällt. Müssen wir also folgern, dass der Grund des Glaubens in solchen besonderen Erfahrungen liegt?

Glaube ist (k)eine Erfahrungssache

In diesem zweiten Anlauf scheinen wir einer Wesensbestimmung des Glaubens schon sehr nahe zu kommen. Denn wenn in der Bibel von „Glaube" die Rede ist, dann hat das immer mit konkreten Erfahrungen zu tun. Abraham, Isaak, Jakob, Mose, David, Jesaja und die anderen Großen der Bibel bekennen sich schließlich nicht zu irgendeinem abstrakten „höchsten Wesen", sondern zu dem Gott, der sich in der Geschichte Israels als mächtig erwiesen hat. Man theoretisiert in der Bibel nicht über Gott, sondern erzählt von seinen ganz konkreten großen Taten:

Wie er Jakobs Söhne zu einem großen Volk werden ließ, wie er sie aus der Knechtschaft in Ägypten herausführte, wie er am Sinai seinen Bund mit ihnen schloss und ihnen das gelobte Land zu Eigen gab. Der Glaube Israels wuchs, so wie das Vertrauen zu einem guten Freund wächst, wenn man immer wieder gute Erfahrungen mit ihm macht.

Und viele Christen bestätigen, dass auch ihr eigener Glaube auf diese Weise entstanden ist. Sie erzählen dann von ihrer persönlichen Geschichte mit Gott: Wie Gottes Wort sie gepackt hat und ihrem Leben eine Richtung gab, wie Gott ihnen Schweres auferlegte und ihnen hindurch half, wie er Gebete erhörte und wie er seine Nähe spüren ließ. Für den, der solches zu berichten weiß, sind seine Erfahrungen mit Gott höchst eindeutig und beweiskräftig. Doch Außenstehende sind oft skeptisch und wenden ein, dass man Erlebnisse verschieden deuten kann. Dann heißt es schnell: „Du verstehst deine Erfahrungen nur als Erfahrungen Gottes, weil du sie so verstehen willst." Als Glaubender fühlt man sich da vielleicht unverstanden.

Man muss aber wohl zugeben, dass Glaube auch etwas damit zu tun hat, glauben zu wollen. Denn wer Gottes Wirken nicht sehen will, der sieht es in der Regel auch nicht. Wer will, kann sich die Welt erklären, ohne dabei die Hypothese „Gott" einzubeziehen. Und das wirft unsere Wesensbestimmung des Glaubens wieder über den Haufen. Wenn es nämlich aufs Glaubenwollen ankommt, dann scheint der Glaube doch weniger auf Erkenntnissen und Erfahrungen als auf einem Willensakt zu beruhen.

Glaube ist (k)eine Frage des Wollens

Wer den Glauben als Willensakt deuten will, kann dafür biblische Belege beibringen. Denn wir werden in der Heiligen Schrift vielfach aufgefordert, uns für den Glauben zu entscheiden. Auch Jesus appelliert an unseren Willen und sagt: „Tut Buße und glaubt an das Evangelium!", „Glaubt an das Licht, solange ihr's habt!", „Glaubt an Gott und glaubt an mich!"

Die Erfahrung freilich zeigt, dass es nicht immer leicht ist, dieser Einladung nachzukommen. Das wissen die am besten, die glauben wollen, es aber einfach nicht können. Ihnen nützt kein Bekehrungseifer und kein moralischer Druck nach dem Motto: „Du kannst es! Du musst es nur wirklich wollen!" Nein, in der bitteren Erfahrung, nicht glauben zu können, bestätigt sich nur, was die Bibel lehrt: dass Glaube nichts ist, was man sich so einfach nehmen oder erzwingen könnte. Er ist nämlich nie das Produkt unseres eigenen Entschlusses, sondern immer ein Resultat göttlichen Tuns. Der Glaube ähnelt darin tiefen Gefühlen wie Liebe oder Vertrauen. Denn so wie wir unserem Herzen nicht befehlen können zu lieben oder zu vertrauen, so können wir uns auch nicht selbst befehlen zu glauben.

Und damit ist schon wieder ein Versuch gescheitert, das Wesen des Glaubens zu bestimmen: Der Glaube ist keine Sache des Willens. Was ist er aber dann? Wenn das Wesen des Glaubens nicht darin liegt, dass man etwas will – liegt es dann vielleicht darin dass man etwas anerkennt – also im „Für-wahr-halten" dogmatischer Sätze?

Glaube ist (k)ein „Für-wahr-halten"

Viele Menschen denken so und meinen, das sei das Wesentliche am Glauben, dass ein Mensch die biblischen Berichte für Tatsachenberichte und jeden Satz des Glaubensbekenntnisses für wahr hält. Doch ist auch das ein Missverständnis. Denn der Glaube schließt zwar ein bestimmtes Verständnis von Gott, der Welt und dem Menschen ein. Doch ist der Glaube deswegen nicht Glaube an Sachverhalte und auch kein einsames Beharren auf Überzeugungen.

Denn wenn wir nur die Glaubensartikel aufzählen und „Für-wahr-halten" tun wir nichts, was der Teufel nicht auch täte. Auch er hält es für wahr, dass Gott die Welt schuf, dass Christus starb und auferstand usw. – er muss diese Sätze anerkennen, einfach weil sie wahr sind. Doch solches „Für-wahr-halten" von Fakten und Sachverhalten nützt dem Teufel nichts und macht ihn gewiss nicht zum Christen. Denn ihm fehlt das Entscheidende: Zu der Erkenntnis, dass Gottes große Taten einen Raum der Gnade eröffnet haben, muss die Bereitschaft hinzu kommen, in diesen Raum auch persönlich einzutreten. Es genügt nicht, Gottes Gnade in korrekten Glaubenssätzen zu bezeugen. Wer glauben will, der muss bereit sein, seine ganze Existenz auf diese Gnade zu gründen, der muss mit Haut und Haar und Leib und Seele ein Wagnis eingehen – und das ist noch etwas anderes, als bloß bestimmte Sätze für wahr zu halten.

Glaube ist ein „ganzheitliches" Geschehen

Sind wir also auch mit unserem letzten Versuch, das Wesen des Glaubens zu beschreiben, nun endgültig gescheitert? Es sieht fast so aus. Denn nach allem, was wir zusammengetragen haben, scheint die Verwirrung nun komplett: Der Glaube hat etwas mit Wissen zu tun – er geht aber im Wissen nicht auf. Der Wille des Menschen ist am Glauben beteiligt – doch verfügt der Wille nicht über den Glauben. Erfahrungen und Gefühle spielen eine Rolle – und doch lässt sich der Glaube nicht einfach aus ihnen ableiten. Ist der Glaube demnach eine ganz diffuse und nebulöse Angelegenheit? Nein. Unsere Versuche, den Glauben auf einzelne Aspekte unseres Seelenlebens zurückzuführen, mussten scheitern, weil der Glaube sich in keiner der genannten Schubladen unterbringen lässt:

Der Glaube sitzt nicht nur im Kopf und nicht nur im Herzen und nicht nur im Willen – er ist das, was man einen „ganzheitlichen" Vollzug nennt: Er ist ein Akt der ganzen Person, an dem Vernunft und Wille, Erkenntnis, Erfahrung und Gefühl gleichermaßen beteiligt sind. Dabei ist jede Faser unseres Seins mit in den Glauben einbezogen, und doch bringen diese Fasern weder einzeln noch gemeinsam den Glauben hervor.

Glaube ist eine Reflektion göttlichen Lichtes im Spiegel unserer Seele

Es verhält sich nämlich mit den verschiedenen Facetten unseres Seelenlebens nicht anders als mit den Facetten eines Spiegels: Solange kein Licht da ist, bleibt der Spiegel dunkel, denn ein Spiegel vermag aus sich selbst kein Licht hervorzubringen. Wird aber Licht entzündet, so vermag der Spiegel es vielfach zu reflektieren. Und so ist es auch mit den verschiedenen Facetten unseres Seelenlebens:

Wäre da nicht Gottes Evangelium, so könnten wir mit all unserer Vernunft, unserem Gefühl und unserer Willenskraft keinen Funken des Glaubens hervorbringen. Da Gott aber das Licht des Evangeliums entzündet hat, kann die Seele eines Menschen dieses Licht widerspiegeln. Das ist ein komplexer Vorgang, weil wir vielschichtige Wesen sind: In unserem Willen spiegelt sich das Licht des Evangeliums anders als im Gefühl, und in unserem Verstand bringt dieses Licht andere Reflexe hervor als im Gewissen. Und doch: Weil es eine Lichtquelle ist, die den ganzen Spiegel erleuchtet, ergibt sich aus dem Funkeln vieler Facetten ein gemeinsames schönes Bild.

Das Licht des Evangeliums bringt in unseren Seelen jene Spiegelung hervor, die man Glaube nennt und die aus dem Spiegel – obwohl er in sich selbst kein Licht trägt – ein hell leuchtendes Schmuckstück macht. Und das ist tröstlich für alle, die wissen, wie viel Dunkles und Armseliges die menschliche Seele enthält. Denn seit Gott sein Licht entzündet hat, muss diese Armseligkeit nicht das letzte Wort behalten: Wenn sich in unseren Seelen auch nur ein wenig von diesem Licht widerspiegelt, wenn in uns auch nur ein Funke des Glaubens ist, so verleiht uns dieser Glaube eine unzerstörbare Würde: etwas, was uns in Ewigkeit nicht genommen werden kann.

➟ *Obwohl die verschiedensten Anteile unserer Person am Glauben beteiligt sind (Wille, Gefühl, Erfahrung, Vernunft etc.), lässt sich der Glaube weder auf eine noch auf die Gesamtheit dieser Funktionen zurückführen. Glaube ist vielmehr eine facettenreiche Reflektion göttlichen Lichtes: Wie ein Spiegel Licht nicht erzeu-*

gen, sondern nur reflektieren kann, so kann unsere Seele das Licht des Evangeliums nicht erzeugen, sondern nur reflektieren – und eben diese Reflektion nennen wir „Glaube".

3. Bekehrung

Alle Jahre wieder finden Evangelisationen statt, alle Jahre wieder gibt es eine Aktion „Pro Christ", alle Jahre wieder werden Menschen aufgerufen, sich zu bekehren und ihr Leben Jesus Christus zu übergeben. Früher war das Sache der Zeltmission, die von Ort zu Ort zog. Heute nutzen Erweckungsprediger Großbildleinwände, Satellitenübertragungen, das Fernsehen und das Internet. Bei aller Wandlung der Technik ist die Botschaft aber dieselbe geblieben: „Bekehre dich, entscheide dich heute für Christus, entscheide dich heute für den Glauben!"

Nun – man könnte meinen, solche Appelle müssten im Sinne jedes Christen sein. Und doch kann ich mich für evangelistische und missionarische Veranstaltungen dieser Art nicht begeistern. Denn in ihrem Drängen auf Bekehrung fördern diese Veranstaltungen ein Missverständnis, das die ganze evangelikale Bewegung prägt:

Sie fördern das Missverständnis, zu glauben oder nicht zu glauben, sei einfach eine Sache persönlicher Entscheidung, und jeder könne glauben, wenn er es nur wirklich wolle. Da ruft man den Menschen zu:

„Bekehre dich, entscheide dich heute für Christus, entscheide dich heute für den Glauben!" Und man tut dabei so, als läge es einfach in unserem Belieben, von morgen an gläubig zu sein – so als müsse man nur ein wenig Trägheit überwinden, um auf der Stelle ein neuer Mensch zu werden. Doch so einfach ist es nun einmal nicht. Und viele, die sich nach dem Glauben sehnen, bekommen das schmerzhaft zu spüren: Während der Missionsveranstaltungen sind sie berauscht von den mitreißenden Predigten und vom Enthusiasmus der Mitfeiernden, die so ein erlöstes Lächeln auf den Lippen tragen. Am nächsten Morgen aber kommt der Kater, weil die Frischbekehrten merken, dass sie doch noch die Alten sind: immer noch beladen mit Zweifeln und Ängsten, immer noch kleingläubig – und keineswegs wie neu geboren.

Was sie am Vorabend für eine Wirkung des Heiligen Geistes hielten, erweist sich als geschickt erzeugte Stimmung. Die Stimmung aber verfliegt, Ernüchterung stellt sich ein, man fühlt sich manipuliert – und die Sehnsucht nach echtem Glauben, die Sehnsucht nach Gott wurde wieder einmal enttäuscht. Darum liegt ein Problem in solchen Veranstaltungen. Denn es stimmt eben nicht, dass man sich mal eben für Gott entscheiden könnte. Glaube ist keine frei wählbare Option menschlichen Handelns. Der Glaube gehört nicht zu den Dingen, die wir wählen, machen, schaffen oder tun können. Vielmehr ist der Glaube etwas, was Gott macht und schafft und tut. Und darum ist unser üblicher Sprachgebrauch eigentlich irreführend und falsch: Wir sagen nämlich „ich glaube", so wie wir sagen „ich gehe", „ich rede", „ich klopfe auf Holz". Glaube erscheint dabei als eine Tätigkeit unter anderen menschlichen Tätigkeiten, als etwas, was man tun oder auch lassen kann. Es klingt, als wäre der Glaube unsere Tat und nicht Gottes Tat.

Wer das vermeiden und statt dessen Gottes Wirken im Glauben hervorheben will, könnte auf die Idee kommen, die aktive Formulierung lieber durch eine passive zu ersetzen. Es müsste dann heißen „ich werde glauben(d) gemacht". Und das hätte dann ähnlichen Sinn wie „ich werde geschoben", „ich werde getragen" oder „ich werde gezogen". Damit käme zum Ausdruck, dass Gott Subjekt und Ursache meines Glaubens ist – und das wäre durchaus ein Fortschritt. Nur entstünde dabei zugleich ein anderes Problem: Der Glaube könnte dann so missverstanden werden, als wäre er etwas, das von außen an mir und mit mir getan wird, ohne dass ich dabei innerlich beteiligt wäre. Der Gläubige erschiene dabei als passives, unbeteiligtes oder gar widerwilliges Objekt göttlichen Handelns – was er natürlich nicht ist.

Es bleibt uns darum, wenn wir den Glauben recht verstehen wollen, nichts anderes übrig, als ein Drittes zu finden, das zwischen Aktivität und Passivität, zwischen eigener Tat und bloßem Widerfahrnis liegt. Und so ein Mittelding gibt es durchaus. Man denke nur einmal an Sätze wie:

„Die Kälte lässt mich zittern."
„Die Sonne bringt mich zum Schwitzen."
Oder: „Das Gewitter jagt mir Angst ein."

In all diesen Vorgängen ist der Mensch höchst beteiligt: Er zittert, er schwitzt, er fürchtet sich – und kein anderer. Und doch ist nichts von alledem seine „Tat" oder sein „freier Entschluss". Vielmehr hat das Frieren, Schwitzen und Sich-Fürchten seinen Ursprung in etwas, das außer der betroffenen Person liegt: Die Kälte ist es schließlich, die den Menschen zittern lässt. Die Sonne ist es, die ihn schwitzen macht. Das Gewitter erschreckt ihn. Und solange der Mensch diesen äußeren Einwirkungen ausgesetzt ist, liegt es nicht in seinem freien Ermessen, ihre Wirkungen abzustellen. Er kann nicht nach Belieben mit dem Zittern oder Schwitzen aufhören, wenn Kälte oder Hitze anhalten. Und auch dass Blitz und Donner ihn erschrecken, kann er nicht verhindern. Er kann sich vielleicht verstellen, so dass man ihm seine Angst nicht anmerkt. Aber er kann nicht verhindern, dass er diese Angst hat. Denn es gibt nun einmal äußere Ursachen, die in uns gefühlsmäßige Reaktionen hervorrufen und uns beeindrucken – ob wir wollen oder nicht.

Die traurigen Augen eines halb verhungerten Kindes wecken in uns Mitleid. Die Gestalt einer schönen Tänzerin weckt in uns Wohlgefallen. Und ein Mann, der mit einer Waffe in der Hand auf uns losstürmt, weckt in uns Furcht. Wir können in solchen Fällen so tun, als wären wir nicht beeindruckt – aber das heißt nur, die Sache zu überspielen. Denn dass wir beeindruckt sind, bleibt auch dann wahr, wenn wir es niemanden merken lassen.

Solch ein von außen gesteuerter Vorgang ist nun der Glaube auch: Er ist die innere Wirkung einer äußeren Ursache. Er ist ein Eindruck und ein Reflex, den Gottes Wort in unserer Seele hervorruft. Er ist eine Bewegung, die von außen kommt, die aber unser Innerstes mit in die Bewegung hineinnimmt. Denn Ehrfurcht vor Gott bringt unsere Seele nicht hervor. Diese Ehrfurcht wird uns von Gott eingeflößt, wenn seine mächtige Hand uns streift. Und Vertrauen zu Gott haben wir auch nicht von selbst. Sondern erst Gottes freundliches Entgegenkommen weckt in uns solches Vertrauen. Es ist also die Begegnung mit Gott, die den Glauben als Spur in unserer Seele hinterlässt. Es ist allein sein strenger und zugleich barmherziger Blick, der aus Spöttern Bekenner macht.

Und das erklärt auch, warum alle Erweckungsprediger dieser Welt den Glauben nicht in einen Menschen hineinreden können und warum niemand sich so einfach für den Glauben entscheiden kann: Denn wenn es nicht kalt ist, bringen uns ja auch alle Appelle dieser Welt nicht zum Zittern. Wenn die Sonne nicht scheint, können wir uns nicht dafür entscheiden zu schwitzen. Und wenn Gott sich uns nicht öffnet, so kann kein Prediger der Welt auch nur einen Funken des Glaubens in uns entfachen. Gott muss es wollen. Darum gibt es für die, die Gott suchen, kein „Rezept". Und ich empfehle, sie auch nicht im Stil der Zeltmission anzupredigen, sondern ihnen in aller Behutsamkeit drei Ratschläge zu geben:

1. Warte nicht auf brennende Dornbüsche oder himmlische Erscheinungen, und warte auch nicht auf spektakuläre Gebetserhörungen oder fromme Gefühle, die du nicht hast. Denn einerseits gewährt Gott solch besondere Zeichen nicht jedem. Und andererseits würden dir auch solche Erfahrungen das Wagnis des Glaubens nicht abnehmen.

Hoffe darum nicht, dass Gott etwas Besonderes veranstalten wird, um sich dir zu offenbaren. Und beneide nicht die, die mit besonderen religiösen Erlebnissen prahlen. Denke nicht „Wenn Gott mir ein Zeichen gäbe, wie der es bekam, so könnte ich glauben". Sondern entdecke lieber das Zeichen, das er dir schon gegeben hat. Das ist schon der zweite Ratschlag:

2. Mache dir klar, dass deine Sehnsucht nach Glauben schon der Anfang des Glaubens ist. Es ist nämlich ein Missverständnis, wenn du sagst „Ich würde gerne glauben, aber ich kann es nicht". Warum schließlich würdest du gerne glauben? Doch weil du spürst, dass deinem Leben das Entscheidende noch fehlt. Und weil du weißt, dass Gott es dir geben kann. Solches Spüren und solches Wissen ist aber schon Glaube. Denn was wäre denn Glaube noch anderes, als sich nach Gott auszustrecken, weil man seiner bedarf?

Wer wirklich Gott sucht mit brennendem Herzen, den hat Gott längst gefunden. Denn große Sehnsucht nach Gott ist ein sicheres Zeichen, dass der Heilige Geist sein Werk im Menschen schon begonnen hat. Darum suche nicht nach dem Glauben wie nach einem Gefühl, das du nicht kennst. Sondern mache dir bewusst, dass das Gefühl, das du kennst, Glaube ist. Es ist ein Umgetrieben-Sein von dem Gott, der dir keineswegs fern, sondern schon ganz nahe ist.

3. Wenn Gott dich umtreibt und dir die Sehnsucht nach der Nähe Gottes ins Herz legt, dann tut er es, weil er diese Sehnsucht erfüllen will. Darum sei zuversichtlich und suche immer mehr nach der Begegnung mit Gott. Du kannst sie zwar nicht erzwingen. Aber du kannst dich für das öffnen, was Gott dir schenken will.

Rufe „Herr, ich glaube; hilf meinem Unglauben!“ – so wie der Mann in Markus 9,24. Und dann wende dich dahin, wo Gott uns begegnen will. Stecke deine Nase in die Bibel, suche das Gespräch mit anderen Christen und schau auf Jesus Christus. Denn in ihm kommt uns Gott entgegen, er ist das Bild Gottes, das uns gegeben ist. Wenn du ihn kennen lernst, wird er das Feuer des Glaubens in dir immer weiter anfachen.

Und am Ende wird dir aufgehen, was Erweckungsprediger in ihrem Eifer manchmal vergessen: Wichtiger, als dass wir uns für Gott entscheiden, ist, dass Gott sich für uns entschieden hat. Bevor wir nach seiner Hand greifen können, hat er uns längst schon ergriffen. Und dazu einfach „Ja“ zu sagen – das ist schon die ganze Kunst des Glaubens.

➡ *Glaube ist nichts, wofür wir uns souverän „entscheiden“ oder was wir „tun“ könnten. Er ist aber auch nichts, was mit uns oder an uns „getan wird“ wie an unbeteiligten Objekten. Sondern wie die Sonne mich schwitzen oder die Kälte mich frieren lässt, so lässt Gott mich glauben: Der Mensch ist dabei ganz beteiligt und bewegt. Aber wo die äußere Einwirkung fehlt, kann er nicht (schwitzen, frieren) glauben – und wo sie ist, kann er es nicht lassen.*

4. Offenbarung

Es gibt nichts Peinlicheres, als wenn jemand über Dinge redet, von denen er nichts versteht. Und doch erleben wir das ziemlich oft: Da führt jemand kluge Reden über Kindererziehung, und hinterher stellt sich heraus, dass er selbst gar keine Kinder hat. Da lässt sich jemand über die Probleme der Landwirtschaft aus, und man erfährt, dass er nie einen Stall von innen gesehen hat. Da schwärmt einer von der Schönheit fremder Länder, und wenn man genauer nachfragt, dann ist er selbst noch gar nicht dort gewesen.

Lächerlich und peinlich ist so etwas, wenn einer mit Erkenntnissen prahlt, die er mangels eigener Erfahrung gar nicht haben kann. Und was noch schlimmer sein dürfte: Wer in dieser Weise den Mund zu voll nimmt, der verliert seine Glaubwürdigkeit. Weil Glaubwürdigkeit aber ein hohes Gut ist, darum will ich der Frage nachgehen, wie glaubwürdig wir eigentlich als Christen sind, wenn wir von Gott sprechen.

Es ist schließlich nicht wenig, was wir über ihn zu sagen haben. Wir sprechen von Gottes Macht und Wille, von seinem Zorn und seiner Gnade, von seiner Vorsehung und sogar vom Verhältnis des Vaters zum Sohn und zum Heiligen Geist. Da ist es durchaus verständlich, dass Außenstehende kritisch nach dem Grund dieser Erkenntnisse fragen.

„Woher wisst ihr das denn alles?" fragen sie. „Seid ihr Christen denn schon im Himmel gewesen, dass ihr so genau wisst, wie es da zugeht? Nein? Und woher wisst ihr dann, dass Gott nicht vielleicht ganz anders ist als ihr denkt? Nehmt ihr Christen den Mund nicht zu voll, wenn ihr behauptet, Gott zu kennen, den ihr genauso wenig sehen könnt wie alle anderen auch?"

Ich denke, wir müssen diesen Einwand ernst nehmen. Und ich will darum eine Geschichte aus einem Kinderbuch erzählen, die die Tragweite dieses Problems noch deutlicher machen kann. Es geht in der Geschichte um die Grenzen der Erkenntnis. Und ich will sie erzählen, weil sie ein Gleichnis unserer eigenen, menschlichen Situation ist:

In einem Teich lebten einmal ein Frosch und ein Fisch. Die waren gemeinsam aufgewachsen und verstanden sich so gut, als wären sie Geschwister. Jedoch, so groß die Freundschaft auch war: Frosch und Fisch konnten doch nicht alle Erfahrungen miteinander teilen. Denn, das versteht sich: Wenn der Frosch an Land hüpfte und auf den Wiesen am Teich Mücken jagte, dann konnte der Fisch ihm nicht folgen. Der Fisch musste unten im Teich warten, bis sein Freund zurückkehrte und ihm von der fremden Welt da oben erzählte.

Der Fisch war ausgesprochen neugierig. Und darum ließ er den Frosch ausführlich berichten über die Kühe auf der Wiese, über die Vögel und über die Menschen. Der Frosch gab auch bereitwillig Auskunft über alles, was er gesehen hatte: „Die Vögel haben Flügel und spitze Schnäbel", sagte er, „die Kühe sind gescheckt und haben rosa Säcke mit Milch. Und die Menschen tragen Klei-

der und Hüte!" Der Fisch gab sich große Mühe, sich all diese wundersamen Wesen vorzustellen, von denen der Frosch erzählte. Doch die Bilder, die in seiner Phantasie vor ihm aufstiegen, hatten wenig mit der Wirklichkeit zu tun. Stellte er sich Vögel vor, so sahen sie aus wie Fische – nur eben mit Flügeln und Schnäbeln. Stellte er sich Kühe vor, so sahen sie auch wie Fische aus – nur eben gescheckt und mit Eutern. Und das Bild, das er sich vom Menschen machte – na, das war eben ein Fisch mit Hut auf dem Kopf. Ganz unzutreffende Bilder waren das. Aber wie hätten sie auch zutreffend sein können? Der Fisch kannte eben vorwiegend Fische, und auch was er nicht kannte, stellte er sich zwangsläufig fischförmig vor. Er konnte sich vielleicht die Flossen wegdenken und das vorgestellte Bild durch Beine ergänzen. Er lauschte ja aufmerksam den Schilderungen des Frosches. Aber er blieb doch gefangen in seiner fischförmigen Bildwelt.

Unser armer Fisch war sehr verzweifelt darüber. Er sehnte sich sehr danach, mit eigenen Augen wirkliche Vögel, Kühe und Menschen zu sehen. Und als der Wissensdurst ganz groß war, da sprang er einmal aus dem Wasser heraus ans Ufer, um den Streifzügen des Frosches zu folgen. Er wäre natürlich fast umgekommen dabei. Sein Freund der Frosch musste ihn schnell wieder vom Ufer in den Teich zurückschubsen. Als aber wieder das klare, kühle Wasser durch seine Kiemen strömte, da sah der Fisch es dann endlich ein, dass sein Horizont auf den Teich beschränkt bleiben würde. „Frosch ist Frosch", sagte er, „Und Fisch bleibt Fisch."

Nun, das Bilderbuch von Leo Lionni endet an dieser Stelle, wo der Fisch, der vergeblich gegen die Grenzen seiner Erkenntnis rebellierte, diese Grenzen schließlich akzeptiert. Er hat am Ende gelernt, sich zu bescheiden. Wie aber steht es mit uns? Sind wir Menschen, wenn wir Gott zu erkennen versuchen, nicht in ähnlich schlechter Lage? Sind wir nicht auch wie dieser Fisch, der sich alles, was er nicht kannte, fischförmig vorstellte? Neigen wir Menschen nicht dazu, uns Gott allzu menschlich und darum falsch vorzustellen?

Zugegeben: Unser Horizont ist weiter als ein Teich. Aber auch unser Horizont ist begrenzt. Unser Teich ist die Welt, in der wir uns auskennen. Und von dem, was in der Welt ist, können wir uns ein zutreffendes Bild machen – wir haben schließlich Augen im Kopf.

Gott aber ist kein Bestandteil dieser Welt. Er ist so sehr jenseits unseres Horizontes, wie Kühe jenseits des Horizonts eines Fisches sind. Und wie es einem Fisch nicht recht gelingt, über die Grenzen seines Teiches hinauszudenken, so haben wir Schwierigkeiten, über die Grenzen unserer Menschenwelt hinauszudenken. Denn so wenig ein Fisch an Land klettern kann, um die Kühe mit eigenen Augen zu sehen – so wenig können wir in den Himmel aufsteigen, um Gott zu schauen. Unsere Sinne und unser Erkenntnisvermögen taugen für diese Welt. Aber sie taugen nicht dazu, Gottes Wirklichkeit zu erforschen. Gott ist uns zu hoch. Haben also die Recht, die sagen, Gotteserkenntnis sei unmöglich? Müssen wir unsere Hoffnungen begraben, wie der Fisch in der Geschichte es musste?

Nun, so aussichtslos ist es dann doch nicht. Denn wenn wir lange genug über jenen Teich nachdenken, finden wir ja eine Lösung für das Problem. Sie lautet ganz einfach: Wenn der Fisch nicht aus dem Teich heraus kann, so müssen eben die Landbewohner hinein. Es müsste ja nur einmal ein Mensch zum Baden in den Teich steigen oder eine Kuh müsste hineinfallen – dann hätte der Fisch die Chance, die Landbewohner mit eigenen Augen zu sehen. Die Sehnsucht des Fisches kann also durchaus erfüllt werden, ihm kann Erkenntnis geschenkt werden, seine Geschichte kann glücklich enden.

Und wie steht es mit unserer Sehnsucht nach Gotteserkenntnis? Grob gesagt folgt die Lösung hier derselben Logik: Wenn wir nicht über die Welt hinaus können, um Gott zu begegnen, dann muss Gott in die Welt hinein. Wenn Gott will, dass wir ihn erkennen, dann muss er sich in die Reichweite unserer Sinne begeben, er muss sich den Grenzen unserer Auffassungsgabe anpassen. Und das ist tatsächlich die Lösung des Problems. Es ist nicht nur eine Möglichkeit, es ist Wirklichkeit: Denn Gott stieg in unseren Teich. Der Herr des Himmels setzte vor 2000 Jahren seinen Fuß auf die Erde. Gott wurde ein Mensch in Jesus Christus. Er kam uns auf Augenhöhe entgegen. Und für diesen freundlichen Schritt Gottes, für sein großes Entgegenkommen, gibt es auch einen Begriff: Den Begriff der „Offenbarung“.

Überall, wo die Heilige Schrift sagt, dass „Gott sich in Jesus Christus offenbarte“, da will sie uns auf diesen wunderbaren Vorgang hinweisen: Gott ist tief in unsere Wirklichkeit hineingetaucht, damit uns blinden Fischen in unserem Teich die Augen aufgehen. Der Schöpfer wollte seinen Geschöpfen nicht fern und fremd bleiben. Sondern er wollte uns alles offenbaren, was wir zu unserer Seligkeit wissen müssen: Seinen Willen hat er offenbart und auch seinen Zorn, seine Geduld und seine Barmherzigkeit, seine Strenge, aber auch seine Liebe, mit der er uns nachgeht, um uns zu erlösen. All das ist offenbar, all das ist abzulesen an den Worten und Taten Jesu, an seinem Leben, Sterben und Auferstehen.

Wenn wir also zu der eingangs aufgeworfenen Frage zurückkehren „Woher wisst ihr Christen denn, was ihr zu wissen behauptet?“, dann kann unsere Antwort nur im Begriff der Offenbarung liegen und im Verweis auf die Person Jesu Christi.

Denn wir sind natürlich nicht in den Himmel hinaufgeflogen, um Gott in die Karten zu schauen. Wir verfügen nicht über einen siebten Sinn, durch den wir Gottes Geheimnisse ausspionieren könnten. Wir geben den Kritikern gerne zu, dass die Neugier und der Forscherdrang eines Christen an dieselben Grenzen stoßen, die alle anderen Menschen auch spüren. Aber wir wissen von Gott das, was er uns hat wissen lassen in seiner Offenbarung. Gäbe es sie nicht, so wäre es in der Tat besser, von ihm zu schweigen wie von einem großen, unerforschlichen Geheimnis. Da haben die Kritiker Recht: Wovon man nichts versteht, darüber soll man schweigen.

Wenn aber Gott in Jesus Christus Mensch wurde und zu uns geredet hat – können wir dann so tun als hätten wir nichts gehört? Nein, nachdem uns in Gottes Offenbarung ein Licht aufgegangen ist, dürfen wir dieses Licht nicht unter den Scheffel stellen. Vielmehr sollen wir es aller Welt leuchten lassen, indem wir Gottes Wort ausbreiten. Indem wir das aber tun, müssen wir einige Grenzen beachten – und mit dem Hinweis auf diese Grenzen will ich schließen:

1. Wenn wir über Gott nachdenken und reden, dürfen wir nie vergessen, dass Gott immer das Subjekt seiner Offenbarung bleibt: Er wird niemals zum Objekt menschlichen „Enthüllens“, denn nicht wir „erforschen“ ihn, sondern er erschließt sich uns. Das Gefälle zwischen Gott und uns lässt gar nichts anderes zu. Und wer das weiß, der wird sich Gott nie mit zudringlicher Neugier nähern.

2. Wenn wir nicht ungehörig von Gott daherschwatzen wollen, dürfen wir nicht „zu viel“ sagen: Nur das, was in der Christusoffenbarung enthalten ist, kann Anspruch erheben, Gotteserkenntnis zu sein. Hüten wir uns also davor, etwas hin-

zuzudichten und eigene Gedanken als Gotteserkenntnis auszugeben, wenn wir sie nicht aus dem Neuen Testament belegen können.

3. Wie wir uns hüten müssen, etwas hinzuzufügen, so müssen wir uns auch hüten, etwas wegzulassen und dann „zu wenig" zu sagen. Wir sollen nicht nur hören, was uns einleuchtet oder gefällt, sondern sollen alles zur Kenntnis nehmen, was Gott uns wissen lässt. Nicht nur freundliche, sondern auch strenge Worte. Nicht nur Tröstungen, sondern auch Mahnungen.

4. Obwohl Gott uns in sein Herz schauen lässt, ist Gottes Selbstoffenbarung nie zu verwechseln mit Selbstentblößung. Gott wird offenbar, aber nicht offensichtlich in unserer Welt. Er liegt nie vor uns wie ein aufgeschlagenes Buch. Vielmehr wahrt er auch in der Offenbarung sein Geheimnis – und kann erwarten, dass wir dies respektieren.

5. Gott offenbart nicht irgend etwas (allgemeine Wahrheiten z. B.), sondern sich selbst (in seinem Verhältnis zu uns). Offenbarung Gottes ist darum keine „Information", die man mal eben zur Kenntnis nehmen könnte. Vielmehr schafft Offenbarung das Faktum einer Beziehung, die unser Leben verändert, weil Gott darin den Dialog mit uns eröffnet: Sein Wort sucht unsere Antwort.

➡ *Weil Gott den menschlichen Horizont überschreitet, wissen wir von ihm nur, was er uns hat wissen lassen in seiner Offenbarung. Sie geschah, als Gott in den menschlichen Gesichtskreis trat und Mensch wurde. Darum ist Jesus Christus Grund und Grenze aller christlichen Rede von Gott: Wir dürfen nicht mehr von Gott sagen, als wir am Leben, Sterben und Auferstehen seines Sohnes ablesen können – aber auch nicht weniger.*

5. Heilige Schrift

Wissen Sie eigentlich, wo sich ihre Bibel im Moment befindet? Steht sie im Regal? Liegt sie in einer Schublade? Ist sie vielleicht bei den anderen Büchern unterm Stapel? Oder ist sie gar in den Keller geraten? Ich frage das nicht ganz von ungefähr. Denn ich erinnere mich an ein Telefonat mit einer jungen Mutter, die ihr Kind zur Taufe anmeldete. Ich vereinbarte mit ihr den Termin des Taufgespräches und sagte dann noch: „Es wäre schön, wenn Sie bis zu unserem Gespräch einen Taufspruch aus der Bibel herausgesucht hätten, etwas, was Sie dem Kind mit auf den Weg geben wollen." Erst war Schweigen am anderen Ende der Leitung. Und dann sagte die Frau mit Zögern: „Ich glaube, wir haben gar keine Bibel ..." Nach der ersten Verwunderung fragte ich nach, und es stellte sich heraus, dass die beiden jungen Leute sehr wohl zu ihrer Konfirmation Bibeln bekommen hatten. Als sie aber vor einigen Jahren heirateten und zusammenzogen, hatten beide ihre Bibeln im Elternhaus zurückgelassen. Sie gehörten offenbar nicht zu den Dingen, die man unbedingt mitnehmen muss.

Nun – das praktische Problem damals ließ sich lösen. Man bekommt heute Bibeln ja schon für ein paar Euro auf den Wühltischen der Kaufhäuser angeboten. Doch hat mich die Sache sehr nachdenklich gemacht. Denn das kleine Vorkommnis zeigt ja, dass die Bibel vielen Menschen heute nichts mehr bedeutet. Selbst solche, die sich selbst als gläubig bezeichnen würden, nehmen die Bibel nicht mehr oft in die Hand. Und das ist sehr bedenklich. Denn wo wollen sie denn etwas über Gott erfahren, wenn nicht aus Gottes Wort? Wo hören wir Gott denn reden?

Redet er etwa durch unser Schicksal? Das ist dann aber ein sehr zweideutiges Reden. Redet er etwa in der Natur? Ich höre da nur Bäume rauschen. Redet Gott etwa durch die innere Stimme jedes Einzelnen? Auch da wäre ich sehr vorsichtig. Denn unser Gott ist ein rätselhafter und verborgener Gott.

Wir haben es zwar ständig und überall mit ihm zu tun. Aber er tritt nicht ständig und überall aus seiner Verborgenheit hervor – sondern nur einmal hat er es getan. Einmal hat er sich in aller Eindeutigkeit klar und unmissverständlich zu erkennen gegeben. Einmal hat er sich offenbart, einmal sagten die Menschen voller Staunen: Gottes Wort ward Fleisch und wohnte unter uns (Joh 1,14). Einmal hat sich der unsichtbare Gott sehen lassen: In Jesus Christus. Wüssten wir also nichts von Christus, was wüssten wir dann von Gott? Was aber wüssten wir von Christus, wenn nicht durch unsere Bibel?

Wir, die wir nicht Christus leibhaftig auf Erden begegnen können, weil uns 2000 Jahre von ihm trennen – wir hätten keine Chance, Gottes Offenbarung in Christus kennen zu lernen, wenn nicht die ersten Zeugen überliefert hätten, was sie erlebten. Ihr Zeugnis allein ist unser Zugang zur Offenbarung. Und darum ist es ein Glück, dass es schon in der zweiten und dritten Generation verschriftlicht wurde. Denn wären die Evangelien nicht aufgeschrieben worden – wüssten wir dann heute noch, was Jesus sagte und tat?

Gewiss – fürs Erste hätte Kommunikation auch ohne Papier und Tinte funktioniert. Es wäre möglich gewesen, die Geschichte Christi von einer Generation auf die andere mündlich weiterzugeben, so wie die Geschichten eines Ortes oder einer Familie von Mund zu Mund und von Generation zu Generation wandern. Aber wie das mit erzählten Geschichten so ist: Da tut immer einer was dazu, und der Nächste lässt wieder etwas weg, und am Ende sind die Konturen des ursprünglichen Geschehens verschwommen. Wer's nicht glaubt, frage nur einmal ein altes Ehepaar nach Ereignissen, die 20 oder 30 Jahre zurückliegen: Da hat dann der Ehemann seine Version der Geschichte, die Frau hat wiederum eine etwas andere Version und die Tante, die damals auch dabei war, widerspricht wiederum beiden. Oft lässt sich der wahre Hergang der Ereignisse schon nach Ablauf einer Generation kaum mehr rekonstruieren. Das Leben Jesu Christi aber liegt 80 Generationen zurück! Gäbe es die Heilige Schrift nicht, hätten 80 mal die Eltern den Kindern das Evangelium weitererzählen müssen. 80 mal hätten die Eltern dabei wenigstens Kleinigkeiten vergessen. Und 80 mal hätten die Kinder beim Weitererzählen irgend etwas Passendes hinzugefügt. 80 mal wäre das Evangelium von der Sprache der Alten in die Sprache der Jugend übersetzt worden. Und was wäre danach wohl übrig geblieben von der ursprünglichen Botschaft? Sicherlich wäre es gegangen wie bei jenem Spiel, das „Stille Post" genannt wird. Kennen Sie es?

Da sitzen zehn oder 20 Kinder im Kreis. Und das Erste in der Reihe flüstert seinem Nachbarn einen kurzen Satz ins Ohr. Dieser wiederum muss, ohne rückfragen zu dürfen, das, was er verstanden hat, dem Nächsten zuflüstern. So geht das weiter, die ganze Reihe herum. Weil aber geflüstert wird, kommt es zu Missverständnissen: Da wird dann aus dem „Vater" der „Kater" und aus dem „Kater" der „Krater". Aus „wohnen" wird „schonen" und aus „schonen" wird „lohnen". Aus „Sieben" werden „Ziegen" und aus „Ziegen" werden „Stiegen". Der „Reiter" wandelt sich zur „Leiter" und die „Leiter" zum

„Euter". Am Ende der Reihe muss dann der Letzte laut aussprechen, was ihm zugeflüstert wurde. Und der Erste muss offenbaren, welchen Satz er auf die Reise geschickt hat. Das Gelächter der Kinder ist dann immer groß, weil der Anfang mit dem Ende meist nicht mehr viel gemein hat. Zehnmal leise hören und zehnmal leise weitersagen kann den ursprünglichen Sinn einer Botschaft total entstellen.

Für einen Kindergeburtstag ist das eine lustige Sache. Weniger lustig aber wäre es gewesen, wenn es dem Evangelium Jesu Christi auf seinem Wege durch die Zeit ebenso ergangen wäre. Auch da hörte ja einer, was die Altvordern zu sagen hatten über ihren Glauben und über ihren Herrn Jesus Christus. Und wenn er selbst mal Kinder hat, sagt er dasselbe wiederum in seinen eigenen Worten diesen Kindern weiter. 80 Generationen lang vollzog sich dieser Dreitakt von Hören, Glauben, Weitersagen, Hören, Glauben, Weitersagen, Hören, Glauben, Weitersagen – und er vollzieht sich noch heute – Gott sei Dank. Doch wären wir alleine auf die mündliche Tradition angewiesen, so wären wir schlecht dran: Wir wüssten zwar noch, was unsere Eltern gesagt haben. Und wir hätten sicher Vertrauen, dass sie die Botschaft von ihren Eltern getreu weitergegeben haben. Ob aber nicht fünf oder zehn oder 15 Generationen zuvor jemand die Worte Christi verdreht und verkehrt und entstellt hätte – das könnten wir nicht wissen.

Darum sind wir, die wir das vorläufige Ende der Kette bilden, darauf angewiesen, überprüfen zu können, ob das, was man uns lehrt, auch wirklich die Botschaft Christi ist. Und um das zu prüfen, gibt es nur eine Möglichkeit: Wir müssen zurückgehen zu den Zeugnissen der Anfangszeit. Wir müssen zurück an die Wurzel der langen Traditionskette. Wir müssen uns an die halten, die zum ersten Mal Hörer des Wortes und Zeugen des Evangeliums waren. An ihrem Bericht, der uns glücklicherweise schriftlich vorliegt, müssen wir alles messen, was zu späterer Zeit als christliche Botschaft ausgegeben wurde und ausgegeben wird. Das, was schon 80 mal von Mund zu Mund gegangen ist, müssen wir kritisch vergleichen mit dem Originalton und dem Originaltext, der vor zweitausend Jahren zum ersten Mal hörbar wurde: mit der Bibel. Sie allein kann der authentische Maßstab sein für das, was in der christlichen Kirche gelehrt und gelebt wird. Denn nur Gottes Wort kann Gottes Volk leiten. Ihr, der Heiligen Schrift, müssen sich darum alle Bischöfe und alle Pfarrer ebenso beugen, wie es der Volksglaube und die Volksfrömmigkeit müssen. Und das ist mehr als Theorie. Es ist geschichtliche Erfahrung:

Die Reformation hat nämlich gezeigt, wie heilsam es ist, wenn die Schrift allein Richtschnur und Maßstab des kirchlichen Lebens ist. Die katholische Kirche des Mittelalters hatte ja manchen Wildwuchs eingeführt. Vieles hatte man aus der menschlichen Tradition aufgenommen, hatte menschliche Sitten und menschliche Weisheit neben und über Gottes Wort gestellt: Vom Ablasshandel bis zur Heiligenverehrung, von den Fastenvorschriften bis zur Bilderverehrung, von der Werkgerechtigkeit bis zum Primat des Papstes hatte man viel menschliches Gutdünken den Christen zum Gesetz gemacht und mit göttlicher Autorität versehen.

Gottes Wort dagegen hatte man den Priestern vorbehalten und dem Volk nur so viel davon mitgeteilt, wie das kirchliche Lehramt für gut befand. Die Päpste beanspruchten für sich das Monopol, allein verbindlich Gottes Wort auslegen zu dürfen. Viel dichteten sie hinzu, viel ließen sie weg. Als aber Martin Luther die schlichte Forderung aufstellte, das Wort Gottes müsse allein Maßstab und Richtschnur des Glaubens sein, da traf er den Nerv des katholischen Kirchensystems und brachte es zu Fall.

Erstaunlich ist das. Denn eigentlich bestand das Programm der Reformation aus lauter Selbstverständlichkeiten: Luther forderte, dass alle kirchlichen Sitten und Gebräuche abgeschafft werden müssten, die keine Grundlage in der Heiligen Schrift haben. Er meinte, dass von den Kanzeln nichts gelehrt werden dürfe, als allein, was sich aus der Heiligen Schrift belegen lässt. Und er forderte, dass jedem das Evangelium in seiner Landessprache zugänglich sein müsse, damit auch der einfache Mann Leben und Lehre seiner Kirche am Maßstab der Schrift prüfen könne.

Wie gesagt – eigentlich alles Selbstverständlichkeiten. Als Gottes Wort aber ins Deutsche übersetzt, gedruckt, verbreitet und gepredigt wurde, erwies es sich tatsächlich – so wie es der Hebräerbrief sagt – als „... lebendig und kräftig und schärfer als jedes zweischneidige Schwert ...“ (Hebr 4,12). Schmerzhaft waren die Schnitte. Schmerzhaft war die Scheidung von Schriftgemäßem und Schriftwidrigem. Am Ende aber war es gelungen, die Kirche von viel menschlichem Ballast zu reinigen und zu erleichtern und sie – wenigstens in ihrem evangelischen Teil – der alleinigen Autorität des Wortes Gottes zu unterstellen. Wir unterstehen ihr noch heute – Gott sei Dank.

Und doch – man muss es leider sagen: Das Wort Gottes, die scharfe Waffe von einst, scheint in der modernen Christenheit ein stumpfes Werkzeug geworden zu sein, und ihre Autorität ist untergraben, durch die Entwicklung der modernen Theologie. Zu Luthers Zeiten galt die Schrift auch seinen Gegnern als das zweifelsfrei authentische Wort Gottes. Man wusste zwar, dass die Bibel nicht vom Himmel gefallen, sondern von Menschenhänden geschrieben worden war. Aber man war überzeugt, dass Gottes Geist die Hand jener Menschen geführt hatte bei jedem Federstrich: Petrus, Paulus, Lukas, Johannes und wie sie alle heißen betrachtete man als inspirierte Instrumente Gottes, derer er sich bedient hatte, wie wir uns eines Kugelschreibers bedienen, wenn wir etwas aufschreiben wollen.

Nur ließ sich dieser Glaube an die „Inspiration" der Schrift immer schwerer durchhalten, je mehr Theologen die Entstehungsgeschichte der Bibel erforschten. Da stellte sich heraus, dass z. B. der Schöpfungsbericht auf ältere heidnische Quellen und Texte zurückgreift. Da entdeckte man, dass bestimmte Autorenangaben nicht stimmen konnten, weil ja z. B. Mose schlecht den Bericht über seinen eigenen Tod verfasst haben kann, der im 5. Buch Mose steht. Man stolperte über offensichtliche Irrtümer, wie z. B. den, dass im 3. Buch Mose der Hase als Wiederkäuer bezeichnet wird (11,6). Man entdeckte, dass bestimmte historische Angaben der Bibel mit archäologischen Befunden unvereinbar sind. Und man musste eingestehen, dass der persönliche Glaube, die Theologie und der Stil der biblischen Autoren, ihre Berichte auch inhaltlich einfärben: Man vergleiche nur einmal die einfache Sprache, die Jesus im Markusevangelium spricht, mit den komplizierten Sätzen, die er im Johannesevangelium sagt.

Notgedrungen und der Wahrhaftigkeit verpflichtet drang man immer weiter ein in die Entstehungsgeschichte der Texte und begann Schichten, Überarbeitungen und Redaktionen der biblischen Bücher zu untersuchen. Viel Wissenswertes wurde dabei zu Tage gefördert. Am Ende aber war es gerade so, als hätte man eine Zwiebeln geschält: Alles war Schale und in der Schale kein Kern. Alles in der Bibel schien Menschenwort, nichts aber schien Gottes Wort zu sein. Und das war tragisch:

Denn schließlich waren die Theologen in bester Absicht an die Heilige Schrift herangegangen, um sie zu ergründen und immer besser zu verstehen: Am Ende aber war das, um dessentwillen man den wissenschaftlichen Aufwand trieb, abhanden gekommen. Man hatte die Schrift seziert wie ein Arzt einen Leichnam seziert. Doch wie der Arzt, der einen Leib zerschneidet, darin unter all den verschiedenen Organen keine Seele findet, so fanden die Theologen auf den Seiten der Bibel plötzlich nur noch Menschenwörter und Menschengedanken, nicht aber mehr Gottes Wort.

Nun – wir heute sollten uns hüten, denselben Fehler zu begehen. Denn so wie es ein einseitiger Zugang zum Menschen ist, wenn man ihn nur als Anhäufung von Knochen, Organen, Muskeln und Sehnen betrachtet, so ist es auch ein einseitiger Zugang zur Heiligen Schrift, wenn man in ihr nur menschliche Gedanken und Glaubenszeugnisse vergangener Generationen findet.

Unbestreitbar enthält sie dies alles! Entscheidend aber ist, dass die Schrift in und unter den vielen Wörtern, die Menschen niederschrieben, das eine große Wort Gottes enthält. Jenes Wort Gottes ist von den Menschenworten nicht zu trennen – wie man auch die Seele eines Menschen nicht ohne weiteres von seinem Leib trennen kann.

Gottes Wort ist aber mit den Menschenworten auch nicht einfach gleichzusetzen. Sondern Gottes Wort will in den Wörtern gesucht und zwischen den Wörtern herausgehört werden. Und dazu gehört unbedingt die ehrliche Bereitschaft, sich von Gott anreden zu lassen. Natürlich: Wenn ich meine, die Heilige Schrift sei ein Schmuckstück für mein Bücherregal, wenn ich meine, sie sei ein Kulturdokument vergangener Zeiten oder ein Forschungsobjekt wie andere auch, dann wird mich Gott durch die Schrift nicht anreden. Wenn ich aber bereit bin, Gottes Botschaft herauszuhören aus dem irdenen Gefäß menschlicher Schriftstellerei, dann entdecke ich plötzlich die Bibel als Gottes Wort an <u>mich</u>. Ja, wenn ich sie nicht anschaue als ein Buch für alle und keinen, sondern als Gottes persönlichen Brief an <u>mich</u>, dann beginnen die toten Buchstaben zu leben: Und ehe ich mich's versehe, versetzt das biblische Wort die Saiten meiner Seele in Schwingungen, wie der Geigenbogen die Saiten einer Violine.

Ich merke dann wohl immer noch, dass Menschenhände jene Texte aufgeschrieben und manche menschliche Spur darin hinterlassen haben. Ich spüre zugleich aber, dass der geistige Vater, der eigentliche Urheber und Autor kein anderer ist als Gott. Ich beginne dann die Bibel zu achten als einen Brief meines Schöpfers an mich und gebe ihr künftig den Platz, der ihr gebührt: Dieser Platz ist aber nicht ein Ehrenplatz ganz oben im Regal – sondern der gebührende Platz für unsere Bibel ist in unseren Händen.

➟ *Die Bibel ist das einzige Medium, das uns zuverlässig mit Gottes geschichtlicher Offenbarung in Jesus Christus verbindet. Sie ist darum der verbindliche „Originalton", an dem sich alle späteren Interpretationen des Evangeliums und alle Gestalten kirchlichen Lebens messen lassen müssen. Dass Menschenhände das eine Wort Gottes niedergelegt haben, ändert daran nichts: Gott bleibt der „Autor" hinter den biblischen Autoren, denn sie waren Instrumente seines Geistes.*

6. Bekenntnis

Vor einiger Zeit habe ich anlässlich eines großen Jugendtreffens einen Jugendgottesdienst gehalten. Wie man es in solchen Fällen tut, habe ich moderne Lieder ausgesucht, eine jugendgemäße Predigt vorbereitet und die Länge des Gottesdienstes begrenzt. Trotzdem kam nach dem Gottesdienst jemand zu mir und beklagte sich, der Gottesdienst sei zu konventionell, zu traditionell und überhaupt nicht jugendgemäß gewesen. Auf meine Rückfrage, was man denn anders hätte machen sollen, schlug er vor, man hätte doch z. B. das Glaubensbekenntnis weglassen können, da doch die meisten Jugendlichen mit dem Glaubensbekenntnis sowieso nichts anfangen könnten.

Nun – man soll sich Kritik zu Herzen nehmen. Und so habe ich überlegt, ob man vielleicht wirklich im Gottesdienst auf das Glaubensbekenntnis verzichten könnte, wenn es von manchen Menschen als Zumutung empfunden wird. Doch je länger ich darüber nachdenke, umso mehr Gründe fallen mir ein, warum unser apostolisches Glaubensbekenntnis ein fester Bestandteil jedes Gottesdienstes bleiben muss:

Es ist einfach unentbehrlich als Symbol für die Identität unserer Kirche, als Verbindungsglied zwischen allen Christen, als Grenzziehung gegenüber allem Irrglauben, als kurze Zusammenfassung der Heiligen Schrift und als Korrektiv für misslungene Predigten.

Weil diese fünf Gründe vielleicht nicht jedem bewusst sind, will ich sie einzeln erläutern:

1. Das Glaubensbekenntnis scheint mir für Christen unentbehrlich, weil es unsere Identität beschreibt und sie nach außen erkennbar werden lässt. Das Glaubensbekenntnis ist Ausdruck dafür, dass wir wissen, wer wir sind. Denn wer etwas bekennt, gibt damit immer zugleich eine Beschreibung seiner selbst. Und zwar gilt das nicht nur in der Kirche, sondern auch sonst: Sage mir, wozu du dich bekennst – und ich sage dir, wer du bist.

Singst du die Internationale – erkenne ich dich als Sozialisten. Hisst du vor deinem Haus die weiß-blaue Fahne – erkenne ich dich als Schalke-Fan. Klebt hinten auf deinem Auto der Playboy-Bunny, so sagt mir das etwas über den Fahrer. Und trägt jemand bevorzugt Trachtenanzüge, so ist auch das eine Art von Bekenntnis.

So begegnen uns in unserem alltäglichen Leben ständig Symbole, die der Identität eines Menschen Ausdruck verleihen, mit denen er sich zu erkennen gibt und zeigt, worauf er stolz ist. Und das kann auch nicht anders sein. Denn ein Mensch muss wissen, wer er ist und wer er nicht ist – er muss sich über seine Identität im Klaren sein. Auch und erst recht als Christ. Darum ist das Glaubensbekenntnis so wichtig. Denn bunt ist die Welt und verwirrend, zahlreich sind die Stimmen, die uns zurufen „Sei dies, sei das, sei einer von uns". Da ist es wichtig, sich anhand des Glaubensbekenntnisses immer wieder vergewissern zu können: Zuallererst bin ich mal ein Geschöpf Gottes, bin ein Jünger Jesu und ein Glied seiner Kirche. Alles was ich sonst noch bin, muss damit in Einklang stehen.

2. Unser Glaubensbekenntnis ist auch deshalb kostbar, weil es Gemeinschaft schafft. Denn nenne ich Christus meinen Herrn und Bruder, so sind alle anderen, die das auch noch tun, automatisch meine Geschwister. Ich kann ihnen vertrauen und kann mit ihrem Beistand rechnen, weil sie Glieder derselben Familie, weil auch sie Glieder am Leib Christi sind.

Viele Christen, besonders wenn sie auf Reisen sind, haben das schon als sehr beglückend erfahren. Mag da einer im fernen Afrika sein oder in Japan, mögen ihn Kultur, Sprache und Hautfarbe trennen von den Menschen, die er trifft, so ändert sich das Bild doch schlagartig, wenn er sich als Christ zu erkennen gibt. Denn das wissen wir alle: Wer bekennt, was ich bekenne, wer sich nach Gottes Segen ausstreckt, wie ich das tue – der kann mir nicht wirklich fremd oder fern sein.

Mag mich noch so viel von den anderen trennen und unterscheiden: Bin ich bei Christen, so weiß ich doch, dass ich bei Menschen guten Willens bin. Sie stehen auf demselben Fundament wie ich und beugen sich dem Wort Gottes wie ich – bilden also mit mir eine Gemeinschaft, auch wenn wir uns nie zuvor begegnet sind. Das gemeinsame Bekenntnis unseres Glaubens vereint uns über Zeit- und Landesgrenzen hinweg. Und das ist – in einer Welt voller Misstrauen und Argwohn – etwas Großartiges und Wunderbares.

3. Freilich: Wie das Glaubensbekenntnis nach einer Seite hin Gemeinschaft schafft und verbindet, so schafft es auf der anderen Seite auch Distanz. Denn Glaubensbekenntnisse haben immer auch die Funktion der Abgrenzung. Wer bekennt, dass er etwas glaubt, bekennt ja zugleich, dass er das Gegenteil nicht glaubt. Auch wenn es nicht aggressiv oder mit dem Gestus der Verwerfung ausgesprochen wird, so beinhaltet doch jedes ernsthafte Glaubensbekenntnis auch eine Grenzziehung. Denn sage ich „Christus ist der Herr“, so heißt das eben zugleich „Buddha ist nicht der Herr“. Sage ich „Christus ist unser Erlöser“, so heißt das zugleich „kein anderer ist unser Erlöser“.

Wie brisant das ist, haben viele Christen im Dritten Reich erfahren. Sie bekannten, dass man Gott mehr gehorchen muss als den Menschen und weigerten sich darum, Adolf Hitler unbedingten Gehorsam zu schwören. Sie erkannten, dass das Glaubensbekenntnis sich mit der Vergötzung von Menschen, Völkern und Idealen nicht verträgt. Und die Klarheit, mit der sie daraufhin die Geister unterschieden, macht sie uns zu Vorbildern. Grenzen zu ziehen liegt nicht jedem – ich weiß. Aber bekennen heißt nun einmal, etwas zu bejahen; etwas bejahen aber heißt: das Gegenteil verneinen.

Wenn wir daher den Irrglauben, den Aberglauben und den Unglauben unserer Zeit verneinen, dann ist das kein Zeichen von Intoleranz – es ist nur die Konsequenz dessen, dass wir ein

Bekenntnis haben. Wir haben es und wir brauchen es. Denn wie hat das jemand so schön gesagt?: „Wer nach allen Seiten hin offen ist – der ist nicht ganz dicht."

4. Es könnte nun an diesem Punkt jemand einwenden, dass auch die Heilige Schrift all das leistet, was wir dem Glaubensbekenntnis zu Gute halten. Genügte es nicht zur Beschreibung unserer Identität zu sagen: Unsere Grundlage ist die Bibel? Würde die Gemeinschaft der Christen nicht schon dadurch gewährleistet, dass sie sich alle Gottes Wort unterstellen? Wäre es zur Abgrenzung nach außen nicht ausreichend, zu sagen: Wir verwerfen, was nicht mit der Heiligen Schrift in Einklang steht? Wozu also brauchen wir neben der Schrift noch das Glaubensbekenntnis?

Dieser Einwand leuchtet zunächst ein. Und richtig ist daran zweifellos, dass wir neben der Schrift keine „zweite" Norm und keine „andere" Autorität brauchen. Aber solch eine Konkurrenz zur Bibel will das Glaubensbekenntnis auch gar nicht sein. Im Gegenteil: Das Glaubensbekenntnis will genau das sagen, was die Bibel auch sagt – bloß viel kürzer. Das Glaubensbekenntnis ist also nichts anderes als eine knappe Zusammenfassung und Inhaltsangabe der Bibel. Und gerade wegen der Kürze ist es so wertvoll. Denn die Bibel ist ein weites Feld. Sie ist so reich und überreich an Erzählungen, Personen und Schauplätzen, dass der ungeübte Leser sich leicht darin verlieren kann. Hunderte von Seiten sind das voller Haupt- und Nebenlinien, voller Wichtigem und weniger Wichtigem.

Wie sollten da z. B. Konfirmanden einen Überblick gewinnen? Darum ist es gut, dass wir das Glaubensbekenntnis haben: Es ist kurz genug, dass jeder Konfirmand es auswendig lernen kann – und es ist doch alles darin enthalten, was der Christ wissen muss. Es ersetzt deswegen nicht die Lektüre der Bibel – das gewiss nicht. Aber es gibt dem ungeübten Leser eine Lesehilfe, indem es ihm sagt, worauf denn alles in der Bibel hinauswill.

5. Schließlich hat das Glaubensbekenntnis auch noch eine Bedeutung im Gottesdienst: Es entlastet den Pfarrer von dem Druck, in einer Predigt immer alles sagen zu müssen. Wie oft geht ein Pfarrer aus dem Gottesdienst und denkt: Die Predigt war einseitig, die Predigt war nicht gut genug. Mal war nur von der Schöpfung die Rede und mal nur vom Jüngsten Tag, mal nur von Christus und dann wieder nur vom Heiligen

Geist, mal war die Predigt voller Ermutigungen, mal voller Ermahnungen. Und was – fragt man sich dann – was ist mit den Gottesdienstbesuchern, die heute genau das andere hätten hören müssen: das nämlich, was ich heute nicht gesagt habe?

Nun – da entlastet das Glaubensbekenntnis, das die Gemeinde spricht. Denn die Predigt kann immer nur einen kleinen Ausschnitt unseres Glaubens zum Thema machen, das Glaubensbekenntnis aber bringt in seiner Kürze alles auf den Punkt. Es ergänzt, was der Pfarrer vielleicht vergisst, und es korrigiert, wenn er einen falschen Ton angeschlagen hat. Denn auch das gibt es ja: Pfarrer können Opfer ihrer eigenen theologischen Vorlieben oder irgendwelcher theologischer Moden werden. Pfarrer können schlecht predigen und können im Extremfall sogar schriftwidrig und falsch predigen. Und in solchen Fällen ist es Gold wert, dass neben der missglückten Predigt das Glaubensbekenntnis steht:

Unverrückbar und unverändert, ohne modische Allüren und ohne rhetorischen Glanz, aber streng und klar und von ewiger Wahrheit. Ja – auch wenn alles in einem Gottesdienst verkehrt gewesen wäre – man könnte immer noch sagen: Etwas Wahres war dabei – denn das Glaubensbekenntnis war dabei.

Nun – ich will es dabei belassen. Denn es dürfte deutlich geworden sein, welch großen Dienst uns das Glaubensbekenntnis leistet. Und würden die genannten Gründe noch nicht genügen, um das Bekenntnis für unentbehrlich zu halten, so käme am Ende noch einer hinzu, der auch dem letzten Bekenntnismuffel die Zunge lösen muss. Es kommen hinzu die schlichten Worte Jesu:

„Wer nun mich bekennt vor den Menschen, den will ich auch bekennen vor meinem himmlischen Vater. Wer mich aber verleugnet vor den Menschen, den will ich auch verleugnen vor meinem himmlischen Vater.“ (Mt 10,31-33)

➟ *Das Glaubensbekenntnis ist keine Konkurrenz zur Heiligen Schrift, sondern lediglich deren leicht lernbare Kurzfassung. Es ist unentbehrlich, weil es die Identität der Christenheit beschreibt, Christen verschiedenster Konfessionen zu einer Gemeinschaft verbindet und zugleich die Grenze markiert, wo Glaube aufhört und Irrglaube anfängt. Im Gottesdienst bildet es den stabilen Gegenpol zu allen theologischen Fehlgriffen des Predigers.*

7. Evangelisch-Sein

Alle Jahre wieder zum Reformationsfest werden wir daran erinnert, dass wir „evangelisch" sind. Und die Prediger stehen an diesem Tag vor der Aufgabe, das „Evangelisch-Sein" zu beschreiben. Es gilt, sich bewusst zu machen, dass wir nicht bloß zufällig evangelisch sind, nicht aus Konformismus und auch nicht bloß aus Tradition. Vielmehr sind wir evangelisch aus gutem Grund. Diesen Grund aber mit wenigen Worten zu benennen, ist gar nicht so einfach. Denn leicht gerät man dabei in formelhafte Theologensprache oder verliert sich in den historischen Details der evangelisch-katholischen Kontroverse.

Ich möchte darum einen anderen Weg gehen, um zu beschreiben, was das innerste Wesen des „Evangelischen" ausmacht. Ich möchte es verdeutlichen anhand einer Geschichte, in der Selma Lagerlöf das Leben eines gewissen „Raniero" beschrieben hat:

Dieser Raniero war ein ungewöhnlich starker Mann und ein Raufbold zugleich. Er wusste, dass ihm im Kampfe niemand gewachsen war – und entsprechend stolz und großsprecherisch trat er auf. Er war grausam gegen Tiere und war auch hart gegen seine Frau. Er machte z. B. Schießübungen auf einen Singvogel, den seine Frau im Käfig hielt. Und als er ihren Vogel getötet hatte, rühmte er sich überall des guten Schusses. Er demütigte den Vater und den Bruder seiner Frau. Und einen bedauernswerten Krüppel hänselte Raniero so lange, bis er Selbstmord beging.

Raniero suchte immer Gelegenheit, sich durch seine Kraft hervorzutun und scheute keine Gefahr, wenn er durch einen Kampf Ruhm ernten konnte. Er wurde schließlich von jedermann gefürchtet, hatte aber durch seine Grausamkeit die Liebe seiner Frau verloren und wurde von ihr verlassen. Natürlich wollte er ihre Liebe wiedergewinnen. Doch fiel ihm dazu kein anderes Mittel ein, als weitere, noch größere und schrecklichere Taten zu vollbringen, die seine Frau beeindrucken und zu ihm zurückbringen sollten. So schloss sich Raniero dem Heer der Kreuzritter an und brach mit ihnen nach Jerusalem auf, um das Grab Christi aus der Hand der Heiden zu befreien.

Wie viele andere Kreuzfahrer hoffte er, im Morgenland nicht nur Reichtümer und Ländereien zu gewinnen, sondern auch Ruhm und Ehre. Und zudem meinte er, Gott würde ihm den Kampf gegen die Heiden als großen Verdienst anrechnen. Tatsächlich gelangt Raniero mit dem Heer der Kreuzritter nach Jerusalem und steigt in der Schlacht als einer der ersten über die Stadtmauer. Mit den anderen Kreuzfahrern wütet er schrecklich in Jerusalem. Tausende von Männern, Frauen und Kindern werden erschlagen, bis ganz Jerusalem rot ist vom Blut der muslimischen Einwohner. Und danach feiern die christlichen Heere ein großes Siegesfest. Raniero aber, als der tapferste der Krieger, wird für seine Heldentaten besonders geehrt: Er darf mit den anderen Kreuzrittern in die Grabeskirche einziehen und als erster seine Kerze entzünden an der heiligen Flamme, die dort vor Christi Grab brennt. Raniero ist sehr stolz auf diese besondere Ehrung.

Als er aber seine Kerze am Grab Christi entzündet hat, beginnt diese Lichtflamme ihn nach und nach zu verändern. Er fasst den Entschluss, eben diese heilige Lichtflamme in die Heimat zu tragen, um damit im Dom seiner Heimatstadt Florenz die Altarkerzen zu entzünden. Seine Mitstreiter lachen ihn aus wegen dieser Idee und erklären es für unmöglich, eine brennende Kerze von Jerusalem bis nach Florenz zu transportieren, ohne dass sie unterwegs verlöscht. Aber Raniero hält an seinem Plan fest. Am nächsten Morgen bepackt er sein Pferd mit zwei Bündeln langer Wachskerzen und reitet los. Und von nun an dient er ganz dem Schutz der heiligen Flamme. Denn tatsächlich erweist sich das Vorhaben als sehr schwierig:

In der Morgendämmerung muss Raniero Insekten abwehren, die sich in die Flamme stürzen wollen. Und weil beim Reiten die Zugluft das Licht zu löschen droht, muss er sich rücklings auf sein Pferd setzen, um mit seinem Körper den Wind abzuhalten. Später wird er von Räubern überfallen. Und da er mit dem Licht in der Hand nicht kämpfen kann, muss er den Räubern alles überlassen, was er hat, nur um die Flamme behalten zu dürfen. Durch die Strapazen der Reise sieht der stolze Kreuzritter bald aus wie ein Bettler. Und alle, die seinen Weg kreuzen, halten ihn für verrückt, weil er verkehrt herum auf dem Pferd sitzt, um eine Kerze vor Zugluft zu schützen. Er wird verspottet und mit Steinen beworfen – aber um der Flamme willen wehrt er sich nicht. Der einst so stolze Raufbold lernt, um Brennmaterial zu bitten. Und er lernt, für fremde Hilfe dankbar zu sein. Er, der nie etwas fürchtete, beginnt die Regentropfen zu fürchten. Er, der seine Kraft immer nur einsetzte, um seinen Ruhm zu vermehren, setzt sie nun ein, um der heiligen Flamme zu dienen und das Schützenswerte zu schützen. Der, der sich für unverwundbar hielt, ist plötzlich ganz verletzlich, weil das Heilige, das er liebt, so verletzlich ist. Und der sonst nur an sich dachte, denkt nun an nichts anderes mehr als an sein Licht.

Wenn das Wetter ungünstig ist, muss Raniero seine Reise unterbrechen und geduldig warten. Er muss dabei alles meiden, was er früher liebte, denn bei Trinkgelagen, Streit und Rauferei kann man nicht über eine Flamme wachen. Er lernt seinen Zorn zu zügeln, wenn die Passanten ihn verspotten. Und nach und nach beginnt er, sich an allen zu freuen, die friedfertig, klug und barmherzig sind. Als Raniero nach langer Fahrt nach Florenz hineinreitet, hat die Flamme vom Grab Christi einen anderen Menschen aus ihm gemacht.

Auch hier in Florenz wird er noch ausgelacht, und die Straßenjungen werfen mit ihren Mützen nach der Flamme, die der verrückte Pilger verzweifelt zu schützen sucht. Zuletzt aber gelingt es Raniero wie durch ein Wunder, die Altarkerzen im Dom mit seiner Flamme zu entzünden. Doch ist dieser Erfolg nicht das Wichtigste an dieser Geschichte. Und das Wichtigste ist auch nicht, dass er seine Frau wiederfindet. Das Wichtigste ist, dass jene Lichtflamme, die von Jesus Christus ausging, Ranieros stolzes und hartes Herz vollständig verwandelt hat.

Diese Wandlung, von der Selma Lagerlöf erzählt, hat auf den ersten Blick nichts, auf den zweiten Blick aber sehr viel mit dem Geist der Reformation zu tun. Denn jener Raniero, der mit der Flamme in der Hand verkehrt herum auf dem Pferd sitzt, dieser heilige Narr scheint mir das beste Sinnbild und Gleichnis eines evangelischen Christen zu sein. Ein merkwürdiges Bild und Gleichnis, wird man vielleicht sagen. Aber überlegen sie einmal: Was heißt denn „Evangelisch-Sein" anderes, als dass ein Mensch die Flamme des Evangeliums für seinen kostbarsten Besitz hält? Was heißt „Evangelisch-Sein" anderes, als dass wir das Licht des Wortes Gottes leuchten lassen und neben diesem Licht alles andere für zweitrangig halten?

Darum ist Raniero, der in größter Selbstvergessenheit über dem Heiligen wacht, das Urbild eines evangelischen Christen.

Er hat vergessen, dass er einmal ein Held werden wollte. Er hat vergessen, wen seine Taten beeindrucken sollten. Und ein Heiliger zu werden, liegt ihm völlig fern: Er lässt sich ganz an der Gnade genügen, dass ihm das Heilige geschenkt ist. Er will selbst kein Licht und keine Leuchte sein, sondern er lässt sich daran genügen, in dem Licht zu stehen, das von Christus ausgeht. Und diese fröhliche Bescheidung – diese Selbstvergessenheit im Angesicht des Evangeliums macht das Evangelisch-Sein aus. Denn Evangelisch-Sein heißt, sich der Gnade Gottes rühmen und die eigenen Qualitäten vergessen. Evangelisch-Sein heißt, konzentriert sein auf Gottes Wort und menschliches Gutdünken unterordnen. Evangelisch-Sein heißt, Gott die Ehre zu geben statt selbst glänzen zu wollen. Evangelisch-Sein heißt, sich verspotten lassen, wenn es um des Evangeliums willen nötig ist. Und Evangelisch-Sein heißt, die Flamme des Evangeliums mit dem eigenen Körper zu schützen, wenn es sein muss.

Darum ist mir dieser heilige Narr Raniero, der alles erduldet, wenn nur seine Flamme nicht verlöscht, das wahre Sinnbild evangelischer Kirche. Und wirklich: So wünschte ich mir meine Kirche: Dass sie weniger besorgt wäre um ihre Geltung und ihr Image in der Welt und weniger beschäftigt mit ihrer Selbsterhaltung, sondern restlos konzentriert wäre auf ihren Auftrag, die Flamme des Evangeliums weiterzutragen. Denn prunkvoll aufzutreten und glänzend dazustehen wie der stolze Kreuzritter Raniero vor Jerusalem – das kann man anderen Konfessionen überlassen, wenn sie es denn für wichtig halten. Mag der Papst sich rühmen, er sei der Stellvertreter Christi auf Erden. Mag Besitzstandswahrung betreiben, wer will. Das Amt eines Christen ist es, dem Evangelium zu dienen und keinen anderen Glanz zu suchen als den, der vom Evangelium ausgeht.

Egal nämlich, was auf unserem Taufschein steht, egal, wie lange wir uns schon „evangelisch“ nennen – in Wahrheit „evangelisch“ sind wir erst, wenn das Evangelium zum Mittelpunkt unseres Denkens und Handelns geworden ist, so wie Ranieros Flamme zum Mittelpunkt seines Denkens und Handelns wurde. Darum bedarf eine Kirche, die in Gefahr steht, nur noch sich selbst zu verwalten und sich selbst zu erhalten, einer neuen Reformation, in der sie sich alter Wahrheiten bewusst wird: Dass sie nämlich kein Selbstzweck ist, sondern zum dienenden Instrument des Evangeliums bestimmt ist. Und dass alles an dieser Kirche nur insofern Wert hat, als es zum Brennmaterial für die Flamme des Evangeliums taugt. Konzentrieren wir uns also aufs Wesentliche: Wer sich rühmen will, der rühme sich einzig des Evangeliums. Wer sich freuen will, der habe seine Freude am Brennen der heiligen Flamme. Und wer Ehre sucht, der lege seine Ehre darein, das Wort Gottes unverkürzt zu hören und weiterzusagen.

Vor allem aber lassen sie uns das Entscheidende nicht vergessen: Evangelisch-Sein bedeutet nicht, ein Licht und eine Leuchte sein zu müssen, sondern es bedeutet, in dem Lichtschein zu stehen, der von Christus ausgeht. Haben wir den Mut, uns verkehrt herum aufs Pferd zu setzen. Denn dann war die Reformation nicht vergeblich.

➟ *Das Wesen des Evangelischen ist eine glückliche Selbstvergessenheit, die alle Aufmerksamkeit auf das Evangelium konzentriert und im Interesse seiner Geltung alles menschliche Geltungsstreben negiert. Evangelisch-Sein heißt, nicht glänzen zu wollen und nicht glänzen zu müssen, weil man sich daran genügen lässt, in dem Licht zu stehen, das von Christus ausgeht. Evangelisch ist die Kirche, in der alles nur insofern Wert hat, als es zum Brennmaterial für die Flamme des Evangeliums taugt.*

8. Wahrheit

Wenn man beschreiben will, was unsere heutige Zeit von früheren Zeiten unterscheidet, so kann man sagen: Die Welt ist kleiner geworden. Was früher fremd und exotisch in unerreichbarer Ferne lag, ist heute nur noch ein paar Flugstunden entfernt. Das Internet verbindet mich in ein paar Sekunden mit Australien, Argentinien oder Japan. Und will ich Menschen aus aller Herren Länder treffen, so genügt es völlig, wenn ich dazu nach Frankfurt fahre. Die Welt ist geschrumpft durch Verkehrstechnik, durch Nachrichtentechnik und durch die Wanderungsbewegungen der Völker. Die Welt wird immer mehr zum Dorf. Und das hat auch Auswirkungen auf unseren Glauben.

Denn wenn die Welt zum Dorf wird, dann steht plötzlich die Moschee ganz nahe an der Synagoge, und die christliche

Kirche steht ganz nahe beim buddhistischen Tempel. Plötzlich stehen Muslime, Hindus, Christen und Atheisten nebeneinander an der Werkbank. Und das hat zur Folge, dass sich eine Frage viel unmittelbarer aufdrängt als früher: die Frage nämlich, wer Recht hat.

Viele Jahrhunderte lang – solange es in unserem Land fast nur Christen gab – war das für die meisten Menschen kein großes Problem. Man konnte sich allenfalls zwischen evangelischem und katholischem Christ-Sein entscheiden. Heute aber werben viele verschiedene Religionsgemeinschaften um uns, die völlig gegensätzlich sind und die doch alle für sich in Anspruch nehmen, die Wahrheit zu vertreten.

Die Geistesgeschichte des Abendlandes steuert zum religiösen Spektrum noch eine Vielzahl von areligiösen Weltanschauungen und Ideologien bei. Und heraus kommt die höchst verwickelte Lage, die wir gegenwärtig haben. Man hat den Eindruck: In Sachen Wahrheit blickt keiner mehr durch.

Und zwar nicht nur, weil strittig ist, wer die Wahrheit für sich in Anspruch nehmen kann. Sondern schon weil keine Einigkeit darüber besteht, was Wahrheit überhaupt ist: Ob es nur eine Wahrheit gibt oder vielleicht ganz viele, ob jeder seine eigene hat oder ob sie die Konvention einer Gruppe ist, ob es Wahrheit vielleicht gar nicht gibt und ob sie, wenn es sie gibt, vom Menschen erkannt werden kann – das alles ist höchst umstritten. Fragt man fünf Gelehrte, so bekommt man zehn verschiedene Meinungen.

Ermüdend wird dadurch die Suche nach der Stecknadel der Wahrheit im Heuhaufen der Meinungen. Und trotzdem können wir diese Suche nicht den Gelehrten überlassen. Denn der Streit um die Wahrheit kann schnell bis in unsere Familien hineinreichen.

Was ist, wenn die Tochter einen Muslim oder einen Zeugen Jehovas als künftigen Schwiegersohn präsentiert? Wie gehen wir damit um, wenn ein Familienglied plötzlich vom Buddhismus fasziniert ist und Meditationszentren besucht? Was sagen wir, wenn die eigenen Kinder erklären, sie hätten erkannt, dass es Gott gar nicht gibt? Regen wir uns dann auf, streiten und argumentieren wir? Üben wir uns einfach in großherziger Toleranz oder schimpfen wir auf die modernen Zeiten, die so große Verwirrung unter den Menschen angerichtet haben?

Eins scheint hier so sinnlos wie das andere: Wir wollen niemandem verbieten, Wahrheitsansprüche zu prüfen, die dem Christentum widersprechen, denn wir wissen, dass man den Glauben nicht autoritär aufzwingen kann. Ebenso wenig aber werden wir den freien Gebrauch der Vernunft verdammen. Schließlich ist die Vernunft eine Gabe Gottes, die man nicht verteufeln kann, ohne dadurch die Gebildeten dem Glauben zu entfremden.

Und am wenigsten können wir unseren Kindern Augen und Ohren verschließen, um sie vor den vermeintlich schlechten Einflüssen zu bewahren. Denn mit Scheuklappen durch die Welt zu gehen, würde ihnen mehr schaden als nützen. Es macht also offenkundig keinen Sinn, um unseren christlichen Glauben herum ideologische Mauern zu errichten, damit andere Glaubensweisen ihn bloß nicht in Frage stellen. Wir können nicht die Fenster zunageln, nur damit uns nicht irritiert, was wir draußen sehen. Und wir dürfen auch nicht erwarten, dass unsere Kinder unseren Glauben ungeprüft übernehmen. Vielmehr müssen wir ihnen das Recht zugestehen, zu fragen, ob's denn auch wahr ist, was wir da glauben. Sie haben ein Recht, zu prüfen, ob sich nicht anderswo größere Wahrheit findet.

Was aber, wenn wir dabei Sorge haben, das christliche Bekenntnis würde vielleicht im babylonischen Stimmengewirr untergehen? Was, wenn falsche Propheten Einfluss auf unsere Kinder gewinnen? Was sollen wir dann tun, da wir doch auch nicht einfach zuschauen können, wie die Lüge um sich greift? Vier Dinge möchte ich für diesen Fall empfehlen:

1. Die eigenen Zweifel zulassen.
2. Darauf vertrauen, dass die Wahrheit sich selbst durchsetzt.
3. Die Suchenden nicht bremsen, sondern ermutigen.
4. Für die christliche Wahrheit werben, indem man sie lebt.

Zu 1.

Die eigenen Zweifel zuzulassen, ist wichtig, weil sie möglicherweise der Kern des Problems sind. Denn warum fühlt sich denn einer bedrängt von der Fülle fremder Glaubensweisen um ihn her? Doch nicht bloß, weil es sie gibt, sondern weil in ihm selbst irgendwo ein leiser Verdacht ist, sie könnten Recht haben.

Wir schimpfen dann vielleicht auf die Sekten und auf die Esoterik, die unsere Jugend gefährden. Doch ist dieser nach außen gerichtete Ärger allzu oft Ausdruck eigener, innerer Verunsicherung. Ja, bei Lichte besehen müssen wir uns eingestehen, dass nicht die Zeugen Jehovas das Problem sind, nicht die Muslime und nicht die Gottesleugner. Das Problem ist die Schwäche unseres eigenen Glaubens, die uns in unserem lauwarmen Gewohnheitschristentum anfällig macht für Irrlehren.

Warum schließlich scheut jemand die Konfrontation seines Glaubens mit dem fremden Glauben eines anderen? Ist es nicht deshalb, weil er insgeheim befürchtet, sein christlicher Glaube würde im direkten Vergleich nicht standhalten? Würden wir unsere Überzeugung unbedingt schützen wollen, wenn wir nicht vermuteten, dass sie auf wackeligen Füßen steht? Warum denn empfinden wir die Konkurrenz des Islams, des Buddhismus oder der Scientologen als bedrohlich? Ist es nicht allein darum, weil wir unserer Sache nicht so sicher sind, wie wir es vorgeben?

Zu 2.

Haben wir uns das erst einmal eingestanden, so gilt es, den inneren Widerspruch in dieser Haltung zu erkennen: Denn wenn ich meine Zweifel überwinden will, darf ich ihnen nicht ausweichen. Will ich Gewissheit finden, so muss ich dem Glauben Gelegenheit geben, sich zu bewähren. Wie aber sollte sich der Glaube bewähren, wenn ich die kritischen Fragen gar nicht an mich heran lasse?

Wie soll er sich als tragfähig erweisen, wenn ich ihn nicht Belastungsproben unterziehe und mich dem Gespräch mit Anders- oder Ungläubigen aussetze? Mir erscheint diese Scheu vor dem Fremden höchst inkonsequent. Denn es gibt hier doch nur zwei Möglichkeiten:

Entweder ist das Evangelium Lug und Trug und Täuschung – dann kann ich nur froh sein, von meinem Irrtum befreit zu werden. Oder es ist wahr, was wir als Christen glauben – und dann wird es sich auch als wahr und verlässlich erweisen.

Egal also, wie die Infragestellung meines Glaubens ausgeht: Es wird ein gutes Ergebnis sein. Denn entweder werde ich von einem Irrtum befreit oder ich werde im Glauben gefestigt. So oder so komme ich der Wahrheit näher. Warum also sollten wir unseren Glauben vor dieser Feuerprobe ängstlich schützen wollen? Ich empfehle stattdessen, mit allergrößter Gelassenheit darauf zu vertrauen, dass sich die Wahrheit von selbst durchsetzt. Denn wenn die christliche Botschaft die Stimme der Wahrheit ist – ja, wenn sie Gottes eigene Stimme ist – wer könnte sie dann hindern, immer wieder durchzudringen?

Keiner kann's. Falsche Propheten vermögen nur, die Wahrheit zu verdunkeln und zu vernebeln, sie vermögen nicht, sie zu ändern. Und darum gilt: Ist das Evangelium wahr, so kann es gar nicht untergehen. Da mögen die Lügen kurze oder lange Beine haben – sie werden doch immer irgendwann an der Wirklichkeit zerschellen und müssen dann den Blick freigeben auf das Evangelium, das sich bewährt, wie hart man es auch prüfen mag. M. a. W.: Es liegt im Wesen unseres Glaubens, dass er die Wahrheit nicht fürchten muss, ja nicht einmal fürchten kann.

Denn wenn der Gott, an den wir glauben, der Grund aller Wirklichkeit ist, dann kann der, der in Wahrheit den Grund aller Wirklichkeit sucht, letztlich nichts anderes finden als Gott. Ist Gott die Wahrheit, so können wir uns, wenn wir uns der Wahrheit nähern, unmöglich von Gott entfernen. Sondern alle Wege der Wahrheitsfindung müssen zwangsläufig, wenn man sie nur konsequent zu Ende geht, zu Gott führen.

Zu 3.

Geben wir also unserem eigenen Glauben Gelegenheit, sich zu bewähren. Prüfen wir ohne Scheu, ob's denn auch wahr ist. Und ermuntern wir auch andere dazu. Denn wenn einer auszieht, nach der Wahrheit zu forschen, sollten wir ihn dann ängstlich zurückhalten, als wäre außerhalb unserer Kirchenmauern nicht mehr Gottes Land? Nein. Gott ist der Grund der Wirklichkeit, dessen ein Mensch zwangsläufig angesichtig wird, wenn er Irrtum, Trug und falschen Schein hinter sich lässt. Darum dürfen wir ganz gelassen sein, wenn jemand aufbricht ins Land der Vernunft, der Forschung und der kritischen Reflektion. Und statt ihn zu bremsen, sollten wir ihn sogar darin bestärken, dass er möglichst kritisch, vorbehaltlos und radikal alles prüfen und nur das Beste behalten soll. Denn wenn einer von seiner Vernunft konsequent Gebrauch macht, wird die Vernunft selbst ihn dahin führen, wo sie an ihre Grenzen stößt und auf den Glauben verweist.

Und wenn einer alle Religionen dieser Welt kennen lernt, so wird er doch keine finden, die tiefer von Gottes Zorn und Gottes Liebe zu zeugen vermag als das Christentum. Sucht der Mensch wirklich mit Fleiß und Verstand, dann wird Gott sich von ihm finden lassen – und dann kann sein Weg durchs Labyrinth unserer Zeit nirgends anders enden als dort, wo das Kreuz steht. Warum also sollten wir Mauern errichten, um unseren Glauben abzuschotten? Hat er das nötig? Was könnte die Wahrheit gefährden, welche Konkurrenz müsste sie fürchten, welchen Vergleich scheuen? Vertrauen wir also ruhig auf die Selbstdurchsetzungskraft der Wahrheit, die keine Reservate braucht, keine Krücken und keine Empfehlungsschreiben, sondern selbst die Kraft hat, Menschen zu entwaffnen und zu überführen, bis sie erkennen, dass Christus der Weg ist, die Wahrheit und das Leben.

Zu 4.

Es gibt demnach keinen Grund, wegen der vielen konkurrierenden Wahrheitsansprüche verunsichert zu sein. Bleiben wir ganz gelassen in der Gewissheit, dass Christus das letzte Wort behalten wird. Und wenn wir das Bedürfnis haben, diese Gewissheit an andere weiterzugeben, dann hüten wir uns davor, jemand zur Erkenntnis der christlichen Wahrheit überreden oder drängen zu wollen. Nein. Vielmehr werben wir am besten für die Wahrheit, wenn wir einfach in der Wahrheit leben – wenn wir also die Wahrheit nicht bloß sagen, sondern die Wahrheit praktizieren, gemäß dem Psalmwort: *„Weise mir, HERR, deinen Weg, dass ich wandle in deiner Wahrheit.“ (Ps 86,11)*

Ist uns aber nicht klar, wie man das macht, so müssen wir uns nur darauf besinnen, was Wahrheit ist: nämlich Übereinstimmung mit der Wirklichkeit. Oder weiß das nicht jedes Kind? Was ich sage oder denke ist wahr, wenn meine Gedanken übereinstimmen mit dem tatsächlich gegebenen Sachverhalt. Ein Satz ist wahr, wenn das, was er sagt, auch der Fall ist. Wahrheit ist also Übereinstimmung mit Wirklichkeit. Wenn aber Gott der Grund aller Wirklichkeit und so das Wirklichste in allem Wirklichen ist, dann muss doch wohl Wahrheit Übereinstimmung mit Gott sein – und diese Übereinstimmung eines Menschen mit Gott nennt man „Glaube“.

„Leben in der Wahrheit“ heißt also leben in Entsprechung zum Grund der Wirklichkeit, in Entsprechung zu Gott. Und solche Entsprechung erschöpft sich nicht in wahren Gedanken – nein: Auch das Handeln soll dem Gebot und Willen Gottes entsprechen. Unsere Buße soll so ernst sein wie Gottes Gericht, und unsere Hoffnung soll so groß sein wie Gottes Verheißungen. Unser Vertrauen soll so fest sein wie Gottes Treue, und unsere Freude so tief wie Gottes Liebe zu uns. Dann nämlich leben wir in Wahrheit, dann leben wir in Übereinstimmung mit der Wirklichkeit Gottes – und dann sind wir automatisch auch die beste Orientierungshilfe für umherirrende Wahrheitssucher. Denn wer die Wahrheit erkennt und in der Wahrheit lebt, sagt Christus, den wird die Wahrheit frei machen (Joh 8,32).

Ist einer aber auf diese Weise frei geworden, so braucht er keine Überredungskunst, um missionarisch zu wirken. Er gewinnt ganz von selbst eine Ausstrahlung, die alle falschen Propheten blass aussehen lässt, die religiös Suchenden anzieht und in ihnen Neugier weckt. Solche Christen sind nämlich wie blühende Rosen. Die brauchen nicht viele Worte, sondern in aller Stille verbreiten sie um sich her den Wohlgeruch der Wahrheit. Wer ihn wahrnimmt, den verlockt es, zu sein, was sie sind. Und das ist die schönste Form der Mission.

➡ *Es liegt im Wesen des Glaubens, dass er die Wahrheit (und die vorbehaltslose Suche danach) nicht fürchten muss, ja nicht einmal fürchten kann. Denn wenn Gott der Grund aller Wirklichkeit ist, dann kann, wer den Grund aller Wirklichkeit sucht, letztlich nichts anderes finden als Gott. Und ist Wahrheit Übereinstimmung mit Wirklichkeit, so wird sich am Ende der Glaube – die Übereinstimmung mit Gott – von selbst als die größte Wahrheit erweisen.*

AN GOTT …

9. Gottes Existenz

Was meinen Sie – ob es Gott wohl gibt? Zugegeben: Das ist eine ziemlich seltsame Frage für einen Pfarrer. Schließlich machte es keinen Sinn, dieses Amt auszuüben, wenn es Gott nicht gäbe. Und doch kommen wir um diese Frage nicht herum. Denn selbst wenn sie uns nicht beschäftigen sollte, so ist sie doch die Frage vieler Zeitgenossen. Wir müssen uns mit ihr schon deshalb auseinander setzen, weil es ja heute Mode geworden ist, eher nicht an Gott zu glauben – und das heißt in der einfachsten Form: einfach seine Existenz zu bestreiten.

Das Problem ist nur, dass, wenn wir als Christen unseren Glauben dagegenhalten, wir sehr schnell in eine fruchtlose Debatte hineingeraten: Da behauptet einer, es gäbe Gott gar nicht. Und wir antworten: Na klar gibt es Gott. Und wenn man dann beginnt, Argumente auszutauschen, entsteht eine weitschweifige Diskussion. Mich erinnert das dann immer an Gespräche über das Ungeheuer von Loch Ness. Die verlaufen oft ähnlich. Gibt es nun im schottischen Loch Ness ein Ungeheuer oder nicht? Einer bestreitet es – einer behauptet es. Es gibt viele Zeugen, die es gesehen haben wollen – aber nicht alle sind vertrauenswürdig. Es gibt Fotos von jenem Ungeheuer – aber die sind alle ziemlich unscharf. Es wäre biologisch durchaus möglich, dass in den besonderen Bedingungen des Loch Ness urzeitliche Plesiosaurier überlebt haben könnten – aber hätte man sie mit Echolot und U-Booten nicht längst finden müssen?

O ja, das Ungeheuer von Loch Ness gibt immer Stoff für ein interessantes Gespräch her. Und das Thema ist gerade deshalb unerschöpflich, weil niemals ein Gespräch darüber zu einem gesicherten Resultat führt: Es ist unmöglich, die Existenz jenes geheimnisvollen Wesens zu beweisen, solange man es nicht fängt. Und es ist erst recht unmöglich, zu beweisen, dass es nicht existiert. Der Streit über diese Frage geht also immer unentschieden aus.

Und ist das nicht im Streit um Gott auch immer so? Ja, tatsächlich verlaufen Diskussionen über Gott meist genauso: Für den einen gibt es klare Indizien für die Existenz Gottes, und der andere lässt diese Indizien nicht gelten. Gemeinsam durchsucht man das Universum nach Spuren Gottes, wie man einen unaufgeräumten Keller durchsucht nach einem vermissten Gegenstand. Aber man findet ihn nicht. Und dann sagt der eine: Wir haben ihn nicht gefunden, weil es ihn nicht gibt. Und der andere sagt: Wir haben ihn nicht gefunden, weil wir nicht gründlich genug gesucht haben. Der Erste verlangt Beweise, dass es Gott gibt – da muss der Zweite passen. Der Zweite verlangt den Gegenbeweis, dass es Gott nicht gibt – und da muss dann der Erste mit den Schultern zucken. Am Ende der Diskussion wird man die Frage nach der Existenz Gottes offen lassen, so wie man die Frage nach der Existenz des Ungeheuers von Loch Ness offen lassen muss:

Keiner wurde von seiner Meinung abgebracht, alle kehren zum Alltag zurück, keiner muss irgendwelche Konsequenzen ziehen, aber interessant war's doch. Nur eben fruchtlos. Denn wer ganz entschieden an Gottes Existenz glaubt oder wer daran ganz entschieden nicht glaubt, scheint in jedem Falle mehr zu behaupten, als er wissen kann. Das Vernünftigste scheint darum zu sein, dass man sich in dieser Sache nicht festlegt – und so machen es ja auch die meisten unserer Zeitgenossen. Ich für meinen Teil aber finde diese Art von Gespräch unsachgemäß. Und ich halte auch die Schlussfolgerung für schlecht begründet. Denn wer ein wenig nachdenkt, müsste darauf kommen, dass es einen Unterschied macht, ob der Diskussionsgegenstand „Gott" heißt oder „das Ungeheuer von Loch Ness".

Wären Gläubige und Ungläubige an dieser Stelle etwas kritischer gegenüber ihrer eigenen Fragestellung, so müssten sie eigentlich merken, dass Debatten, die nach dem beschriebenen Schema verlaufen, von drei falschen Voraussetzungen ausgehen:

1. Man redet von Gott wie von einem Ding unter anderen Dingen, d. h. man unterstellt, er „sei" in derselben Weise wie wir „sind", und man durchstöbert infolgedessen das Universum nach Gott, als wäre er ein Bestandteil des Universums.

2. Man ordnet die Gottesfrage jenen schwer entscheidbaren Fragen zu, die interessant sein mögen, die man aber getrost offen lassen kann, und bei denen der am wenigsten riskiert, der sich nicht festlegt.

3. Man unterstellt, christlicher Glaube sei nur möglich, wenn man die Zweifel an Gottes Existenz unterdrückt und sich wider besseres Wissen als sicher einredet, was nicht sicher ist.

Alle drei Voraussetzungen sind grundfalsch und müssen korrigiert werden:

1. Wenn man über die Existenz Gottes in derselben Weise diskutiert wie über die Existenz jenes ominösen Ungeheuers von Loch Ness, übersieht man, dass zwischen beiden ein gravierender Unterschied besteht: Das Ungeheuer von Loch Ness ist (wenn es denn existiert) jedenfalls ein Teil der kreatürlichen Wirklichkeit. Es ist ein Teil dieser Welt, den man irgendwo in dieser Welt zu suchen hat. Das ist so selbstverständlich, wie man einen Schuh im Schuhregal und einen Schraubenzieher im Werkzeugkasten sucht. Wer aber das Universum durchstöbert, um darin Gott zu finden, der hat noch gar nicht begriffen, was und wen er da eigentlich sucht. Denn Gott ist kein Bestandteil dieses Universums, er ist der Schöpfer des Universums.

Gott ist kein gasförmiges Wirbeltier, das den Himmel besiedelt, wie wir die Erde besiedeln. Gott ist kein Geschöpf – was also macht es für einen Sinn, ihn in dieser geschöpflichen Welt zu suchen? Man kann Gott nicht in der Welt finden, denn Gott ist nicht in der Welt, sondern die Welt ist in Gott. Wer also Gott sucht, wie man ein Ding unter anderen Dingen sucht, ist von vornherein auf dem Holzweg. Er mag das Unterste zuoberst kehren, es wird vergeblich sein, solange ihm die Differenz nicht bewusst wird: Gott ist nicht „Etwas", was es neben allem, was es so gibt, auch noch gibt. Gott ist kein Lebewesen, das wir in den Katalog sonstiger Lebewesen aufnehmen könnten. Er gehört nicht in die Reihe der in dieser Welt vorfindlichen Phänomene, weil für uns nur vorfindlich sein kann, was von unserer Art, was nämlich geschöpflich ist. Von allem Geschöpflichem aber ist der Schöpfer strikt unterschieden. Oder sucht man den Maler in den Bildern, sucht man den Töpfer unter den Töpfen und den Komponisten zwischen den Noten? Nein. Der Meister ist nicht das Werk, er steht dem Werk gegenüber. Warum also erwartet man, Gott als Bestandteil dieser Welt zu finden?

2. Die Gottesfrage ist eine Frage, die nicht mittels vernünftiger Beweise oder experimenteller Nachweise entschieden

werden kann. Trotzdem aber kann niemand diese Frage auf sich beruhen lassen, um gewissermaßen neutral zu bleiben. Auch hier liegt ein gravierender Unterschied zum Ungeheuer von Loch Ness. Denn wenn die Frage nach dem Ungeheuer derzeit unentscheidbar ist, dann mag das vielleicht unsere Neugier kränken. Ein echtes Problem ist es aber nicht. Denn im Grunde kann uns ja egal sein, was da in Schottlands Seen herumschwimmt oder nicht.

Mag es da etwas geben oder nicht: Auf mein Leben hat das keinerlei Auswirkungen, es kann mir von Herzen gleichgültig sein. Ich muss mich in diesem Streit nicht entscheiden. Was aber Gott betrifft, verhält es sich anders: Da muss ich entscheiden. Es bleibt mir gar nichts anderes übrig. Denn auch wenn ich die Frage nach Gott aus meinen Gedanken verdränge – ich werde durch die Art, wie ich lebe, faktisch die Entscheidung treffen, ob ich mit Gott rechne oder nicht: Ich behandle meine Kinder wie ein Geschenk Gottes oder ich behandle sie wie mein eigenes Produkt. Ich unterlasse das Böse auch im Verborgenen, weil ich damit rechne, dass Gott mich sieht, oder ich unterlasse das Böse nur, wenn ich dabei von Menschen erwischt werden könnte. Ich benehme mich in der Natur wie ein Gast in Gottes Garten oder ich führe mich in der Natur als Eigentümer und Hausherr auf. Ich finde am Sonntag den Weg in die Kirche oder ich finde ihn nicht. Ich übe mich in Nächstenliebe oder übe mich nicht. Ich vergebe meinen Schuldigern oder vergebe ihnen nicht.

In alledem entscheide ich faktisch über mein Verhältnis zu Gott, denn die Frage nach meinem Gottesverhältnis ist in jenen anderen Fragen immer mit enthalten. Und dabei ist es völlig gleich, ob ich viele Worte darum mache, dass ich es doch nicht wüsste, ob es Gott gibt und unentschieden wäre. Nein, die Ausrede gilt nicht. Denn das Tun meiner Hände und der Weg meiner Füße spricht eine viel klarere Sprache als der Mund. Mögen meine Gedanken auch der Entscheidung ausweichen, so verrät doch mein Tun, dass ich so oder so entschieden habe. Atheist oder Christ zu sein, ist nämlich gar keine theoretische, sondern eine höchst praktische Frage. Ich gehe keinen meiner alltäglichen Schritte in Neutralität: Ich gehe ihn entweder mit oder ohne Gott.

Wer sich also vornehm zurückhalten will mit der Begründung, es sei doch ein Wagnis, sich in einer unsicheren Frage auf diese oder jene Seite zu stellen, der macht sich etwas vor. Denn es ist zwar ein Risiko, an Gott zu glauben – es könnte durchaus sein, dass es ihn nicht gibt. Es ist aber kein geringeres Risiko, nicht an Gott zu glauben – denn es könnte durchaus sein, dass es ihn doch gibt. Es ist also keineswegs so wie Gottesleugner es gern darstellen: Dass der Atheist sich nüchtern auf den Boden der gesicherten Erkenntnisse stellt, während der Christ sich auf den schwankenden Boden bloßer Vermutungen begibt. Nein. Vielmehr sind hier alle in einem Boot: Alle wagen etwas, alle können mit ihrer Entscheidung falsch liegen – und doch kommt keiner um diese Entscheidung herum.

3. An dieser Stelle freilich liegt noch einmal ein großer Stolperstein. Denn so fragen uns die vielen Zweifler: Wie kannst du glauben, wenn du doch nicht genau weißt, ob es Gott gibt? Wie kann dein Glaube Gewissheit haben, wenn doch Gottes Dasein nicht gewiss ist? Musst du da nicht deinem Verstand Gewalt antun, musst du nicht ständig Zweifel unterdrücken und wider besseres Wissen so tun als sei sicher, was doch nicht sicher ist? Ist das nicht unwahrhaftig? So fragen uns die, die den Glauben von außen kennen. Wer selbst glaubt, wird sich aber darin missverstanden fühlen. Denn unwahrhaftig wäre unser Bekenntnis ja nur, wenn wir behaupteten zu wissen, was wir nicht wissen.

Als Christen behaupten wir aber gar nicht, von Gott sicheres Wissen zu haben, sondern wir sagen, dass wir an ihn glauben. Und das ist ein Unterschied. Denn im strengen Sinne weiß man nur, was man beweisen kann. Zu beweisen wäre Gottes Dasein aber nur, wenn wir ihn wie einen Tanzbären dem staunenden Publikum zur Begutachtung vorführen könnten. Das aber lässt Gott nicht mit sich machen. Er nennt vielmehr die selig, die nicht sehen und doch glauben. Und das ist keineswegs eine Zumutung. Denn der Glaube richtet sich zwar auf Gott. Er hängt aber nicht ab von Beweisen der Existenz Gottes.

Ja, es mag sogar Tage geben, wo man es nicht mal wahrscheinlich findet, dass Gott existiert. Es gibt Tage, an denen der Himmel leer und die Welt von Gott verlassen scheint. Doch daran zerbricht der Glaube nicht. Sondern es kann durchaus sein, dass er gerade an solchen Tagen an Kraft und Entschlossenheit gewinnt und sagt:

„Gott, manchmal spüre ich dich nicht. Aber auch wenn es dich nicht gäbe, würde ich immer noch an dich glauben. Ich würde ein Glaubender bleiben, auch wenn du nicht da wärst. Denn vieles in dieser Welt ist zweifelhaft und ungewiss, Gott. Eins aber ist gewiss: Wenn es dich nicht gäbe, würde ich lieber dein Nicht-Sein mit dir teilen, als in einer Welt zu leben, die ohne Sinn und Hoffnung ist, weil du ihr fehlst."

Mag sein, dass solches Festhalten an einem Gott, dessen Existenz unsicher ist, zunächst widersinnig und paradox erscheint. Und doch ist viel Erkenntnis, viel Mut und viel Freiheit in diesem Standpunkt: Es steckt die Erkenntnis darin, dass es immer noch besser wäre, im Zeichen des Glaubens zu irren, als im Zeichen des Unglaubens Recht zu haben. Es steckt der Mut darin, das eigene Schicksal bedingungslos mit Gottes Schicksal zu verknüpfen. Und es steckt darin Freiheit gegenüber den Spitzfindigkeiten unserer Vernunft, die das Dasein Gottes mal wahrscheinlich und dann wieder unwahrscheinlich finden mag. Dieser Glaube bliebe nämlich, was er ist, selbst wenn die Atheisten Recht hätten:

Oder würde ein Fisch, wenn man ihm bewiese, dass es kein Wasser gibt, deswegen ein Vogel werden? Nein: Er würde sterben – aber er bliebe ein Fisch. Oder würde ein Vogel, wenn man ihm bewiese, dass es keine Luft gibt, deswegen zum Fisch werden? Nein: Er würde zugrunde gehen – aber er bliebe ein Vogel. Darum gilt dasselbe auch von Christen: Wenn man einem Gläubigen bewiese, dass es Gott nicht gibt, so würde er deswegen kein Heide. Er wäre gescheitert, ja – aber er bliebe ein Glaubender.

Und er könnte dann immer noch sagen: Es ist besser, so groß gehofft zu haben und widerlegt zu werden, als diese große Hoffnung nie gekannt zu haben.

➡ *Gott ist als Bestandteil des Universums nicht auffind- und nicht nachweisbar, weil er kein Teil des Universums ist, sondern ihm als Schöpfer gegenübersteht. (Man sucht ja auch nicht den Komponisten zwischen den Noten.) Dass Gottes Existenz nicht „nachweisbar" ist, muss den Gläubigen aber nicht verunsichern: Er bleibt in jedem Falle, was er ist. Auch ein Fisch, dem man bewiese, dass es das Meer nicht gibt, würde deswegen ja nicht zum Vogel.*

10. Gottes Gottheit

Haben sie einmal versucht, den Wind einzufangen? Haben sie einmal versucht, mit einem Eimer das Meer leerzuschöpfen? Haben sie einmal versucht, einen Sonnenstrahl mit den Händen zu erhaschen und in einen Koffer zu sperren? Kleine Kinder versuchen das manchmal. Und wenn ich sie dabei beobachte, dann denke ich: Ja, so ist das auch, wenn wir von Gott reden. Wenn wir Menschen von Gott reden und versuchen, ihn zu beschreiben, wenn wir ihn mit den Mitteln unserer Sprache einzufangen versuchen, dann ist das ähnlich aussichtslos. Kinder denken, sie könnten den Wind in einer Tüte einfangen und mit nach Hause nehmen – und wir lächeln über sie. Doch wenn wir Erwachsenen versuchen, Gott mit Worten dingfest zu machen, wenn wir sagen „so und so ist er" – ist das dann nicht auch zum Lachen?

Gerade wer von Berufs wegen über Gott Auskunft zu geben hat, weiß, wie schwer das ist. Denn neugierige Menschen wollen ja alles wissen: Wie sieht Gott aus, wo wohnt Gott? Was denkt Gott, wie alt ist er? Weiß Gott alles, sieht er alles, ist er groß oder klein? Ist Gott durchsichtig? Ist Gott nur im Himmel oder auch auf der Erde? Hat Gott Gefühle wie wir? Tausendfältig sind diese Fragen. Dahinter aber steht nur ein Wunsch: Dass man sich nämlich eine möglichst konkrete Vorstellung von Gott machen will. Dieser Wunsch ist verständlich – natürlich: Man kann schließlich nicht immer dieses Wort benutzen „G-O-T-T", ohne dass man erklären könnte, was es bedeutet. Eigentlich kann man verlangen, dass jemand, der ein Wort benutzt, auch in der Lage sein muss, präzise zu beschreiben, was das Wort meint.

Und doch: An diesem Punkt müssen wir Theologen die Fragenden enttäuschen. Denn so sehr unsere Sprache taugt, um Dinge dieser Welt zu beschreiben, so sehr versagt sie doch, wenn es um Gott geht. Er sprengt unsere Vorstellungskraft, er überschreitet das Fassungsvermögen unserer Gedanken und unserer Sprache. Und kluge Menschen haben daraus schon gefolgert, es sei besser, von Gott zu schweigen und sich auf die stille Anbetung seines Geheimnisses zu beschränken. Schweigen ist hier allemal besser als Schwätzen.

Was aber, wenn uns die Menschen nach Gott fragen? Uns bleibt dann nichts übrig als von Gott zu stammeln und immer dazu zu sagen, dass unser Reden dem Gegenstand eigentlich unangemessen ist. Auch in diesem Buch! Denn wir wenden weltliche Begriffe an auf den, der doch nicht von dieser Welt ist. Wir sprechen von Gottes Hand und von Gottes Angesicht, von Gottes Willen und von Gottes Plänen gerade so, als wäre er Unseresgleichen. Und wir können das eigentlich nur verantworten, wenn wir die Unangemessenheit unseres Redens immer mit benennen. Ja, wer uns von Gott reden hört, muss merken, dass unsere Gedanken dabei auf Krücken gehen, und er muss merken, dass das, was wir eigentlich meinen, jenseits der Grenze des Benennbaren liegt. Denn wie könnten unsere Gedanken Gottes habhaft werden? Wie könnten wir je über ihn Bescheid wissen? Über Gott Bescheid wissen hieße über Gott zu verfügen – und das dürfen wir uns nicht einmal wünschen.

Darum können wir die, die Gott suchen, nur mit den Mitteln der Sprache über den Einzugsbereich unserer Sprache hinausverweisen auf einen Punkt, der außer unserer Reichweite ist. Und wir können ihnen die Regel einprägen, dass immer dann, wenn wir meinen, Gott begriffen zu haben, das, was wir begreifen, mit Sicherheit nicht Gott ist, sondern irgendetwas anderes. Wenn das jemandem aber nicht reicht? Wenn einer unbedingt eine Vorstellung von Gott haben will? Nun – dann kann man zunächst einmal die Geschichte vom König erzählen, der Gott sehen wollte:

In einem fernen Lande lebte einst ein König, den am Ende seiner Tage die Schwermut befiel. „Seht“, sagte er, „nun habe ich in meinem Leben alles, was nur ein Mensch erleben und mit den Sinnen aufnehmen kann, erfahren, gehört und gesehen. Nur eines habe ich nicht gesehen in meinem ganzen Leben: Gott habe ich nicht gesehen. Ihn wünsche ich noch zu sehen.“ Der König erließ an alle Machthaber, Weisen und Priester den Befehl, ihm Gott zu zeigen. Schwerste Strafen wurden ihnen angedroht, wenn es ihnen nicht gelänge. Der König gewährte eine Frist von drei Tagen. Trauer kam über die Einwohner des königlichen Palastes, und alle warteten auf ihr bevorstehendes Ende. Genau nach drei Tagen um die Mittagszeit ließ der König sie vor sich rufen. Der Mund der Machthaber, der Weisen und Priester aber blieb stumm.

In seinem Zorn war der König schon bereit, das Todesurteil auszusprechen. Da kam ein Hirte vom Felde, der von des Königs

Befehl gehört hatte, und sagte: „Erlaube mir, König, deinen Wunsch zu erfüllen!" – „Gut", sagte der König, „aber bedenke, es geht um deinen Kopf." Da führte der Hirte den König auf einen freien Platz und zeigte ihm die Sonne. „Sieh hin", sagte er. Der König hob seine Augen und wollte die Sonne ansehen. Aber der Glanz blendete ihn und er senkte den Kopf und schloss die Augen. „Willst du, dass ich erblinde?", sagte er zu dem Hirten. „Aber König", sprach der Hirte, „das ist doch nur ein Ding der Schöpfung, ein schwacher Abglanz der Größe Gottes, ein kleines Fünkchen seines flammenden Feuers. Wenn du schon die Sonne nicht anschauen kannst, wie willst du dann mit deinen schwachen, tränenden Augen Gott sehen? Suchst du Gott, so suche ihn auf andere Weise." Die Antwort gefiel dem König. Er sah ein, dass sein Wunsch vermessen gewesen war, belohnte den Hirten reich und ließ ihn gehen.

Eine wichtige Lektion wird uns in dieser Geschichte erteilt: Sie lehrt uns, dass unser sonst so stolzer Erkenntnisdrang ohnmächtig Halt machen muss vor Gottes Geheimnis. Sie lässt uns begreifen, weshalb wir beschränkten Geister unsere Neugier gegenüber Gott zügeln müssen. Und sie hilft uns, den tieferen Sinn des alttestamentlichen Bilderverbotes zu entdecken.

Denn wenn es in den Zehn Geboten heißt „Du sollst dir kein Bildnis machen, um es anzubeten", dann steckt darin eben diese Einsicht: Gott ist zu groß, Gott ist zu heilig und einfach zu verschieden von allem, was wir kennen, als dass er mit den Mitteln dieser Welt abgebildet und sichtbar gemacht werden könnte. Und Gott weiß das natürlich. Er weiß, dass auch der größte Künstler nie ein Bild, sondern immer nur ein Zerrbild Gottes würde herstellen können. Und weil er nicht will, dass solche Zerrbilder uns in die Irre führen, hat er uns schon den Versuch von vornherein verboten.

Nur darf man das nicht missverstehen, so als ob Gott uns ahnungslos lassen und uns restlos verborgen bleiben wollte. Nein, keineswegs! Gott will nicht, dass die Gottsucher resignieren müssen. Vielmehr hat Gott sich die Darstellung seiner selbst nur vorbehalten, um sich sehen zu lassen, wann und wie es ihm gefällt. Gott wollte es selbst übernehmen, uns ein treffendes Bild, ein autorisiertes, unverfälschtes Bild von sich zu geben. Und das kann uns trösten, wenn unser Denken Gottes Wirklichkeit nicht erreicht. Denn Gott hindert uns zwar daran, auf eigene Faust in sein Geheimnis einzudringen – aber er tut es nur, weil er uns dieses Geheimnis selbst kundtun will. Gott untersagt uns zwar, ihn auf diese oder jene Gestalt festzulegen – aber er untersagt uns das nur, weil er sich selbst eine für uns greifbare Gestalt geben wollte:

Diese einzig sichtbare Gestalt Gottes, dies einzig authentische Bild Gottes ist Jesus Christus. Wenn also einer unbedingt Gott sehen will, dann hilft nur eines: Er muss auf Christus schauen, auf den Gekreuzigten und Auferstandenen. Denn nirgendwo sonst ist Gott uns zugänglich, nirgendwo sonst können wir einen Blick in Gottes Herz tun, als nur dort, wo Christus steht: In ihm erkennen wir die sich für uns hingebende und im Tod über den Tod triumphierende Liebe Gottes.

Darum – wäre ich jener Hirte gewesen, so hätte ich es wohl zuerst ebenso gemacht und hätte den neugierigen König in die Sonne blicken lassen, um ihm die Grenzen seiner Augen und seines Verstandes zu zeigen. Dann aber hätte ich ihm in der nächstgelegenen Kirche das Kreuz Jesu Christi gezeigt. Denn die Unaussprechlichkeit und Unbegreiflichkeit Gottes ist nur die halbe Wahrheit. Es bleibt zwar dabei: Wer Gott dort sucht, wo er nicht gefunden werden will, wer Gott mit dem Auge sehen und mit dem Verstand erfassen will, muss dabei scheitern. Zugleich aber gilt, dass Gott die Distanz, die wir nie hätten überwinden können, in Christus überwunden hat. Und nur darum ist Gotteserkenntnis möglich: Weil es Gott gefiel, sich in Christus eine Gestalt zu geben, die unserem Fassungsvermögen angemessen ist. Der Herr des Himmels wurde einer von uns, um uns auf Augenhöhe begegnen zu können. Und das ist ein großes Glück.

Denn wer das weiß, braucht nicht mehr traurig darüber zu sein, dass alle Gotteserkenntnis, die Menschen auf eigene Faust erringen wollen, kläglich scheitert. Er muss Gott nicht mehr in fernen Himmeln suchen, muss nicht nach Tibet pilgern, um sein Bewusstsein zu erweitern, muss nicht Philosophie studieren und nicht die Sterne befragen. Sondern wer Gott sucht, findet Christus an seiner Seite und stellt fest, dass er durch ihn alles erfährt: Nicht alles, wonach unsere Neugier fragt. Aber alles, was wir wissen müssen, um Frieden zu finden. Denn Gott hat sich sehen lassen in Christus und hat uns sehend gemacht durch seinen Heiligen Geist.

➟ *Gott überschreitet das menschliche Fassungsvermögen so sehr, dass die angemessenste Rede von Gott immer die ist, die ihre Unangemessenheit benennt und die Gottsuchenden mit den Mitteln der Sprache über den Einzugsbereich unseres Sprechens und Denkens hinaus verweist. Wir vermögen uns kein Bild von Gott zu machen und wir dürfen es auch nicht, denn Gott hat sich vorbehalten, selbst das einzige authentische und treffende Bild Gottes zu geben: Jesus Christus.*

11. Gottes Ewigkeit

Mit jedem neuen Jahr breitet Gott 365 nagelneue Tage vor uns aus: 52 lange Wochen, zwölf ganze Monate. Er schenkt uns viel Zeit. Doch seltsam: Viele Menschen sagen, sie hätten keine Zeit. Sie rennen und hasten durchs Leben, als wäre Zeit ein knapper Rohstoff, der nur noch heute zur Verfügung steht.

Bedauerlich ist das – und doch auch verständlich. Denn in der Tat weiß ja keiner von uns, wann seine Zeit aufgebraucht ist. Denken wir zurück an die 2000 Jahre, die seit Christi Geburt vergangen sind, so erscheint uns dieser Zeitraum wie eine Ewigkeit. Und mit Erschrecken wird uns bewusst, dass unser eigenes Dasein geschichtlich betrachtet dem Leben einer Eintagsfliege gleicht. Mag es auch 80 oder 90 Jahre währen, so ist es doch nicht mehr als eine Momentaufnahme, ein kurzer Augenblick, ein kleines Gastspiel, das wir auf Erden geben. Haben wir es wohl deswegen immer so eilig?

Ja, hinter unserem Bemühen, den gegenwärtigen Tag voll auszuschöpfen, steht wahrscheinlich die Erfahrung, dass das, was wir unsere Gegenwart nennen, nur eine kurze Momentaufnahme ist im Fluss der Zeit: dass sie jetzt sitzen und lesen, das war gestern noch nicht wahr und nicht sicher. Es war verborgen im dunklen Raum des noch Zukünftigen, so dass sie gestern nicht mit Bestimmtheit hätten sagen können, dass sie heute sitzen und lesen würden. Jetzt im Moment ist es Wirklichkeit. Aber – ach je: In ein paar Stunden ist es schon wieder Vergangenheit, ist es hineingestürzt in den Abgrund des Nicht-mehr-Wirklichen, das mühsam erinnert werden muss, wenn es präsent sein soll.

Zwischen dem „noch-nicht“ der Zukunft und dem „nichtmehr“ der Vergangenheit dehnt sich eben nur der schmale

Spalt des jetzt gegenwärtigen Augenblickes: Jetzt währt er noch – doch in der nächsten Sekunde hat ihn schon der reißende Fluss der Zeit hinweggespült. Gewiss – wir sind daran gewöhnt. Wir haben es nie anders gekannt. Und doch: Welches Elend liegt in dieser Flucht unserer Zeit! Welche Not bereitet uns diese unaufhaltsame Bewegung! Mal haben wir zu wenig Zeit, dann wieder zu viel. Mal verfliegt unsere Zeit, mal dehnt sie sich quälend. Wir versuchen sie zu sparen, aber oft wird sie uns gestohlen. Wir wünschen bestimmte Zeiten herbei und fürchten zugleich, sie zu verpassen. Wir sind Gefangene des Zeitenlaufes – und diese Gefangenschaft ist oft schmerzlich:

Denn woran unsere Seele hängt, das liegt nicht allemal in der Gegenwart. Für viele von uns liegt das, wonach sie sich sehnen, in ungewisser Zukunft. Und für viele andere liegt es schon fern in der Vergangenheit, die sie nicht wiederholen können. Wir reisten gerne vor oder reisten gern zurück in der Zeit, oder wir hielten wenigstens gerne die Gegenwart fest. Wie auf einem Videorecorder würden wir gerne den Film unseres Lebens vorspulen und zurückspulen und würden gerne auch einmal auf die Tasten „Standbild", „Zeitlupe" oder „Schneller Vorlauf" drücken.

Aber wenn sich unser Leben einem Videofilm vergleichen lässt, dann hat man uns jedenfalls die Fernbedienung für den Videorecorder weggenommen. Wir haben keinen Einfluss auf den Ablauf unserer Lebenszeit, nicht auf den Anfang und nicht auf ihr Ende. Und als dergestalt Gefangener des Zeitenlaufes kann man schon ein wenig neidisch werden, wenn man liest, was der 102. Psalm über Gottes Ewigkeit sagt:

„Mein Gott, ... Deine Jahre währen für und für. Du hast vorzeiten die Erde gegründet, und die Himmel sind deiner Hände Werk. Sie werden vergehen, du aber bleibst; sie werden alle veralten wie ein Gewand; wie ein Kleid wirst du sie wechseln, und sie werden verwandelt werden. Du aber bleibst, wie du bist, und deine Jahre nehmen kein Ende." (Ps 102, 25-28)

Ja, Gott ist der „Ewige" – das sagt die Bibel viele hundert mal. Aber verstehen wir auch, was das heißt? Ewigkeit ist für uns ein schwerer Gedanke. Denn so sehr sind wir gefangen im Zeitenlauf, so selbstverständlich ist er uns, dass wir uns „Ewigkeit" nicht wirklich vorstellen können.

Ich spüre das regelmäßig, wenn mir die Kinder in der Grundschule Fragen stellen. „Wie alt ist Gott?" wollen sie wissen. „Wer hat Gott gemacht?" „Was hat Gott getan, bevor er die Welt schuf?" „Langweilt sich Gott manchmal?" „Wird er müde?" „Stirbt Gott, wenn er mal ganz alt ist?" All das sind Fragen, bei denen die Kinder ganz selbstverständlich Gott in der Zeit denken. Sie setzen voraus, dass er – wie sie – eine Vergangenheit, eine Gegenwart und eine Zukunft hat, dass natürlich etwas vor ihm gewesen sein und etwas nach ihm kommen müsste. Sie schließen von sich selbst auf Gott und folgern, auch er müsse doch einen Anfang und ein Ende in der Zeit haben.

Ich sage dann: Ihr irrt euch! Gott unterliegt nicht dem Werden und Vergehen wie wir. Er wurde nicht, sondern er war schon immer. Er verschwindet auch nicht, sondern wird immer sein. Er wird nicht älter und nicht müde. Alle Zeit vergeht – Gott aber bleibt immer, der er ist. Doch noch während ich das sage, machen mir die ungläubigen Gesichter der Kinder deutlich, dass solchen Erklärungsversuchen enge Grenzen gesetzt sind. Denn „Ewigkeit" – wer kann sich das wirklich vorstellen? Was wir uns denken können, ist höchstens eine unbegrenzte Verlängerung der Zeit in die Vergangenheit und in die Zukunft hinein, ein Leben ohne Anfang und Ende. Ewigkeit aber ist im Grunde noch sehr viel mehr: Ewigkeit ist nicht nur verlängerte Zeit, sondern Ewigkeit ist der Gegensatz der Zeit. Ewigkeit ist keine besonders große Wegstrecke innerhalb der Zeit, sondern Ewigkeit ist ein Standpunkt jenseits aller Zeit. Ewigkeit ist keine Steigerung der Zeiten, sondern eine völlig andere Qualität.

Gott existiert also nicht in der Zeit wie wir – nur viel länger. Sondern Gott steht jenseits der Zeit als Grund und Ursache aller Zeit. Ihm ist darum Vergangenes, Gegenwärtiges und Zukünftiges gleich nah und gleich präsent. Für uns gibt es das alles nur in geordnetem Nacheinander. Für Gott ist es alles jetzt. Und darum ist auch die Frage sinnlos, was denn wohl Gott gemacht habe, bevor er die Welt schuf. Denn Gott schuf die Welt nicht in der Zeit, sondern mit der Welt zugleich schuf er auch die Zeit. Bevor er die Zeit schuf, war also keine Zeit, sondern allein Gottes Ewigkeit. In der Ewigkeit aber gibt es kein „früher" und kein „später". Und darum ist Gott unsere Gegenwart nicht gegenwärtiger als unsere Vergangenheit und unsere Zukunft auch. Wir dürfen also nicht zu kurz greifen, wenn wir von Gottes Ewigkeit sprechen: Seine Ewigkeit ist nicht bloß ewig verlängerte Zeitlichkeit, sondern seine Ewigkeit ist aller Zeitlichkeit enthobene Freiheit gegenüber der Zeit.

Wenn Sie sich das nun aber nicht vorstellen können, so machen Sie sich nichts daraus. Denn keiner von uns kann sich das vorstellen. Gottes Sein steht nun einmal im krassen Gegensatz zu all unserem Sein. Dass Gottes Ewigkeit unseren Horizont sprengt, ist also kein Wunder. Und es ist auch kein Schaden. Sondern wenn es uns bewusst wird, ist es lediglich Anlass, einmal mehr den Hut zu ziehen vor Gottes Geheimnis. Wir spüren dabei die Fremdheit und Distanz zu Gottes ewiger Majestät – aber das ist auch ganz in Ordnung so.

Denn erst, wenn wir jene Distanz ermessen haben, werden wir begreifen können, was da Aufregendes geschah, als der ewige Sohn Gottes auf Erden inmitten der Zeit erschien. Da verbanden sich nämlich zwei Dinge, die sich nach menschlichem Ermessen gar nicht verbinden können. Und es geschah dabei nicht nur etwas mit dem ewigen Gott, es geschah auch etwas mit der Zeit, in die er einging. Denn als Christus den Frieden der himmlischen Welt hinter sich ließ, konnte das ja nicht ohne Folgen bleiben: Der Ungewordene und Unvergängliche setzte sich dem Werden und Vergehen aus. Der, der ohne Anfang und ohne Ende ist, nahm einen Anfang in Bethlehem und nahm ein Ende auf Golgatha. Der, der die Zeit geschaffen hat, wurde ein Teil dessen, was er geschaffen hat, und stieg aus sicherer Höhe hinab in den reißenden Fluss. – Erstaunlich genug!

Warum aber das? Doch nur darum, damit wir Eintagsfliegen, die es wohl verdient hätten, mit der Zeit zu vergehen, den Rockzipfel der Ewigkeit ergreifen und gerettet werden können. Woran sonst hätten wir Gefangenen der Zeit uns festhalten sollen? Es steht ja nichts still und nichts bleibt fest in der Zeit – alles fließt. Christus aber kam und blieb – und mit ihm bleiben nun die Seinen. Alles fällt, er aber steht, und mit ihm stehen wir. In dieser Welt rollen die Tage dahin, wie die Wellen auf dem Meer. Die einen gehen, die anderen kommen, keine kann verweilen. Wir aber dürfen bekennen, dass inmitten der Zeit etwas von ewiger Bedeutung geschah: Der ewige Gott ging ein in die Zeit, die er geschaffen hatte, und sprach sein barmherziges Wort: Jenes Evangelium, jene unglaubliche Botschaft, dass die Vergänglichkeit, unter der wir leiden, vergänglich ist.

Danach aber war die Zeit nicht mehr dieselbe. Und auch die Ewigkeit wandelte sich. Denn Christus stieß die Tür zwischen Zeit und Ewigkeit auf, damit sie uns nicht mehr von Gott trennt. Und er lehrte uns, Gottes Ewigkeit nicht zu betrachten als etwas Fremdartiges, das Gott sich vorbehalten hat, sondern als etwas, das er uns „mitteilen", ja, das er „mit uns teilen" will. So hat die Ewigkeit schließlich dreifachen Sinn für uns bekommen:

– Sie ist Ausdruck der Gottheit Gottes und flößt uns zu Recht Ehrfurcht ein.

– Sie gibt uns Gewähr dafür, dass Gott sich nicht morgen alles anders überlegt, sondern dass er mit unveränderlicher Treue und mit der Verlässlichkeit des Ewigen an dem festhält, was er uns in Christus zugesagt hat.

– Sie wird uns von Gott zum Geschenk gemacht: Als der ewige Gott in der Zeit erschien, tat er damit kund, dass er, was er zeitlich schuf, nicht mit der Zeit vergehen lassen will. Sondern ohn' all Verdienst und Würdigkeit hat er uns Eintagsfliegen dazu bestimmt, an seinem ewigen Leben teilnehmen zu dürfen.

Ich meine, dies ist es, woran man denken sollte, wenn die Zeit mal wieder durch die Finger rinnt: Mag da auch Geliebtes in der Vergangenheit verschwinden, mag da auch Gefürchtetes aus der Zukunft auf uns zukommen. Wir haben dennoch Grund, die Wandlungen der Welt gelassen zu nehmen: Vertrauensvoll und dankbar, weil unser Gott bleibt, der er ist – heute, morgen und auf ewig.

➟ *Gottes Ewigkeit ist keine ins Endlose gedehnte Zeitlichkeit, sondern eine aller Zeitlichkeit enthobene Freiheit gegenüber der Zeit. Gottes Ewigkeit ist also keine quantitative Steigerung der Zeit, sondern eine ganz andere Qualität. Umso erstaunlicher ist es, dass der Ungewordene und Unvergängliche als Jesus Christus in die Zeit einging, um uns vergänglichen Kreaturen Anteil an seiner Ewigkeit zu gewähren.*

12. Gottes Allgegenwart

Wer Kinder hat, wird es wissen: Kinder stellen die allerbesten und allerschwersten Fragen. Fragen, die uns durch ihre einfache Kürze und Direktheit entwaffnen und unser vermeintliches Wissen sehr auf die Probe stellen.

Eine solche Frage, die mir meine Tochter einmal stellte, lautet: „Wo ist Gott?" So schlicht die Frage ist, so schwer ist sie auch zu beantworten: „Wo ist Gott?" Es schossen mir da verschiedene mögliche Antworten durch den Kopf: Sollte ich sagen „Gott ist im Himmel" oder lieber „Gott ist überall"? Sollte ich sagen „Gott wohnt in der Kirche" oder einfach „Gott ist bei uns"? Oder sollte ich die Frage vielleicht zurückweisen, weil sie auf dem Missverständnis beruht, Gott sei ein körperliches Wesen, das man lokalisieren könnte? Nun – ich glaube, ich habe damals ziemlich herumgestammelt. Und meine Tochter war mit meinen Antwortversuchen nicht sehr zufrieden.

Darum will ich der vertrackten Frage nach dem Ort Gottes einmal genauer nachgehen:

1. Die erste Ortsangabe, die uns einfällt, wenn Kinderaugen uns fragend anblicken, lautet wahrscheinlich „Gott ist im Himmel". Und in der Tat kann man sich dafür ja auf die Bibel und auf Jesus selbst berufen. Hat Jesus nicht seine Jünger gelehrt zu beten „Vater unser in dem Himmel"? Es scheint also, dass wir mit dieser Auskunft auf der sicheren Seite wären. Nur – wenn dann die neugierigen Kinderaugen zu den Wolken wandern, haben wir ein Problem. Denn wenn sie dann in den sommerlichen Himmel blinzeln, um zwischen den fliegenden Wolken hindurch vielleicht einen Blick auf Gott zu werfen, entdecken sie nichts – oder höchstens einen Düsenjet. Und wir merken, dass sich das Verhältnis des Menschen zu jenem Himmel da oben seit der Zeit Jesu verändert hat:

Damals war der Himmel der Inbegriff des für Menschen unzugänglichen Raumes und dadurch eine geeignete Metapher für den Raum Gottes. „Im Himmel" hieß: Außer unserer Reichweite, jenseits, uns entzogen, überlegen, weit über uns, zu hoch für uns. Heute aber ist uns der Himmel zugänglich geworden. Luft- und Raumfahrt haben ihn für den Menschen erschlossen, und jeder, der schon mal mit einem Urlaubsflieger nach Mallorca gejettet ist, weiß, wie die Wolken von oben aussehen. So haben Luft- und Raumfahrt für den Reisenden zwar Vorteile gebracht. Zugleich aber haben sie den Himmel als Symbol für die Weltüberlegenheit und Ferne Gottes unbrauchbar werden lassen. Spätestens seit Juri Gagarin, der erste sowjetische Kosmonaut, von seinem ersten Weltraumflug zurückkehrte und der staunenden Öffentlichkeit verkündete, er habe unterwegs im Weltall Gott nicht gesehen – es gebe Gott also gar nicht – müssen wir anders vom Himmel reden.

So nämlich, dass naive Verwechslungen ausgeschlossen sind: Jeder muss wissen, dass das wolkenverhangene Blau da über uns nicht der Wohnort Gottes ist. Denn heute, da wir den Himmel bereisen können, bringt der Satz „Gott ist im Himmel" nicht mehr Gottes Unumschränktheit zum Ausdruck, sondern ist – wörtlich genommen – sogar eine Einschränkung Gottes. Gott wird dadurch im Himmel lokalisiert. Ist er aber da oben irgendwo ausfindig gemacht, wo der Himmel ist, so wird man folgern, dass er auf der Erde nicht ist. Gott wird damit in seine begrenzte himmlische Provinz verwiesen: Die Wolken sind dann sein Reservat und sein Refugium, während die Erde anderen Mächten vorbehalten bleibt. Und das ist ziemlich genau das Gegenteil von dem, was Jesus sagen wollte, als er uns zu beten lehrte „Vater unser in dem Himmel". Was aber können wir unseren Kindern antworten, wenn wir das problematisch gewordene Bild vom „lieben Gott im Himmel" vermeiden wollen?

2. Sollen wir ihnen lieber sagen: „Gott ist überall"? Auch dabei hätten wir festen biblischen Boden unter den Füßen. Denn der 139. Psalm bezeugt in jeder Zeile Gottes Allgegenwart:

„Herr, ... ich gehe oder liege, so bist du um mich und siehst alle meine Wege. Denn siehe, es ist kein Wort auf meiner Zunge, das du, HERR, nicht schon wüsstest. Von allen Seiten umgibst du mich und hältst deine Hand über mir. Diese Erkenntnis ist mir zu wunderbar und zu hoch, ich kann sie nicht begreifen. Wohin soll ich gehen vor deinem Geist, und wohin soll ich fliehen vor deinem Angesicht? Führe ich gen Himmel, so bist du da; bettete ich mich bei den Toten, siehe, so bist du auch da. Nähme ich Flügel der Morgenröte und bliebe am äußersten Meer, so würde auch dort deine Hand mich führen und deine Rechte mich halten." (Ps 139, 3-10)

Ja, unter Berufung auf den 139. Psalm scheint klar, dass wir auf jene Frage „Wo ist Gott?“ getrost mit der Gegenfrage antworten dürfen: „Wo ist Gott nicht?“ Gott ist nämlich an keinem speziellen Ort, weil er an jedem Ort ist. Er umgibt uns wie die Luft, die wir atmen – so allgegenwärtig und so selbstverständlich, dass wir gar nicht merken, dass er da ist. Ja, wir schwimmen sozusagen in Gott wie Fische im Wasser. Paulus sagt nämlich zu den Athenern: *„Gott ist nicht ferne von einem jeden unter uns. Denn in ihm leben, weben und sind wir ...“ (Apg 17,27-28)*

Gott ist also überall. Er ist klein genug, um in jedem Wurm und in jedem Staubkorn drinnen zu sein. Und er ist groß genug, um Himmel und Erde zu umfassen. Er ist in uns und wir sind in ihm. Er ist in allem, alles ist in ihm und nichts ist außerhalb von ihm. Denn wäre Gott irgendwo nicht, zöge er sich mit seiner schöpferischen Kraft aus irgendeinem Winkel der Welt zurück, so zerfiele dieser Teil der Welt augenblicklich in nichts. Nichts, was ist, könnte eine Sekunde sein, wenn es nicht wäre in Gott und durch Gott. Darum ist es völlig korrekt, wenn wir sagen „Gott ist überall“. Und doch hat die Sache wieder einen Haken, so wie schon das mit dem Himmel einen Haken hatte.

Denn so richtig die Auskunft ist – „Gott ist allgegenwärtig“ – so überfordert sie doch unseren Verstand: Oder können sie sich eine Person vorstellen, die überall gleichzeitig ist? Diese Abstraktion dürfte nicht nur für Kinder zu hoch sein, sondern auch für Erwachsene. Denn Personen kennen wir nur in Verbindung mit einem Leib – und ein Leib nimmt immer nur begrenzten Raum ein. Die Vorstellung, eine Person sei überall, ist darum mehr oder weniger identisch mit der Vorstellung, die Person sei nirgends. „Überall“ und „nirgends“ – das ist für uns irgendwie dasselbe. Denn wer nirgends nicht ist, ist anscheinend überall ein bisschen. Und wer überall ein bisschen ist, ist nirgends richtig – oder? Deshalb scheint uns die Auskunft „Gott ist überall“ eigentlich weniger eine Ortsangabe zu sein, als die Verweigerung einer Ortsangabe.

Man könnte freilich sagen: Das ist eine gut begründete Verweigerung. Denn nie ist Gott so „da“, dass man mit dem Finger auf ihn zeigen könnte. Aber leider unterscheiden die meisten Menschen wenig zwischen „nicht-da-sein“ und „nichtsein“. Ist Gott nicht da oder dort, so ist er für viele gar nicht.

Sie stellen sich vor, die Wirklichkeit bestehe nur aus begrenzten materiellen Körpern in dreidimensionalen Räumen. Und sagen wir ihnen, Gott sei unsichtbar und erfülle jeden Raum, so folgern sie nur: Aha, Gott ist gasförmig. Das ist natürlich Unsinn. Aber was soll man machen? Natürlich könnte man mit diesen Leuten zu einem Höhenflug der Abstraktion starten:

Man könnte ihnen erklären, dass die uns bekannten vier Dimensionen nur ein Ausschnitt der Wirklichkeit sind. Man könnte ihnen plausibel machen, dass es neben Höhe, Breite, Tiefe und zeitlicher Erstreckung wahrscheinlich noch weitere Dimensionen gibt, von denen wir nichts wissen. Und man könnte sie zu der Einsicht führen, dass wenn schon die geschöpfliche Wirklichkeit über unser dreidimensionales Denken hinaus reicht, doch erst recht der Schöpfer unsere Maßstäbe sprengen muss.

Wie gesagt, einen solchen Höhenflug der Abstraktion könnte man unternehmen und hätte am Ende vielleicht ein interessantes philosophisches Gespräch geführt. Aber wäre damit meiner Tochter geholfen, die doch wissen will, wo Gott ist? Nein: Sie würde wohl staunen über jenen Gott, der in allem drin ist und doch von nichts umschlossen wird, der die Welt erfüllt und doch zugleich über und außer allem Weltlichen ist. Aber wüsste sie denn hinterher, wo sie ihn suchen soll? Nein.

Sie wäre belehrt, aber nicht befriedigt. Denn hinter der Frage „Wo ist Gott“ steht ja nicht nur Neugier. Dahinter steht zugleich der Wunsch, ihm begegnen zu können. Man erkundigt sich nach dem Ort Gottes, um ihn an seinem Ort aufsuchen und ihn dort treffen zu können. Man erkundigt sich, um den Weg zu Gott zu finden und seiner angesichtig zu werden. Wenn aber die Antwort lautet: Er ist überall, so ist das unbefriedigend. Denn ich greife zwar in die Luft und glaube, dass er da ist. Ich fasse ein Holz und glaube, dass er drin ist. Ich trinke Wasser und weiß Gott gegenwärtig auch in diesem Wasser. Aber das alles ist nichts nütze, weil diese Form seiner Gegenwart ganz unpersönlich bleibt. Gott ist zwar da, aber er ist nicht für mich da.

3. Darum müssen wir lernen, was schon Luther wusste: Es ist ein Unterschied zwischen Gottes Gegenwart und unserem Greifen. Denn Gott ist zwar überall gegenwärtig, aber er ist es

in freier und ungebundener Weise. Er ist zwar da, aber du kriegst ihn nicht zu packen. Er ist immer da, aber er ist nicht immer für dich da. Sondern nur dann ist er für dich da, wenn er sich durch sein Wort an einen bestimmten Ort gebunden hat. Nur dort kriegst du ihn zu packen, wo er gesagt hat: Da sollst du mich packen. Nur dort finden wir ihn, wo er von uns gefunden werden will. Denn nur an diesen bestimmten Orten hat Gott sich unserem beschränkten Vorstellungsvermögen angepasst. Er hat an bestimmten Stellen in dieser Welt Wohnung genommen, damit wir ihm dort in Raum und Zeit begegnen können. Und welche Orte das sind, ist kein Geheimnis:

– Gott wohnt auf Erden im Hause Gottes, im Gotteshaus, in unserer Kirche, denn der Gemeinde Jesu Christi, die hier Gottesdienst feiert, hat er versprochen: *„... wo zwei oder drei versammelt sind in meinem Namen, da bin ich mitten unter ihnen." (Mt 18,20)*

– Gott wohnt im Sakrament, das er seiner Kirche anvertraut hat, nämlich insbesondere in Brot und Wein beim Abendmahl. Hier schließt er seine ganze Kraft und Gottheit ein in ein bisschen Wein und Brot. Er macht sich ganz klein, damit wir den in uns aufnehmen können, der sagte: „Das ist mein Blut, das ist mein Leib, für euch gegeben."

– Und schließlich wohnt Gott auch in unseren Mitmenschen, die unserer Hilfe bedürfen. Er schaut uns an durch die Augen der Armen und der Kranken und der Einsamen. Denn er sprach: *„Was ihr getan habt einem von diesen meinen geringsten Brüdern, das habt ihr mir getan." (Mt 25,40)*

Wer also wollte da noch jammern, er wüsste nicht, wo Gott ist, und könne ihn nicht finden? Nein, müssen wir dem sagen: Suche Gott nicht im fernen Himmel, suche ihn nicht in der Abstraktion und suche ihn auch nicht in dir selbst. Suche ihn vielmehr dort, wo der Allgegenwärtige dir gegenwärtig und dir fasslich sein will:

Stecke deine Nase in die Bibel, suche Gott in der Kirche, suche ihn im Abendmahl und suche ihn in den Gesichtern der Armen und Bedürftigen. Du wirst ihn zwar nie mit dem Zollstock ausmessen und auch nicht mit deinen Gedanken, du wirst ihn nie mit den Fingern greifen und nie in eine Schublade stecken können. Das aber heißt Gott fassen und ergreifen, wenn dein Herz ihn ergreift, sich an ihn hängt und sich auf ihn verlässt. Denn wo du dich auf ihn verlässt, wirst du staunen und wirst die Entdeckung machen: Gott, von dem du dachtest, er sei unauffindbar fern, der ist dir näher, als du dir selber nahe bist.

➡ *Die Frage, wo Gott ist, kann nicht mehr mit dem Hinweis auf den „Himmel" beantwortet werden, seit Luft- und Raumfahrt den „Himmel" erschlossen haben. Gott ist allgegenwärtig, d. h.: Er ist in allem, alles ist in ihm und nichts ist außerhalb von ihm, denn er ist nirgends nicht. Weil wir aber dazu neigen, „überall" und „nirgends" gleichzusetzen, ist es wichtig, den Ort zu kennen, an dem Gott in besonderer Weise gegenwärtig ist: nämlich dort, wo zwei oder drei im Namen Christi versammelt sind.*

13. Gottes Allmacht

„Befiehl dem HERRN deine Wege und hoffe auf ihn, er wird's wohlmachen." (Ps 37,5)

Es ist dies ein geläufiges, z. B. als Konfirmationsspruch häufig verwandtes Wort. Aber wie vertraut es uns auch sei – schaut man näher hin, so ist es gar nicht ganz leicht zu verstehen. Befiehl dem Herrn deine Wege? Was heißt das eigentlich? Man darf sich von dem etwas veralteten Sprachgebrauch nicht irreführen lassen. Es heißt natürlich nicht, man könne Gott etwas befehlen. Auch nicht, man könnte irgendwelchen Wegen etwas befehlen. Nein, von „anbefehlen" ist hier die Rede.

Und jemandem etwas anbefehlen, das bedeutet: es seiner Obhut anvertrauen, ihm die Verantwortung dafür übertragen, ihm die Sache überlassen mit der Bitte, dass er sich kümmere und es in die Hand nehme. Und welche Wege sind es, die Gott in die Hand nehmen soll? Gemeint ist sicherlich der ganze Lebensweg eines Menschen: Er umfasst den ersten unsicheren Schritt des Kleinkindes. Er umfasst aber auch alle folgenden Schritte: den Gang zum Zigarettenautomat, den Weg zur Arbeit und die große Reise. Gemeint sind alle Wege, die ein Leben ausmachen: fröhliche Wege, zum Standesamt zum Beispiel. Und ebenso traurige Wege, wie etwa auf den Friedhof.

„Befiehl dem Herrn deine Wege" – das ist demnach die Aufforderung an uns, Gott die Verantwortung für unseren Lebensweg zu übertragen, den eigenen Lebensweg in Gottes Hand zu legen und ihm zu überlassen. Das klingt ganz einfach – und doch ist es ungeheuer schwer, dieser Aufforderung nachzukommen. Denn wir geben das Steuer ungern aus der Hand und legen unser Leben ungern in fremde Hände. Wir Menschen sind eben misstrauisch. Und wir finden schnell Gründe, jener Aufforderung nicht nachkommen zu müssen.

Z. B. könnte jemand einwenden: Das ist doch gar nicht nötig, dass ich meinen Lebensweg Gott anvertraue. Gott ist doch allmächtig. Lenkt er nicht sowieso die Wege aller Menschen und also auch meine – egal, ob ich das will oder nicht? Was macht es dann für einen Unterschied, ob ich mich seiner Führung anvertraue oder nicht? Setzt er nicht die Stationen von Geburt bis Tod, ist er nicht der Lenker des Schicksals, umfasst nicht ohnehin seine Vorsehung alles Geschehen in der Welt? Warum soll ich Gott etwas anbefehlen und anvertrauen, was er sowieso in Händen hat?

Das ist eine Art, wie man der Vertrauensforderung „Befiehl dem Herrn deine Wege" ausweichen kann. Eine andere Art aber ist der Hinweis auf Verantwortung und Freiheit: Denn wenn der allmächtige Gott alles Geschehen auf Erden lenkt, wo bleibt denn dann die Freiheit? Ist nicht jeder seines Glückes Schmied, ist nicht jeder selbst verantwortlich für seinen Lebensweg? Darf man überhaupt sagen: Ich befehle Gott meine Wege, und wenn dann etwas schief geht, schiebe ich die Verantwortung auf ihn? Nein, denkt mancher, es kann gar keine lückenlose Vorsehung und kein Schicksal geben, sonst wären wir ja Gottes Marionetten. Marionetten sind aber nicht frei, und wer nicht frei ist, ist auch nicht verantwortlich.

Ein vertracktes Problem ist da entstanden: Entweder lenkt der Allmächtige alles Geschehen – dann sind wir nur Marionetten, Schachfiguren, die er hin- und herschiebt. Oder wir Menschen sind frei in allen unseren Wegen – dann ist Gott nur noch Zuschauer. Das eine scheint so unsinnig wie das andere. Aber wie löst man den Knoten? Wir machen die Erfahrung der Freiheit – wir können an der Weggabelung links oder rechts gehen, können Gutes tun oder Böses – und wir sind dafür verantwortlich. Wir entscheiden frei – und doch kann es ja nicht so sein, dass unsere Entscheidungen Gott überraschen. Lenkte Gott nicht auch unsere Entscheidungen, so würden wir damit ja ständig seinen Plan und seine Vorsehung durcheinander bringen. Da wüsste Gott dann nicht, was morgen geschieht – und das passt ja wohl schlecht zum Bild des allmächtigen Gottes, das die Bibel uns vorstellt.

Wir sind also durch jenen kleinen Satz „Befiehl dem Herrn deine Wege" in ein riesiges Problem hineingeschlittert, in ein Dilemma, aus dem es scheinbar nur zwei Auswege gibt: Entweder lenken wir unsere Wege selbst – dann ist Gott machtlos. Oder Gott lenkt unsere Wege – dann sind wir machtlos.

Doch gibt es durchaus eine Lösung des Rätsels. Und wie so oft steckt sie nicht in großen komplizierten Gedankengebäuden, sondern in einer ganz kurzen, kleinen Geschichte. Es ist die Geschichte von Bildad und dem Engel des Todes:

Bildad war ein Freund des weisen Königs Salomo. Oft saßen sie im Garten beieinander und unterhielten sich. Eines Tages aber ging der Engel des Todes am Garten vorüber und richtete seine Blicke auf Bildad. Da fragte Bildad Salomo: „Wer ist dieser Mann?" Salomo antwortete: „Du kennst ihn nicht? Das ist der Engel des Todes."

„O weh," – rief Bildad – „er hat mich so durchdringend angeschaut, ich glaube, er hat es auf mich abgesehen. Lieber Salomo, du hast wunderbare Kräfte, befiehl doch dem Winde, dass er mich davonträgt und im fernen Indien niedersetzt!" Salomo tat, wie gewünscht. Der Wind ergriff Bildad und trug ihn davon.

Als aber der Engel des Todes erneut am Garten vorbeikam, erkundigte sich Salomo, warum er seinen Gast so seltsam angeblickt habe. Der Engel aber sprach: „Dass ich Bildad so lange ansah, das geschah nur aus Verwunderung, da mir befohlen worden war, seine Seele aus Indien zu holen, während ich ihn doch bei dir hier in Kanaan sitzen sah."

Ich mag diese Geschichte sehr. Sie zeigt nämlich auf unterhaltsame Weise, dass Gottes Allmacht und unsere Freiheit einander nicht ausschließen. Gottes Vorsehung ist lückenlos – und ist doch nicht von der Art, dass sie uns entmündigte. Gott muss uns gar nicht zu Marionetten machen, um diese Welt zu regieren. Jener Bildad hatte die Freiheit, Salomo um Hilfe zu bitten oder nicht. Salomo hatte die Freiheit, Bildads Wunsch zu erfüllen oder nicht. Niemand in dieser Geschichte ist in einer Zwangsjacke, niemand ist entmündigt, niemand gefesselt, jeder tut, was er will.

Und doch bleibt alles in den Bahnen der Vorsehung, alles läuft unabwendlich auf das Ziel zu, das Gott gesetzt hat. Gott ist nicht zu überraschen, durch Bildads Flucht nach Indien – längst bevor Bildad sie plante, hatte Gott sie einkalkuliert. Bildads Freiheit wird nicht beschnitten – aber um Gottes Wille zu umgehen, taugt sie nicht. Gott knechtet also niemand und lenkt doch jeden.

Wenn das stimmt, was bedeutet dann „Befiehl dem Herrn deine Wege"? Es heißt jedenfalls nicht, Gott begänne erst dann, unsere Wege zu lenken, wenn wir ihn darum bitten. Er tut das immer – auch bei den Menschen, die nichts davon wissen oder die es nicht wollen. Und trotzdem macht es einen Unterschied, ob wir mit dieser Lenkung einverstanden sind oder nicht. Das zeigt uns gerade Bildads Geschichte:

Denn wer sich sinnlos gegen Gottes Führung sträubt wie er, gewinnt dabei nichts, aber er verliert den Frieden seiner Seele. Wer meint, er könne erst frei und glücklich sein, wenn er Gottes Vorsehung entkommt, der wird in diesem Leben eben nie frei und glücklich: Der hadert dann bis zum Ende damit, dass er sein Leben nicht im Griff hat und ein anderer sein Herr ist.

Die Vertrauens-Forderung des 37. Psalms „Befiehl dem Herrn deine Wege" weist einen alternativen Weg. Und wer ihm folgt, lernt, die Abhängigkeit von Gott nicht als Unglück, sondern als Glück zu betrachten, sich der Führung Gottes zu überlassen und sich darin geborgen zu fühlen. Er weiß dann ja, dass nichts, was ihn trifft, Zufall ist. Was ihm an Schönem oder Schlimmem begegnet auf dem Lebensweg, das ist ihm von Gott gegönnt oder zugemutet, er soll daran Freude haben oder soll sich daran bewähren. Doch nichts, was ihm widerfährt, entspringt der Willkür von Menschen.

Zwar gibt es viele, die sich gebärden wie Bildad: Sie wollen Gott das Heft aus der Hand nehmen und mit eigenen Ideen in Gottes Regiment hineinpfuschen. Aber Gottes Plan gerät durch sie nicht aus den Fugen. Er geht seinen Weg und führt uns, wohin er will. Es kann nicht anders sein, solange er Gott ist und wir Menschen. Und es ist gut so, denn der Allmächtige ist weise und barmherzig – wir sind es nicht. Wer das nicht sieht und gegen das Notwendige aufbegehrt, wird dadurch nicht freier. Aber die Einsicht in die Notwendigkeit, Gott das Regiment zu überlassen, die macht wirklich frei. Sie macht frei, die Abhängigkeit von Gott als Glück zu begreifen und fröhlich den eigenen Lebensweg in seine Obhut zu stellen.

➟ *Gottes Allmacht ist eine lückenlose, alles Geschehen bestimmende Wirksamkeit, durch die Gott die Geschicke der Welt nach seinem Willen lenkt. Der Mensch wird dadurch keineswegs zur willenlosen Marionette: Ein jeder tut durchaus, was er will. Nur werden die Folgen unserer Handlungsfreiheit Gott niemals überraschen. Unsere Entschlüsse sind, längst bevor wir sie fassen, in Gottes Plan vorgesehen und tragen selbst dann zu seiner Erfüllung bei, wenn wir das Gegenteil beabsichtigen.*

14. Gottes Liebe

„Gott ist die Liebe; und wer in der Liebe bleibt, der bleibt in Gott und Gott in ihm." (1. Joh 4,16)

Das ist ein schönes Wort. Und doch gestehe ich, dass ich es ungern behandle. Ja tatsächlich: Jene Gleichung „Gott ist die Liebe" macht mir Probleme.

Und zwar nicht, weil etwas daran falsch wäre, sondern weil sie so oft missverstanden wird. Wollen wir jenes Wort aus dem 1. Johannesbrief recht verstehen und auslegen, so müssen wir zuerst allen falschen Beigeschmack davon lösen und klar sagen, was es nicht bedeutet:

„Gott ist die Liebe" – das heißt nicht, Gott sei identisch mit jenem romantischen Gefühl, das Menschen manchmal haben. Und es heißt schon gar nicht, menschliche Liebe sei irgendwie etwas „Göttliches". „Liebe" ist ja überhaupt ein furchtbar abgegriffenes Wort, ein geschundenes, getretenes, missbrauchtes Wort. Es klebt viel Schmutz daran. Viele sagen „Liebe" und meinen bloß „Sex". Andere reden von „Liebe", und woran sie denken, ist doch nur Kitsch. Manche wollen ihren Ehepartner besitzen und beherrschen – und nennen es „Liebe". Andere prügeln ihre Kinder und behaupten, sie täten es aus „Liebe". Nein: Diese „Liebe", von der Schund-Romane erzählen und Schlager singen, diese gierige Liebe, diese Affenliebe, die hat wenig mit Gott zu tun.

Und noch in einer zweiten Richtung müssen wir den Satz aus dem 1. Johannesbrief vor Missverständnissen schützen. „Gott ist die Liebe" – das heißt nicht: „Gott ist lieb". Denn „lieb sein" ist in unserer Umgangssprache ein Ausdruck für Harmlosigkeit. „Das ist ein lieber Hund" sagt man – die Kinder können ihn am Schwanz ziehen, er bellt und er beißt nicht. „Das ist ein lieber Opa“, sagt man – selbst wenn er verschaukelt wird, bleibt er gutmütig und freundlich zu jedermann. „Das ist ein liebes Kind“, sagt man – wenn die anderen Kinder ihm das Spielzeug wegnehmen, gibt es sie her und streitet nicht. Nein, in diesem Sinne ist der so genannte „Liebe Gott“ nicht „lieb“. Der Gott der Bibel ist kein harmloser Alter, er ist auch nicht unendlich geduldig und er ist überhaupt nicht „nett“ und nicht „konfliktscheu“.

Wenn nun aber einer fragt „Wieso ist Gott nicht ‚lieb‘ – wenn er doch ‚die Liebe‘ ist?“, dann nähern wir uns hier zum ersten mal dem rechten Verständnis der Sache. Man wird hier nämlich antworten müssen: „Gott ist die Liebe“, er ist aber gerade deshalb nicht „lieb“, weil er „Liebe“ ist.

Wirkliche Liebe will nämlich etwas, sie will es mit heißem Herzen, sie will es leidenschaftlich. Deshalb kann der, der ernstlich liebt, nicht immer „lieb“ sein, Mäßigung üben und zurückstecken. Wenn das, worauf sich die Liebe richtet, bedroht wird, dann zeigt sich, dass die Liebe eine brennende Seite hat, dann ist sie ein verzehrendes Feuer, eine Kraft, der man besser nicht in die Quere kommt. „Gott ist die Liebe“ – das bedeutet also keinesfalls, Gott kenne keinen Zorn, oder der Zorn sei durch die Liebe ausgeschlossen. Nein, sondern im Gegenteil: Der Zorn Gottes ist die brennende Seite seiner Liebe, die sich gegen alles wendet, was seiner guten Schöpfung schadet.

Suchen wir also einen Vergleich für Gottes Liebe, so denken wir am besten an eine Grizzly-Bärin, die mit ihren Jungen durch die Wildnis zieht. Wer ihren Jungen zu nahe kommt, erfährt schnell, dass Liebe Kampfbereitschaft nicht aus-, sondern einschließt. „Gott ist die Liebe“, das heißt demnach: Gott ist ein kraftvoll-entschlossenes, leidenschaftliches Wollen. Und das ist er durch und durch, wie Luther sagt: *„Gott ist ein glühender Backofen voller Liebe, der da von der Erde bis an den Himmel reicht.“* Was aber will Gottes Liebe? Was ist das Ziel dieser gewaltigen Energie? Nun – wir sind es. Gott will nicht dies oder das – Gott will uns. Jenes brennende, kraftvoll-entschlossene Wollen richtet sich auf jeden von uns. Denn Gott will uns tauglich machen für ein Leben mit ihm. Er will uns mitreißen in der Bewegung seiner Liebe, auf dass wir nicht kalt bleiben im Herzen, sondern uns wärmen an ihm, dem glühenden Backofen voller Liebe.

Doch sollen wir nicht nur warm werden für uns selbst. Gottes Liebe will durch uns hindurchglühen und hindurchstrahlen zu allen Menschen, die noch frieren. Wir sollen weitertragen, was uns erfüllt; wir sollen lieben, wie wir von Gott geliebt sind; verzeihen, wie uns verziehen ist, und einander annehmen, wie wir von Gott angenommen sind, bis auch dem Letzten das Gute widerfährt, zu dem ihn Gott geschaffen und bestimmt hat.

Gottes Liebe schaut uns also nicht aus der Ferne zu – Gottes Liebe greift nach uns. Und wir müssen uns so oder so dazu verhalten. Wir können uns den liebevollen Zugriff Gottes gefallen lassen, um Empfänger und Vermittler seiner Liebe zu werden. Oder wir können uns ihm entziehen. Aber neutral bleiben können wir nicht. Denn das ist es ja, was jener Nachsatz im 1. Johannesbrief meint: „... wer in der Liebe bleibt, der bleibt in Gott und Gott in ihm". Man kann in der Liebe Gottes bleiben und sich von diesem Mantel umhüllen lassen. Man kann ihn aber auch zurückweisen.

Nur muss man dann wissen, was man tut. Denn wenn ich Gottes Liebe nicht erfahren will, entziehe ich nicht nur mich seiner Liebe, sondern entziehe zugleich mir seine Liebe. Was behalte ich übrig? Gewiss seinen Zorn. Denn wer das freundliche Gesicht Gottes, das er uns zuwendet, nicht sehen will, dem ist nicht zu helfen. Will er es so, so wird er dann eben das andere Gesicht Gottes kennen lernen.

Und es meine keiner, das sei unbillige Härte. Was hat es sich Gott nicht kosten lassen, uns seine Liebe zu erweisen und uns mit der Nase drauf zu stoßen. Seinen Sohn, sich selbst hat Gott dahingegeben ans Kreuz, um uns zu erlösen und zu gewinnen. Marter bis zum Tod hat er für uns auf sich genommen. Da sollte man doch denken, jedes Herz würde weich und würde davon bewegt. Doch offenbar sind viele Herzen härter als Stein und verachten die Liebe, die ihnen entgegengebracht wird. Darum schreibt Luther:

„Unser Herrgott tut eben recht daran, dass er zu der undankbaren Welt spricht: Willst du die große Liebe nicht, ... dass ich meinen liebsten Sohn für dich in so große Marter gesteckt habe, wohlan, so will ich dich auch nicht. Fragst du nicht danach, was ich getan habe, so frage ich auch nicht nach dir. Willst du meinen Sohn Jesus Christus nicht haben, so nimm dafür Barrabas, ja den Teufel selbst."

Auch hier wird noch mal deutlich, dass man Gottes Liebe nicht missverstehen darf: Sie geht uns nach, aber sie zwingt sich nicht auf. Der Schutzraum der Liebe Gottes öffnet sich uns, aber man zerrt uns nicht hinein. Jeder darf sich wärmen an Gott, dem glühenden Backofen voller Liebe. Wer aber unbedingt will, darf auch frieren und kalt bleiben, darf sich verschließen gegen Gott und seinen Mitmenschen. Er lebt dann freilich am Sinn und an der Bestimmung seines Lebens vorbei:

Denn wenn er mit Menschen- und mit Engelszungen redet und hat die Liebe nicht, so ist er ein tönendes Erz oder eine klingende Schelle. Und wenn er prophetisch reden kann und weiß alle Geheimnisse und alle Erkenntnis und hat allen Glauben, so dass er Berge versetzen kann, und hat die Liebe nicht, so ist er nichts. Und wenn er alle seine Habe den Armen gibt und lässt seinen Leib verbrennen, und hat die Liebe nicht, so ist's ihm nichts nütze (vgl. 1. Kor 13).

Denn nicht darauf kommt es an, ob wir Großes oder Kleines tun, Erfolg haben oder scheitern. Sondern darauf kommt es an, dass wir, was wir tun, mit Liebe tun, dass wir in Gottes Liebe und von Gottes Liebe leben und davon weitergeben so viel wir vermögen.

➡ *„Gott ist die Liebe", aber er ist nicht „lieb" im harmlosen Sinne. Denn Gottes Liebe ist die kraftvoll-entschlossene Weise, in der Gott das Dasein seiner Geschöpfe bejaht. Wo dieses Dasein bedroht und gefährdet wird, dort schließt Gottes Liebe (wie alle wirkliche Liebe) Zorn und Konfliktbereitschaft nicht aus, sondern ein: Gerade weil Gott Liebe ist, kann er nicht immer „lieb" sein. Und er verlangt es auch nicht von uns.*

15. Gottes Zorn

Es gibt Dinge, über die man in unserer Kirche ungern redet. Es gibt Themen, die man lieber vermeidet. Und wenn man davon eine Liste anfertigen würde, welcher Begriff stünde dann ganz oben? Nun, ich bin ziemlich sicher, dass auf der Liste der unbeliebten Themen der „Zorn Gottes" den ersten Platz belegen würde.

Kein Wunder, wird man sagen: wer denkt schon gern an so etwas Unerfreuliches? Niemand. Denn spricht ein Pfarrer vom Zorn Gottes, so sehen die Menschen einen überdimensionalen, drohenden Zeigefinger vor sich. Sie spüren ihr schlechtes Gewissen, sie erinnern sich an ihre Versäumnisse und Fehler und sie ärgern sich über den Pfarrer, der ihnen anscheinend Angst machen will und der dafür sorgt, dass sie sich schlecht fühlen. Das freilich wollen Pfarrer am wenigsten – und darum vermeiden es die meisten, vom Zorn Gottes zu reden. Sie wollen zwar die Menschen zur Buße bewegen, sie sollen umkehren von falschen Wegen – aber die Menschen sollen das nicht aus Furcht tun, sondern aus besserer Einsicht.

Darum reden viele meiner Kollegen am liebsten gar nicht von Gottes Zorn, sondern nur von Gottes Liebe und seiner großen Freundlichkeit. Sie zeichnen kein bedrohliches, sondern ein einladendes Bild von Gott, damit es den Menschen leichter fällt, sich auf diesen Gott einzulassen. Sie schweigen von Gottes Zorn, damit nur niemand an Gottes Liebe zweifelt. Denn das scheint ja ganz klar: Wenn Gott zornig ist, dann liebt er uns nicht, und wenn er uns liebt, dann kann er nicht zornig auf uns sein – oder?

Doch möchte ich an diesem Punkt Zweifel anmelden. Denn es klingt zwar auf den ersten Blick ganz logisch: wer zürnt, liebt nicht, und wer liebt, zürnt nicht. Aber stimmt es wirklich? Schließt Zorn wirklich Liebe aus, und schließt Liebe Zorn aus? Ich meine, da liegt ein Irrtum vor. Und es ist gar nicht schwer, ihn zu erkennen. Es genügt, die Sache einmal anhand der eigenen Gefühle zu überprüfen:

Schließlich war jeder von uns schon einmal zornig auf Menschen, die er liebt. Auf den Ehepartner, auf die Eltern, auf die eigenen Kinder vielleicht. Erinnern Sie sich einmal an solch eine Situation, in der Sie zornig waren. Und fragen Sie sich dann, ob Sie, während Sie zornig waren, aufgehört haben, Ihren Partner oder Ihre Kinder zu lieben. Hat die Liebe wirklich aufgehört, als der Zorn da war? Nein? Dann geht es ihnen wie mir. Denn ich kann sehr zornig sein auf meine kleine Tochter, wenn sie z. B. gegen mein Verbot an Steckdosen herumspielt. Ich schimpfe dann sehr mit ihr. Und doch stellt das keinen Moment meine Liebe zu ihr in Frage. Im Gegenteil: Ich schimpfe mit ihr, <u>weil</u> mir so viel an ihr liegt und streite mit ihr, <u>weil</u> sie mir so viel bedeutet. Denn wäre sie mir gleichgültig, so würde ich mich ja nicht aufregen, wenn sie etwas Gefährliches oder Falsches tut. Wäre sie mir egal, so wäre mir auch ihr gefährliches Fehlverhalten egal. Das ist es aber nicht. Und so entdecke ich an mir selbst, dass der Zorn die Liebe nicht ausschließt, sondern aus der Liebe erwächst. Ja, Zorn ist überhaupt nicht das Gegenteil von Liebe, sondern er ist fast immer Ausdruck verletzter, besorgter oder enttäuschter Liebe.

Zorn und Liebe schließen sich also keineswegs aus. Sie sind vielmehr beide Ausdruck derselben tiefen Bindung, die ein Mensch zum anderen hat. Und der Zorn ist ein sicheres Zeichen dafür, dass diese Bindung noch besteht. Das kann man bei Ehekrisen beobachten. Solange Ehepartner miteinander streiten, kämpfen sie noch umeinander – da hat die Ehe noch gute Chancen. Wenn die zwei es aber aufgeben, zu streiten, und es aufgeben, zornig zu sein, wenn sie nicht mehr umeinander kämpfen, sondern gleichgültig werden – dann ist ihre Ehe so gut wie verloren. Der wahre Gegensatz der Liebe ist nämlich nicht der Zorn, sondern die Gleichgültigkeit. Die Liebe brennt heiß, und der Zorn brennt auch heiß – sie sind eng verwandt – die Gleichgültigkeit dagegen ist kalt.

Wenn das aber bei Menschen so ist, könnte es sich dann bei Gott nicht ähnlich verhalten? In der Tat, ich meine, auch bei Gott liegen Zorn und Liebe eng beieinander. Darum sehe ich – im Unterschied zu vielen Pfarrerkollegen – keinen Grund, von Gottes Zorn zu schweigen. Im Gegenteil. Denn ich meine, Gottes Zorn ist ein Zeichen dafür, dass wir ihm nicht gleichgültig sind. Ein negatives Zeichen – zugegeben – aber doch ein deutliches Zeichen: Gottes Zorn ist Ausdruck seiner verletzten Liebe, die wir so oft missachten, die aber weiter um uns kämpft, gerade weil wir Gott so viel bedeuten. Sein Zorn ist nur so groß, weil seine Liebe zu uns so groß ist. Denn wir sind wie kleine Kinder, die an einer Steckdose spielen – an der Steckdose des Bösen. Und wie könnte das unserem Vater egal sein, wenn er uns liebt? Darum meine ich, wenn Gottes Zorn verschwände, so wäre das kein gutes Zeichen. Würde Gott nämlich aufhören, das Böse zu hassen, so müsste man folgern, dass er wohl das Gute nicht mehr liebt. Würde Gott aufhören, der Sünde zu zürnen, die seine Schöpfung zerstört, so müsste man folgern, dass er dieser Schöpfung nicht mehr die Treue hält, sondern ihr gleichgültig gegenübersteht. Verschwände der Zorn, so müssten wir fürchten, die Liebe Gottes habe nachgelassen. Denn Zorn und Liebe sind beide Ausdruck derselben emotionalen Bindung an das Gegenüber, um dessentwillen es sich lohnt, zornig und gnädig zu sein. Es gibt hier also keine Alternative: entweder Zorn oder Liebe.

Es gibt nur beides zugleich. Denn wie sollte Gott das Leben seiner Geschöpfe bejahen, ohne dabei die Sünde zu verneinen, die ihnen den Tod bringt? Wie sollte seine Liebe nicht streitbar brennende Liebe sein, wenn das, was er liebt, im höchsten Maße bedroht ist? Das ist unmöglich – und darum dürfen wir Gottes Zorn nicht missverstehen, als wäre er etwas Negatives. Denn Gottes Zorn ist nichts weiter als sein Wider-Wille gegen das Böse. Er ist Ausdruck dessen, dass Gott an der guten Ordnung und der guten Bestimmung seiner Schöpfung beharrlich festhält. Wer daher wünscht, Gott möge von seinem Zorn ablassen, der verlangt, Gott solle von seinem Wider-Willen gegen das Böse ablassen und solle zuschauen, wie es die Schöpfung zerfrisst. In dieser Weise aber das Böse gewähren lassen hieße selbst böse sein – und das kann man von Gott ja kaum verlangen.

In Wahrheit gibt es nur einen Weg, wie der Gegensatz Gottes und des Bösen aufgelöst werden kann, nämlich durch Auflösung und Vernichtung des Bösen im Jüngsten Gericht. Bis Gottes Zorn aber zu diesem Ziel gelangt ist, kann niemand ernstlich wünschen, der Zorn möge nachlassen. Denn beharrte Gott nicht gegen allen Widerstand darauf, seine Schöpfung im Guten zu vollenden, dann hätte keiner von uns etwas zu hoffen. Sollte <u>er</u> seinen zornigen Widerstand aufgeben und dem Bösen die Zügel schießen lassen, so würden <u>wir</u> es gewiss nicht wieder einfangen. Und so scheint die Sache ganz eindeutig:

Gottes Zorn wendet sich gegen das Böse – und darum ist dieser Zorn eine gute Sache, mit der wir eigentlich ganz einverstanden sein müssten. Denn nur der Böse kann etwas dagegen haben, dass Gott etwas gegen das Böse hat. Da allerdings hat die Sache ihren Haken. Da berührt sie unser persönliches Problem. Denn das Böse ist nicht irgendwo, das Böse ist in uns. Die Bösen, das sind nicht die anderen, die Bösen, das sind wir. Und dadurch wird unser Verhältnis zum Zorn Gottes wieder zweischneidig und schwierig. Wir spielen nämlich in der Auseinandersetzung zwischen Gott und dem Bösen eine Doppelrolle:

Wir sind einerseits Teil der guten Schöpfung, um derentwillen und zu deren Gunsten Gottes Zorn gegen das Böse eifert. Wir sind andererseits aber als Sünder Teil jener bösen Macht, gegen die der Zorn Gottes sich richtet: Und das bedeutet, dass wir Gott für und gegen uns haben.

Und wer will das schon? Wer in dieser Situation Gottes Zorn als berechtigt bejaht, muss sich darüber im Klaren sein, dass er damit Gottes negatives Urteil über den eigenen „alten Adam“ anerkennt und unterschreibt. Denn will ich, dass Gott gegen das Böse vorgeht, muss ich zugleich wollen, dass er gegen das Böse in mir vorgeht. Die Bejahung des Guten schließt für den Bösen also Selbstverwerfung ein. Und Selbstverwerfung geht uns gegen die Natur.

Sofern ich selbst betroffen bin, sofern ich Sünder bin, sträube ich mich gegen Gottes Zorn. Sofern ich selbst böse bin, wünsche ich, das Böse möge ungestraft bleiben. Und da beginnt dann tatsächlich ein Teufelskreis von göttlichem Zorn und menschlichem Starrsinn, da verhärten sich die Fronten immer weiter – bis Gottes Heiliger Geist den Teufelskreis aufbricht, uns die Augen öffnet und einen Ausweg schafft. Wie das geschieht, ist leicht erklärt. Denn wir kennen solche Situationen aus der Familie:

Wenn kleine Kinder trotz eines deutlichen Verbots des Vaters an einer Steckdose spielen, ziehen sie sich damit den Zorn des Vaters zu. Und oft genug reagieren Kinder dann mit Trotz. Sie verstehen nicht die Gefahr, die ihnen droht, und sie fühlen sich durch den Zorn des Vaters ungerecht behandelt, weil er ihnen scheinbar grundlos ein schönes Spielzeug vorenthalten will. Da beginnt der Teufelskreis von Zorn und kindlichem Starrsinn. Denn das uneinsichtige Kind wird immer wieder versuchen, an die Steckdose heranzukommen, wenn der Vater gerade nicht hinsieht. Wie aber wird der Teufelskreis durchbrochen?

Das Kind gibt seinen Trotz auf, sobald es begreift, dass der Zorn des Vaters Ausdruck seiner Liebe und seiner Besorgnis ist. Wenn es einsieht, dass die Steckdose kein verlockendes Spielzeug, sondern eine große Gefahr ist, versteht es auch, dass ihm nichts Schönes vorenthalten werden soll, sondern dass der Vater es vor Schaden bewahren will. Dann kann sich das Kind dem Verbot beugen und wird die Finger von der Steckdose lassen, auch wenn es unbeobachtet ist.

Nun, mehr als diese schlichte Einsicht des Kindes wird auch von uns Erwachsenen nicht verlangt, wenn uns die Heilige Schrift zur Buße aufruft: Auch wir stehen an dem Punkt, wo es zu begreifen gilt, dass Gott uns kein missgünstiger Vater ist, der uns etwas vorenthalten will, wenn er uns Gebote und Verbote gibt. Was er uns verbietet, verbietet er uns aus Liebe, und wenn er zürnt, zürnt er aus Liebe. Denn es ist ihm eben nicht egal, wenn wir böse und gefährliche Wege gehen. Es ist ihm nicht egal, weil wir ihm nicht egal sind. Und darum sollten wir seinen Mahnungen nicht mit kindlichem Trotz begegnen, sondern uns ihnen beugen.

Geben wir unseren Starrsinn auf, beugen wir uns dem Zorn Gottes und lassen wir die Finger von der Steckdose des Bösen. Schließen wir lieber vom Ausmaß des göttlichen Zorns auf das Ausmaß seiner Liebe zu uns – so werden wir Gott verstehen.

Denn wenn er das Böse in uns verdammt, dann doch nur, weil er Gutes in uns legen will. Und wenn er die Sünde hasst, dann doch nur, weil er die Sünder liebt. Macht es Sinn, weiter bockig zu sein, wenn man das weiß?

➡ *Gottes Zorn ist der Wider-Wille des Schöpfers gegen das Böse, das seine Schöpfung zu zersetzen droht. Darum kann man nicht wünschen, dass Gottes Zorn nachließe. Denn wie sollte Gott das Leben seiner Geschöpfe bejahen ohne die Sünde zu verneinen, die ihnen den Tod bringt? Es macht daher keinen Sinn, gegen Gottes Zorn zu opponieren. Es ist besser, vom Ausmaß des Zorns auf das Ausmaß seiner Liebe zu uns zu schließen – denn dann beginnt man Gott zu verstehen.*

16. Gottes Dreieinigkeit

So sehr sich die vielen christlichen Kirchen und Konfessionen auch unterscheiden – darin sind sie sich doch einig, dass der Glaube an den „dreieinigen" Gott („Trinitätslehre") das Zentrum ihres Bekenntnisses ausmacht. Bei allen wird „... gelehrt und festgehalten, dass ein einziges göttliches Wesen sei, das Gott genannt wird und wahrhaftig Gott ist, und dass doch drei Personen in diesem einen göttlichen Wesen sind, alle drei gleich mächtig, gleich ewig: Gott Vater, Gott Sohn, Gott Heiliger Geist." (Augsburger Bekenntnis Art. 1)

Allerdings kann heute nicht mehr jeder die Hochschätzung der „Trinitätslehre" nachvollziehen. Ist es nicht schon schwierig genug, überhaupt an Gott zu glauben und sich bei dem Begriff „Gott" etwas zu denken? Was soll da die Zumutung, sich diesen Gott noch in drei „Personen" unterschieden – und doch als unzerteilt – vorzustellen? Die Lehre von der Dreieinigkeit Gottes erscheint oft als abstrakte, komplizierte und lebensferne Angelegenheit. Kein Wunder, dass mancher „praktische" Christ nur ein Schulterzucken dafür hat und diese „Theorie" gleichgültig den Theologen überlässt.

Allerdings liegt in solchen Fällen ein Missverständnis vor. Denn die Theologen sprechen ja nicht vom dreieinigen Gott, weil sie Spaß an Theorien und Zahlenspielen hätten. Sondern einfach, weil Gott sich so und nicht anders bezeugt. Gott zwingt uns, in dreifacher Weise von ihm zu reden, weil er uns in dreifacher Weise begegnet. Gehen wir nämlich mit offenen Augen durch die Welt, so kommen wir inmitten all dem Weltlichen an drei Punkte, wo wir stehen bleiben und gestehen: Hier ist Gott gegenwärtig, hier bezeugt er sich, hier erfahren wir ihn:

Der erste Punkt ist die Schöpfung:

Wir entdecken, dass wir uns nicht selber gemacht haben, wie sich auch die übrige Kreatur nicht selbst gemacht hat. Von nichts kommt ja nichts. Ist aber etwas – und nicht nichts – so muss das einen Grund haben. Das kreatürliche Leben sprudelt aus einer Quelle, die jenseits des kreatürlichen Lebens liegt: in Gott dem Schöpfer.

Der zweite Punkt ist Jesus Christus:

Inmitten all der Menschen, die Vergangenheit und Gegenwart bevölkern, begegnet uns einer, der aus dem Rahmen fällt, weil er anders ist. Einer, der Gottes Willen vollkommen lebt. Einer, der uns Gottes Wort auf den Kopf zusagt. Einer, in dem uns Gott so nahe kommt und so gegenwärtig wird, dass wir sagen müssen: Das ist er selbst – dieser Jesus Christus ist Gottes Sohn.

Der dritte Punkt aber ist der Heilige Geist:

Manche Menschen hoffen, wo nichts mehr zu hoffen ist, lieben, wo nichts Liebenswertes ist, verzeihen Unverzeihliches, glauben, wo aller Augenschein dagegen spricht, bekennen fröhlich, obwohl es sie den Kopf kostet, leiden, ohne zu verbittern und sterben, ohne zu hadern. Das alles ist mehr als menschliche Seelen aus sich selbst heraus vermögen. Es geht über unsere Kraft – und verweist uns damit wiederum auf eine fremde Kraft, die in und durch solche Menschen wirkt: Gottes Heiliger Geist.

Die Christen aller Zeiten teilen die drei genannten Erfahrungen. Sie begegnen dem Schöpfer in der Natur, sie begegnen Jesus Christus im Neuen Testament und sie begegnen dem Heiligen Geist in ihren Gemeinden.

Und unmöglich können sie sagen: Das ist alles dasselbe. Nein. So unterschiedlich wie sich Gott zeigt, so unterschiedlich ist er auch zu bezeugen. Der Vater ist nicht der Sohn, und der Sohn ist nicht der Heilige Geist. Und doch glaubte man in der Christenheit nie an drei Götter, sondern immer nur an einen. Nie hat man vergessen, was das Alte Testament so nachdrücklich einschärft: Es gibt nur einen Gott und keinen anderen neben ihm.

Aber wie geht das zusammen? Kritiker haben immer wieder gemeint, dies müsse auf die absurde Gleichung 3 = 1 und 1 = 3 hinauslaufen, der Glaube der Christen enthielte also in seinem Zentrum einen logischen Widerspruch. Doch so verständlich der Zweifel an der theologischen Logik ist, so unberechtigt ist er auch. Wir können das an einem simplen Beispiel zeigen:

Jedermann weiß ja, dass das Eis eines Eisberges etwas anderes ist als der Dampf über einem Kochtopf. Und der Dampf, der Wolken bildet, ist wiederum etwas anderes als Flusswasser.

Das Eis trägt, das Flusswasser nicht. Der Nebel schwebt, das Flusswasser fließt. Das Flusswasser ist durchsichtig, der Eisberg nicht. Jedes Kind kann diese drei Dinge unterscheiden. Und doch wissen wir: Es ist alles Wasser. Die chemische Zusammensetzung des Eises ist dieselbe wie die des Dampfes und des Flusswassers. Es ist immer H_2O. Die drei Dinge sind verschieden und sind doch in ihrem Wesen ganz eins. Ist daran nun irgendetwas „unlogisch“ oder „widersprüchlich“?

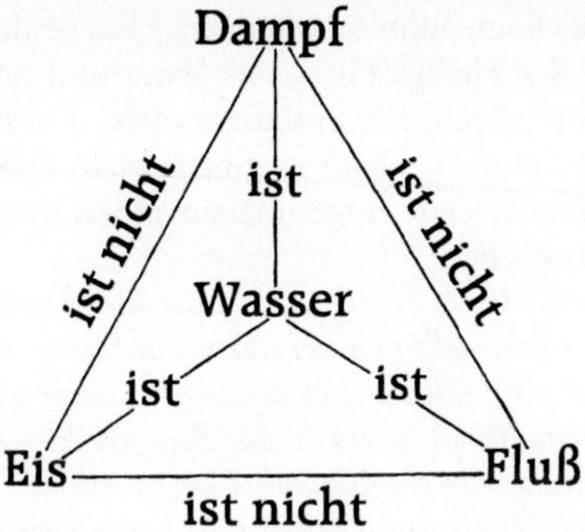

Für die Trinitätslehre gilt dasselbe: Der Vater ist etwas anderes als der Sohn, und der Sohn ist etwas anderes als der Heilige Geist. Die drei „Personen“ des dreieinigen Gottes wirken auf unterschiedliche Weise an unterschiedlichen Orten zu unterschiedlichen Zeiten. Und obwohl wir diese Unterschiede sehen, wissen wir doch: Es ist jedes Mal Gott. Das Wesen des Vaters ist auch das Wesen des Sohnes und des Heiligen Geistes – sie sind eins.

Freilich: Wie jeder Vergleich hinkt auch dieser. Und es ist wichtig zu wissen, in welcher Hinsicht: Eis kann man kennen, ohne zu wissen, was Wasserdampf ist. Und die Eigenschaften des Flusswassers kann man erkennen, auch wenn man nicht weiß, dass die Wolke am Himmel aus demselben Stoff ist. Das aber ist bei Gott anders:

Man muss nämlich Jesus Christus kennen, um den Schöpfer richtig zu begreifen. Man muss von Gott dem Vater wissen, um in Jesus seinen Sohn zu erkennen. Und beides ist nur möglich, wenn der Heilige Geist uns Vater und Sohn offenbart. Eine „Person" erschließt uns die andere. Doch auch das ist nicht ungewöhnlich. Denn es gibt ja viele Dinge, bei denen man das „Ganze" vor Augen haben muss, um die einzelnen „Teile" zu verstehen:

In Indien lebte ein König, der wollte sich einen Spaß machen. Er ließ drei blinde Männer kommen und führte sie an einen Elefanten heran. Sie sollten ihm beschreiben, wie ein Elefant aussieht. Der erste Blinde geriet an das Bein des Elefanten und sagte: „Ein Elefant ist wie ein Baum". Der zweite Blinde bekam den Schwanz des Elefanten zu fassen und sagte: „Ein Elefant ist wie ein Seil". Der dritte Blinde erwischte mit seinen suchenden Händen das Ohr des Elefanten und meinte: „Ein Elefant ist wie das Blatt einer Palme". Die drei Blinden gerieten in Streit, wer von ihnen Recht habe. Sie hatten ja alle drei denselben Elefanten betastet. Der König aber hatte seinen Spaß daran.

Die drei Blinden in dieser Geschichte waren von der rechten Erkenntnis des Elefanten weit entfernt. Sie erfassten eben immer nur einen isolierten Teil und nie das Ganze. So ist auch der von der Erkenntnis Gottes weit entfernt, der sich nur an den Schöpfer hält oder nur an Jesus Christus oder nur an den Heiligen Geist. Ohne den „ganzen" dreieinigen Gott zu kennen, würden wir auch diese drei verschiedenen „Ausschnitte" seines Wirkens missverstehen:

Glaubten wir allein nur an Gott Vater, den Schöpfer des Himmels und der Erde, so wüssten wir nicht wirklich, was von ihm zu halten ist. Denn Natur und Geschichte geben eine zweideutige Auskunft über den Allmächtigen. Da ist Herrliches, aber auch Schreckliches, Leben, aber auch Tod, Freude und Glück, aber auch Leid und Schrecken. Die Natur hat eine grausame Seite und die Weltgeschichte erst recht. Woher sollten wir wissen, dass nicht diese Seite Gottes wahres Wesen widerspiegelt, wenn wir Jesus Christus nicht hätten? Woher sollten wir wissen, dass Gott gnädig ist und Gutes im Schilde führt? Das wissen wir erst, wenn wir Gott als Dreieinigen begreifen und den Schöpfer von Jesus Christus her verstehen.

Entsprechendes gilt auch von Jesus Christus: Würden wir ihn isoliert betrachten und davon absehen, dass er der Sohn von Gott dem Vater ist, müssten wir ihn verkennen. Wir würden annehmen, er sei ein gescheiterter Prophet, einer von vielen Wanderpredigern, eine interessante, aber im Grunde nebensächliche Figur am Rande der Weltgeschichte. Dieser religiös und moralisch vorbildliche Mann mit dem tragischen Ende wird eben erst wichtig, wenn wir in ihm den Sohn des Vaters – also eine Person des dreieinigen Gottes – erkennen. Schließlich hätte niemals ein Mensch die Macht gehabt, unsere Schuld zu überwinden und an Ostern den Tod zu besiegen. Nur Gott konnte uns die Erlösung bringen. Daher gilt: Erkennen wir in Christus nicht Gott, erkennen wir in ihm auch nicht unseren Erlöser – verkennen ihn also ganz.

Dies ist – zusammengefasst – das Wesentliche an der „Trinitätslehre“: Dass sie uns anleitet, von Gott Vater zu denken wie von Jesus Christus, und von Jesus Christus zu denken wie von Gott Vater. Wem das gelingt – wer bekennt und glaubt, dass diese beiden zusammengehören, weil sie eines göttlichen und barmherzigen Wesens sind –, der verdankt diesen Glauben ganz gewiss dem Heiligen Geist und erkennt dabei auch ihn. Denn den Heiligen Geist erkennen heißt die Botschaft erkennen, die er uns bringt. Wer aber diese drei auseinander reißt, indem er die Barmherzigkeit des Vaters, die Gottheit Christi oder das wahrhaftige Zeugnis des Heiligen Geistes leugnet, muss wissen, dass er mit der Trinitätslehre nicht irgendeine „Theorie“ aufgibt, sondern den christlichen Glauben selbst.

➟ *Die Lehre von Gottes Dreieinigkeit ist kein Denkproblem: Fließendes Wasser, Dampf und Eis sind schließlich auch ganz verschieden – und sind doch immer nur H_2O. Ebenso sind der Schöpfer, Jesus Christus und der Heilige Geist ganz verschieden – und sind doch immer nur der eine Gott. Wer Gott verstehen will, muss das wissen. Denn betrachtet man eine der drei „Personen“ isoliert, so verkennt man sie zwangsläufig. Sieht man jedoch ihre Zusammengehörigkeit, so erschließt eine die andere.*

DEN VATER, DEN SCHÖPFER DES HIMMELS UND DER ERDE …

17. Schöpfung

Alle Erkenntnis beginnt mit dem Staunen. Das fundamentalste Erstaunen aber, das wir kennen, ist nicht das Erstaunen darüber, dass etwas so oder so ist, sondern dass überhaupt etwas ist. Denn schließlich könnte auch nichts sein. Große Leere wäre möglich. Trotzdem aber sind wir da, samt der Welt, die uns umgibt. Und das ist in der Tat zum Staunen. Das schreit nach einer Erklärung. Denn warum ist etwas – und warum ist nicht nichts?

Gäbe es nichts: Himmel und Erde nicht, das Land und das Meer nicht, die Pflanzen und die Tiere nicht – ja dafür bräuchte es keine Erklärung. Gähnende Leere verstünde sich von selbst. Wo nichts wäre, da wäre auch nichts zum Staunen. Es ist aber eine ganze Menge. Es ist eine ganze kunterbunte Welt, die angefüllt ist mit den merkwürdigsten Kreaturen und Phänomenen. Und das, obwohl jede dieser Kreaturen und jedes dieser Phänomene auch nicht sein könnte. Sie sind da und ich bin da, obwohl für unser Dasein keine erkennbare Notwendigkeit besteht. Der Welt würde wahrscheinlich nicht viel fehlen, wenn wir fehlten. Und trotzdem sind wir da – ist das nicht sehr zum Wundern?

Sind wir uns nicht selbst ein Rätsel, da wir uns doch nicht selbst gemacht, sondern uns schon seiend vorgefunden haben? Wir sind, obwohl wir auch nicht sein könnten. Wir starren hinaus in eine Welt, die da ist, obwohl sie nicht da sein müsste. Und für beides muss es einen Grund geben. Nur worin könnte dieser Grund liegen? Weshalb sind wir?

Die erste Möglichkeit einer Antwort wäre zu sagen: Der Grund deines Daseins bist du selbst, der Grund liegt in dir selbst. Aber auch wenn wir das schmeichelhaft fänden, so wird diese Antwort doch einer ernsthaften Prüfung kaum standhalten. Denn der Grund meines Daseins kann ich schon deshalb nicht sein, weil ich nicht da war, bevor ich da war. Ich habe mich nicht selbst aus dem Nichts heraus ins Sein gehoben. Ich habe mich nicht selbst geschaffen. Ich wurde nicht gefragt, ob ich, wann ich und wo ich zur Welt kommen wollte. Und ob ich, wann ich und wo ich sie wieder verlasse, liegt auch nicht in meiner Hand. Vielmehr ist da eine Macht, die mich ins Leben hob, die mich am Leben hält und irgendwann auch wieder im Nichts versinken lässt. Und zwar nicht, wenn es mir, sondern wenn es ihr gefällt. Diese Macht gewährleistet, dass ich heute atmen und laufen, denken und lachen kann.

Ich dagegen bin meiner so wenig mächtig, dass ich meine Existenz aus mir selbst heraus weder gewährleisten noch unbegrenzt verlängern kann. Und so wird mir im Staunen über mein Dasein zuerst dies gewiss, dass ich der Grund meines Daseins jedenfalls nicht selber bin. Doch wenn ich es nicht bin, wer dann?

Populär ist die Antwort, der einzelne Mensch sei ein Produkt der Welt, die ihn umgibt. Und diese These hat erst einmal den Augenschein für sich. Denn wenn es mich gibt, obwohl es mich auch nicht geben könnte, dann hat das ja z. B. etwas mit meinen Eltern zu tun. Es gäbe mich nicht, wenn Mutter und Vater sich nicht getroffen hätten. Vordergründig betrachtet sind also sie der Grund meines Daseins. Nur kommt mein Fragen dadurch nicht zur Ruhe. Denn ich sehe wohl ein, dass ich da bin, weil es meine Eltern gab.

Aber warum es meine Eltern gab, ist damit nicht geklärt: Die haben sich schließlich ebenso wenig selbst geschaffen wie ich! Sie sind doch auch nicht der Grund ihres eigenen Daseins! Ich muss also weiterfragen. Und wenn ich nun solches Nachfragen geduldig fortsetze, entdecke ich eine schier endlose Kette von Ursachen und Wirkungen: Bin ich eine Wirkung und meine Eltern die Ursache, so sind meine Eltern ihrerseits auch Wirkungen von Ursachen, die noch weiter zurück liegen. Die, von denen ich herkomme, kamen auch irgendwo her. Und wenn ich dieses Herkommen-von-Anderem immer weiter zurückverfolge, führt mich meine Ahnentafel bis ins Mittelalter, vom Mittelalter bis zur Völkerwanderung und von dort bis in die Frühgeschichte der Menschheit.

Nach der Ursache der Ursache der Ursache suchend kann ich die Zeit des Neandertalers durchwandern und auch die Zeit der Dinosaurier, vielleicht bis zurück zum Urknall. Und solches Wandern ist interessant. Nur, wenn ich auf der Suche bin nach dem Grund meines Daseins, so werde ich enttäuscht.

Denn so wie es mir geht – dass ich nicht der Grund meines Daseins bin – so geht es auch all denen, auf die ich mich zurückführe: Sie alle sind ebenfalls nicht Grund ihres eigenen Daseins, sondern verdanken sich anderem und verweisen mich darum weiter. Alle, die mich hervorgebracht haben, sind selbst hervorgebracht worden. Alle sind Wirkung von Ursachen jenseits ihrer selbst.

Und das ändert sich nicht einmal, wenn ich beim Urknall angekommen bin, bei der Entstehung dieses Universums. Denn dort verliert sich zwar die Spur im Dunkel unseres Nicht-Wissens, weil die Naturwissenschaft vorläufig über den Grund des Urknalles wenig sagen kann. Aber von nichts kommt nichts – auch kein Urknall. Und weil das so ist, können wir schon jetzt sagen, dass uns naturwissenschaftliche Weltentstehungstheorien, wie sehr man sie auch erweitert und verbessert, in unserer Sache nicht wirklich weiterbringen werden: Denn all unser Forschen begründet Dasein mit dem Hinweis auf Vorstufen, deren Dasein selbst der Begründung bedarf. Wir können gar nicht anders, Erklärungsbedürftiges erklären zu wollen. Und dabei gewinnen wir nur den Schein einer Antwort.

Denn unsere Frage ist ja am Ende nicht die nach immer früheren Gliedern der Kausalkette. Sondern wir fragen, warum es diese Kette überhaupt gibt. Wir wollen nicht wissen, was zuerst da war, das Huhn oder das Ei. Sondern wir wollen wissen, warum es überhaupt Hühner und Eier gibt. Wir interessieren uns nicht dafür, <u>woher</u> wir sind, um auf vorgeschichtliche Stufen menschlichen Seins verwiesen zu werden. Sondern wir fragen, <u>warum</u> wir sind – samt unserer Vorgeschichte. Auf <u>diese</u> Rätselfrage aber „Warum ist überhaupt etwas und warum ist nicht nichts?“, antwortet uns die Naturwissenschaft nicht. Und zwar nicht, weil sie noch nicht genug fortgeschritten, sondern weil sie unzuständig ist.

Naturwissenschaft kann in ihrer Suche nach der Ursache der Ursache der Ursache immer nur auf Bedingtes stoßen, das eine Ursache jenseits seiner selbst hat. Naturwissenschaft bekommt immer nur Natur in den Blick, also Gewordenes. Und sie muss darum unsere Frage nach dem Grund unseres Daseins immer von einem Stadium des Weltenlaufes auf das vorangegangene verschieben. Durch unablässiges Verschieben wird aber keine Frage gelöst und nichts wirklich erklärt. Vielmehr müssen wir einsehen, dass wir mit unserem Fragen nur zu einem Ende kommen, wenn wir den Blick wegwenden vom Bedingten zum Unbedingten. M. a. W.: Die Suche nach unserem Ursprung führt uns zum Gedanken einer Macht, die hat, was wir nicht haben:

Die nämlich den Grund ihres Seins in sich selber hat. Eine Macht, die nicht von anderem her, sondern von sich selber her ist. D. h.: Das Erstaunen über unser Dasein zwingt uns zuletzt, nach einem Schöpfer des Geschaffenen zu fragen. Denn wenn der Grund der Welt in der Welt nicht ausfindig zu machen ist, dann muss er jenseits der Welt liegen. Was aber wäre jenseits der Welt außer Gott? Wer sonst sollte die Quelle sein, aus der die Welt geflossen ist, wenn die Welt doch nicht ihre eigene Quelle sein kann? Wer sonst soll am Anfang aller Kausalketten gestanden haben, wenn nicht Gott? Nur bei ihm kommt die Frage nach der Ursache aller Ursachen zur Ruhe, weil er ohne Ursache ist. Gott nämlich kam nicht erst, er war schon immer.

Er ist keines Dings Wirkung, ist aber aller Dinge Ursache. Er ist von nirgends her, alles aber ist von ihm her. Er selbst hat keinen Grund und keinen Anfang, alles aber hat seinen Grund und Anfang in ihm. Wer also wissen will, warum er da ist, dem kann man nur antworten: Glaube nicht, du seist ein Resultat der Naturgeschichte oder ein Produkt deiner Eltern. Kein Zufall hat dich hervorgebracht und auch keine menschliche Planung – und am wenigsten verdankst du dich dir selbst. Sondern du bist da, weil Gott dich wollte. Du bist von höchster Instanz bejaht. Freue dich dessen und höre nie auf, darüber zu staunen. Erkenne die Würde, die es dir verleiht, von Gott gewollt zu sein, und lerne dich zu dieser Geschöpflichkeit zu bekennen, so wie es Luther im Kleinen Katechismus tut:

„Ich glaube, dass mich Gott geschaffen hat samt allen Kreaturen, mir Leib und Seele, Augen, Ohren und alle Glieder, Vernunft und alle Sinne gegeben hat und noch erhält; dazu Kleider und Schuh, Essen und Trinken, Haus und Hof, Weib und Kind, Acker, Vieh und alle Güter; mit allem, was not tut für Leib und Leben, mich reichlich und täglich versorgt, in allen Gefahren beschirmt und vor allem Übel behütet und bewahrt; und das alles aus lauter väterlicher, göttlicher Güte und Barmherzigkeit, ohn all mein Verdienst und Würdigkeit: für all das ich ihm zu danken und zu loben und dafür zu dienen und gehorsam zu sein schuldig bin. Das ist gewisslich wahr.“

Ein Gleichnis (frei nach A. Flew)

Zwei Männer marschieren durch den Urwald. Die beiden haben sich im Regenwald verirrt, der immer dichter und düsterer wird. Oft müssen sie sich mit Macheten den Weg durch das Dickicht bahnen. Sie steigen über morsche Bäume, sie kriechen zwischen Felswänden hindurch und umgehen sumpfige Löcher. Eine lebensfeindliche Umgebung ist das. Denn der Urwald bietet keinen Schutz und kaum Nahrungsmittel. Die beiden Männer sind schon sehr müde und verzweifelt. Doch da, plötzlich, tut sich vor ihnen eine Lichtung auf. „Was ist denn das?“ ruft der eine, „Das ist ja ein herrlicher Fleck!“

Und wirklich: Mitten im lebensfeindlichen Dschungel liegt da eine Art Garten vor ihnen. Da stehen Obstbäume auf der einen Seite, und eine Blumenwiese erstreckt sich auf der anderen. Mittendrin liegt ein Teich mit glasklarem Wasser – so klar, dass man die großen Fische darin beobachten kann. Rundherum wachsen Pflanzen, die die beiden Männer noch nie gesehen haben. Nach einer Seite fließt ein Rinnsal aus dem Teich und bewässert ein Getreidefeld. Und auf der anderen Seite fließt Wasser in eine Niederung. „Schau nur“ ruft der eine: „Da unten wächst etwas, das sieht aus wie Salat. Und da drüben, sind das nicht Melonen?“ Beide sind froh, diesen Ort gefunden zu haben. Sie pflücken ein paar Äpfel und Birnen und setzen sich unter einem Baum ins Gras.

„Es muss einen Gärtner geben, der das alles hier angepflanzt hat“ sagt der eine. „Unsinn“ entgegnet der andere. „Wo soll denn hier ein Gärtner herkommen? Auf unserem ganzen Marsch haben wir keine menschliche Behausung gesehen. Hier gibt es niemand.“ Aber sein Freund widerspricht: „Schau doch: Hier ist rundherum Urwald. Wenn niemand käme, um diesen Garten zu pflegen, wäre er längst überwuchert und so verwildert, wie der Dschungel rundherum.“ „Ach was“ erwidert sein Begleiter. „Hier wird der Boden anders sein. Darum wächst hier anderes als dort drüben.“

Nachdem sie gegessen haben, untersuchen die beiden den Garten genau – aber einig werden sie sich nicht. „Schau doch nur hin!“ sagt der Erste: „Der Teich ist so angelegt, dass er links das Getreide und rechts das Gemüse bewässert.“ „Ach was du dir einbildest“ meint der andere. „Da wo das Wasser hinfließt, da wächst eben mehr als anderswo." Sein Freund aber lässt nicht locker: „Sieh doch, wie diese Büsche gepflanzt sind. Genau so, dass sie ihren Schatten auf jene Blumen werfen, die keine direkte Sonne vertragen – das ist doch kein Zufall. Hier gibt es einen Gärtner."

Sein Freund aber ist nicht zu überzeugen. Und so beschließen sie, einige Tage zu bleiben und zu warten, ob wohl ein Gärtner kommt und den Garten pflegt. Nach fünf Tagen aber hat der eine genug: „Jetzt sind wir schon fast eine Woche hier und niemand ist gekommen. Siehst du nun ein, dass diese schöne Lichtung zufällig entstanden ist?" „Nein, keineswegs" erwidert sein Freund. „Es muss hier einen unsichtbaren Gärtner geben. Man sieht ihn nicht, aber man erkennt überall seine Wirksamkeit: Wir sind schon fast eine Woche hier. Aber die Abflüsse des Teiches verstopfen nicht, zwischen dem Gemüse wächst kein Unkraut und die Schlingpflanzen des Urwaldes greifen nicht auf die Obstbäume über. Jemand hält hier Ordnung – auch wenn wir ihn nicht sehen. Der Gärtner ist nicht sichtbar, aber was er tut, das ist sichtbar. Warum schaust du nicht richtig hin? In der ganzen Anlage des Gartens steckt ein Gefühl für Schönheit, da steckt Überlegung dahinter, das musst du doch sehen!"

Doch der andere ist beharrlich: „Wenn es einen Gärtner gäbe, hätten wir ihn treffen müssen. Also rede dir nichts ein. Was dir so schön und geordnet erscheint, ist bloß eine Laune der Natur. Vielleicht liegt es am Grundwasser oder am Boden oder an der Windrichtung – was weiß ich."

Sie stritten noch lange, doch einigen konnten sie sich nicht. Schließlich aber verständigten sie sich darauf, dass es ja egal sei. So oder so sei der Garten viel zu schön, um wieder wegzugehen. Sie richteten sich also in dem Garten ein und lebten lange Zeit gut und fröhlich von seinen Früchten ...

Eines Tages aber mussten sie feststellen, dass die Frage nach dem Gärtner doch nicht gleichgültig war. Der Mann, der nicht an den Gärtner glaubte, hatte nämlich die Idee, man könne den Garten doch ein wenig verändern. Er sagte: „Komm, lass uns diese Hecke wegnehmen, das Melonenbeet verbreitern und die lästigen Wühlmäuse vertreiben!"

Der andere aber widersprach: „Nein, wir dürfen dem unsichtbaren Gärtner nicht ins Handwerk pfuschen. Lass uns lieber die Ordnung bewahren, die wir vorgefunden haben. Wir sind doch schließlich nicht Eigentümer, sondern nur Gäste dieses Gartens!"

„Gäste?" rief der andere. „Was du immer redest. Wir sind lange genug hier, um dieses Fleckchen Erde als unser Eigentum zu betrachten. Und in meinem Garten dulde ich keine Wühlmäuse."

„Was hast du nur gegen die Tierchen?" bekam er zur Antwort. „Sie sind doch genauso lange hier wie wir!" Doch da wurde sein Freund richtig zornig:

„Soll das etwa heißen, diese blöden Wühlmäuse wären auch Gäste deines großen Gärtners? Soll das heißen, sie hätten dasselbe Recht, hier zu sein, wie wir? Willst du mir am Ende erzählen, dein großer Gärtner hätte das Melonenbeet nur gepflanzt, damit diese kleinen Ungeheuer sich darüber hermachen können?"

„Ja, könnte das nicht sein?"

Lange herrschte düsteres Schweigen zwischen den Beiden. Doch dann platzte der eine heraus:

„Du bist verrückt. Und ich sage dir auch warum: Wenn wir nämlich Gäste deines Gärtners wären, müssten wir nicht nur die bestehende Ordnung respektieren, wir müssten nicht nur die Wühlmäuse dulden, sondern müssten uns auch noch für jeden Schluck Wasser und jeden guten Bissen bei unserem Gastgeber bedanken ..."

„Donnerwetter" sprach der andere. „Du hast Recht. Wir haben das Danken vergessen. Lass uns von nun an vor jeder Mahlzeit dem Gärtner sagen, wie gut es uns hier gefällt und wie gut es uns schmeckt. Ich wette, er freut sich darüber."

Das Gespräch endete damit.

Der Streit der beiden Freunde aber geht weiter – bis auf den heutigen Tag ...

➡ *Das fundamentalste Staunen ist das Staunen darüber, dass wir da sind, obwohl wir auch nicht sein könnten. Warum ist etwas – und warum ist nicht nichts? Der Grund dafür liegt weder in uns noch in der uns umgebenden Welt, denn nichts in dieser Welt ist Grund seiner selbst: Alles ist Wirkung irgendwelcher Ursachen. Ist der Grund der Welt aber nicht in der Welt ausfindig zu machen, so muss er jenseits dieser Welt liegen. Und was wäre jenseits dieser Welt außer Gott?*

18. Erhaltung

Paul und der Quatsch mit der Schöpfung

Paul kommt nach Hause. Endlich ist der Konfirmandenunterricht vorbei. Paul wirft die Bibel ins Regal und nimmt sich etwas zu trinken. Wieso ist eigentlich niemand zu Hause? Pauls Mutter ist einkaufen gefahren. Das weiß Paul. Aber wo ist sein Vater? Er hört es dumpf klopfen. Ach so! Der Vater ist in seinem Hobbykeller und repariert irgendetwas. Paul geht in den Keller.

Pauls Vater: Na Paul? Da bist du ja schon.

Paul: Ja, wir haben etwas eher Schluss gemacht. Was baust du da?

Pauls Vater: Ach, das ist der alte Stuhl vom Dachboden. Ich bringe ihn in Ordnung und streiche ihn neu an. Dann wird er gut in die Diele passen. Wie war der Konfirmandenunterricht heute?

Paul: Ach, na ja. Ich glaub' das nicht, was der Pfarrer da immer von der Schöpfung erzählt. Das kann doch gar nicht sein.

Pauls Vater: Wieso? Was sagt er denn?

Paul: Na, eben dass Gott die Welt geschaffen hat. Dabei haben wir doch schon in der Schule vom Urknall gehört. Eines muss doch gelogen sein: Entweder entstand die Welt durch den Urknall, oder durch Gott. Ich glaub', der Pfarrer redet Quatsch.

Pauls Vater: So, so. Komm Paul, halt mal den Stuhl gut fest, ich muss das hintere Bein etwas kürzer machen.

Paul greift den Stuhl und drückt ihn fest auf die Werkbank. Pauls Vater nimmt eine Säge und sägt einen halben Zentimeter vom Stuhlbein ab.

Pauls Vater: So, prima. Danke Paul. Aber jetzt sag' mir mal, wer das Stuhlbein abgesägt hat.

Paul: Wie? Was ist denn das für eine komische Frage?

Pauls Vater: Gar nicht komisch. Sag doch mal: Habe ich das Stuhlbein abgesägt, oder hat die Säge das Stuhlbein abgesägt?

Paul: Äh, du natürlich, äh, ich meine die Säge. Da kann man doch gar nicht sagen „Entweder – oder"! Das stimmt doch beides: Du hast das Stuhlbein abgesägt, und die Säge hat das Stuhlbein abgesägt.

Pauls Vater: Siehst du, so ist das mit der Schöpfung auch. Da kann man auch nicht sagen „Entweder Urknall und Evolution oder Gottes Schöpfung“. Da stimmt auch beides, denn wie ich diese Säge als Werkzeug benutze, so benutzt Gott den Urknall und die Evolution.

Paul: Hm. Aber das mit dem „täglichen Brot“ ist bestimmt Quatsch. Der Pfarrer behauptet, Gott hätte uns nicht nur geschaffen, sondern würde unser Leben auch täglich erhalten, indem er uns versorgt und ernährt. Dabei weiß ich genau, woher unsere Lebensmittel kommen: Mutti kauft sie bei Edeka. Und zu Edeka kommen sie in einem großen Laster. Und der Laster kommt von großen Lebensmittelfabriken und Molkereien und Bäckereien.... Da muss doch eines gelogen sein: Entweder kommt unser tägliches Brot vom Bäcker oder von Gott. Entweder – oder.

Pauls Vater: Reich mir mal den großen Hammer rüber, Paul. Auf der einen Seite ist die Stuhllehne aus dem Leim gegangen.

Paul gibt seinem Vater den großen Hammer. Der nimmt einen langen Nagel und treibt ihn mit drei, vier kräftigen Schlägen ins Holz.

Pauls Vater: So, das hält jetzt wieder. Und nun sag mir einmal, Paul, wer den Nagel eben eingeschlagen hat. Habe ich den Nagel eingeschlagen, oder hat der Hammer den Nagel eingeschlagen?

Paul: Oh nein! Du schon wieder mit deinen komischen Fragen! Natürlich hat der Hammer den Nagel – ich meine – du hast den Nagel eingeschlagen. Aber doch auch der Hammer. Da kann man doch gar nicht sagen „Entweder – oder“. Da stimmt doch beides!

Pauls Vater: Na eben. Beides stimmt. Deswegen stimmt es auch, dass unser Essen von Edeka kommt und dass es von Gott kommt. Ich benutze den Hammer, um damit den Nagel einzuschlagen. Und Gott benutzt die Bauern und die Bäcker und die Molkereien und die Lastwagenfahrer und die Lebensmittelhändler, um uns zu ernähren und mit allem Lebensnotwendigen zu versorgen.

Paul: Mensch Papa, du redest wie unser Pfarrer. Der hat sogar behauptet, Gott würde die kranken Menschen gesund machen und man sollte Gott danken, wenn man wieder gesund wird. Der Torsten hat da angefangen zu kichern. Du weißt doch, Torsten ist der Sohn von Dr. Schulze. Er hat gesagt, sein Vater – und die anderen Ärzte – würden Menschen gesund machen. Aber nicht Gott.

Pauls Vater hat inzwischen angefangen, den Stuhl anzustreichen. Und zwar dunkelblau, wie die anderen Dielenmöbel auch sind. Er sagt eine Weile gar nichts, sondern taucht nur immer wieder den Pinsel in den Farbtopf, streift ihn ab und streicht den Stuhl.

Pauls Vater: Na Paul, inzwischen kannst du dir doch denken, was ich dazu meine. Schau her: Male ich den Stuhl an, oder malt der Pinsel den Stuhl an? Beides stimmt. Und so stimmen auch die beiden Sätze „Ärzte machen uns gesund" und „Gott macht uns gesund". Denn diese Ärzte sind Gottes Werkzeuge, wie dieser Pinsel mein Werkzeug ist – ob sie es wissen oder nicht. Wie ich den Pinsel benutze, um den Stuhl anzumalen, so benutzt Gott die Ärzte, um unser Leben zu erhalten, wenn er das will. Aber ich glaube, die Haustür ist gegangen, Paul. Schau mal nach, ob Mutter vom Einkaufen zurück ist.

Paul läuft nach oben. Aber er ist nachdenklich geworden. Vielleicht muss er auch seiner Mutter einmal diese Fragen stellen.

➟ *Zwischen Schöpfung und Urknall besteht ebenso wenig eine Alternative wie zwischen göttlicher Fürsorge und menschlicher Selbsterhaltung. Unser „täglich Brot" kommt vom Bäcker und kommt doch von Gott. Denn so wie wir für unsere Arbeit Werkzeuge benutzen, so bedient sich Gott der natürlichen und kulturellen Kräfte: Sie sind Instrumente in seiner Hand, die ohne ihn unser Leben sowenig erhalten könnten, wie ein Hammer ohne Tischler einen Nagel einzuschlagen vermag.*

19. Mensch

Wer nach dem Wesen des Menschen fragt, muss sorgsam unterscheiden zwischen dem, was der Mensch nach derzeitigem Augenschein, und dem, was er seiner Bestimmung nach ist. Denn zwischen beidem besteht eine große Differenz, die sich am Beispiel einer Statue verdeutlichen lässt:

Wenn ein Bildhauer eine schöne Statue schaffen will, dann lässt er sich einen großen Gesteinsblock kommen, stellt ihn in sein Atelier und fängt an, daran zu klopfen und zu hämmern. Nach einiger Zeit erkennt man dann, dass jene Kante wohl ein Bein werden soll und dieser Vorsprung vielleicht eine Schulter. Man ahnt die Umrisse, mehr aber auch nicht.

Ein Besucher, der das Werkstück zwischen den vollendeten Kunstwerken entdeckt, sagt vielleicht: „Das ist ja ein unförmiger und hässlicher Steinbrocken!" Aber der Bildhauer widerspricht und sagt „Nein, das ist eine wunderbare Statue der Venus von Milo – sie ist nur noch nicht fertig!" Wer von den beiden hat Recht? Natürlich beide: Der Besucher beurteilt den Steinbrocken nach dem derzeitigen Augenschein. Der Bildhauer beurteilt ihn aber nach seiner Bestimmung.

Beide Sichtweisen sind nun auch im Blick auf den Menschen zu unterscheiden: Wenn wir ihn nur nach dem derzeitigen Augenschein beurteilen, finden wir, dass er zwar ein hochbegabtes Lebewesen ist, dass er aber mit seinen vorzüglichen Gaben viel Schindluder treibt – ein ziemlich unförmiger Steinbrocken eben.

Die Bibel weiß aber noch etwas mehr. Sie kennt die Absichten des Künstlers und sagt darum: Dieser Mensch, dieser Steinbrocken, ist das wundervolle Ebenbild Gottes – er ist nur noch nicht fertig. Als Ebenbilder Gottes sind wir gedacht, so waren wir bei unserer Erschaffung schon gemeint, und Ebenbilder Gottes sollen wir einmal wirklich werden: dazu sind wir bestimmt.

Allerdings hilft uns diese biblische Auskunft nicht weiter, solange wir nicht wissen, was „Gottesebenbildlichkeit" konkret beinhaltet. Was soll man sich darunter vorstellen?

Wenn im Alltag jemand erzählt: „Der Sohn meines Nachbarn sieht seinem Vater ungeheuer ähnlich, er ist das reine Ebenbild des Vaters", dann wissen wir, was gemeint ist – die äußere Erscheinung, vielleicht sogar der Charakter der beiden gleicht sich. Aber das kann im Falle Gottes und des Menschen nicht gemeint sein:

Wenn Gott den Menschen sich zum Ebenbilde schafft, dann bedeutet das ja nicht, dass jeder Mensch genauso allmächtig, genauso allwissend und barmherzig, allgegenwärtig und ewig sein sollte wie Gott. Sollten wir Gott gleichen wie eine Briefmarke der anderen gleicht, so müssten ja aus Menschen Götter werden. Das ist nicht gemeint. Was aber dann?

Es führt weiter, hier an das Abbild zu denken, das ein Siegelring hinterlässt, wenn er in Siegelwachs gedrückt wird. Der Abdruck im Wachs ist sehr wohl ein genaues Ebenbild des Ringes, der den Abdruck gemacht hat. Aber den Vertiefungen im Ring entsprechen nicht Vertiefungen im Wachs, sondern Erhöhungen. Und so ist es auch bei dem gottebenbildlichen Menschen:

Gottes Allmacht entspricht er, indem er nicht versucht, seiner selbst mächtig zu sein, Gottes Ewigkeit entspricht er, indem er seine eigene Endlichkeit annimmt. Gottes Barmherzigkeit entspricht er, indem er sein Vertrauen darauf setzt.

Gottes Gebieten entspricht er durch sein Gehorchen und Gottes Rufen entspricht er durch sein Antworten. Gottes Verheißung entspricht er dadurch, dass er ihr glaubt. Das ist nicht die Art, wie eine Briefmarke der anderen genau entspricht und gleicht, sondern so entspricht der Abdruck im Siegelwachs dem Siegelring:

Gott ordnet den Erdkreis wunderbar und weise
↔ *Der Mensch freut sich des Schönen*
Gott redet
↔ *Der Mensch hört Gottes Wort*
Gott schenkt das tägliche Brot
↔ *Der Mensch empfängt es und dankt*
Gott gibt seinen Geschöpfen gute Gebote
↔ *Der Mensch gehorcht dem Willen Gottes*
Gott lenkt das Menschenleben
↔ *Der Mensch lässt Gott vertrauensvoll walten*
Gott setzt dem Menschen Grenzen
↔ *Der Mensch akzeptiert seine Grenzen*
Gott segnet mit guten Gaben
↔ *Der Mensch freut sich und dankt*
Gott zürnt über menschlichen Ungehorsam
↔ *Der Mensch kehrt um vom falschen Weg*
Gott erlöst die Sünder durch Jesus Christus
↔ *Der Mensch lässt sich erlösen*
Gott lädt ein, ihn anzurufen in Freud und Leid
↔ *Der Mensch betet*
Gott will vergeben
↔ *Der Mensch lässt sich vergeben*
Gott gibt Aufgaben
↔ *Der Mensch übernimmt Aufgaben*

Gott beruft in die Nachfolge Christi
↔ *Der Mensch nimmt den Ruf an und folgt*
Gott fordert, den Nächsten zu lieben
↔ *Der Mensch hilft, wo er kann*
Gott bekennt sich zu seinen Geschöpfen
↔ *Der Mensch bekennt sich zu Gott*
Gott gibt Versprechen für die Zukunft
↔ *Der Mensch vertraut seinen Zusagen*

Vielleicht denkt nun jemand: So einen Menschen würde ich gern mal kennen lernen, so ein vollkommenes Ebenbild Gottes. Aber der Betreffende würde sich irren: Wir alle kennen ihn schon, diesen Menschen! Wir müssen ihn nicht erst gedanklich konstruieren: Es hat ihn schon gegeben diesen Menschen, der das präzise Ebenbild Gottes war und an dem sich ablesen lässt, wozu wir alle von Gott bestimmt sind – dieser Mensch war Jesus!

Er entsprach durch sein Gehorchen Gottes Gebieten, durch seinen Glauben Gottes Verheißung, durch seinen Machtverzicht Gottes Allmacht und durch sein Vertrauen Gottes Barmherzigkeit. Deshalb weist uns die Bibel immer wieder auf ihn hin, wenn es um das wahre Wesen des Menschen geht: An ihm können wir ablesen, wie wir selbst vom Schöpfer gemeint sind. Er ist das wahre Ebenbild Gottes und genau deshalb der Maßstab des Menschlichen. Als dieser Maßstab enthüllt Christus aber auch etwas Schreckliches: Denn vergleichen wir uns mit ihm, so geht uns auf, wie sehr wir das Ebenbild Gottes in uns entstellen und wie wenig wir ihm entsprechen. Erst an Christus wird uns ganz bewusst, was Sünde ist:

Gott ordnet den Erdkreis wunderbar und weise
↔ *Der Mensch achtet nicht darauf*
Gott redet
↔ *Der Mensch hört weg und redet lieber selbst*
Gott schenkt das tägliche Brot
↔ *Der Mensch meint, er hätte es sich selbst beschafft*
Gott gibt seinen Geschöpfen gute Gebote
↔ *Der Mensch will sein eigener Herr sein*
Gott lenkt das Menschenleben
↔ *Der Mensch hadert mit seinem Geschick*
Gott setzt dem Menschen Grenzen
↔ *Der Mensch überschreitet seine Grenzen*

Gott segnet mit guten Gaben
↔ *Der Mensch nimmt es für selbstverständlich*
Gott zürnt über menschlichen Ungehorsam
↔ *Der Mensch sucht Ausreden und macht weiter*
Gott erlöst die Sünder durch Jesus Christus
↔ *Der Mensch will sich lieber selbst erlösen*
Gott lädt ein, ihn anzurufen in Freud und Leid
↔ *Der Mensch verweigert das Gespräch*
Gott will vergeben
↔ *Der Mensch meint, er hätte Vergebung nicht nötig*
Gott gibt Aufgaben
↔ *Der Mensch stellt sich blind*
Gott beruft in die Nachfolge Christi
↔ *Der Mensch stellt sich taub und läuft weg*
Gott fordert, den Nächsten zu lieben
↔ *Der Mensch liebt nur sich selbst*
Gott bekennt sich zu seinen Geschöpfen
↔ *Der Mensch verleugnet seinen Schöpfer*
Gott gibt Versprechen für die Zukunft
↔ *Der Mensch misstraut Gottes Zusagen*

Ist das aber das Bild des real existierenden Menschen, so muss uns das bestürzen. Offenbar verfehlen wir völlig das Ziel, für das wir bestimmt sind und leben im Widerspruch zu unserem eigenen Wesen!

➡ *Der Mensch ist dazu bestimmt, Gottes Ebenbild zu sein. Doch ist dies nicht als „Gottähnlichkeit" misszuverstehen. Gemeint ist vielmehr eine gegenbildliche Entsprechung wie sie zwischen Siegelring und Siegelabdruck besteht: Der Mensch ist bestimmt, zu empfangen, wo Gott schenkt, zu gehorchen, wo Gott befiehlt, zu folgen, wo Gott ruft. Bisher verfehlen alle Menschen dieses Ziel, bis auf einen: Jesus Christus ist das wahre Ebenbild Gottes und dadurch der Maßstab des wahrhaft Menschlichen.*

20. Gesetz

Der erste Psalm enthält einen irritierenden Vers – einen, über den man stolpern kann. Da heißt es nämlich: *„Wohl dem, der … Lust hat am Gesetz des Herrn."* Das ist nun freilich leicht dahingesagt. Schwierig aber wird es, wenn man sich fragt, ob man selbst so einer ist: „Bin ich einer, der Lust hat am Gesetz des Herrn?" Bereiten mir die Zehn Gebote Freude? Es würde mich wundern, wenn darauf jemand spontan „Ja" sagte. Wir neigen wohl eher dazu, diese Frage befremdlich zu finden: Denn reicht es nicht, dass man sich an Gottes Gebote halten soll – ist das nicht schwierig genug? Müssen wir auch noch jubeln über die Vorschriften, die Gott uns macht?

Nun – setzen wir nicht zu hoch an. Der erste Schritt zur Lust am Gesetz des Herrn ist wohl die Einsicht in die Berechtigung und in die Notwendigkeit dieses Gesetzes. Und solche Einsicht ist auch schon viel wert. Es ist viel wert, wenn Menschen einsehen, dass sie sich auf Gottes Grund und Boden befinden. Wir sind in dieser Welt Gäste, und er ist der Hausherr. Darum ist es sein gutes Recht, eine Hausordnung zu verkünden. Er hat das Recht, seinen Gästen Verhaltensregeln aufzuerlegen.

Und dass er von diesem Recht Gebrauch macht, ist nur zu verständlich. Denn da Gott seine Erde liebt, will er sie vor Zerstörung schützen. Er will nicht, dass seine Gäste übereinander herfallen. Und er will nicht, dass sie die Einrichtung seines Hauses ruinieren. Weil wir aber nicht aus eigenem Instinkt heraus das Gute tun, hat er uns seine Hausordnung schriftlich gegeben: Die Zehn Gebote.

Es sind weise Gebote, die dem Leben dienen. Das geben sogar Nichtchristen zu. Es sind gute Regeln, die uns davor bewahren, uns selbst und anderen zu schaden. Trotzdem aber ist die „Unlust" am Gesetz des Herrn meist größer als die „Lust". Und warum?

Liegt es daran, dass wir eigentlich lieber gesetzlos wären? Liegt es daran, dass uns das Böse oft so verlockend und schön erscheint? Zumindest bei den reiferen Charakteren vermute ich, dass etwas anderes im Vordergrund steht: Bei ihnen rührt der Widerwille gegen Gottes Gesetz eher daher, dass sie an der Erfüllung der Maßstäbe, deren Berechtigung sie einsehen (!), so oft scheitern. Ja, unser Scheitern am Gesetz des Herrn verdirbt uns die Lust daran. Denn es ist ja nicht so, dass man es nicht versuchte. Gerade dann aber, wenn man ernstlich Gottes Willen zu tun versucht, merkt man, wie unendlich schwer das ist:

Es ist ja bei weitem nicht damit getan, wenn man nur das Stehlen, das Morden und das Ehebrechen unterlässt. Dergleichen zu lassen – das würden wir uns vielleicht noch zutrauen. Aber in Wahrheit sind die Zehn Gebote ja nicht bloß Verbote, sondern zugleich Gebote positiver Aktivität:

„Du sollst nicht töten“ heißt auch: Du sollst das Leben des anderen fördern. „Du sollst nicht falsch Zeugnis reden“ heißt auch: Du sollst die Wahrheit ausbreiten. „Du sollst nicht ehebrechen“ heißt auch: Du sollst deinen Ehepartner lieben und ehren. Nimmt man diese positiven Forderungen in den Verboten wahr, so wird es schon viel schwerer, dem Gesetz des Herrn zu folgen. Und selbst wenn es jemandem gelänge, wäre das noch nicht genug.

Denn Jesus hat die Latte in der Bergpredigt noch höher gelegt. Da fordert er nicht bloß reine Hände, die das Gute tun, sondern fordert dazu auch noch reine Herzen, die nichts als nur Gutes wollen und wünschen.

Er sagt dort: Wenn du in deinem Herzen und in Gedanken Ehebruch begangen hast, so ist es, als hättest du ihn wirklich begangen. Und wenn du im Herzen deinem Feind den Tod wünschst, so ist es, als hättest du ihn schon umgebracht. Folgerichtig verlangt Jesus von uns, dass wir nicht nur auf böses Tun verzichten, sondern dass auch die Lust auf dieses böse Tun aus unserem Herzen verschwindet. Jesus fordert, nicht bloß äußerlich das Gute zu tun, sondern auch innerlich immer uneingeschränkt das Gute zu wollen.

Wer aber könnte vor diesem Maßstab bestehen und diesem Anspruch gerecht werden außer Jesus selbst? Wer das zu Ende denkt, wird finden, dass es auf jene erschreckende Forderung des 1. Petrusbriefes hinausläuft: *„... wie der, der euch berufen hat, heilig ist, sollt auch ihr heilig sein in eurem ganzen Wandel. Denn es steht geschrieben: »Ihr sollt heilig sein, denn ich bin heilig.«“ (1.Petr 1,15-16)*

Und an diesem Punkt ist es dann wohl vorbei mit der Einsicht. Denn wer sollte sich da nicht überfordert fühlen und die Lust verlieren am Gesetz des Herrn? Läuft es darauf hinaus, dass wir heilig sein sollen wie Gott heilig ist, so können wir nur scheitern. Und damit wird unser Psalmwort vollends unverständlich.

Denn wie soll man Lust haben am Gesetz des Herrn, wenn es keine Hilfe ist auf dem Weg zu Gott, sondern eher ein großer Stolperstein? Das Gesetz scheint für nichts anderes zu taugen, als dass es unser Versagen aufdeckt. Es zwingt uns, zu gestehen, dass wir uns mit aller Willensanstrengung nicht zu guten Menschen machen können. Es blamiert uns, weil es zeigt, wie wenig wir uns im Griff haben. Und das ist doch kein Gewinn!

Oder vielleicht doch? Ja, ich meine tatsächlich, dass es gut ist, wenn das Gesetz uns ins Stolpern bringt. Es bringt unser moralisches Selbstbewusstsein zu Fall und lässt die Illusion „freier" Selbstbestimmung platzen. Wir entdecken dabei, wie viel Macht das Böse über uns hat. Und erschrocken erkennen wir uns wieder in den Worten des Paulus:

„Wollen habe ich wohl, aber das Gute vollbringen kann ich nicht. Denn das Gute, das ich will, das tue ich nicht; sondern das Böse, das ich nicht will, das tue ich." (Röm 7,18-19)

Das zu erkennen, ist schmerzhaft, aber heilsam. Denn in jedem von uns steckt die Neigung, das Gelingen unseres Lebens zu erzwingen. Wir würden uns erfülltes Leben lieber erkämpfen oder verdienen, statt es aus der Hand Gottes „gratis" zu empfangen. Und selbst den Himmel würden wir am liebsten „erobern" durch eine „Lebensleistung", die Gott anerkennen und honorieren „muss". Wir verlassen uns eben lieber auf unsere eigenen „Verdienste" als auf Gottes „Gnade".

Doch je früher und je gründlicher diese Illusion scheitert, umso besser ist es. Denn je eher man aus dieser falschen Bahn geworfen wird, umso eher wird man die richtige finden. Eben dafür aber sorgt das Gesetz selbst. Es tritt uns nämlich mit erbarmungsloser Strenge entgegen und lehrt uns dadurch, das Erbarmen Jesu Christi zu suchen. Es ist ein „Erzieher", ein „Zuchtmeister" auf Christus hin, sagt Paulus (Gal 3,24). Es ist der Eisberg, an dem die „Titanic" menschlicher Selbstsicherheit zerschellt.

Das klingt „destruktiv". Aber was zerbricht, ist nur die Illusion, die den Menschen daran gehindert hat, seinen Erlöser kennen zu lernen. Erreicht der Schiffbrüchige jenes Rettungsboot, das man „Kirche" nennt, schlüpft er also bei Christus unter, so erreicht er unter Jesu Führung das Ziel, zu dem ihn seine „Titanic" (seine stolzen Bemühungen um Vervollkommnung) niemals hätten bringen können. Er wird die Nase nun tiefer tragen. Aber das macht nichts. Denn er verdankt dem „Eisberg" einc neue, realistische Selbsteinschätzung. Und er beginnt zugleich, das Gesetz anders wahrzunehmen:

Als Christ weiß er, dass das Gesetz ihn nicht erlösen kann, denn er ist ein Sünder. Und er weiß zugleich, dass es ihn nicht verdammen kann, denn er ist gerechtfertigt durch Christus. Eines aber kann das Gesetz: Für den, der durch Christus gerechtfertigt ist, kann es sich zurückverwandeln in das, was es vom Anbeginn der Schöpfung eigentlich sein sollte:

Nicht Überforderung, nicht strenger Zuchtmeister und nicht Ankläger, sondern Gottes gute Hausordnung für das Haus seiner Schöpfung. Wer das erkennt, der empfindet Gottes Gebote dann am Ende auch nicht mehr als „Einschränkung", sondern als Orientierungshilfe. Die Gebote leisten ihm dann gute Dienste als Warnschilder an Gefahrenstellen des Daseins und als Geländer, an dem man sich halten kann auf abschüssigen Wegen. Der Einsichtige übt sich darin, nur noch zu wollen, was Gott will, und gewinnt am Ende das, was unser Psalm so lobt: Er gewinnt tatsächlich „Lust am Gesetz des Herrn".

➡ *Gottes Gesetz ist die „Hausordnung", die der Schöpfer seiner Schöpfung gegeben hat. Ihre Notwendigkeit und Güte müsste eigentlich jeder einsehen. Für uns Sünder allerdings, die wir das geforderte Gute nicht vorbehaltlos bejahen, wird das Gesetz zur Bedrohung, weil es unser Versagen schonungslos aufdeckt. Die Einsicht in das eigene Versagen ist aber in Wahrheit ein Gewinn: Das Gesetz zwingt uns dadurch, nicht auf die eigene Moralität, sondern auf die Gnade Gottes zu vertrauen.*

21. Sünde

Ein Freund von mir, der auch Pfarrer ist, erzählte mir einmal von seiner ersten Konfirmandenstunde zum Thema Sünde. Weil er wusste, dass das ein schwieriges Thema ist, hatte er sich mit der Vorbereitung viel Mühe gegeben. Er erläuterte den Konfirmanden, was das Wort Sünde in der Bibel bedeutet, und erklärte ihnen, dass der Mensch im Grunde seines Herzens keineswegs gut ist. Seine Erklärungen schienen sehr einleuchtend zu sein. Denn erfreut und überrascht konnte mein Kollege feststellen, dass die Kinder ihm zustimmten. Ja, sie fanden selbst viele Beispiele für die Schlechtigkeit des Menschen: Kriege und schreckliche Verbrechen, Mord und Totschlag, Lüge und Betrug, Habgier und Rücksichtslosigkeit. Jeder Konfirmand wusste ein Beispiel zu nennen, das zeigt, dass der Mensch böse ist und nicht gut.

Doch die große Selbstverständlichkeit, mit der das harte Urteil über „den Menschen" gefällt wurde, machte meinen Freund dann doch stutzig. Er fragte nach und fand am Ende heraus, dass die Konfirmanden wohl „den Menschen" insgesamt und überhaupt für sündhaft hielten – nicht aber sich selbst. Dass „der Mensch" als solcher nicht gut ist, hatte ihnen schnell eingeleuchtet. Aber sie bezogen dieses Urteil nicht auf sich. Sich selbst hielten die Konfirmanden für gar nicht so übel. Sie hatten also von der Sünde gesprochen wie von etwas, das nur die anderen betrifft.

Nun – mein Freund hat aus dieser Begebenheit viel gelernt. Und auch ich finde sie bedeutsam. Denn sie ist typisch für unseren Umgang mit dem Thema Sünde. Die meisten Erwachsenen würden zwar nicht leugnen, Sünder zu sein. Sich als Sünder zu bekennen, gehört unter Christen ja gewissermaßen zum guten Ton. Doch fragt sich, ob das Herz auch fühlt, was die Lippen bekennen. Und da vermute ich, dass es den meisten von uns so geht wie jenen Konfirmanden: Im Grunde fühlen wir uns nicht als Sünder, im Grunde finden wir uns gar nicht so übel. Denn lügen, morden, stehlen wir etwa? Führen wir nicht in der Regel ein anständiges Leben? Beschränkt sich unsere Sündhaftigkeit nicht auf kleinere moralische Pannen? Und sind wir wegen gewissen menschlichen Schwächen etwa schlechter als andere? „Nein" ruft es in uns – wir sind doch Menschen guten Willens.

Und schon sind wir überzeugt von unserer relativen Unschuld, sind beruhigt und gehen zur Tagesordnung über. Doch leider beruht diese Beruhigung auf einem Missverstehen dessen, was Sünde ist.

1. Sünde ist kein Tun

Es ist ein Missverständnis, wenn wir meinen, Sünde sei etwas, was man tut, Sünde bestehe also in bestimmten unmoralischen Handlungen. Das ist ein Missverständnis, denn Sünde ist in erster Linie kein Tun, sondern ein Zustand. Dieser innere Zustand manifestiert sich in Taten – das ist wohl wahr. Aber die äußeren Taten sind nicht das eigentliche Übel – sie sind nur die Folge eines tiefer liegenden, inneren Schadens. Verständlich wird das vielleicht, wenn man die Sünde mit einer Krankheit vergleicht. Wenn jemand hustet und die Nase läuft, wenn er Fieber hat, wenn er brechen muss und einen Hautausschlag bekommt, folgern wir daraus, dass er krank ist. Doch wissen wir, dass Husten, erhöhte Temperatur und Übelkeit nicht die eigentliche Krankheit sind. Es sind nur die äußeren Symptome und Auswirkungen der Krankheit, es sind nur äußere Anzeichen dafür, dass innen im Menschen etwas nicht stimmt. Darum würde auch kein Arzt bloß den Husten und die Übelkeit bekämpfen, ohne etwas gegen die Viren und Bakterien zu tun, von denen alles herrührt. Denn wenn der Arzt dem Patienten sagte: Unterdrücken Sie den Hustenreiz, husten Sie nicht mehr – dann würde der Patient davon nicht gesund. Wie könnte er auch? Seine Krankheit ist nun mal kein äußeres Tun, das sich unterdrücken ließe, seine Krankheit ist ein innerer Zustand. Ebenso aber verhält es sich mit der Sünde. Denn moralisches Fehlverhalten ist nichts weiter als ein Symptom und äußeres Krankheitszeichen. Daran, dass wir immer wieder gegen Gottes Gebote verstoßen, wird äußerlich sichtbar, dass in uns Sünde wohnt – ja. Aber wenn ich einem Kranken sage: Huste nicht mehr, so wird er davon nicht gesund. Und wenn ich einem Sünder sage: Du sollst nicht mehr böse handeln, so wird er davon kein guter Mensch. Vielleicht kann er bestimmte unmoralische Handlungen unterdrücken, wie ein Kranker das Husten unterdrücken kann. Aber sein Problem ist damit nicht gelöst. Denn die Wurzel des Problems sitzt tiefer – sie sitzt innen im Herzen. Darum muss man sagen: Sünde ist nicht zuerst Fehlverhalten, Sünde ist ein seelischer Schaden. Sie sitzt mittendrin im Zentrum unserer Person – und von diesem Zentrum aus verteilt sie ihr Gift in alle Bereiche unseres Lebens.

2. Sünde ist nicht die Ausnahme, sondern die Regel unseres Lebens

Hat man das einmal verstanden, so klärt sich zugleich das zweite Missverständnis bezüglich der Sünde, dass man sie nämlich oft auf einen bestimmten Ausschnitt unseres Lebens beschränkt denkt. Viele sehen das ja so: Weil sie meinen, die Sünde bestehe nur in vielen kleineren und größeren Fehltritten, verstehen sie sie als eine Serie moralischer Pannen in ihrem ansonsten rechtschaffenen Leben. Die Sünde erscheint ihnen als Ausnahme von der Regel, als unschöne Begleiterscheinung eines ansonsten anständigen Daseins – sozusagen als ein Kratzer im Lack des Lebens. In Wahrheit aber ist die Sünde ein moralischer Totalschaden.

Denn wenn Sünde ein Seelenschaden ist, der das Zentrum der Person betrifft und von dort ausstrahlt, dann ist klar, dass sie nicht bloß einen Teilaspekt unseres Daseins in Mitleidenschaft zieht. Vielmehr kommt sie von innen heraus und durchtränkt unser ganzes Leben, wie Wasser einen Schwamm durchtränkt. Da nützt es nichts, zwischen guten und schlechten Taten, zwischen schmutzigen und sauberen Aspekten unseres Leben unterscheiden zu wollen. Denn wenn Sünde unser Leben durchtränkt wie das Wasser den Schwamm – dann ist sie auch da wirksam, wo wir meinen recht zu handeln. Ja, sie ist selbst dort präsent, wo wir nach dem Urteil der Welt gute Werke tun. Wie aber das?

Man versteht es erst, wenn man sich bewusst macht, dass für die Güte unseres Tuns nicht entscheidend ist, was wir mit unserem Tun ausrichten. Entscheidend ist, ob wir es mit reinem Herzen tun. Könnten wir etwas aus reiner und guter Gesinnung heraus tun, nur aus Liebe zu Gott und den Menschen, so wäre es niemals Sünde. Auch dann nicht, wenn es missglückte, auch dann nicht, wenn es sich durch widrige Umstände schädlich auswirkte und gegen unsere Absicht zum Bösen ausschlüge. Für Gott zählte dann nicht der Effekt, für Gott zählte allein der gute Wille. Doch gilt das auch im umgekehrten Fall: Was immer wir aus unreiner Gesinnung heraus tun, das ist niemals gut. Auch dann nicht, wenn es dem Mitmenschen nützt. Denn die Bosheit des Herzens verdirbt jede noch so gute Tat:

Da mag einer seine ganze Habe den Armen schenken und viele vor dem Hungertod retten – wenn es nicht aus Liebe geschieht, wenn es z. B. geschieht, weil er als Wohltäter dastehen will, so ist es kein gutes Werk, sondern Sünde. Denn das Neue Testament sagt: „Was nicht aus dem Glauben kommt, das ist Sünde." (Röm 14,23) So ist für die Bewertung unseres Tuns entscheidend, nicht was wir tun, sondern ob wir es mit reinem Herzen tun. Was aber kann man mit reinem Herzen tun, wenn man kein reines Herz hat? Nichts. Denn ist das Herz falsch und vergiftet, so sind auch alle Gedanken, Worte und Werke, die aus dem Herzen hervorgehen, falsch und vergiftet.

3. Sünde setzt kein böses Wollen voraus

Das aber ist nun manchem doch zu viel und erscheint manchem übertrieben, weil wir uns selbst anders wahrnehmen. Sollte unser Herz wirklich so falsch sein? Sollte denn da gar nichts Gutes in uns wohnen?

Ist denn so viel böser Wille in mir? Soll ich mich denn wirklich für so ein übles Wesen halten, für ein zähnefletschendes Ungeheuer, für einen Knecht des Teufels gar?

Den Schuh ziehen wir uns nicht so schnell an. Denn wir fühlen uns gar nicht „böse" und empfinden das entsprechende Urteil darum als ungerecht. Doch beruht auch dies wieder auf einem Missverständnis der Sünde. Denn um ein Sünder zu sein, ist es nicht erforderlich, allen anderen Geschöpfen Böses zu wünschen. Es genügt völlig, für sich selbst alles Gute zu wollen. Um ein Sünder zu sein, muss ich die anderen Menschen nicht hassen. Es genügt völlig, wenn ich mich selbst uneingeschränkt liebe. Damit ist der Teufel völlig zufrieden.

Denn natürlich gibt es niemanden, der sich selbst in der Rolle des Bösewichtes sieht. Das gibt es nur im Fernsehen: Da setzen sich die Bösewichte schwarze Hüte auf und ziehen ein grimmiges Gesicht, damit auch der letzte Zuschauer merkt, dass sie böse sind. In der Wirklichkeit aber sieht sich niemand selbst in der Rolle des Bösen. Oder glauben sie, dass Stalin, Hitler, Idi Amin und Pinochet sich selbst für böse hielten und absichtsvoll böse sein wollten? Ich glaube das nicht, sondern ich vermute, dass diese Leute sich für missverstandene Helden hielten. Ja, sie waren sicherlich überzeugt, dass sie nur das Beste wollten für die von ihnen regierten Völker. Und hätten sie in sich selbst hineingehorcht wie wir, so hätten sie wahrscheinlich auch gesagt: „Ich finde keinen bösen Willen in mir, ich wollte eigentlich immer nur Gutes."

Unser subjektives Empfinden von Unschuld beweist also gar nichts und sollte uns auch nicht beruhigen: Lassen wir uns nicht davon täuschen, wenn wir im Keller unserer Seele nichts finden, was nach Schwefel stinkt. Lassen wir uns nicht täuschen vom subjektiven Gefühl der Unschuld. Denn um ein Sünder zu sein, muss man keinen ausdrücklichen Bund mit dem Teufel geschlossen haben – es genügt, einfach so zu sein, wie man ist.

4. Sünde ist eine Form von Egozentrik

Aber wie sind wir? Ich könnte mir vorstellen, dass manchem diese Frage nun unter den Nägeln brennt. Was soll man sich denn nun nach alledem unter „Sünde" vorstellen? Ein Tun soll es nicht sein, sondern ein innerer Zustand. Ein Seelenschaden soll es sein, der selbst unsere guten Taten zu schlechten Taten macht. Und doch soll dieser Schaden nicht darin bestehen, dass der Mensch sich bewusst für das Böse entscheidet. Ja bitte, was soll es denn dann sein? Ich will ihnen die Antwort nicht schuldig bleiben:

Meiner Meinung nach hat die Sünde ihre Wurzel, ihren Ursprung und ihren harten Kern in der uns angeborenen Egozentrik. Sie liegt darin, dass jeder von uns sich selbst für den Mittelpunkt des Universums und das Maß aller Dinge hält. Natürlich weisen wir das von uns, wenn uns jemand fragt. Aber überlegen Sie einmal: Woran orientiert sich unsere Zeitrechnung? Die Zeit zerfällt doch in die Zeit vor mir und nach mir. Was ist Rechts und Links? Natürlich rechts und links von mir. Wo ist oben? Natürlich über mir. Wo ist unten? Natürlich unter mir. Wer ist reich? Natürlich der, der mehr hat als ich. Wer ist arm? Natürlich der, der weniger hat als ich. Gutes Wetter ist das, das ich jetzt haben will. Schlechtes Wetter ist das, das ich gerade nicht brauchen kann. Nett ist, wer mich mag. Unfreundlich ist, wer mich nicht schätzt. Nah ist nah von mir. Fern ist fern von mir. Recht hat, wer meine Meinung teilt, ein Lügner ist, wer mir widerspricht. Was immer geschieht, wird danach beurteilt, ob es mir nützt oder nicht. Der Bezugspunkt all dieser Bewertungen sind immer wir selbst. Und das ist verräterisch. Denn so hält jeder sich selbst für den Mittelpunkt des Weltgeschehens, hält das eigene Interesse für das Maß aller Dinge und seine Perspektive für die Wahrheit.

Jeder ist sich da selbst der Nächste. Genau darum aber sind wir unseren Mitmenschen fern und sind Gott fern. Denn Egozentrik ist Trennung von Gott. Und Trennung von Gott – das ist es, was den Kern der Sünde ausmacht. Es ist nicht böser Wille. Nein. Es ist nicht diese oder jene Tat. Nein. Es ist auch keine Charakterschwäche. Sondern es ist dies, dass wir uns mit unseren Interessen und Bewertungen in den Mittelpunkt stellen. Das führt uns in den Konflikt mit unseren Mitmenschen, die es alle genauso machen. Es führt uns aber auch in den Konflikt mit Gott. Denn wir lassen dabei unser eigenes Ich den Platz einnehmen, der Gott zukommt. Wir machen ihm den Platz streitig, der ihm gebührt. Wir kreisen um uns selbst, obwohl wir von Rechts wegen um ihn kreisen sollten.

Denn in Wahrheit ist er der Mittelpunkt des Weltgeschehens. Er ist das Maß aller Dinge, er ist der Herr über Leben und Tod. Sein Wille entscheidet darüber, ob etwas gut oder böse ist. Er ist das Zentrum, wir sind die Peripherie. Aber statt dass wir uns seinen Willen zu Eigen machen, erwarten wir, dass er unserem Willen folgen müsste. Statt ihn wichtig zu nehmen, nehmen wir uns selbst wichtig.

Und aus alledem folgt dann unser Getrenntsein von Gott, aus der Konkurrenz unserer vielen Egoismen folgt dann alles Böse dieser Welt. Denn weil wir uns selbst in den Mittelpunkt stellen, darum ordnen wir unser Interesse dem Interesse des Mitmenschen vor. Weil wir so egozentrisch sind, nehmen wir unseren eigenen Willen wichtiger als den Willen Gottes. Und daraus resultiert dann alles andere, womit wir einander das Leben zur Hölle machen ...

➟ *Sünde ist kein äußeres Fehlverhalten, sondern ist zuerst ein seelischer Schaden. Er besteht in der egozentrischen Unterstellung, (nicht Gott, sondern) wir selbst seien der Mittelpunkt der Welt und das Maß aller Dinge. Dieser Grundirrtum, die eigene periphere Stellung mit der zentralen Stellung Gottes zu verwechseln, führt dazu, dass wir unseren Willen dem Willen der Mitmenschen und dem Willen Gottes überordnen. Und daraus resultiert alles, womit wir einander das Leben zur Hölle machen.*

22. Leid

Es genügt ein Blick in die Zeitung oder in die Tagesschau – und schon steht uns das Elend dieser Welt vor Augen. Die Bilder der Kriege mischen sich da mit denen von Hungerkatastrophen und Erdbeben, Seuchen und Überschwemmungen, von Bränden, großen Eisenbahnunglücken, Flugzeugabstürzen und Terroranschlägen. Die Menge des Elends ist kaum zu ertragen. Es schaudert uns, und wir stellen die alte Frage, die seit Hiob immer wieder gestellt worden ist: Warum denn wohl Gott das alles geschehen lässt.

Ist er denn nicht allmächtig? Ja? – dann kann er es doch verhindern! Ist er denn nicht gut? Ja? – dann will er es doch bestimmt verhindern! Ist er aber allmächtig und gut zugleich – wieso gibt es dann noch solch unermessliches Leid?

Nun – es ist dies auch meine Frage seit Jugendtagen. Teils interessierte sie mich aus Betroffenheit. Teils aber auch nur, weil damit ein Schüler seinen Religionslehrer so schön in Schwierigkeiten bringen kann. Ich habe oft die Frage nach Gottes Anteil am Leid aufgeworfen, weil es mir Freude bereitete, damit Erwachsene – die doch sonst immer alles wissen – in Ratlosigkeit zu stürzen. Ich genoss es, zu sehen, wie kluge Leute bei dem Versuch, Gott zu rechtfertigen, an ihre Grenzen stießen, ins Stammeln kamen und sich in Widersprüche verwickelten.

Heute allerdings sehe ich die Sache anders. Warum Gott das Leid dieser Welt zulässt – das ist immer noch meine Frage. Aber ich bin hellhörig dafür geworden, wie, d. h. mit welcher inneren Haltung, ein Mensch diese Frage stellt. Vier innere Grundentscheidungen sind mir dabei wichtig geworden:

1. Respektieren, dass Gott uns keine Rechenschaft schuldet

So wie ich diese Frage einmal als Waffe gegen meine Religionslehrer einsetzte, so wird sie oft auch als Waffe gegen Gott gerichtet: Neunmalkluge Menschen sitzen über Gott zu Gericht, empören sich über den Zustand der Welt und fordern, dass Gott sich rechtfertige für die Art und Weise, wie er sie regiert. Aber steht uns das zu? Wohl kaum. Darum muss man ein paar Dinge gerade rücken, bevor man sich dem Problem des Leides ernsthaft nähern kann:

Erstens sollten die, die sich über das Elend der Welt erregen, von der Summe des Leidens alles abziehen, was nicht auf Gottes, sondern auf der Menschen Konto geht. Denn wer fängt die Kriege an? Fängt Gott sie etwa an? Nein, wir sind es, die nach den Waffen greifen und uns gegenseitig die Bajonette in den Leib rammen. Und mit den Hungerkatastrophen ist es ebenso: Lässt Gott auf Erden etwa nicht genug wachsen, dass alle davon satt werden könnten? Oh, doch! All die Hungertoten gehen auf unser Konto, weil wir nicht willens oder in der Lage sind, das Vorhandene gerecht zu verteilen. Und was ist mit den Erdbeben? Für die meisten Toten sind die Baufirmen verantwortlich: Menschen errichteten die schlechten Häuser, die beim Erdbeben zu Todesfallen werden. Bevor wir also Gott anklagen, sollten wir zuerst einmal uns selbst anklagen.

Zweitens: Bevor wir Gott anklagen, sollten wir überlegen, auf welcher Rechtsgrundlage wir gegen ihn klagen wollen. Denn das ist ja klar: Wenn wir das Leid, das uns widerfährt, als Unrecht Gottes empfinden, dann unterstellen wir ja, wir hätten einen Anspruch darauf, von Leid verschont zu bleiben. Aber haben wir den wirklich? Gibt es ein Menschenrecht auf ein langes und glückliches Leben? Gibt es einen Anspruch auf Zufriedenheit, den wir gegen Gott geltend machen könnten? Nein. Gewiss ist die Trauer groß, wenn einer von uns nicht mit 80 oder 90, sondern schon mit 30 oder 40 Jahren stirbt.

Aber bitte: Hatte er denn bei seiner Geburt einen Garantieschein dabei? Hat Gott irgendeinem von uns eine bestimmte Lebensdauer versprochen? Nein. Darum muss man es einmal deutlich sagen: Was immer Gott uns widerfahren lässt, ist niemals Unrecht, weil wir Menschen gegenüber Gott keine Rechte haben. Nimmt er uns die Familie, nimmt er uns die Gesundheit, nimmt er uns das Leben, so nimmt er doch nichts, was ihm nicht gehörte. Wir schreien, als sei er ein Räuber; in Wahrheit ist er aber der Eigentümer, der lediglich eine Leihgabe zurückholt.

Drittens: Wenn wir nach dem Ursprung des Leides fragen – wenn wir fragen, warum Gott Leid bewirkt oder zumindest zulässt – müssen wir uns eine Gegenfrage gefallen lassen: Ob wir nämlich im gleichen Maße, wie wir über Böses klagen, auch für Gutes gedankt haben. Nicht? Dann sind wir entlarvt als heuchlerische Kläger, die Gott nur ins Spiel bringen, weil sie einen Sündenbock brauchen: Das unverdiente Gute, das er uns schenkt, nehmen wir wie selbstverständlich hin – ohne ein Wort des Dankes. Wehe aber, wenn uns vermeintlich unverdientes Leid zustößt – dann schreien wir Zeter und Mordio und beklagen uns bitterlich über Gott.

Unglaubwürdig macht das unsere Klage. Denn in Wahrheit ist der Ursprung des Guten in der Welt ein mindestens ebenso großes Rätsel wie der Ursprung des Bösen (und verdiente mindestens ebenso viel Aufmerksamkeit).

Viertens: Bevor wir darüber klagen, es geschehe uns Unrecht, sollten wir überlegen, ob uns nicht vielleicht Recht geschieht. Es könnte ja schließlich sein, dass viel von dem Leid, das Gott uns und anderen widerfahren lässt, nichts weiter ist als gerechte Strafe: Wenn einer immer hartherzig war und dann im Alter einsam ist – geschieht ihm etwa Unrecht? Wenn einer säuft und deswegen einen schweren Autounfall hat – geschieht ihm etwa Unrecht? Wenn einer in der Ehe untreu ist und wird dann von seiner Frau verlassen – geschieht ihm etwa Unrecht? Wenn einer seine Kinder vernachlässigt und sie missraten ihm – geschieht ihm etwa Unrecht? „Nein", würden wir spontan sagen. Und doch: Oft vergehen diese Menschen vor Selbstmitleid und beklagen sich bitterlich, dass Gott ihr Unglück zugelassen hat. „Entschuldigung", muss man dann sagen: „Ist Gott denn verpflichtet, dich vor den Folgen deiner Dummheit zu bewahren? Gräbst du eine Grube, fällst selbst hinein – und gibst dann Gott die Schuld?"

Fünftens schließlich muss uns nach alledem bewusst werden, dass es uns nicht zusteht, Gott auf die Anklagebank zu zerren. Gott kann niemals Angeklagter sein, weil Gott keinem Gesetz unterliegt. Vielmehr ist sein Wille das Gesetz, dem wir unterliegen. Gott schuldet niemandem etwas, wir aber schulden alles Gott. Nicht er hat uns, wir haben ihm Rechenschaft zu geben. Kein Richter ist über Gott, Gott aber ist Richter über alles.

Wer also anklagend mit dem Finger auf Gott zeigt, stellt die wahren Verhältnisse auf den Kopf und wird erleben, dass Gott sich auf diese Rollenverteilung nicht einlässt. Denn die Ankläger Gottes tun etwas sehr Überhebliches: Sie fordern, Gott solle die Welt so regieren, wie es ihren Vorstellungen entspricht, oder er solle am besten aufhören, Gott zu sein. Sie wollen Lehrer der Gerechtigkeit sein, Gott dagegen soll als Schüler zu ihren Füßen sitzen. Absurderes aber lässt sich nicht denken. Darum ist es besser zu schweigen, als Gott gegenüber diesen falschen Ton anzuschlagen ...

2. Gott im Leiden an unserer Seite finden

Aus Obigem ergibt sich, dass Gott über unsere Anklagen erhaben ist. Und das ist festzuhalten. Nur darf man daraus nicht folgern, Gott sei über das Leid als solches erhaben, er schwebe also unberührt und unangreifbar über dem Elend, über den Tränen, über dem Blutvergießen.

Denn das tut er keineswegs. Zwar vertraten immer wieder gelehrte Männer solche Vorstellungen von einem ungerührten Gott. Und manche meinten sogar, gerade das mache Gottes Gottheit aus, dass er von Leid und Tod und Trauer nicht berührt werden könne. Christlich sind solche Vorstellungen aber nie gewesen. Denn für das Gottesbild der Christen ist Gottes Offenbarung in Christus maßgebend. Und die zeigt Gott nicht „über", sondern „im" Leid. Gott ist nämlich in Christus total „heruntergekommen":

Er scheut nicht den Dreck des Stalles zu Bethlehem und nicht den Foltertod am Kreuz. Unser Gott schwitzt Blut und Wasser im Garten Gethsemane, er kennt Versuchung, Angst und Verlassenheit, er setzt sich mit Prostituierten und mit Verbrechern an einen Tisch, wird verraten und geschlagen, eingesperrt, ausgelacht und angespuckt. Und darin liegt für uns etwas sehr Tröstliches. Denn wer als Christ leidet, darf wissen, dass es keine Not gibt, die Gott nicht kennt, und keinen Schmerz, den er nicht versteht – unser Gott hat Leid am eigenen Leibe erfahren. Wenn wir mit Klagen und Tränen vor ihn kommen, dann weiß er also, wovon wir reden. Und welchen Kelch des Leides er uns auch zu trinken gibt – wir dürfen gewiss sein, dass er ihn selbst schon geleert und seine Bitternis geschmeckt hat.

Gottes Stehen auf der Seite der Leidenden ist schon der erste Teil seiner Antwort auf das Leid der Welt. Hört er unser Klagen, so zeigt er uns das Kreuz Christi und sagt zu uns:

„Schaut her: Ich stehe an eurer Seite inmitten des Leides. Ich schwebe nicht darüber in sicherem Abstand, sondern ich bin mittendrin. Ich leide mit euch. Und ich leide mit euch, damit das Leid einmal endet. Ich zähle eure Tränen – und ich verspreche, dass sie einmal getrocknet werden. Ich sehe jedes

Kind, das geschlagen wird, jeden Gefolterten und jeden Ermordeten – und ich verspreche euch, dass das Unrecht, das ihnen widerfährt, gesühnt werden wird. Ich selbst", spricht Gott, „habe jeden dieser Schläge gespürt und habe mein Blut vergossen, ich selbst bin in den Tod gegangen. Doch nicht, damit er siege, sondern damit er besiegt werde.

Ich bin sein Gefangener geworden, um das Gefängnis zu sprengen und die Gefangenen herauszuführen. Durch die Auferstehung Christi habe ich den Weg ins Freie gebahnt.

Und ich verspreche, dass ich auf meinem Weg keines der Opfer vergessen werde – nicht einmal die, die ihr selbst schon vergessen habt."

3. Leid durch Annahme überwinden

Höre ich diese Botschaft, so kann ich daraufhin mein Verhalten ändern. Statt sinnlos gegen einen Gott anzurennen, an dessen Überlegenheit meine Anklagen abprallen, kann ich Gott neben mir entdecken. Ich kann seiner Gegenwart gewiss sein mitten in der Erfahrung des Bösen. Und noch mehr: Ich kann von ihm lernen, wie man Böses zum Guten wenden und nutzen kann. Denn er versteht sich auf diese Kunst. Oder war die Kreuzigung etwa nicht gemeint als Vernichtungsschlag gegen Christus? Christus aber hat aus dem Gipfel der Bosheit Gutes entspringen lassen, indem er das Leiden annahm und es annehmend überwand und besiegte.

Eine ähnliche Möglichkeit, Übles zum Guten zu kehren, steht auch uns offen. Denn wenn wir wissen, dass Gott uns liebt, können wir auch leidvolle Erfahrungen aus seiner Hand entgegennehmen, ohne zu murren. Und warum? Weil das Evangelium die Erwartung begründet, dass uns auch das Schmerzvolle, das Gott uns zukommen lässt, zum Besten dienen soll. Wir unterstellen also, dass er uns auch mit dem scheinbar Schädlichen nicht schaden, sondern helfen will. Und konkret heißt das, das eigene Leid produktiv zu deuten und mit Sinn zu erfüllen, indem wir uns folgende Fragen stellen:

Kann mein Leiden eventuell hilfreich sein beim Abbau alter Schwächen? Können die schmerzhaften Schläge, die mich treffen, vielleicht produktiv sein, wie die Schläge eines Bildhauers, die einem Steinbrocken schönere Gestalt verleihen? Gehört der Schmerz vielleicht zu einem Reifungsprozess, der mich voranbringt auf dem Weg des Glaubens?

Ein schmerzlicher Verlust kann uns ja einüben in die Trennung von irdischen Gütern und falschen Idolen. Er kann befreien von alten Bindungen und kann Wege eröffnen, von denen man nichts ahnte. Man kann Leid annehmen als eine Probe des Glaubens, in der der Glaube belastet wird, aus der er aber gekräftigt hervorgeht wie ein Muskel aus dem Training.

Vielleicht versetzt uns Gott einen Schlag als notwendigen Dämpfer und als Warnung auf Abwegen. Vielleicht schickt er uns in eine Schule der Dankbarkeit. Vielleicht fordert er uns heraus, Menschen in ähnlicher Not zu helfen. Vielleicht sollen wir uns üben in Geduld und Hoffnung, vielleicht im zähen Widerstehen, vielleicht aber auch in vertrauensvoller Ergebung.

Für all das gibt es biblische Beispiele. Und ein jeder hat viele Möglichkeiten, sein Leiden positiv zu interpretieren, so dass es ihm zum Besten dient. Nur, dass die Entscheidung darüber dem Betroffenen selbst überlassen bleiben muss. Niemand kann einem anderen zudiktieren, ob und auf welche Weise er sein Leid annimmt. Niemand darf sich anmaßen, einen Leidenden darüber zu belehren, welchen guten Sinn sein Leiden hat. Aber ein Leidender kann sich – in der Zuversicht, dass Gott es zuletzt nicht böse mit ihm meint – selbst auf die Suche begeben nach dem positiven Ertrag seiner Prüfung. Und dann kann (sehr zum Ärger des Teufels) auch großer Schmerz fruchtbar werden: in ähnlicher Weise fruchtbar wie Christi Leiden am Kreuz.

4. Gottes Antwort nicht vorgreifen

Nun – vielleicht meint nun jemand, das alles sei gesagt, um der schwierigen Frage nach dem Leid auszuweichen. Will da einer die Frage umgehen, weil er keine Antwort weiß? Doch damit hätten sie mich missverstanden. Denn ich gestehe ganz freimütig, dass ich keine „rational befriedigende“ Antwort weiß, dass mich dieses Nicht-Wissen manchmal quält, und dass das Rätsel des Leides zu den Dingen gehört, nach denen ich Gott fragen werde, wenn ich einmal vor ihm stehe. Bis dahin aber will ich nicht den Fehler machen, den Hiobs Freunde begingen, als sie Hiobs Leid so scharfsinnig „erklärten". Denn ich erwarte nicht, dass die Antwort von menschlicher Vernunft „erdacht" und „erklügelt" wird. (Mit den Büchern derer, die an dieser Aufgabe gescheitert sind, kann man Bibliotheken füllen.) Vielmehr erwarte ich, dass Gott seine Antwort selbst gibt, wenn die Zeit gekommen ist. Genauer gesagt: Ich unterscheide zwischen drei Zeiten und drei Lichtern, wie es auch Martin Luther getan hat:

Das erste Licht ist das Licht der Natur und der natürlichen Vernunft, das allen Menschen, auch den Heiden, gegeben ist, damit sie sich in der Welt zurechtfinden. In diesem Lichte ist vieles erkennbar, vieles aber bleibt auch im Dunkel. So gibt uns z. B. die Vernunft keine Antwort auf die Frage, wie denn die Menschheit von der Last der Schuld erlöst und wie Sünde vergeben werden kann. Dieses Rätsel wurde erst gelöst, als das zweite Licht, das Licht des Evangeliums, hinzukam. Durch das Licht des Evangeliums lernten wir Jesus Christus als Erlöser kennen, und schon war das genannte Rätsel kein Rätsel mehr. Doch auch das Licht des Evangeliums lässt noch gewisse Fragen im Dunkeln – und die Frage, warum Gott so viel Leid zulässt, gehört dazu. Weil uns die Bibel hier keine Auskunft gibt, kommen wir in dieser Frage vorläufig nicht weiter. Aber wir dürfen erwarten, dass am Jüngsten Tage noch ein drittes Licht, das Licht der Herrlichkeit, aufgehen wird, das heller sein wird als das Licht des Evangeliums, so wie schon das Licht des Evangeliums heller war als das Licht der Natur. Und weil uns Gott im Licht seiner Herrlichkeit dann unmittelbar gegenübertritt, ist zu erwarten, dass die Fragen, die uns heute noch quälen, leicht zu beantworten sein werden.

Dann nämlich wird uns ein Licht aufgehen, das heller ist als das Licht unserer Vernunft und unseres angefochtenen Glaubens. Es wird dann klar vor unseren Augen liegen, warum alles so sein musste, wie es war. Und alle weiteren Fragen werden sich erübrigen.

Durch die Hoffnung auf diesen Moment, der hoffentlich bald kommt, tröste uns Gott!

➡ *Wer nach dem Zusammenhang von Gott und Leid fragt, sollte vier Dinge beachten: Gott schuldet uns keine Rechenschaft und kann – weil er keinem Gesetz unterliegt – auch nie Angeklagter sein. Gott schwebt nicht über dem Leid, sondern befindet sich inmitten des Leides an unserer Seite. Leid kann durch An-*

nahme des Leides überwunden und fruchtbar gemacht werden. Die letzten Antworten zum Thema Leid wird Gott selbst am Jüngsten Tag geben – wir können und sollen dem nicht vorgreifen.

23. Das Böse

Eine der härtesten Nüsse, die uns die Bibel zu knacken gibt, ist die Frage nach dem Ursprung des Bösen. Und ich denke, jeder aufmerksame Leser der Bibel ist schon einmal über dieses Problem gestolpert. Denn es heißt ja schließlich am Ende des Schöpfungsberichtes, dass alles, was Gott schuf, sehr gut gewesen sei. Da steht:

„Und Gott sah an alles, was er gemacht hatte, und siehe, es war sehr gut." (1.Mose 1,31)

Wenn aber alles so war, wie Gott es wollte und nichts existierte, was nicht aus Gottes Hand gekommen wäre, – wenn Gott in seiner Weisheit das Universum gut geordnet hatte – wie um alles in der Welt ist dann das Böse da hineingeraten? Wo kommt es her, wenn doch ein guter Gott das Böse unmöglich geschaffen haben kann?

Die Bibel – das wissen wir alle – antwortet mit der Erzählung vom Sündenfall. Sie verweist uns auf Adam und Eva, die im Garten Eden von der verbotenen Frucht aßen. Aber als Erklärung für den Ursprung des Bösen will diese Geschichte nicht recht taugen. Denn natürlich fragen wir sofort weiter: Warum haben die beiden denn gegessen von der verbotenen Frucht? Geschah es nicht, weil die Schlange sie dazu verführt hat? Woher also kommt die Schlange? Dass die Schlange eine Gestalt des Teufels war, ist nicht schwer zu erraten. Aber das führt uns nur zu der weiteren Frage, woher denn der Teufel kommt. Auch hier gibt uns die Bibel noch einmal einen Hinweis: Der Teufel soll ursprünglich ein Engel gewesen sein, der wie alle anderen Engel gut geschaffen war, der dann aber gegen Gott aufbegehrte und zur Strafe aus dem Himmel verstoßen wurde.

Allein: Wie es überhaupt möglich war, dass sich ein Engel gegen Gott wendet – das lässt die Bibel offen. Hat Gott denn die Engel so wankelmütig geschaffen, dass sie sich in ihr Gegenteil verwandeln können? Und wenn ja: Muss er dann nicht die Folgen vorhergesehen haben? Wenn er sie aber vorhergesehen hat, hat er dann am Ende selbst das Böse in seiner Schöpfung eingeplant? Der Schöpfer selbst wäre dann der Ursprung jener Macht, die es auf die Zerstörung seiner Schöpfung abgesehen hat. Gott durchkreuzte seine eigenen Pläne und sabotierte sein eigenes Werk. Eine absurde Vorstellung ist das. Und die Frage taucht auf, ob Gott etwa eine dunkle, verborgene, destruktive Seite hat. Aber bevor uns die Bibel eine abschließende Auskunft gegeben hätte, verläuft die Spur im Sande ...

Unbefriedigend ist das für alle, die die Welt zu verstehen suchen. Besonders unbefriedigend aber ist es für die Theologen. Denn wenn das Dasein des Bösen in der Welt unerklärlich bleibt, muss immer wieder Gott in ein schiefes Licht geraten. Um das zu verhindern, gehen manche Gelehrte über die Bibel hinaus und vertreten selbsterdachte Theorien über den Grund, den Sinn und den Ursprung des Bösen. Die klingen etwa so:

Gott dulde zwar das Böse in seiner Schöpfung, sagen sie, aber er tue es nur um eines höheren Gutes willen. Er dulde das Böse nämlich nur, damit Freiheit möglich sei. Gott wollte keine bloßen Maschinen und Marionetten schaffen, sagen sie, sondern er wollte sich im Menschen ein echtes, frei entscheidendes Gegenüber schaffen. Eine Freiheit aber, die neben dem Guten keine Alternative kennt, wäre keine echte Freiheit: Wer sich nicht auch für das Böse entscheiden kann, der muss ja gezwungenermaßen das Gute wählen. Wenn Gott aber Menschen wollte, die aus freiem Willen heraus das Gute tun, so musste er ihnen auch die Möglichkeit zum Bösen offen halten und in Kauf nehmen, dass sie evtl. von dieser Möglichkeit Gebrauch machen. Der Preis war nicht zu hoch, sagen die Gelehrten, denn ohne solche Freiheit wäre der Mensch immer unmündig geblieben und hätte nie zur Erkenntnis des Guten und Bösen durchdringen können. Darum ist der Sündenfall nach ihrer Theorie auch kein Unglück, sondern ein gottgewollter Fortschritt in der geistigen Höherentwicklung des Menschen.

„Wer schließlich wüsste, was gut ist, wenn er das Böse nicht kennen würde?“ sagen sie. Erkennen wir nicht alles erst aus seinem Gegensatz? Die Wärme kann nur schätzen, wer die Kälte kennt. Den Wert des Lichtes erkennt nur der, der schon mal im Finsteren gesessen hat. Das Große schiene uns nicht groß, wenn es nichts Kleines gäbe, das Schöne erschiene uns nicht schön, wenn es nichts Hässliches gäbe, und das Gute kann eben nur gut sein, weil es sich vom Bösen absetzt. Alle Dinge, so die Argumentation, leben vom Kontrast und sind auf den Kontrast angewiesen. Und darum, so heißt es, kann Gott auch auf das Böse nicht verzichten.

Er braucht es als die dunkle Folie, von der sich das Gute umso strahlender abheben kann. Denn ohne Sünde gibt's schließlich keine Erlösung, ohne Not keine Rettung, ohne Angst keinen Trost. Und wenn man das verstanden hat, so die Theorie, erkennt man, dass der Sündenfall in Wahrheit ein Glücksfall war. Denn wäre die Sünde nicht in die Welt gekommen, dann hätten wir ja Christus gar nicht kennen gelernt. Und wären wir nicht auf Abwege geraten, so hätten wir nie erlebt, wie Gott uns liebevoll nachgeht, um uns zu erlösen. Kurz gesagt: Unsere Gemeinschaft mit Gott ist nach überwundener Trennung viel inniger und dankbarer, als wenn diese Gemeinschaft nie in Frage gestellt worden wäre ...

Nun, ich mache hier einfach einen Schnitt. Denn ich denke, es ist deutlich geworden, worauf solche Theorien hinauslaufen: Es sind gut gemeinte Versuche, dem Bösen in der Welt einen Sinn abzugewinnen. Und sie wollen uns davon überzeugen, dass eine Welt, in der das Böse nach und nach überwunden wird, irgendwie besser, reifer oder wertvoller sei als eine Welt, in der es das Böse nie gegeben hätte. Verführerisch sind diese Gedanken, weil sie logisch klingen und weil sie eine peinliche Wissenslücke schließen. Und trotzdem muss ich Wasser in den Wein schütten und muss warnen vor diesen allzu geschliffenen Erklärungen. Denn – um es mit einem Wort zu sagen: Das Böse kommt dabei zu ganz unverdienten Ehren.

Das Böse nämlich, das in Gottes Plänen irgendeinen Sinn macht – dieses Böse ist nicht mehr radikal böse, sondern nur relativ böse. Es wird erklärt – es wird dabei aber zugleich verharmlost. Denn in dem Moment, wo unsere Grübelei dem Bösen einen Sinn abgewinnt – und sei es nur als dunkle Folie des Guten – in dem Moment gestehen wir dem Bösen eine gewisse Berechtigung und einen Nutzen zu. Wir müssen dann zugeben, dass etwas, das als Bedingung unserer Freiheit notwendig in den Lauf der Welt hineingehört, nicht ganz und gar verwerflich sein kann.

Und unversehens haben wir damit dem Bösen eine Art Daseinsberechtigung zugestanden: Wir beginnen, für das Böse Verständnis aufzubringen. Wir beginnen, am Bösen etwas Gutes zu finden. Und wir täuschen uns damit über die wahre Natur des Bösen hinweg. Denn die Natur des Bösen besteht eben darin, für nichts gut zu sein. Es kann zwar gegen seine eigene Intention zum Guten gekehrt werden – wie es am Kreuz geschah. Aber solch unfreiwilliges „In-Dienst-genommen-werden" verleiht dem Bösen noch lange keine Daseinsberechtigung. Denn das Gute käme leichter zum Ziel, wenn da gar kein Widerstand wäre, der erst zum Guten gekehrt werden müßte.

Darum bleibt es dabei: Das Böse hat keinen Sinn. Und an dieser anstößigen, ärgerlichen, tiefen Sinnlosigkeit dürfen wir nichts abbrechen. Denn wenn wir uns damit abfänden, dass das Böse einen notwendigen Platz in der Welt hat, wenn unser Verstand mit dem Bösen Frieden schlösse – warum sollten wir ihm dann noch tagtäglich widerstehen?

Ja, ich fürchte, jene gelehrten Männer, die redeten, wo die Bibel es für klüger hält zu schweigen, jene Schlauköpfe, die den Ursprung des Bösen so schön „erklärten", haben damit – entgegen ihrer Absicht – dem Teufel zugearbeitet. Eigentlich wollen sie angesichts des Bösen in der Schöpfung den Schöpfer rechtfertigen. Faktisch liefern sie aber eine Rechtfertigung des Bösen. Und das ist so ziemlich das Letzte, worauf Christen sich einlassen dürfen.

Ich möchte Sie darum vor solchen Grübeleien warnen: Als Christen müssen wir das Böse nicht „verstehen". Es reicht völlig, wenn wir es verabscheuen. Wollen wir aber unbedingt etwas verstehen, dann doch bitte dies, dass die einzig angemessene Geisteshaltung gegenüber dem Bösen Verständnislosigkeit ist. Es ist und bleibt in jeder Hinsicht sinnwidrig. Es ist und bleibt ein Fremdkörper im Organismus der Schöpfung. Und so sollten wir es auch behandeln. Denn die eigentliche Herausforderung liegt nicht darin, das Böse plausibel in unser Weltbild zu integrieren. Die eigentliche Herausforderung besteht darin, das Böse aus unseren Herzen zu vertreiben.

Lassen wir uns also nicht täuschen: In Wahrheit ist das Böse kein Gegenstand für eine geistreiche Unterhaltung – in Wahrheit ist es der Feind, der uns im Nacken sitzt. Wir müssen ihm widerstehen – ja. Aber wir müssen uns nicht den Kopf über ihn zerbrechen. Denn mag ungewiss bleiben, wo das Böse seinen Anfang nahm, so ist doch nicht ungewiss, wie es enden wird:

Christus kommt wieder und gibt ihm den Rest. Gott sei's gedankt in Ewigkeit.

➟ *Wie kommt das Böse in Gottes gute Schöpfung? Manche Gelehrte versuchen, das Rätsel zu lösen, indem sie dem Bösen einen Sinn abgewinnen und ihm einen Nutzen beilegen. Doch verharmlosen sie es damit. Denn die Natur des Bösen besteht gerade darin, für nichts gut zu sein. Es ist ein Fremdkörper im Organismus der Schöpfung, dem wir nicht „verstehend" begegnen sollten, sondern bewusst „verständnislos". Es hat keine Daseinsberechtigung. Und so sollten wir es auch behandeln.*

UND AN JESUS CHRISTUS, SEINEN EINGEBORENEN SOHN …

24. Jesus Christus

Nach christlicher Lehre ist Jesus Christus die Mitte des Glaubens, der Schlüssel aller Erkenntnis, der Weg zum Heil, kurz: die eine, zentrale Offenbarung Gottes. Martin Luther hat das einmal in trotzigen, geradezu schroffen Worten zum Ausdruck gebracht:

„Ich kenne noch verehre keinen andern Gott als den Menschgewordenen, außer diesem will ich keinen andern haben, denn es gibt keinen andern, der retten kann.“

So selbstverständlich wie für Luther ist die zentrale Stellung Jesu Christi freilich nicht für jeden. Ist denn Gott nicht noch viel mehr als bloß dieses Kind in der Krippe, könnte jemand einwenden. Ist Gott nicht auch der allmächtige Vater im Himmel? Ist er nicht auch der Schöpfer, der im Anbeginn den Kosmos werden ließ? Ist Gott nicht auch der Gesetzgeber und Richter, der am Berg Sinai seine Gebote gab und zugleich auch noch der Heilige Geist, der weht, wo er will? Ja, Gott ist noch viel mehr, er begegnet uns in vielfältiger Weise – Luther würde das nicht bestreiten. Und doch will er alles auf einen Punkt konzentrieren und alles auf eine Karte setzen. Abgesehen von Christus will er mit Gott nichts zu tun haben. Einen Gott, der nicht der Vater Jesu Christi wäre, kennt er nicht und verehrt er nicht – mit dem hat er nichts zu schaffen.

Manchem wird das übertrieben scheinen: Ist es nicht die Hauptsache, dass man überhaupt an Gott glaubt? Warum muss es gerade dieser sein, der in Christus Mensch wurde? Viele finden das heute gar nicht mehr wichtig. Gott wird doch auch in anderen Religionen verehrt, die ohne Jesus auskommen. Ja, es erscheint richtig engstirnig, wenn man sich so auf Christus fixiert: Es gibt doch auch Buddha und Konfuzius, es gibt Mohammed und den Dalai Lama. Das sind doch auch alles fromme Leute, und sie kamen gut ohne Jesus aus. Warum also ist Luther so engstirnig, warum will er es ausschließlich mit dem Gott zu tun haben, dessen Menschwerdung wir an

Weihnachten feiern? Mancher würde Luther wohl empfehlen, seinen Horizont zu erweitern und Jesus mal beiseite zu lassen: Vielleicht geht es auch ohne ihn ganz gut!

Nun, man kann das durchaus probieren. Machen wir einmal dieses gedankliches Experiment: Nehmen wir an, Gott wäre nicht in Jesus Christus Mensch geworden. Denken wir uns alles weg, was uns das Neue Testament über Christus berichtet und versetzen wir uns in die Lage eines Menschen, der von Christus nie etwas gehört hat. Wie sähe unser Verhältnis zu Gott dann aus – was wüssten wir dann von Gott?

Zum Ersten wüssten wir, dass Gott Himmel und Erde geschaffen hat, dass er der allmächtige Schöpfer und Erhalter ist, der alles regiert. Denn das wissen auch viele nichtchristliche Religionen, und das wissen erst recht die Juden. Schon im Alten Testament wird ja von der Schöpfung berichtet. Gott lässt in der Natur die Dinge wachsen und wieder verdorren, er lässt die Sonne auf und wieder untergehen, er macht Sommer und er macht Winter, er lässt Völker zu großer Macht kommen, er lässt sie aber auch wieder untergehen. Er erwählt und verwirft, er segnet und verflucht, er macht reich und macht arm – kurz: Die Weltgeschichte und das Leben der Einzelnen sind in seiner Hand. Das wissen wir auch dann noch, wenn wir uns – gemäß unserem gedanklichen Experiment – Christus wegdenken.

Nur ist das ein ziemlich zwiespältiges Wissen: Gott schenkt uns das Leben – das ist freundlich von ihm. Aber er nimmt uns das Leben auch wieder. Früher oder später lässt er uns sterben – und darin erscheint er eher feindlich. Ja, wie ist er denn nun wirklich: freundlich oder feindlich? Gott lässt uns die Schönheit der Natur und viel Freude erfahren – das spricht wiederum für seine Freundlichkeit. Er schickt aber auch Schmerzen und manches übergroße Leid – als wäre er unser Feind. Mal scheint er uns zu segnen mit Freunden, mit Kindern, mit Erfolg und Wohlstand. Und das andere Mal scheint er uns verderben zu wollen, umgibt uns mit Gegnern und Neidern, nimmt uns die liebsten Menschen, lässt uns scheitern und verzweifeln. Was für einen Reim soll man sich darauf machen? Wie ist er denn nun wirklich: freundlich oder feindlich?

Auch wenn wir an die Gebote denken, die Gott uns gegeben hat, geraten wir in diesen Zwiespalt: Einerseits sind diese Gebote eine Art Gebrauchsanleitung für die Welt. Wenn wir uns daran halten, wenn wir nicht stehlen, töten, ehebrechen, kommen wir mit unseren Mitmenschen gut aus. Nützliche Verhaltensregeln hat Gott uns damit gegeben – das ist wiederum freundlich von ihm. Andererseits aber droht er uns auch mit Strafen, wenn wir seine Gebote übertreten. Und wir tun das ständig. So werden uns dann die Gebote, die wir eben noch nützlich fanden, zum Fallstrick. Sie brechen uns den Hals, weil wir an ihnen schuldig werden. Sie liefern uns dem Zorn und dem Gericht Gottes aus. Was also sollen wir denken? Ist dieser Gott, der Gebote gibt, nun Freund oder Feind, liebt oder hasst er uns? Wir können es nicht wissen.

Und bei diesem Nicht-Wissen würde es bleiben, wie lange wir auch unser Experiment fortsetzten. Solange wir ohne Jesus auszukommen versuchen, bleibt immer Zweideutigkeit. Denn wer von Christus nichts weiß, kommt nicht dahinter, wie Gott wirklich ist. Er sieht zwar, was Gott tut, aber es bleibt alles zweideutig. Gott begegnet zwar, aber er erschließt sich dabei nicht, sondern bleibt inmitten der Begegnung verborgen und unverständlich. Und diese Unverständlichkeit macht Angst – denn der unbegreifliche Gott hat große Macht über uns. Selbst wenn wir versuchen, gottlos zu leben, werden wir Gott nicht los. Er begegnet uns auf Schritt und Tritt. Wie sollen wir uns da verhalten? Uns fehlt die entscheidende Information: Wir wissen nicht, ob er es gut mit uns meint. Und das ist eine schreckliche Ungewissheit ...

Das alles hat Luther gewusst. Anfangs schien er uns engstirnig, und wir wollten ihm eine Horizonterweiterung empfehlen. Aber er kannte das Ergebnis unseres Gedankenexperimentes schon: Wenn man sich Jesus wegdenkt, wird der Horizont nicht weit, sondern alles wird dunkel und rätselhaft. Und genau deshalb sagt Luther jenen kompromisslosen Satz: *„Ich kenne noch verehre keinen andern Gott als den Menschgewordenen, außer diesem will ich keinen andern haben."*

Er kann das sagen, weil durch Christus alles eindeutig wird, was vorher zweideutig war. In Christus – und <u>nur</u> in ihm – nimmt Gott eine Gestalt an, die wir erfassen und verstehen können: Gott wird unseresgleichen. Er wird menschlicher Art und spricht in der Sprache, die wir verstehen. Gott erklärt sich uns. Gott begibt sich in unsere Lage. Er tritt an unsere Seite. Und das heißt: Er lässt uns nicht allein in unserer problematischen Situation.

Er begegnet uns so, dass wir erkennen können, was er im Schilde führt: Das Kind in der Krippe ist nämlich erwachsen geworden, es hat allen Gottes Barmherzigkeit verkündigt und hat am Ende den unüberbietbaren Beweis dieser Barmherzigkeit erbracht – Der menschgewordene Gott ging für uns ans Kreuz und starb unseren Tod. Eindeutiger geht's nicht mehr. Denn wenn Gott das für uns tut, dann ist in seinem Herz die Liebe eindeutig mächtiger als der Zorn. Da gibt's kein Zweifeln mehr: Gott will unser Leben und nicht unseren Tod, sein letztes Wort ist Segen und nicht Fluch.

Freilich: Auch wenn wir das wissen, erscheint uns Gottes Tun manchmal rätselhaft. Aber wir betrachten das Werk seiner Hände dann nicht mehr wie das Werk eines Fremden, sondern wie das Werk eines Freundes, von dem wir wissen, dass er Gutes im Schilde führt. Und das macht einen großen Unterschied. Denn wenn ich in einem Flugzeug sitze, ist mir ja auch nicht egal, wer der Pilot ist. Sitze ich in einem Boot, ist mir nicht egal, wer der Kapitän ist. Und sitze ich im Reisebus, ist mir nicht egal, wer ihn fährt. In all diesen Fällen ist es höchst unangenehm, wenn der, in dessen Händen mein Leben liegt, ein rätselhafter Fremder ist, der widersprüchlich zu handeln scheint. Ist es aber ein guter Freund, den ich kenne und dem ich vertraue, so bin ich beruhigt. In seinem Flugzeug, auf seinem Schiff oder in seinem Reisebus fühle ich mich gut aufgehoben.

Mit Gott ist es nicht anders: Solange ich ihn nicht kenne, befinde ich mich in der Hand eines rätselhaften Unbekannten. Habe ich aber durch Christus Gott kennen und ihm vertrauen gelernt, so weiß ich mich in der Hand eines liebevollen Vaters. Der Herr der Welt ist mein Freund, nicht mein Feind. Und das ist ein Unterschied wie Tag und Nacht.

Seien wir also froh, dass es nur ein gedankliches Experiment war, als wir Christus „wegdachten". Unser Glaube kommt nicht aus ohne die eine, zentrale Offenbarung Gottes in Jesus Christus. Wer darum Gott erkennen möchte, muss ihn dort suchen, wo er gefunden werden will. Und hat er in Christus den rechten Zugang gefunden, so wird er froh und stolz mit Luther sagen können:

„Wir kennen noch verehren keinen andern Gott als den Menschgewordenen, außer diesem wollen wir keinen andern haben, denn es gibt keinen andern, der retten kann."

➞ *Gott begegnet uns nicht nur in Jesus Christus, aber er begegnet uns nur in Jesus Christus so, dass wir ihn begreifen können. Denn Gottes Offenbarung in Natur und Geschichte ist so zweideutig, dass wir aus ihr nicht entnehmen können, ob Gott zuletzt unser Freund oder unser Feind sein will. Erst in Christus – und nur in Christus – wird Gottes Heilswille eindeutig erkennbar und greifbar, so dass Christen sagen: Einen anderen Gott als den Menschgewordenen kennen, wollen und verehren wir nicht.*

25. Christi Menschwerdung

Wir belauschen das Gespräch zweier Engel, die sich zur Weihnachtszeit im Himmel unterhielten:

Michael: Hallo Gabriel! Na, was tut sich so?

Gabriel: Hallo Michael – ach – große Aufregung hat es gegeben. Gott hat sich wieder einmal das Elend auf der Erde angesehen. Ganz zornig und traurig ist er geworden – wie schon so oft. „Meine Geschöpfe“ – hat er gesagt – „meine Geschöpfe! Sie quälen sich gegenseitig. Sie kümmern sich nicht um meine Gebote. Sie rauben und stehlen, sie lügen und betrügen, sie verletzen einander. Nichts ist ihnen mehr heilig – sie glauben nur noch an sich selbst. Ich kann mir das nicht länger ansehen“ – hat Gott gesagt.

Michael: Ja und dann?

Gabriel: Nun, er hat den ganzen himmlischen Hofstaat zusammengerufen, alle erfahrenen und klugen Engel. Und dann mussten sie ihm Vorschläge machen, wie man mit den Menschen in Zukunft verfahren soll.

Michael: Und was haben sie vorgeschlagen?

Gabriel: Nun, einer meinte, die Menschen würden sich ändern, wenn es ihnen besser ginge. Gott solle also noch mehr Segen über sie ausgießen: reiche Ernten, viele gesunde Kinder, Klugheit, Glück und ein langes, fröhliches Leben für jedermann.

Aber ein anderer Engel hat ihm widersprochen. Er meinte, es gehe den Menschen schon viel zu gut. Deswegen würden sie Gottes Wort verachten und bedenkenlos sündigen. Gott sollte die Menschen strafen, damit die Not sie beten lehrt, damit sie seinen Zorn fühlen und ihn fürchten lernen.

Michael: Und – wie hat sich Gott entschieden?

Gabriel: Nun, keiner der Vorschläge gefiel ihm. Er sagte, er habe beides schon ausprobiert. Er habe die Menschen mit Segen überhäuft und er habe sie mit seinem Gericht gestraft – aber sie wären davon kein bisschen klüger oder besser geworden.

Da haben erst einmal alle ratlos geschwiegen. Bis dann doch noch einer eine Idee hatte. Er schlug vor, wieder mal einen Menschen zum Propheten zu berufen. Der sollte den Menschen in Erinnerung bringen, dass Gott sie zum Guten geschaffen hat und nicht zum Bösen.

Aber da haben viele den Kopf geschüttelt und haben abgewunken, weil wir doch schon so viele Propheten geschickt haben. Denk nur an Amos und Hosea, Jesaja und Jeremia und all die anderen. Was haben die Menschen mit ihnen gemacht? Keiner wollte auf sie hören, ausgelacht haben sie Gottes Propheten, angespuckt und verfolgt und umgebracht. Die Menschen hören eben nicht auf gute Worte.

„Genau, genau" – hat da der eine wieder gerufen: „... und wer nicht hören will, muss fühlen!"

Michael: Ja und was hat Gott nun letztlich getan? Erzähl doch!

Gabriel: Ach – Gott hat eine ganz verrückte Idee gehabt. Wir haben erst darüber gelacht, dann sind wir aber furchtbar erschrocken. Gott sagte nämlich: „Nun – die Menschen hören nicht auf meine Propheten. Aber vielleicht würden sie hören, wenn ich selbst zu ihnen käme ...? Vielleicht wären sie einsichtig, wenn ich selbst Mensch würde und wie einer von ihnen mit ihnen redete ...?"

Michael: Was – hat er das etwa ernst gemeint?

Gabriel: Ja! Tatsächlich – ich sage dir, es gab einen riesigen Tumult, und alle haben durcheinander geredet. Bis dann ein Engel vortrat, der besonders alt und würdevoll aussah. Der verneigte sich tief vor Gott und sagte dann: „Allmächtiger Herr – in aller Ehrerbietung – das kannst du nicht tun. Ein Mensch zu werden, Gott, das ist unter deiner Würde. Menschen sind kurzlebige Geschöpfe, äußerst willensschwach, an Leib und Seele gänzlich unvollkommen, ihr Horizont ist beschränkt und ihr Herz voller Bosheiten. Nein, Herr, es ist unter deiner Würde, in die Gestalt eines Menschen zu schlüpfen – unmöglich."

Michael: Und – hat Gott das eingesehen?

Gabriel: Nein – stell dir vor, was er antwortete: „Wenn man von einem Hund verstanden werden will, muss man ihm als Hund begegnen und wie ein Hund mit ihm reden." Hunde verstünden eben keine andere Sprache als ihre eigene, darum müsse man sich auf ihre Ebene begeben und quasi einer von ihnen werden. Und mit Menschen sei das genauso.

Da war jener alte Engel ganz verzweifelt.

„Oh, Herr" – sagte er – „du denkst immer nur an diese Menschen. Denke doch auch einmal an dich. Wirst du einer von ihnen, so bist du in ihrer Hand. Du weißt, was sie alles mit deinen Propheten gemacht haben! Sie werden dich verfolgen und dich schlagen. Statt auf dich zu hören, werden sie dich anspucken und vielleicht sogar umbringen! Das sind sie doch nicht wert, diese Menschen."

„Ja" – hat Gott da gesagt – „es mag sein, dass sie mich töten, wenn ich ihr Treiben störe – da hast du Recht. Aber sie sind es mir wert, ich nehme das in Kauf. Es sind doch meine Geschöpfe, diese Menschen. Gewiss hätten sie es verdient, dass ich sie ihrem Unglück überlasse. Aber ich bringe das nicht übers Herz. Wenn sie nicht umkehren von ihren bösen Wegen bleibt mir nichts übrig, als die Menschen zu vernichten. Aber vorher muss ich alles versucht haben, sie zu retten."

Michael: Und weiter – erzähl doch, Gabriel?

Gabriel: Nun, der alte Engel hat nichts mehr gesagt. Er ist weggegangen – und ich glaube, ich habe ihn leise weinen gehört. Gottes Entschluss aber stand fest. Ganz schnell hatte er konkrete Pläne. Wir haben noch versucht, ihm vernünftige Vorschläge zu machen. Ich selbst, Erzengel Gabriel, habe mich zu Wort gemeldet und habe gesagt, Gott solle doch wenigstens als Sohn des römischen Kaisers zur Welt kommen, damit er standesgemäß leben könne, besser geschützt wäre und von Anfang an Einfluss hätte.

Aber auf mich hat er auch nicht gehört. Als Sohn eines galiläischen Zimmermanns wollte er zur Welt kommen, in ärmlichsten Verhältnissen, in Bethlehem. Verrückt – nicht wahr? Aber er hat gesagt, er wolle bis zu den ärmsten und einfachsten Menschen hinabsteigen. Gerade dorthin, wo die Not am größten sei.

Es war einfach nicht mit ihm zu reden. Und dann ist er tatsächlich als Jesus von Nazareth Mensch geworden. Viele vernünftige Engel haben darüber den Kopf geschüttelt. Und ich habe es damals gleich gesagt: Die Menschen werden es ihm nicht danken. Und so ist es dann auch gekommen: Ans Kreuz geschlagen haben sie ihn, diese missratenen Kreaturen.

Michael: Meinst du, er hat seinen Entschluss dann bereut?

Gabriel: Das habe ich ihn hinterher auch gefragt. Aber Gott hat nur den Kopf geschüttelt und gesagt, es habe sich viel verändert. Viele Menschen seien seither gerettet worden durch ihren Glauben an Jesus Christus. „Ach Herr," habe ich erwidert, „schau doch nur herunter auf die Erde. Da feiern sie jedes Jahr das, was sie Weihnachten nennen. Einigen ist es ernst damit. Aber meinst du nicht, viele würden genauso Kaisers Geburtstag oder die Sonnenwende oder irgendetwas anderes feiern, wenn es Tradition wäre und Spaß machte? Sag doch selbst, Herr: Waren die das wert, dass du dein Blut für sie vergossen hast?"

Michael: Und was hat er dir geantwortet?

Gabriel: Gar nichts mehr. Er hat mich nur mild und traurig angelächelt ...

Michael: Ach Gabriel – du verstehst das nicht – er liebt sie offenbar sehr, diese Menschen.

Gabriel: Ja, mag sein: Aber wissen die das auch? Und leben sie entsprechend?

Michael: Nun, vielleicht nicht viele von ihnen. Aber möglicherweise werden es mit jedem Weihnachtsfest ein paar mehr, die Gottes Liebe begreifen und sich über seine Gnade freuen.

Gabriel: Meinst du wirklich – es werden jedes Jahr ein paar mehr?

Michael: Ja bestimmt. Was Gott tut, kann doch nicht vergeblich sein!

Gabriel: Nun gut, Michael. Dann lass uns gehen. Wir wollen diese Menschen suchen und mit ihnen zusammen feiern ...

➟ *Dass Gott in Jesus Christus Mensch wurde, ist Ausdruck großer Liebe zu seinen missratenen Geschöpfen. Er ist uns schon zuvor auf mancherlei Weise nachgegangen, mit Freundlichkeit und mit Strenge und durch viele Propheten. Zuletzt aber hat er sich selbst auf die Ebene des Menschen begeben und hat die Geburt im stinkenden Stall zu Bethlehem gewählt, um noch dem Ärmsten auf gleicher Augenhöhe begegnen zu können. Er wollte unsere Not teilen, um sie schließlich zu überwinden.*

26. Christi jungfräuliche Geburt

Es gibt ein Thema, das in unseren Weihnachtsliedern vorkommt, in der Weihnachtsgeschichte vorkommt und auch in unserem Glaubensbekenntnis eigens erwähnt wird, das aber dennoch zu den am häufigsten missverstandenen Themen unserer ganzen Glaubenslehre gehört.

Ich meine die Jungfräulichkeit Marias. Was der Sache nach gemeint ist, ist eigentlich nicht schwer zu verstehen: Wir können unseren Evangelien entnehmen, dass Josef nicht der leibliche Vater Jesu Christi ist, sondern dass Gott an Maria das Wunder einer vaterlosen Zeugung vollbracht hat. Das Kind von Bethlehem ist nicht Josephs Kind, es ist überhaupt keines Mannes Kind, sondern Gottes Kind, das Maria austragen durfte. Das ist es, was wir bekennen, wenn wir im Glaubensbekenntnis sprechen „empfangen durch den Heiligen Geist, geboren von der Jungfrau Maria".

Nur, wer kann heute mit dieser Aussage wirklich etwas anfangen? Viele Menschen beginnen verständnislos zu grinsen, wenn man sie auf die Jungfrauengeburt anspricht – sie haben keine Meinung dazu. Und bei denen, die eine haben, gerät man leicht zwischen die Fronten, weil von der einen Seite die Jungfräulichkeit Mariens mit schlechten Argumenten behauptet und von der anderen Seite mit ebenso schlechten Argumenten bestritten wird.

Zu dem Plumpsten, was man von Seiten der Bestreiter zu hören bekommt, gehört wohl das Argument, so etwas wie eine jungfräuliche Geburt könne es gar nicht geben. Die so reden, sind offenbar stolz zu wissen, wie Kinder normalerweise entstehen. Und ihre Aufgeklärtheit gipfelt in der Einsicht, dass es gewöhnlich ohne einen Mann nicht geht. Mit unbefangener Naivität setzen diese Leute dann voraus, dass das, was bei uns nicht geht, selbstverständlich auch für Gott nicht möglich ist.

Sie unterstellen, dass Gott in derselben Weise den Naturgesetzen unterworfen sei wie wir das sind, und folgern messerscharf, dass er dann in all seiner Weisheit nicht in der Lage gewesen sein kann, Maria ohne Zutun des Joseph schwanger werden zu lassen. „Das geht doch gar nicht!" sagt man, freut sich, über die vermeintliche Naivität der biblischen Autoren hinausgewachsen zu sein – und damit ist die Sache dann erledigt.

Dass darin freilich ein gewaltiger Denkfehler steckt, macht man sich nicht klar. Denn offenbar hat, wer die Möglichkeit einer jungfräulichen Geburt von vornherein ausschließt, keinen rechten Begriff von Gott. Wüsste er, wer Gott ist, so müsste ihm auch klar sein, dass Gott kein Gefangener der Naturgesetze sein kann, die er selbst geschaffen hat. Und es müsste ihm einleuchten, dass ein allmächtiger Schöpfer, der aus Nichts Himmel und Erde werden ließ, mit einem so kleinen biologischen Kunstgriff kaum Probleme haben dürfte. Wer also darauf beharrt, eine Jungfrauengeburt sei unmöglich, der ist leider bei der Sache, um die es geht, noch gar nicht angekommen.

Allerdings: Die Argumente der Gegenseite sind oft nicht viel besser. Jedenfalls dann, wenn die Verteidiger des Glaubenssatzes nur stur auf den biblischen Buchstaben pochen und verkünden: „Es steht nun einmal geschrieben, also muss man es blind glauben." Wer demgegenüber darauf beharrt, verstehen zu wollen, was er glauben soll, wird von jenen übereifrig Bibeltreuen schnell zum Abtrünnigen gestempelt und mit Verachtung bestraft. Ganz unverständlich ist das nicht, denn blinder Glaube hat ja – auf den ersten Blick – den Anschein des Frommen für sich.

In Wahrheit sind die blindlings Bekennenden aber auf der Flucht vor Fragen, die sie autoritär unterdrücken müssen, weil sie sie nicht beantworten können. Ihr Glaube verkommt dabei zur Ideologie. Und gewonnen ist natürlich nichts, weil sich Behaupter und Bestreiter der Jungfrauengeburt weiterhin im Streit über biologisch Mögliches oder Unmögliches verlieren. Solange man über diese Gesprächsebene nicht hinauskommt, haben insbesondere die Verteidiger des Glaubenssatzes eine schwache Position. Denn das biblische Zeugnis ist, was die Jungfrauengeburt betrifft, keineswegs einheitlich:

Das älteste Evangelium, das Markusevangelium, weiß überhaupt nichts von einer jungfräulichen Geburt. Desgleichen erwähnt auch Paulus in all seinen Briefen, die sogar noch älter sind als Markus, nirgendwo eine jungfräuliche Geburt Jesu. Und selbst das gesamte Johannesevangelium schweigt zu diesem Thema. Das biblische Fundament jenes Glaubenssatzes ist also vergleichsweise schmal – viel schmaler als das, was wir z. B. über Kreuz und Auferstehung Jesu Christi wissen.

Und hinzukommt, dass wir bestimmte theologische Argumente, die man früher mit Erfolg für die Jungfrauengeburt ins Feld führte, heute nicht mehr gelten lassen können: Das betrifft z.B. die alte These, nur durch eine jungfräuliche Geburt habe Christus sündlos sein können. Diese Annahme stammt aus mittelalterlich-katholischer Zeit, da man meinte, die Erbsünde würde gewissermaßen durch die Zeugung von den Eltern auf die Kinder vererbt. Bei der Zeugung ist nun einmal Sexualität im Spiel, und Sexualität war für das prüde Mittelalter der Inbegriff des Sündhaften.

Man nahm also an, dass Christus, wenn er auf normalem Wege gezeugt worden wäre, sich dabei zwangsläufig mit Sünde hätte infizieren müssen. Da Christus aber als Erlöser der Menschheit aus dem allgemeinen Zusammenhang der Erbsünde entnommen sein musste, unterstellte man die Notwendigkeit einer jungfräulichen Geburt. Diese Begründung dürfte uns heute aber nicht mehr so ohne weiteres nachvollziehbar sein. Denn die Reformation hat uns gelehrt, Sexualität nicht als Inbegriff des Sündhaften, sondern als eine gute Gabe unseres Schöpfers anzusehen. Der Sexualtrieb ist, wenn man vernünftig damit umgeht, nicht besser und nicht schlechter als andere Triebe des Menschen auch. Und dass die Sünde von den Eltern auf die Kinder vererbt würde, quasi wie eine ansteckende Krankheit oder ein genetischer Fehler, das werden wir so heute auch nicht mehr vertreten.

Denn wenn wir das ganz ernst nehmen wollten, so hätte ja bei der Menschwerdung Christi nicht nur die väterliche, sondern zugleich die mütterliche Seite ausgeschaltet werden müssen. Christus hätte dann auch keine irdische Mutter haben dürfen.

Freilich – wenn die alten Deutungsmuster nicht mehr greifen, drängt sich die Frage auf, warum wir überhaupt festhalten an dem, was das Glaubensbekenntnis formuliert „... empfangen durch den Heiligen Geist, geboren von der Jungfrau Maria ...“. Markus, Paulus und Johannes sind ohne diesen Glaubenssatz gut ausgekommen. Und viele unserer Zeitgenossen nehmen Anstoß an ihm, weil er über ihren naturwissenschaftlichen Horizont hinausgeht. Warum also halten wir fest an einem Satz, der doch offenbar weder zu beweisen noch zu widerlegen ist?

Ich meine, wir tun es, weil das Bekenntnis zur jungfräulichen Geburt Christi noch einen weit tieferen Sinn hat als alles, was wir bisher angesprochen haben: Es schützt unsere Sicht Jesu Christi nämlich gegen jeden Versuch, Christus aus seinem Volk oder seiner Familie abzuleiten und ihn sozusagen als Produkt einer religiösen Entwicklungsgeschichte zu begreifen.

Menschen wie wir sind das Resultat von Erbanlagen, von Erziehung, von gesellschaftlichen Einflüssen und prägenden Erfahrungen. Jesus aber nicht: Joseph hat ihn nicht hervorgebracht, und auch nicht das Judentum als Ganzes hat ihn hervorgebracht, sondern Gott hat ihn zu uns gesandt. Und das ist es, was der Satz von der Jungfrauengeburt eigentlich festhalten und aussagen will: Dass nämlich das Dasein des Erlösers nicht zu erklären ist aus menschlichen Genen, aus menschlichem Höherstreben und Fortschreiten. Seine Botschaft ist nicht herzuleiten aus menschlichem Nachdenken, und sein Werk ist nicht zu verstehen als Gipfelpunkt menschlichen Heldenmutes.

Denn in diesem Falle hätte die Menschheit selbst ihren Erlöser hervorgebracht, hätte sich also selbst erlöst. Damit aber wäre das Evangelium auf den Kopf gestellt. Denn das Evangelium besagt gerade nicht, dass die Menschheit sich in Christus auf ihre höchste Höhe hinaufgeschwungen habe, sondern dass Gott sich in Christus in die tiefste Tiefe hinabgebeugt hat. Christus ist nicht der erste Mensch, dem es gelang, Adams Sünde abzuschütteln und sich aus der Barbarei des Unglaubens emporzuarbeiten. Er ist nicht das „Spitzenprodukt" menschlicher Religionsgeschichte, das Gelehrsamkeit und Erziehungskunst eines schönen Tages hervorgebracht haben, sondern er ist Gottes Wunder allein.

Und weil das die eigentliche Pointe unseres Bekenntnisses zur Jungfrauengeburt ist, darum ist dieses Bekenntnis hochaktuell. Denn es setzt allen Versuchen eine Grenze, Christus aus den religiösen Strömungen und Einflüssen seiner Zeit zu „erklären". Viele stoßen sich ja daran, dass wir ihn „Gottes Sohn" nennen. Viele möchten ihn lieber einreihen in die lange Liste der jüdischen Propheten, Lehrer und Sektengründer – und möchten ihn damit relativieren. Sie möchten uns Christus präsentieren als einen Menschen, der Gott besonders nahe kam. Unser Bekenntnis lautet aber, dass er Gott war und den Menschen besonders nahe kam. Und das ist ein gravierender Unterschied.

Denn wäre der Erlöser ein Produkt der Menschheit, so müsste in der Bibel stehen, in Christus habe sich die Menschheit mit Gott versöhnt. Es heißt dort aber, dass in Christus sich Gott mit den Menschen versöhnt.

Das eine wäre der triumphale Aufstieg der Menschheit zu Gott. Das andere ist das barmherzige Herabsteigen Gottes zu den Menschen. Und nur dies Letztere ist Grundsatz unseres Glaubens. Zurecht wird also in unseren Weihnachtsliedern die Jungfrauengeburt besungen und verkündigt. Zurecht halten wir an ihr als einem Bestandteil unseres Glaubensbekenntnisses fest. Nur, dass man sich dabei nicht aufs Glatteis begeben sollte, so als ob es hier um gynäkologische Besonderheiten Marias ginge. Nein. Das eigentliche Wunder ist nicht die Jungfrauengeburt als solche, sondern das eigentliche Weihnachtswunder ist Gottes Entschlossenheit, sich mit der Menschheit zu verbinden. Sein Motiv war Liebe, sein Weg führte durch den Schoß der Maria, sein Ziel aber waren wir, die wir seine Nähe so nötig haben.

➡ *Wenn Christen bekennen, Christus sei „empfangen durch den Heiligen Geist" und „geboren von der Jungfrau Maria", so gilt ihr Interesse nicht gynäkologischen Besonderheiten der Mutter Jesu. Vielmehr wendet sich dieses Bekenntnis gegen jeden Versuch, Christus aus einer Familie, einem Volk oder einer religiösen Entwicklungsgeschichte „herzuleiten". Nicht die Menschheit hat den Erlöser der Menschheit „hervorgebracht", sondern Gott Vater hat seinen Sohn zu uns gesandt.*

27. Christi zwei Naturen

„Das Wort ward Fleisch und wohnte unter uns, und wir sahen seine Herrlichkeit." (Joh 1,18) Der Satz geht einem leicht von den Lippen. Er ist ja auch nicht kompliziert und nicht lang und enthält kein Fremdwort: *„Das Wort ward Fleisch und wohnte unter uns"* – jedes Kind kann das sagen. Doch muss ich bei solchen Sätzen immer an einen meiner Professoren denken. Der ermahnte mich nämlich:

„Junger Mann, es genügt nicht, wenn man etwas mit Worten sagen kann, es muss sich bei den Worten auch etwas denken lassen." Und da wird es freilich schwierig mit unserem so einfa-

chen Sätzchen: *„Das Wort ward Fleisch und wohnte unter uns."* Lässt sich dabei etwas denken?

Das Wort ward Fleisch – Gott ward Mensch – haben wir eine klare Vorstellung davon, was das bedeutet? Ich fürchte Nein. Wie sollten wir auch? Denn diese Sätze beschreiben, was an Weihnachten geschah. Und der Kern des Weihnachtsgeschehens, die Menschwerdung Gottes, sprengt unser Vorstellungsvermögen.

Wir erkennen das schon daran, dass das Kind von Bethlehem in kein übliches Raster passt und sich in keiner Schublade unterbringen lässt. Für den gesunden Menschenverstand gibt es da nämlich klare Alternativen: entweder göttliches Wort oder menschliches Fleisch. Entweder Schöpfer oder Geschöpf. Entweder Gott oder Mensch. Weiß nicht jeder, dass zwischen Ewigem und Endlichem ein großer Abstand ist – so groß wie der Abstand zwischen Himmel und Erde? Doch Jesus Christus fügt sich nicht in diese Alternativen. Er gibt unserer Vernunft Rätsel auf, weil er weder in die Schublade „Mensch" noch in die Schublade „Gott" passt. Die Kirche versucht, dem gerecht zu werden: Sie räumt Christus eine Sonderstellung ein und lehrt, dass er „wahrer Mensch und wahrer Gott" zugleich ist.

Aber gegen diese weihnachtliche Zumutung sträubt sich unsere Vernunft aus verständlichen Gründen. Was soll das denn auch heißen: Das Wort ward Fleisch – der Schöpfer erscheint als Geschöpf – Gott wird Mensch? Gibt es denn hölzernes Eisen, gibt es warme Kälte, gibt es helle Finsternis? Die Kritiker riefen also laut: Das ist Unsinn, das geht gar nicht. Es kann niemand wahrer Gott und wahrer Mensch zugleich sein, denn der wäre wie ein eckiger Kreis. Entweder hat etwas Ecken, dann ist es kein Kreis, oder es ist ein Kreis, dann hat es keine Ecken. Entweder ist einer ein Mensch oder er ist Gott – aber einen Gott, der Mensch ist, gibt es so wenig wie einen eckigen Kreis.

Nun – die Theologen der frühen Christenheit mussten solcher Kritik gegenüber oft mit den Schultern zucken. Sie gaben unumwunden zu, dass Gott in Bethlehem etwas getan hatte, was über unseren Verstand geht. Niemand wusste das besser als die christlichen Theologen. Sie fanden ja selbst kaum passende Worte, um das Geheimnis der Person Christi angemessen zu umschreiben.

Aber was sollten sie tun? Sie waren nun einmal gebunden an das Zeugnis der Evangelien. Und die zeigen an Jesus zugleich menschliche und göttliche Züge. Gehen wir einige Lebensstationen Jesu durch:

Denken Sie nur einmal an die Geburtsgeschichte. Christus liegt in Windeln gewickelt in der Krippe – das ist eindeutig menschlich. Aber er ist einer Jungfrau Kind – und das ist gewiss göttlich. Denken Sie an die Versuchung Jesu durch den Teufel: Dass Christus wirklich und ernstlich in Versuchung geführt werden kann – ist das nicht eindeutig ein menschlicher Wesenszug? Ja. Aber dass er der dreifachen Versuchung des Teufels widerstand – ist das nicht ein Zeichen göttlicher Kraft? Ja. Christus konnte zornig werden, wie bei der Vertreibung der Händler aus dem Tempel. Emotionen zu haben und zornig zu werden – das verbindet ihn mit uns Menschen. Doch Christus konnte sich frei machen von berechtigtem Zorn und konnte für seine Feinde beten *„Vater, vergib ihnen, denn sie wissen nicht was sie tun"*. So viel Liebe zu Feinden, das überschreitet menschliches Maß – die ist göttlich. Hunger und Durst hat Jesus empfunden – er hatte einen Leib wie wir und Bedürfnisse wie wir – das macht ihn menschlich, damit steht er auf unserer Seite. Doch konnte er Wunder tun, über Wasser gehen, Kranke heilen und Tote auferwecken und Sünden vergeben – und mit alledem gehört er klar auf Gottes Seite. Christus hatte Angst vor dem Tod – im Garten Gethsemane schwitzte er Blut und Wasser und bat seinen Vater, dass ihm das Kreuz erspart bleiben möge – das war sehr menschlich. Aber er sagte am Schluss: *„Nicht mein, sondern dein Wille geschehe"* – und das war göttlich. Schließlich starb Christus. Er fühlte alle Qualen des Todes und rief *„Mein Gott, mein Gott, warum hast du mich verlassen ...?"* – gibt es einen klareren Beweis, dass er Mensch war? Nach drei Tagen aber stand er auf von den Toten – gibt es einen klareren Beweis, dass er Gott war?

Nun – wir könnten lange so fortfahren. Wir würden noch viele Belege finden, dass Christus einer von uns war, ein Mensch, einer „von unten her". Und ebenso viele Beweise könnten wir dagegen stellen, dass Christus ganz anders war als wir, eben Gottes Sohn, eben einer „von oben her".

Was also sollte die Kirche anderes lehren, als dass Christus wahrer Mensch und wahrer Gott ist? Es blieb ihr gar nichts übrig, als den Evangelien zu folgen und dies Geheimnis zu bezeugen, dass Gottes Wort Fleisch wurde und doch dabei Gottes Wort blieb. Der gesunde Menschenverstand freilich empörte sich und nahm Anstoß an jenem hölzernen Eisen und jenem quadratischen Kreis, an jener seltsamen Verquickung von Göttlichem und Menschlichem in Jesus. Und so war es kein Zufall, dass die Kirche in den ersten vier Jahrhunderten immer wieder mit Strömungen zu kämpfen hatte, die das spannungsvolle Geheimnis zu einer Seite hin auflösen wollten:

Die einen wollten Jesus ganz auf die kreatürliche Seite ziehen. Sie gestanden Jesus wohl zu, dass er der edelste aller Menschen, der größte aller Propheten und beinahe ein Engel gewesen sei. Als das höchste der Geschöpfe wollten sie ihn ansehen, aber eben nicht als Gott. Das klang vernünftig und kam gut an, bis man merkte, dass damit zugleich unsere Erlösung zweifelhaft wurde: War Christus nicht Gott, so ist Gott gar nicht unser Bruder geworden, dann ist Christi Wort nicht Gottes Wort gewesen und Christi Passion war nicht Gottes Passion – dann ist überhaupt zweifelhaft, ob dieser Christus uns erlösen und mit Gott versöhnen konnte. War Christus nur einer von uns, so kann er uns nicht mehr nützen als irgend ein anderer frommer Lehrer auch.

So machte man den Versuch, das Geheimnis Jesu zur entgegengesetzten Seite hin aufzulösen, Jesus also ganz der göttlichen Seite zuzuordnen. Da musste man freilich alle menschlichen Wesenszüge Jesu leugnen, von denen uns die Evangelien berichten, und alles bestreiten, was nicht zu Gott zu passen schien. So lehrte man dann, Christus habe nur zum Schein einen menschlichen Leib gehabt, er habe auch nur zum Schein Zorn und Trauer, Hunger und Verzweiflung gezeigt und vor allem habe er am Kreuz nicht wirklich gelitten und sei nicht wirklich gestorben, sondern nur scheinbar – weil Gott von Natur aus gar nicht leiden und sterben könne. Auch das klang vernünftig und ging den Leuten zunächst gut ein. Doch wieder kamen Zweifel auf:

Denn wenn Gott nur zum Schein Mensch geworden ist, wenn er nur so tat, als wolle er unser Bruder sein, ohne sich aber wirklich die Finger schmutzig zu machen – stellt das dann nicht unsere Erlösung in Frage? Ja. Denn wenn Gott nur scheinbar leidet und nur scheinbar für uns stirbt, dann hat er uns auch nur scheinbar erlöst – nicht wahr? Ja: Wenn Gott den Weg vom Himmel bis zur Erde nur halb gegangen wäre und sich gescheut hätte, den Fuß in unseren irdischen Schlamm zu stellen, dann wäre er nicht wirklich bei uns angekommen und wir wären immer noch allein in der Gottverlassenheit unserer Sünde.

Nun – das alles war nun jahrhundertelang umstritten, bis sich die Kirche entschloss, mit ihrer Lehre von der Person Christi weder links noch rechts vom Pferd zu fallen: Man hatte irgendwann begriffen, dass ein Mensch, der nicht wirklich Gott war, uns ebenso wenig erlösen konnte wie ein Gott, der nicht wirklich Mensch wurde. Man fand schließlich den richtigen Weg darin, die Menschheit und die Gottheit Christi gleichermaßen festzuhalten und hat dies in der so genannten Zwei-Naturen-Lehre dogmatisch festgeschrieben.

Das ist freilich schon lange her. Und das Verständnis für die alten dogmatischen Formeln ist so sehr geschwunden, dass viele Christen sie nur noch als Belastung empfinden. Doch liegt unter dem Staub der Jahrhunderte eine Wahrheit, die nicht veraltet:

Christus ist unsere Brücke zu Gott – und wie das bei Brücken so ist: Sie nützen nur, wenn der Brückenbogen, der sich auf einem Flussufer erhebt, auch auf dem anderen Ufer wieder niederführt.

Eine halbe Brücke, eine unvollendete Brücke, die in der Mitte des Flusses zu Ende ist, ist nicht zu gebrauchen, weil sie die Ufer nicht verbindet. Und genauso wäre Christus zu nichts zu gebrauchen, wenn er nur Mensch oder nur Gott wäre. Er stünde dann nur auf der Seite der Geschöpfe oder nur auf der Seite des Schöpfers – er würde aber keine Verbindung herstellen, könnte also auch nicht unsere Brücke zu Gott sein.

Und das wäre tragisch für uns. Denn eine andere Brücke, die Himmel und Erde verbindet, gibt es nicht. Wir sind darauf angewiesen, dass an einer Stelle Himmel und Erde sich verbinden. Darum hat der Glaube vitales Interesse am Geheimnis Christi und freut sich an der Einheit von Göttlichem und Menschlichem in seiner Person – selbst wenn wir diese Einheit nicht gedanklich durchdringen. Entscheidend ist nämlich nicht, dass wir das Weihnachtswunder bis ins Letzte verstehen, entscheidend ist, dass es geschieht. Verlieren wir uns also nicht in Spekulationen über das Geheimnis der Person

Christi: Denn schließlich hat Gott die Brücke zwischen Himmel und Erde nicht geschlagen, damit wir sie als kunstvolles Bauwerk bestaunen, sondern damit wir hinübergehen.

➟ *Die Kirche entspricht dem Zeugnis der Bibel, indem sie Christus zugleich als „wahren Menschen" und „wahren Gott" bekennt. Wie sich beide „Naturen" in der Person Christi vereinen konnten, übersteigt unseren Horizont. Aber wir vermögen einzusehen, dass diese Vereinigung nötig war: Wie eine Brücke auf beiden Ufern des Flusses aufruhen muss, um sie zu verbinden, so musste Christus ganz zu Gottes und ganz zu unserer Welt gehören, um zwischen Himmel und Erde eine Brücke schlagen zu können.*

28. Christi Wundertaten

Mögen Sie Wundergeschichten? Unser Neues Testament ist voll davon. Wunder über Wunder. Wir kennen sie – aber bedeuten sie uns etwas? Goethe meinte ja, das Wunder sei „des Glaubens liebstes Kind". Aber mir scheint, er hat nicht Recht damit. Für viele Menschen, auch für viele Christen, sind sie eher eine Last, eine Zumutung. Sie hören von biblischen Wundern und stöhnen: „Muss man das alles glauben?" Diese Frage drückt ja sehr viel aus: „Muss man das alles glauben?" Muss ich Dutzende von völlig unwahrscheinlich klingenden, aller Erfahrung widersprechenden Erzählungen für wahr halten, um zur Kirche zu gehören? Muss ich mich dem Spott aussetzen: „Was, du glaubst an Wunder? An den Weihnachtsmann und den Osterhasen glaubst du wohl auch?"

Sich verspotten lassen, das ist ein hoher Preis. Und wofür? Was habe ich denn davon, wenn ich glaube, dass vor bald zweitausend Jahren in Israel Gelähmte, Blinde und Aussätzige geheilt wurden? Sicher war das für die Betroffenen eine erfreuliche Sache. Aber das Ganze hat doch nichts mit mir zu tun! Was soll ich also mit solchen Geschichten anfangen?

Es liegt nahe, so zu denken und die Wundergeschichten links liegen zu lassen. Unklar bleibt dann aber, warum sie überhaupt in der Bibel stehen. Man muss ja annehmen, dass die Wunder den Autoren des Neuen Testamentes etwas bedeutet haben – sonst hätten sie sie nicht gesammelt und überliefert. Versuchen wir also, ihre Beweggründe zu verstehen – mit Hilfe eines Vergleiches:

Stellen Sie sich einmal vor, es sei März oder April. Nehmen wir an, es sei ein besonders scheußlicher, nasskalter Winter gewesen. Wochenlang nur trüber Himmel, Schneematsch auf den Straßen, Kälte und Feuchtigkeit überall. Und nun entdecken Sie plötzlich in ihrem Garten, dass ein Baum auszuschlagen beginnt und ein paar unscheinbare Knospen treibt. Werden Sie sich nicht freuen, Ihrer Familie, Freunden und Nachbarn von diesen ersten Frühlingsboten erzählen? „Seht her – dieser scheußliche Winter geht zu Ende – jetzt können wir uns auf den Frühling freuen!" Ich denke, die Autoren des Neuen Testamentes tun etwas ganz Ähnliches, wenn sie uns von Wundern erzählen.

Nicht anders als wir lebten sie in einer Welt, die nicht von Schnee und Kälte, aber von Zwängen und Gesetzmäßigkeiten beherrscht wird: Starke Völker unterdrücken schwächere Völker, Reiche werden immer reicher, Arme immer ärmer, es geht eben nicht gerecht zu, den einen trifft es so, den anderen so – und wer versucht den Lauf der Welt zu ändern, der macht sich meist zum Narren.

Am Ende kommt es doch, wie es kommen muss. Vieles in der Geschichte wiederholt sich, und – wie der Prediger Salomo schon sagte – es geschieht nichts wirklich Neues unter der Sonne. Krumm bleibt krumm – gerade bleibt gerade. Diese Ordnung hat Gott über die Welt verhängt, und wer klug ist, fügt sich. So zu denken, ist wohl realistisch, zugleich aber deprimierend: wie ein scheußlicher, nasskalter Winter.

Doch nun passiert etwas, was man als Frühlingsboten verstehen kann. Sagen wir z. B.: Einer, der viele Jahre seines Lebens krumm und lahm war, wird durch Jesu Wort plötzlich gerade und kräftig. Die Menschen wundern sich und stellen fest, dass das nur eines bedeuten kann: Gott nimmt sich offenbar die Freiheit, die alte Ordnung außer Kraft zu setzen. Gott lässt sich durch die Naturgesetze nicht die Hände binden, er erweist sich als frei, und es sieht aus, als sei er im Aufbruch, dem Lauf der Welt eine neue Richtung zu geben. Der alte Salomo hat sich geirrt: Wo der Name Jesu Christi ins Spiel kommt, geschieht doch mal etwas Neues unter der Sonne. Der Krumme musste nicht krumm bleiben. Mit diesem Jesus kommt Gott, und er kommt uns ganz anders als bisher.

Die wunderbaren Heilungen lassen sich also mit den ersten Knospen nach dem Winter vergleichen. Sie sind Indizien dafür, dass die Dinge in Bewegung geraten sind, dass sich Großes anbahnt. Die Zeugen solcher Wunder haben darum fröhlich weitererzählt, was sie sahen. Und andere haben ihre Berichte sogar bis in unsere Zeit hinein überliefert. Das geschah aber nicht, weil die Schicksale der geheilten Kranken an sich so wichtig wären, sondern weil sie Indizien für Gottes Aufbruch sind. Darum geht es hier auch nicht um Einzelschicksale von Menschen, die längst tot sind und mit uns nie etwas zu tun hatten, sondern es geht um Gottes Frühling, der in Christus anbricht.

Entscheidend sind dabei nicht zwei oder drei Knospen, sondern entscheidend ist der kommende Frühling. Will sagen: Es kommt nicht auf dieses oder jenes Wunder an, sondern auf Gottes Neubeginn mit den Menschen. Und wer das weiß, kann auch jene Frage beantworten: „Muss man das alles glauben?"

Nein, man muss nicht „das alles", aber man darf Gott seine Freiheit glauben. Christen glauben nicht an bestimmte Wunder, sie glauben an Gott, der Wunder tun kann. Deshalb darf niemand den Wunderglauben zum Gesetz erheben und damit das Gewissen derer belasten, die zweifeln. Man muss nicht die ganze Vielzahl der biblischen Wundergeschichten für Tatsachenberichte halten. Und man kann durchaus überlegen, ob Gott die Naturgesetze in seinen Wundern aufgehoben, oder vielleicht nur auf eine uns undurchschaubare Weise benutzt hat. Das alles ist legitim, denn man kann über die Knospen streiten und sich dennoch gemeinsam auf den Frühling freuen.

Aber freilich, wer gar keine Knospen sieht, wird der wohl wirklich mit dem Frühling rechnen? Ohne Bild gesagt: Wer Gott gar keine Wunder zutraut, hat der wohl Hoffnung für sich und für diese Welt? Das ist eine ernste Anfrage. Denn wenn ich die Gesetze dieser Welt für so stark und Gott für so schwach halte, dass ich an die überlieferten Wunder der Vergangenheit nicht glauben mag, dann werde ich doch auch in Gegenwart und Zukunft nicht mit Wundern rechnen. D. h. ich stelle mir Gottes Hände gebunden vor; nicht frei, mein persönliches Geschick oder den Lauf der Welt zum Guten zu wenden. Und das ist schlimm. Nicht nur, weil ich dabei Gott verkenne – sondern vor allem um meinetwillen. Denn wer an die Knospen nicht glauben kann, der glaubt ja wohl an die Ewigkeit des Winters. Dass der Lauf der Welt aber ewig der uns bekannte bleiben müsste – das ist ein tieftrauriger Gedanke. Denn dann wäre auch die Ungerechtigkeit, das Leiden der Kreaturen, die Schuld, der Irrtum, die Lüge und der Tod, eben das ganze über uns Sünder verhängte Elend gleichermaßen ewig. Glücklich, wer nicht an diesen ewigen Winter, sondern mit dem Neuen Testament an Gottes Freiheit glaubt.

Ich gebe zu, dass das heute nicht einfach ist. Unsere Gegenwart ist arm an Zeichen und Wundern. Viel Winter ist um uns her, Frühlingsboten sind rar. Da gibt es nichts zu beschönigen. Aber gerade für den, der friert, ist es wichtig, zu entscheiden, ob er an die Ewigkeit des Winters glauben oder auf den Frühling hoffen will.

Schließlich geht es ja letztlich nicht darum, was Gott damals an diesem oder jenem Gelähmten bewerkstelligen konnte oder nicht, sondern darum, was er an uns heute und morgen bewerkstelligen kann. Krumm und lahm ist ja jeder von uns auf die eine oder andere Weise – sei es körperlich oder seelisch. An jedem Herzen nagt ein Wurm: mag er Eifersucht oder Melancholie heißen, Gier oder Selbstverachtung. Und stelle ich die Wunderfrage so, im Blick auf meinen eigenen Defekt, hat sie nichts Skurriles oder Abstraktes mehr. Sie wird zur konkreten und wichtigen Frage an mich selbst: Traue ich Gott das Wunder zu, mich aufzurichten und zu heilen, traue ich ihm zu, dass er mich gerecht spricht und einmal durch den Tod hindurch vollendet – oder traue ich ihm das alles nicht zu?

Damit ist die Frage nach dem Wunder nicht beantwortet – das muss jeder für sich tun – aber sie ist richtig gestellt: Denn es geht dabei nicht um Mirakel der Vergangenheit, sondern um unsere eigene Zukunft. Gott gebe uns allen das Zutrauen, dass wir ihm seine Freiheit glauben dürfen – denn sie ist der Grund der Hoffnung, ohne die Christen nicht sein können.

➡ *Die Wundertaten Jesu laufen den uns bekannten Gesetzmäßigkeiten zuwider und irritieren uns darum. Doch gerade in der Irritation liegt ihre Botschaft: Wo Jesus Christus ins Spiel kommt, muss nicht alles bleiben, wie es immer war, und der fatale Lauf der Welt ist nicht mehr unabänderlich. Krummes kann durch ihn gerade und Totes lebendig werden. Darum glauben Christen nicht unbedingt alle Mirakel der Vergangenheit – aber sie glauben, dass Gott jederzeit frei ist, unser Geschick zum Guten zu wenden.*

29. Christi Botschaft

Finden Sie nicht auch, dass Christus es manchmal übertreibt mit der Barmherzigkeit? Was wir in Matthäus 20,1-16 lesen, ist ein gutes Beispiel dafür: Da werden Tagelöhner eingestellt, um im Weinberg zu arbeiten. Die zuerst kommen, arbeiten den ganzen langen Tag und bekommen den Lohn für einen Tag. Und die zuletzt kommen und nur eine einzige Stunde arbeiten, bekommen auch den Lohn für einen ganzen Tag. Ist das nicht himmelschreiendes Unrecht? Wo kommen wir denn da hin, wenn jeder nicht bekommt, was er verdient, sondern bekommt, was er braucht?

Aber Jesus sagt: So wie dieser Weinbergbesitzer ist Gott – er ist freundlich und barmherzig. Denen, die sich ihr Leben lang über viele Jahrzehnte hin treu und redlich abgemüht haben, um den Weg ins Himmelreich zu finden, denen wird der Lohn zuteil, dass sie eingehen ins Himmelreich. Und denen, die ihr Leben lang nichts von Gott wissen wollten, sondern sich erst auf dem Sterbebett zu Gottes Barmherzigkeit flüchten, denen wird derselbe Lohn zuteil, dass sie eingehen ins Himmelreich. Ist das etwa gerecht? Ist das nicht übertriebene Barmherzigkeit? Da sträubt sich etwas in uns. Denn – *„Gleicher Lohn für gleiche Arbeit"* – das leuchtet uns ein. Aber Jesus behauptet, bei Gott gäbe es gleichen Lohn für ganz verschiedene Arbeit. *„Wer zu spät kommt, den bestraft das Leben"* – auch das leuchtet uns ein. Aber Jesus behauptet, Gott habe ein weites Herz für Spätgekommene. *„Jeder soll bekommen, was er verdient"* – das leuchtet uns ein. Aber Jesus behauptet, dass wir bei Gott nicht bekommen, was wir verdienen, sondern was wir brauchen. Ist das denn Recht?

Manch einer ist befremdet von jenem Weinberggleichnis und blättert in seiner Bibel lieber darüber hinweg. Doch liest er das Evangelium zu Ende, so holt ihn das Ärgernis spätestens im Bericht von der Passion Christi wieder ein. Denn da stößt er auf jenen „Schächer", der neben Christus gekreuzigt wurde. Dieser Verbrecher findet buchstäblich in den letzten Minuten seines Lebens zu Christus und empfängt doch vollen Lohn – Christus verfährt mit ihm wie jener Weinbergbesitzer mit den spätgekommenen Arbeitern. Wir lesen im 23. Kapitel des Lukasevangeliums:

„Es wurden aber auch andere hingeführt, zwei Übeltäter, dass sie mit ihm (Jesus) hingerichtet würden. Und als sie kamen an die Stätte, die da heißt Schädelstätte, kreuzigten sie ihn dort und die Übeltäter mit ihm, einen zur Rechten und einen zur Linken. ... Aber einer der Übeltäter, die am Kreuz hingen, lästerte ihn und sprach: Bist du nicht der Christus? Hilf dir selbst und uns! Da wies ihn der andere zurecht und sprach: Und du fürchtest dich auch nicht vor Gott, der du doch in gleicher Verdammnis bist? Wir sind es zwar mit Recht, denn wir empfangen, was unsre Taten verdienen; dieser aber hat nichts Unrechtes getan. Und er sprach: Jesus, gedenke an mich, wenn du in dein Reich kommst! Und Jesus sprach zu ihm: Wahrlich, ich sage dir: Heute wirst du mit mir im Paradies sein." (Lk 23, 32-43)

Wahrhaftig, diese Zeilen sind ein harter Brocken für alle christlichen Moralisten. Denn machen wir uns doch einmal klar, was das für ein Mensch war, der da neben Christus gekreuzigt wurde: Er war nicht das Opfer eines Justizirrtums, er war nicht unschuldig wie Christus. Nein, er sagt es sogar selbst, dass er durch seine Taten verdient hat, so zu sterben. Wenn aber einer von sich selbst sagt, er habe den Galgen verdient, dann können es keine Kleinigkeiten gewesen sein, die er sich hat zu schulden kommen lassen. Dieser Mann hatte sein Leben gründlich verpfuscht, er hat es verwirkt. Und doch genügt offenbar dieser eine Satz: *„Jesus, gedenke an mich, wenn du in dein Reich kommst!"*, um einen Federstrich zu machen durch die Versäumnisse eines ganzen Lebens. Ist so ein läppisches Sätzchen nicht ein zu geringer Preis für das große Gnadengeschenk, das Jesus jenem Verbrecher zusagt? Wird dadurch nicht allzu sehr der Unterschied verwischt, zwischen einem ernsten, frommen und disziplinierten Leben und einem Leben in Frevel und Gottlosigkeit?

Ja, es scheint geradezu unerträglich, dass Christus den mit Recht Verfluchten auf eine bloße Bitte hin dem redlich verdienten, göttlichen Gericht entzieht. Und es scheint alle zu beleidigen, die ein Leben lang den mühsamen Kampf des Glaubens gekämpft haben, wenn nun so einer sozusagen Hand in Hand und gleichauf mit Christus ins Paradies hineinspaziert. Da sträubt sich etwas in uns gegen solches Übermaß an Gnade.

Wer schließlich sollte noch moralische Anstrengungen unternehmen und ein Leben lang nach dem Guten streben, wenn er am Ende keinen anderen Lohn empfängt als jener Verbrecher? Wer sollte sich ein Leben lang disziplinieren, wenn es genügt, in der Todesstunde noch eben unter den Mantel der Barmherzigkeit zu kriechen? Nein – so spricht der Moralist in uns: Unterschiede müssen sein. Barmherzigkeit für reuige Sünder: gut. Großzügigkeit gegenüber den Schwächen des Fleisches: gut. Mitleid mit solchen, die durch unglückliche Verhältnisse vom rechten Weg abgekommen sind: auch gut. Aber zu viel ist zu viel. Und die Geschichte vom reuigen Schächer ist zu viel. Oder nicht?

Tatsächlich müssen wir an diesem Punkt innehalten. Denn wir entfernen uns immer mehr vom Evangelium. Und das kann nicht gut gehen. Der Moralist in uns rennt vergeblich gegen Gottes Wort an. Und der Pädagoge in uns beklagt vergeblich das Übermaß der göttlichen Güte. Schließlich muss man bezweifeln, dass wir uns besser auf die Erziehung des Menschengeschlechtes verstehen als Gott. Und wir müssen uns von Gott fragen lassen, was jener Weinbergbesitzer im Gleichnis Jesu die murrenden Arbeiter fragt: *„... habe ich nicht Macht zu tun, was ich will, mit dem, was mein ist? Siehst du scheel drein, weil ich so gütig bin?"*

In der Tat: Prüfen wir doch einmal, was der tiefere Grund unserer Empörung ist. Vielleicht ist es ja gar nicht die Sorge, Gottes verschwenderische Gnade könnte Menschen zu leichtsinnigem Leben verführen. Vielleicht ist lediglich Neid der Grund unserer Empörung, weil man sich verkniffen hat, was der Schächer sich nicht verkniffen hat? Ist es der Neid derer, die sich eigentlich auch gern im Schlamm der Sünde gesuhlt hätten? Ist es die Enttäuschung der Dünkelhaften, die für ihr diszipliniertes Leben eine Vorzugsbehandlung erwartet hatten? Manche ernsten Christen schauen ja grimmig, wenn andere ihren Schwächen nachgeben, und sagen mit innerer Genugtuung: „Ihr werdet schon sehen, was ihr davon habt." Sie haben ihre Freude an der Vorstellung des Gerichtes, das die anderen erwartet. Sie trösten sich mit dem Gedanken, dass das verwerfliche Tun der anderen sich rächen wird. Und sie müssen natürlich enttäuscht sein, wenn einem großen Sünder, wie dem Schächer am Kreuz, das verdiente, dicke Ende erspart bleibt. Aber diese Enttäuschung könnte heilsam sein. Denn wir lernen hier etwas über Gottes Maßstäbe, die so anders sind als unsere.

Wir neigen dazu, zwischen bösen und guten Menschen einen dicken Strich zu ziehen. Für uns ist ein himmelweiter Unterschied zwischen Verbrechern und anständigen Leuten – und entsprechend teilen wir die Menschheit in zwei Gruppen: in solche, die das Ziel des Lebens verfehlen, und in solche, die das Ziel des Lebens erreichen. Aber für Gott stellt sich die Sache anders da. Legt er nämlich den strengen Maßstab seines Gesetzes an, so verfehlen nicht bloß einige, sondern alle Menschen ihr Ziel. Gewiss – es sind nicht alle gleich: Manchen geht 1000 Meter vor dem Ziel die Luft aus und andere sind erst 500 Meter vor dem Ziel am Ende. Aber was macht das schon für einen Unterschied, wenn beide nicht ankommen?

Gewiss mag man sagen, da sei ein besserer Verlierer und ein schlechterer Verlierer – einer war weit abgeschlagen und der andere ist an der Aufgabe nur knapp gescheitert. Doch verlieren wir eben alle den Kampf gegen das Böse in uns. Und darum relativiert sich in Gottes Augen der Unterschied zwischen „großen" und „kleinen" Sündern. Ein anderer Unterschied tritt aber dafür in den Vordergrund:

Denn in der Masse der Verlierer gibt es jene, die sich als Verlierer wissen und sich darum nach der Gnade Gottes ausstrecken. Und es gibt jene Verlierer, die sich im Kampf mit der Sünde für Gewinner halten und darum Gottes Gnade missachten.

Jener Schächer am Kreuz gehörte zu der ersten Gruppe: Er wusste genau, dass er sein Leben verpfuscht und sein Ziel verfehlt hatte. Er war ein armer Hund und hatte alles verloren außer der Hoffnung, dass dieser neben ihm gekreuzigte Christus seiner gedenken würde. Genau deshalb aber sagt Martin Luther, der Schächer sei der erste Heilige im Neuen Testament und der erste rechte Doktor der Theologie. Denn er beherrscht die zwei Stücke, auf die es im Glauben ankommt: Zuerst sieht er seine Schuld ein, er anerkennt das Recht seiner Strafe, verzweifelt an sich selbst und beugt sich dem Gericht. Das ist wahre Buße. Dann aber blickt er von sich selbst weg nur noch auf Christus hin – er wendet sich Christus zu und legt sein verpfuschtes Dasein in Christi Hände: *„Jesus, gedenke an mich, wenn du in dein Reich kommst!"* Das ist wahrer Glaube.

Diesen Glauben aber hat Christus nicht enttäuscht. Indem er ihm zusagte *„Heute wirst du mit mir im Paradies sein"*, hat

Christus dem Schächer die ganze Fülle der göttlichen Gnade zugesprochen. War das mehr Gnade als der Schächer verdiente? Gewiss. Aber es war genau das Übermaß der Gnade, das der Schächer brauchte. Darum dürfen sich seitdem alle freuen, die sich dem Schächer verwandt fühlen. Seit diesem Tag dürfen alle jubeln, die ihr Leben verpfuscht haben und zerbrochenen Herzens sind. Seit diesem Tag dürfen alle Versager hoffen, alle Zuspätkommer und alle, die sich selbst verwünschen. Und seit diesem Tag ist die Kirche der große Club derer, die sich glücklich schätzen, weil sie nicht bekommen, was sie verdienen, sondern was sie brauchen.

Und fragt da noch einer, wo die Moral bleibt, wo die Pädagogik bleibt und der menschliche Gerechtigkeitssinn – so kann man nur antworten: zur Hölle mit der Moral, mit der Pädagogik und mit dem menschlichen Gerechtigkeitssinn. Denn die Moral ist nicht für uns gestorben und die Pädagogik hat uns nicht erlöst. Christus aber hat es getan. Ihm hat es gefallen, uns mit der Überfülle seiner Barmherzigkeit zu beschämen. Er hat über uns die Sonne des Evangeliums aufgehen lassen, die durch den Glanz ihrer Strahlen Dreck in Gold verwandelt und aus einem Schwerverbrecher am Kreuz einen Kandidaten des Paradieses macht. Wer das bekritteln will und den Schatten sucht, mag es tun. Ich aber will mich lieber ausstrecken nach diesem Lichtstrahl, dass er auch auf mich falle – und ich empfehle Ihnen allen das Gleiche.

➡ *Christi gute Botschaft ist, dass Gott uns nicht geben will, was wir verdienen, sondern was wir brauchen. Seine Gnade überschreitet damit das Maß, das uns „gerecht" und der Moral förderlich erscheint. Doch Christus erwartet von uns, dass wir uns vor Gottes Freiheit beugen: Wenn es Gott gefällt, den Zuspätkommern, Sündern und Versagern ein Übermaß an Gnade zukommen zu lassen, ist es klüger „Hier!" zu rufen und die Hände auszustrecken, als auf vermeintlichem Recht zu beharren.*

30. Christi Stellvertretung

In einem Land, nicht weit von hier, regierte einst ein weiser und gerechter König namens Theophan. Die Leute im Land waren froh, dass sie diesen König hatten, denn er regierte das Land sehr gut. Andere Könige und Herrscher jener Zeit stürzten ihre Völker in sinnlose Kriege, weil sie machtgierig waren. Aber nicht so Theophan – er liebte den Frieden. Andere Könige waren bestechlich. Sie beugten das Recht und begünstigten ihre Freunde und Verwandten. Doch nicht so Theophan – er urteilte gerecht und ohne Ansehen der Person.

Viele andere Herrscher dieser Zeit beuteten ihre Völker aus und verlangten hohe Steuern, damit sie ihre Paläste mit allem Luxus ausstatten konnten. Aber auch daran hatte König Theophan kein Interesse. Er arbeitete viel und widmete sich ganz den Staatsgeschäften. Nur für eines nahm er sich daneben noch Zeit: Wenn er es irgend einrichten konnte, ging er mit seiner Mutter im Garten des Schlosses spazieren. Er liebte seine Mutter nämlich sehr. Sie war alt und schon sehr gebrechlich. Er musste sie beim Gehen stützen. Doch tat er nichts lieber, als sie durch den Schlossgarten zu führen und mit ihr zu plaudern. Denn dabei vergaß seine Mutter alle Schmerzen und Beschwerden, die ihr das Alter bereitete.

Allerdings – in letzter Zeit wurden diese Spaziergänge seltener. Die Staatsgeschäfte hielten König Theophan zu sehr in Atem.

Denn der König des Nachbarlandes – er hieß Beliar – war ein machthungriger Diktator. Und Theophan hatte schon lange geahnt, dass sein Volk in Gefahr war. Nun aber hatte Beliar tatsächlich einen Krieg angezettelt und mit seinen Truppen die Grenze überschritten. König Theophan liebte den Frieden. Aber er wusste, dass seinem Volk schlimme Unterdrückung bevorstand, wenn Beliar siegen würde. Darum schickte Theophan dem Feind alle seine Truppen entgegen. Und Theophans Feldherren waren lange erfolgreich.

Sie verfügten zwar über weniger Soldaten als der Gegner, aber sie taktierten geschickt und konnten Beliars Angriffe oft zurückschlagen. Theophan war schon voller Hoffnung, dass Beliar seine Eroberungspläne aufgeben würde. Doch eines Tages kam ein berittener Bote von der Front. Er stürzte in den Thronsaal und berichtete Theophan von einer vernichtenden

Niederlage. Theophans Feldherren hatten eine große Schlacht verloren, weil Theophans Schlachtpläne an den Feind verraten worden waren. Der König war entsetzt: Unter seinen engsten Beratern musste es einen Spion geben.

Theophan gab sich sofort große Mühe, die undichte Stelle in seinem militärischen Führungsstab zu finden. Doch es waren noch keine drei Tage vergangen, da kam der nächste Bote mit schlimmen Nachrichten. Wieder war eine Schlacht verloren, wieder waren hunderte von Soldaten gefallen, weil der Feind über die Aufstellung, die Stärke und die Strategie des königlichen Heeres genau Bescheid wusste.

Theophan war entsetzt und zornig, denn nun stand alles auf dem Spiel. Er musste den Verräter im eigenen Lager schleunigst finden. Theophan dachte nach und sandte dann Boten in sein ganzes Königreich aus, die Folgendes öffentlich verkündeten:

„Im Namen König Theophans: Wer den Verräter unserer militärischen Geheimnisse enttarnt oder einen Hinweis gibt, der zur Enttarnung des Verräters führt, wird mit 100.000 Golddukaten belohnt. Der Verräter aber wird mit 100 Peitschenhieben auf den nackten Rücken bestraft.“

Wieder vergingen einige Tage. Beliars Truppen hatten schon einen Teil des Landes erobert. Doch dann tat der Erlass des Königs seine Wirkung. Im Schutze der Nacht kam ein Hauptmann der Schlosswache zu Theophan und sprach: „Herr, ich bin gekommen, um mir die Belohnung von 100.000 Golddukaten zu verdienen. Ich kenne den Verräter und kann dir Beweise vorlegen.“ Theophan sprang freudig auf. „Raus mit der Sprache, red' schon Hauptmann, du sollst die Belohnung haben. Wer ist es?“

Der Hauptmann zögerte. Er schluckte und sprach: „Verzeih mir, Herr. Es wird dir wehtun, das zu hören. Aber der Verräter, der Verräter ... Es ist deine Mutter.“ Theophans Gesicht versteinerte. Er sank auf seinem Thron zusammen. Und er schwieg lange. Dann verlangte er, die Beweise zu sehen. Denn er wollte nicht glauben, dass seine alte Mutter ihm das angetan hatte. Aber der Hauptmann konnte einen Brief an Beliar vorweisen, der abgefangen worden war. Es war eindeutig die Handschrift von Theophans Mutter. Wortlos händigte der König dem Hauptmann seine Belohnung aus und schickte ihn weg.

Theophan schloss sich in seinen Gemächern ein, um nachzudenken. Es zerriss ihm das Herz. War jetzt die Gerechtigkeit wichtiger oder die Liebe? Der Gerechtigkeit nach musste er seine Mutter öffentlich auspeitschen lassen. So hatte er es dem Verräter schließlich öffentlich angedroht. Und es wäre ja nicht gerecht, für die eigene Familie eine Ausnahme zu machen. Das einmal gegebene Wort des Königs muss gelten.

Aber würde seine Mutter 100 Peitschenhiebe überhaupt überleben? Könnte er der Gerechtigkeit zuliebe zuschauen, wie seine Mutter öffentlich zu Tode gepeitscht würde? Verrat hin oder her – sie war schließlich seine Mutter, er liebte sie wie nichts auf der Welt. Konnte man von ihm verlangen, im Namen der Gerechtigkeit die Liebe zu vergessen?

Drei Tage lang dachte der König darüber nach, was zu tun sei, schlief nicht und aß nicht. Gerechtigkeit und Liebe stritten in seinem Herzen. Unmöglich konnte er seine öffentliche Drohung zurücknehmen. Unmöglich konnte er seine Mutter peitschen lassen. Endlich aber kam Theophan zu einem Entschluss ...

Am nächsten Morgen zogen wieder königliche Boten durch das Land. Sie verkündeten, der Verräter sei gefasst worden, und jedermann sei eingeladen, der öffentlichen Auspeitschung auf dem Schlossplatz beizuwohnen. Natürlich war der Andrang groß. Die Schaulustigen und Neugierigen drängten in Massen auf den Platz. Auf einer Tribüne hatte König Theophan mit seinem Hofstaat Platz genommen, während sich in der Mitte des Platzes neben einem Holzpfahl ein Knecht mit der Peitsche bereithielt.

Schließlich kam der Moment, auf den die Menge so gespannt gewartet hatte. Eine Eskorte von Soldaten trat aus dem Schlosshof und führte den Delinquenten in die Mitte des Platzes. Welch ein Raunen ging da durch die Menge, als man erkannte, dass es die Mutter des Königs war! Die Soldaten lösten der alten Frau die Fesseln, banden sie an den Holzpfahl und entblößten ihren Rücken. Der Knecht mit der Peitsche schaute noch einmal fragend zur Tribüne des Königs hinüber, hob dann aber den Arm und ...

„Halt"! schallte es herüber. Der Knecht ließ die Peitsche sinken. König Theophan hatte „Halt"! gerufen. Die Menge hielt die Luft an. Der König aber sprang von der Tribüne und sagte laut, so dass alle ihn hören konnten: „Halt! Meine Mutter hat ein Verbrechen begangen, das gesühnt werden muss. Aber ich trete an ihre Stelle. Schlagt mich. Ich trage ihre Strafe."

Theophan band seine Mutter los, legte Mantel und Hemd ab und stellte sich selbst an den Pfahl. Der Knecht war entsetzt. Doch Theophan befahl ihm nochmals, seine Arbeit zu tun. Und dann empfing der König 100 Peitschenhiebe. Der Schmerz war schrecklich. Und doch war König Theophan glücklich: Es war ihm gelungen, Gerechtigkeit und Liebe zu vereinbaren.

Muss man lang erklären, was diese Geschichte mit dem Leiden und Sterben Christi zu tun hat? Ich glaube kaum. Wer diese Geschichte verstanden hat, der hat zugleich auch verstanden, warum Gott Mensch wurde und sich ans Kreuz schlagen ließ. Denn auch Gott hatte das Problem, das König Theophan hatte. Auch Gott hatte sich durch das Wort seines Gesetzes festgelegt. Um seine Schöpfung vor dem Einbruch des Bösen zu schützen, hat er den Menschen klare Regeln mit auf den Weg gegeben: Er ließ uns durch Mose die Zehn Gebote verkünden. Und er sagte dazu:

Wenn ihr euch daran haltet, will ich euch segnen und will euch lange und glücklich leben lassen auf Erden. Wer aber meine Gebote übertritt, der soll verflucht sein und soll ausgerottet werden von der Erde. Das ist bis heute unmissverständlich. Gott hat von Anfang an für klare Verhältnisse gesorgt und kein Geheimnis daraus gemacht, dass unser böses Tun seinen Zorn erregt und dass es Strafe nach sich ziehen wird. Aber was muss er mit uns erleben?

So weit das Auge reicht wird gelogen, gestohlen und betrogen, Ehebruch gilt als Kavaliersdelikt und um die Sonntagsheiligung kümmert sich kein Mensch mehr. Der Name Gottes wird nicht in Ehren gehalten, vielmehr wird rund um den Globus Blut vergossen. Jeder ist nur auf seinen Vorteil aus – kein einziger Mensch steht mit reinen Händen da. Und was soll Gott in dieser Situation tun?

Folgte er dem Grundsatz der Gerechtigkeit, so müsste er seinem Wort Geltung verschaffen und uns die Konsequenzen unseres Tuns spüren lassen. Von Rechts wegen müsste Gott uns Menschen ausrotten und mit uns zugleich das Böse, von dem wir nicht die Finger lassen wollen. Das wäre nur gerecht. Er hat ja vorher gesagt, dass es ihm ernst ist mit den Geboten.

Aber es geht Gott mit uns wie Theophan mit seiner Mutter. Ließe er uns die schrecklichen Folgen unseres Fehlverhaltens tragen, so bräche es ihm das Herz. Es wäre das Ende der Menschheit, die Gott doch mit so viel Liebe geschaffen und erhalten hat. Dass wir aber so enden, will Gott nicht. Er liebt nun einmal seine missratenen Kinder.

Was also kann er tun? Kann er etwa die Drohung seines Gesetzes zurücknehmen? Nein. Kann er die Liebe und Barmherzigkeit vergessen? Nein. Kann er einen faulen Kompromiss eingehen? Nein. All das ist unmöglich, denn Gott ist nicht wie wir: Sein Wort gilt auf ewig, seine Liebe ist unüberwindlich – und Halbheiten macht er schon gar nicht. Darum konnte Gott den Konflikt zwischen Gerechtigkeit und Liebe nicht überspielen und nicht unter den Teppich kehren, wie wir das wahrscheinlich getan hätten. Gott musste den Konflikt austragen. Und er tat es so wie König Theophan in unserer Geschichte:

Wie Theophan für seine Mutter, so sprang Gott für uns in die Bresche. Er wurde Mensch in Jesus Christus. Und er nahm die Strafe auf sich, die wir verdient haben. Er löffelte die Suppe aus, die wir uns eingebrockt haben. Er ließ das Gewitter des Zorns über sich selbst niedergehen. Er lud auf sich den Hass der Menschen, litt unsere Schmerzen, starb unseren Tod.

Der Fluch unserer bösen Taten traf ihn, damit er uns nicht träfe; ja Gott ließ sich verwerfen, damit wir nicht verworfen würden. Er mutete sich selbst die Gottverlassenheit des Kreuzes zu, damit sie uns erspart bliebe. Denn so, und nur so – um diesen hohen Preis – konnte es ihm gelingen, Gerechtigkeit und Liebe zu vereinen. Die Gerechtigkeit verlangte, dass die Sünde der Menschheit nicht ungesühnt bleiben durfte: Das Gewitter des Gerichtes musste sich entladen, sonst hätte das, was zwischen uns und Gott stand, nie bereinigt werden können.

Die Liebe Gottes aber sorgte dafür, dass der Blitz nicht uns traf, sondern den, der uns liebt. Gott hielt den Kopf hin für seine missratenen Kinder. Und das ist die ganze Botschaft der Passion Jesu: Denn wer verstanden hat, warum Christus für uns sterben musste, der hat das Kreuz verstanden. Und wer das Kreuz Christi verstanden hat, der hat damit einen tiefen Blick in Gottes Herz getan. Der wird künftig wissen, was er gesehen hat:

In Gottes Herz wohnt nicht ein bisschen Gerechtigkeit unklar vermischt mit ein bisschen Liebe. Sondern in Gottes Herz ist seine absolute Gerechtigkeit versöhnt mit seiner unendlichen Liebe ...

➡ *Gott befindet sich der sündigen Menschheit gegenüber im Zwiespalt: Die Gerechtigkeit Gottes fordert, die Sünde durch Vernichtung der Sünder aus der Welt zu schaffen. Die Liebe Gottes aber bejaht auch die Geschöpfe, die sich vom Schöpfer abkehren. Durch das Leiden Christi wird Gott beidem gerecht und vereint Sühne mit Bewahrung: Gott selbst nimmt die Strafe auf sich, die wir verdient haben. Er stirbt unseren Tod, damit wir leben. Er lässt sich verwerfen, damit wir nicht verworfen würden.*

31. Christi Kreuz

In fast jeder Kirche findet sich ein Kruzifix, ein Bild des Gekreuzigten: Blutüberströmt, geschunden, gefoltert, ermordet – da ist einer unter die Räder gekommen – das sieht man. Aber was für Räder waren das eigentlich? Und was bedeutet es, dass Gottes Sohn dieses Ende fand? Eines unserer Kirchenlieder stellt die Frage so: *„Herzliebster Jesu, was hast du verbrochen, dass man ein solch scharf Urteil hat gesprochen?“*

War Christi Kreuzigung vielleicht eine Art Justizirrtum, Resultat einer unglücklichen Verkettung von Umständen? War es ein tragisches Missverständnis, dass man diesen friedfertigen Menschen für gefährlich hielt und aus dem Weg räumte? Dann wäre Christus so eine Art Unfallopfer gewesen ...

Aber nein, ein Unfallopfer, das war er am allerwenigsten. Es war kein Zufall, dass dieser Mann unter die Räder der Justiz geriet. Dass er an Karfreitag dieses Ende fand, ist die logische, die zwingende, die unausweichliche Konsequenz des Lebens, das er bis zu diesem Tag geführt hat. Denn dieses Leben war ein Generalangriff auf alles, was seinen Zeitgenossen heilig war.

Christus war ja als Gesandter Gottes unter die Menschen getreten. Er redete und handelte im Namen Gottes. Er sprach mit der Vollmacht des Messias. Aber er tat nicht, was man von Gottes Gesandtem erwartete. Er klopfte den Frommen und Wohlanständigen nicht anerkennend auf die Schulter, sondern nannte sie Heuchler. Er sagt ihnen auf den Kopf zu, dass sie mit ihrer ganzen Moralität, Tüchtigkeit und Rechtschaffenheit nur versuchen, sich und Gott etwas vorzumachen. Dass sie nicht Freunde Gottes sind, sondern Feinde Gottes. Dass sie sich in ihrer ganzen Religiosität nicht wirklich Gott ausliefern und öffnen, sondern sich durch vorbildliche Lebensweise gegen Gott abzusichern versuchen. Leuten wie uns sagt er das. Und so wird sein ganzes Leben zu einem Generalangriff auf den „Common Sense" seiner Zeit.

Denn die Leute waren verständlicherweise verärgert. Als sei das Leben nicht schon schwer genug, rückte ihnen nun Gott mit diesem Messias auf den Leib. Er stellt provozierende Fragen und erhebt Forderungen, die kein Mensch erfüllen kann. Der Mann hat also alles getan, sich unbeliebt zu machen, er war ein Ärgernis – und deswegen ist sein Tod die logische Konsequenz seines Lebens. Denn wir Menschen, wir sind nicht so dumm, dass wir nicht merken würden, wenn man uns den Krieg erklärt. Wenn uns Gott so kommt, dann wehren wir uns. Dann finden wir einen Weg, Gottes Gesandten aus der Welt zu schaffen. So ist Christus gewissermaßen das Opfer einer kriegerischen Handlung geworden – die Menschen wehrten sich gegen Gottes Angriff auf ihre religiösen Gewohnheiten. Darum kreuzigten sie Christus, den Repräsentanten Gottes auf Erden.

Allerdings hat das Kreuz zwei Seiten – man kann es auch andersherum sehen: Denn schließlich hat nach dem Zeugnis des Neuen Testamentes Gott selbst seinen Sohn in diesen Tod „dahingegeben". Christus hat in Gethsemane am Ende gesagt: „Dein Wille geschehe!" Wurde er also nach dem Willen Gottes gekreuzigt, so war er doch nicht zuerst ein Opfer der Menschen, sondern das Opfer des Gottes, der diesen Tod über ihn verhängt hat!

Tatsächlich: Gott hätte ihm das ja ersparen können. Er hätte ihn ohne weiteres vor seinen Verfolgern bewahren und sein Leben erhalten können. Aber Gott wollte nicht. Und damit fällt ein düsteres Licht auf diesen Gott:

Warum gab er diesem Menschen einen Auftrag und eine Botschaft, mit der er zum Ärgernis werden musste? Hatte Christus auf seinem Weg nicht schon manches erduldet, war er nicht immer gehorsam gewesen gegen Gottes Gebot? Alle anderen waren Sünder, dieser nicht. Alle anderen hätten dieses

Ende eher verdient als er. Warum also? Gott wusste doch genau, was die Pharisäer und Schriftgelehrten im Schilde führten, er wusste genau, was seinen Gesandten in Jerusalem erwartet. Und doch ließ er ihn dorthin ziehen – mitten hinein in die Höhle des Löwen. Warum? Hat Gott seine Freude daran, wenn so ein Mensch unter die Räder kommt?

Wer schon immer an der Gerechtigkeit Gottes zweifelte, bekommt hier scheinbar seine Bestätigung: Nicht Judas der Verräter wird gekreuzigt, nicht Petrus der Feigling, nicht Barrabas der Schwerverbrecher, nicht Pilatus der Opportunist. Nein, ausgerechnet den, der sich nichts hat zu Schulden kommen lassen, den lässt Gott in die Falle tappen, den lässt er foltern und hinrichten, für den macht Gott keinen Finger krumm.

Und so müssen wir nun die umgekehrte Folgerung ziehen: Wenn Christus nicht Opfer eines Unfalles, sondern einer Kampfhandlung wurde, dann war es auch der Kampf dieses unbegreiflich verborgenen, rätselhaften Gottes gegen uns Menschen. Christus war dann Repräsentant der Menschheit – einer von uns – und fiel dem Zorn Gottes zum Opfer. Ist Christus also zwischen die Fronten geraten?

Kein Wunder, dass die Jünger die Welt nicht mehr verstanden. Sie verstanden auch Gott nicht mehr, als der Mann aus Nazareth unter die Räder kam. Sie hatten erwartet, dass er als der Messias Gottes Triumphe feiern und eine neue, herrliche Zeit heraufführen würde. Gott schien ganz auf seiner Seite zu sein. Aber nun das. Nun hatte es ein böses Ende genommen. Was sollten die Jünger jetzt denken?

Zunächst dachten sie natürlich, was alle dachten. Wenn Gott auf der Seite Jesu gewesen wäre, hätte er ihn nicht der Justiz ausgeliefert, er hätte nicht zugeschaut, wie sein Beauftragter geschlagen und verhöhnt wird.

Also muss Gott sich von Christus losgesagt haben. Er hat ihn anscheinend fallen lassen, hat ihn aufgegeben und ließ ihn darum zum Spielball menschlicher Willkür werden. Das Kreuz schien zu beweisen, dass sich Gott von jenem Nazarener distanziert hat. Drei Tage lang war das die einzig plausible Deutung der Kreuzigung. Die Jünger mussten denken, Christus sei ein von Gott Verlassener und Verworfener, ein tragisch Gescheiterter. Dann aber wurde es Ostern.

Christus tritt seinen Jüngern als Lebendiger gegenüber. Und die Jünger, die müssen wieder total umdenken. Wenn

Gott den Gekreuzigten auferweckt, dann ist er weiterhin auf seiner Seite, dann hat er ihn gar nicht aufgegeben. Hat er ihn aber nicht aufgegeben, sondern zu ihm gehalten, dann kann die Kreuzigung nicht Zeichen eines tragischen Scheiterns gewesen sein – sie muss irgendeinen Sinn gehabt haben. Sie muss Teil des Planes Gottes gewesen sein.

Wenn Gott weiterhin zu seinem Gesandten steht – dann muss der Kreuzestod Christi irgendwie mit seiner Sendung und seinem Auftrag zu tun haben. Es muss ein verborgener Sinn darin stecken. Aber welcher? Auf der Suche nach dem verborgenen Sinn der Kreuzigung blätterten die Jünger Jesu im Alten Testament. Und sie fanden dort einen Text, der alles erklärte. Sie lasen bei Jesaja im 53. Kapitel Worte, die wie eine Weissagung auf Karfreitag klangen:

„Fürwahr, er trug unsre Krankheit und lud auf sich unsre Schmerzen. Wir aber hielten ihn für den, der geplagt und von Gott geschlagen und gemartert wäre. Aber er ist um unsrer Missetat willen verwundet und um unsrer Sünde willen zerschlagen.

Die Strafe liegt auf ihm, auf dass wir Frieden hätten, und durch seine Wunden sind wir geheilt. Wir gingen alle in die Irre wie Schafe, ein jeder sah auf seinen Weg. Aber der HERR warf unser aller Sünde auf ihn." (Jes 53, 4-6)

Könnte jemand so taub sein, dass er nicht hört, wie hier von Christus die Rede ist? Als die Jünger diesen Text im Alten Testament entdeckt hatten, ging ihnen ein Licht auf. Christus ist nicht zufällig zwischen die Fronten geraten, sein Tod war kein tragischer Unfall, dieser Tod hatte einen besonderen Sinn. Jesaja sagt uns, worin der Sinn bestand: Christus trug nicht eine Strafe, die er selbst verdient hätte, sondern die Strafe, die wir verdient haben. Er beglich unsere Rechnung. Welche Rechnung?

„Wir gingen alle in die Irre, wie Schafe", sagt Jesaja. Wir Menschen sind alle blind in unserer Sünde und entfernen uns immer weiter von Gott. Unsere Vorfahren, das sind die ach so anständigen Pharisäer und Schriftgelehrten, der Verräter Judas, der Feigling Petrus, der Opportunist Pilatus, der Verbrecher Barrabas – wir sind von ihrer Art, wir sind aus diesem Holz geschnitzt. Und darum hätte Gott reichlich Anlass, uns zu richten. Aber er erbarmt sich. Gott selbst wird Mensch und trägt die Strafe, die wir verdienen. *„Er ist um unsrer Missetat willen verwundet und um unsrer Sünde willen zerschlagen."*

Das heißt: Gott hat einen Weg gefunden, unsere Feindseligkeit und unsere Schuld durch Liebe zu überwinden. Er kehrt unsere Schuld nicht unter den Teppich, er sieht nicht einfach darüber hinweg, als wäre nichts gewesen. Schuld muss gesühnt werden. Aber Gott nimmt auf sich, was wir angerichtet haben. Er lässt sich unsere Erlösung etwas kosten.

„Die Strafe liegt auf ihm, auf dass wir Frieden hätten, und durch seine Wunden sind wir geheilt", sagt Jesaja. Christus geht also für uns durch die Hölle, damit wir es nicht müssen. Er löffelt die Suppe aus, die wir uns eingebrockt haben. Eigentlich – von Rechts wegen – müssten wir ja dort am Kreuz hängen. Aber Gott lässt Gnade vor Recht ergehen: Er tritt in Christus an unsere Stelle. Er fängt mit seinem eigenen Leib den Schlag ab, der uns treffen müsste. Wir dürfen hinter ihm in Deckung gehen.

Und dieses Angebot gilt auch heute. Es stellt jeden von uns vor die Entscheidung. Jeder von uns hat zwei Möglichkeiten. Wir können das Angebot ablehnen oder annehmen. Wenn ich es ablehne, sage ich: Nein. Nein, ich will nicht, dass Christus für mich den Kopf hinhält. Nein, ich habe es nicht nötig, dass jemand für mich stirbt. Ich kann für mich selber geradestehen. Ich brauche diesen Gekreuzigten nicht. Das zu sagen, steht jedem frei. Wenn einer ohne diesen Fürsprecher in Gottes Gericht gehen und seine Strafe unbedingt selber tragen will – dann wird Gott ihm das bestimmt nicht verwehren. Er muss nur wissen, was ihn dann erwartet.

Doch kann man zu Gottes Angebot auch Ja sagen: Ja, ich habe einen Erlöser nötig. Ja, ich brauche einen Fürsprecher im Gericht, einen, der mir den Hals rettet. Ja, du barmherziger Gott, ich lass es mir gefallen, dass Christus dies für mich getan hat. Dann ist das Bild des Gekreuzigten voller Trost für mich. Denn um seinetwillen bekomme ich nicht, was ich verdiene, sondern bekomme stattdessen das ewige Leben ...

➡ *Die Kreuzigung Christi war kein Justizirrtum und kein Missverständnis, sondern eher eine Kampfhandlung. Christus war ein Opfer der Menschheit, die sich dem Anspruch Gottes entziehen wollte, indem sie seinen Repräsentanten aus der Welt schafft. Und Christus war zugleich ein Opfer Gottes, der ihm als Repräsentanten der Menschheit diesen Tod zugemutet hat. Erst von Ostern her erschließt sich der Sinn dieses schrecklichen Vorganges: Gottes Sohn ging durch die Hölle, damit wir es nicht müssen.*

32. Christi Höllenfahrt

Nicht nur Menschen haben seltsame Schicksale – auch Begriffe, Wörter haben manchmal seltsame Schicksale. Zu gewissen Zeiten sind diese Worte in aller Munde, und zu anderen Zeiten verschwinden sie aus dem allgemeinen Sprachgebrauch. Mal haben sie Konjunktur, so dass man sie überall hört und liest. Und dann werden sie wieder unüblich, ja werden geradezu gemieden. Ein solches Wort mit seltsamem Schicksal ist das Wort „Hölle".

In Jesu Verkündigung kommt es häufig vor – und wir ersehen daraus, dass die Existenz der Hölle für ihn eine Selbstverständlichkeit war. Der Bibel folgend sprach die Kirche des Mittelalters viel von der Hölle. Und die Reformatoren taten es auf ihre Weise auch. In den alten Liedern unseres Gesangbuches stoßen wir häufig auf dieses Thema. Nur in der Theologie der Gegenwart wird die „Hölle" schamhaft verschwiegen. Und in den Predigten der Gegenwart wird man höchst selten etwas davon hören.

Ja, das Wort „Hölle" ist dabei, aus der Kirchensprache der Gegenwart zu verschwinden. Es hat bei modernen Pfarrern keine Konjunktur, wohl weil es zu oft missbraucht worden ist, um Menschen Angst einzujagen. Aber komischerweise – das von den Pfarrern gemiedene Wort verschwindet nicht einfach, sondern es macht in der Alltagswelt Karriere: Jenseits der Kirchenmauern hat man sich nämlich des Wortes angenommen. Da werden in der Werbung Autos angepriesen mit dem Hinweis, sie seien „höllisch schnell" oder sogar „teuflisch gut". Und oft genug sieht man dabei lustige kleine Teufel mit roten Hörnern auf dem Kopf und dreigezackten Spießen in der Hand.

Motorradfahrer schreiben sich auf die Jacke, sie seien „Hells Angels" – „Höllenengel". Actionfilme tragen den Titel „Die durch die Hölle gehen ..." Und wenn Jugendliche sich streiten, hört man schon mal den Fluch „Fahr' zur Hölle ..." Dabei ist natürlich viel Gedankenlosigkeit im Spiel. Und doch hat das einen ernsten Hintergrund. Denn es hat heute den Anschein, als sei die Hölle aus der Vorstellungswelt der Religion ausgewandert und sei eingewandert in den Erfahrungshorizont der Gegenwart.

Es scheint, als werde sie nicht erst jenseits erwartet, sondern werde schon diesseits erfahren. Denn mancher, der gar nicht besonders religiös ist, spricht heute von der Hölle wie von etwas, das er aus eigener Erfahrung kennt. Von Kriegsteilnehmern, die etwa den Russlandfeldzug mitgemacht haben, kann man den Satz hören: „Das war die Hölle damals." Und von Entführungsopfern kann man manchmal in der Zeitung lesen, sie hätten in der Hand ihrer Entführer „Höllenqualen" durchgemacht. Ist so etwas dann nur eine unangemessen übertriebene Ausdrucksweise?

Nein, ich meine, bei mancher Schreckensnachricht, die uns erreicht, kann man wirklich auf den Gedanken kommen, die alten Grenzen hätten sich verwischt und die Hölle rage an vielen Stellen schon in unsere Welt hinein. Es scheint, dass sie uns nicht erst jenseits erwartet, sondern uns schon in diesem Leben sehr konkret auf den Leib rücken will.

Das biblische Zeugnis wird dadurch nicht einmal in Frage gestellt: Es gibt jene Hölle, von der Jesus spricht. Es gibt die Hölle als Ort der Verwerfung und der Gottferne. Es gibt die Unterwelt, die uns nach dem Tod erwarten könnte. Aber im Grunde haben wir diese jenseitige Hölle längst verblassen lassen und haben sie in den Schatten gestellt: Denn die diesseitige Hölle, die Menschen anderen Menschen bereiten, übertrifft alle Vorstellungen, die die Gläubigen sich einst von der jenseitigen Hölle machten. Wir brauchen heute gar keine Teufel mit Hörnern und mit Dreizack, mit Bratrost und Feuer mehr. Wir haben Geheimdienste, die über feinere Folterwerkzeuge verfügen. Wir haben Folterkeller in Südamerika und Arbeitslager in Sibirien, wir haben die chinesischen Gefängnisse und die afrikanischen Hungergebiete.

Es gibt die Slums von Südamerika und die Kinderbordelle in Thailand. Wir haben Auschwitz hervorgebracht und Hiroshima, wir haben Napalmbomben auf Vietnam geworfen, haben die Welt mit Minen übersät und haben den Giftgaskrieg erfunden – Ja, du liebe Zeit, könnte man denken – was brauchen wir noch eine Hölle? Wir haben doch uns! Wir haben es geschafft, dass die Hölle nur noch ein paar Flugstunden entfernt ist. Ja, man muss nicht einmal reisen:

Besucht man eine Psychiatrie, so trifft man Menschen, die haben die Hölle im Kopf. Auf der Krebsstation hat mancher die Hölle in den Knochen. Und zwei Häuser weiter hat man die Hölle in der Familie, weil Eheleute sich gegenseitig zerfleischen. Nimmt man das alles zusammen, so gibt man vielleicht dem französischen Philosophen Sartre Recht, der sagte: *„Kein Rost ist erforderlich, die Hölle, das sind die anderen."*

Wenn das aber schon die Philosophen gemerkt haben, was sagen dann wir als Christen dazu? Nun – mir persönlich ist an diesem Punkt eine alte, halbvergessene christliche Lehre wichtig geworden. Nämlich die Lehre von der Höllenfahrt Christi. „Davon habe ich noch nie gehört", werden Sie vielleicht sagen. Aber Sie täuschen sich. Denn da, wo es im modernisierten Text unseres Glaubensbekenntnisses heute heißt, Christus sei „gekreuzigt, gestorben und begraben, hinabgestiegen in das Reich des Todes ...", da hieß es früher, Christus ist „niedergefahren zur Höllen ..."

Gemeint ist, dass Jesus Christus nach der Kreuzigung nicht einfach nur tot im Grab gelegen hat. Sondern in der Zeit zwischen Karfreitag und dem Ostermorgen ist Christus hinabgefahren an den Ort der Toten und der Verdammten. Er ist in der Hölle gewesen, er ist durch die Hölle gegangen. Nach dem Zeugnis des Neuen Testamentes hat er „gepredigt den Geistern im Gefängnis" und hat „auch den Toten das Evangelium verkündigt" (1. Petr. 3,19 / 4,6). Und erst dann – als diese unterste Talsohle der Passion durchschritten war – ist Christus auferstanden von den Toten und ist aufgefahren zum Himmel, um zur Rechten des Vaters zu sitzen.

Von dieser Höllenfahrt Christi wissen die meisten Christen heute nichts mehr, obwohl unser Glaubensbekenntnis davon spricht. Ich halte das aber für einen großen Verlust: Denn erst die Höllenfahrt Christi macht ganz deutlich, dass Christus den Weg seiner Passion wirklich bis in die tiefste Tiefe gegangen ist. Er ist nicht nur ein bisschen gestorben, nicht nur zum Schein, sondern richtig. Aus großer Liebe zu uns hat er auch diese Konsequenz seiner Menschwerdung auf sich genommen. Und als Juden und Römer ihn zur Hölle schicken wollten, hat er sich nicht verweigert. Sondern er ist zur Hölle gegangen, um auch unsere Verdammnis stellvertretend für uns zu tragen und auch hier den Fluch zu brechen, der auf uns lastet.

Er wollte auch diese Plage zu seiner Plage machen, um die Fackel seines Lichtes noch in die äußerste Finsternis hineinzutragen. Er ist heruntergekommen bis an den Ort der Verdammten, damit selbst sie ihn als ihren Bruder an ihrer Seite erfahren könnten. Und das ist besonders tröstlich im Blick auf die Toten, die zu ihren Lebzeiten nichts von Gottes Gnade erfahren haben. Denn das hat sich sicher jeder schon einmal gefragt: Was ist mit den abertausenden Menschen, die vor Christus lebten, und so keine Chance hatten, ihn kennen zu lernen? Was ist mit den Abertausenden, die auch heute nicht das Evangelium hören, weil sie irgendwo in den Weiten Afrikas oder Asiens leben, wo die Mission nicht hinkommt? Sind die alle verloren? Nein, können wir heute sagen, wenn wir von der Höllenfahrt Christi wissen. Nein, sie sind keineswegs verloren, denn Christus hat im Reich des Todes auch denen gepredigt, die vor seiner Zeit verstarben.

Und wenn er diese nicht vergaß, so wird er wohl auch jene nicht ohne Chance lassen, die zeitlebens nichts anderes kennen lernten als heidnische Religionen. Denn auch für sie hat er das Licht des Evangeliums hinuntergetragen in die Unterwelt. Wer das aber zu Ende denkt, dem geht dabei etwas sehr Schönes auf: dass nämlich die Höllenfahrt Christi gleichbedeutend ist mit der Zerstörung der Hölle. Uns geht dabei auf, dass Gott keinen Deal mit dem Teufel hat – so nach dem Motto: „Du, Teufel, kriegst die bösen Menschen für die Hölle, und ich behalte die guten, um mit ihnen den Himmel zu besiedeln."

Nein. Sondern als Christus das Tor der Hölle aufbrach und seinen Fuß hineinsetzte, war klar, dass Gott dem Teufel kein Stückchen dieser Welt überlässt, auch nicht die Unterwelt. Es gibt hier keine abgesteckten Territorien. Und wenn der Teufel auch gemeint haben sollte, dies sei sein Reich, so konnte er den Einbruch in seinen Machtbereich doch nicht verhindern: Christus respektierte die gezogene Grenze nicht, sondern ging mitten hinein in die Höhle des Löwen, um ihm seine Beute wieder zu nehmen. Er nahm alle für sich in Anspruch, die da gefangen lagen – auch die ganz Üblen. Er kam, um alle zu suchen, die verloren sind. Und er machte dem Teufel die Seelen streitig, die er zu besitzen meinte. Gottes Arm und Gottes Liebe reichten plötzlich bis ins unterste Verlies der Hölle.

Was aber wird aus der Hölle, wenn da plötzlich Gottes Liebe drinnen wohnt? Was ist das für eine Hölle, in der die Barmherzigkeit Christi erscheint? Wen kann sie noch gefangen halten, wenn Christus die Tür eingetreten hat? Tatsächlich müssen wir folgern: Ist Gott selbst in der Hölle, so kann die Hölle nicht mehr Hölle sein. Denn wo Gott ist, ist der Himmel. Und nur wo Gott fern ist, ist die Hölle. Ist Gott aber auch in der Hölle nicht mehr fern, so ist die Hölle nicht mehr, was sie war.

Sie ist eine von Christus gestürmte Festung: Die Mauern wackeln, die Feuer verlöschen, der Ofen ist aus, der Teufel ist nicht mehr Herr in seinem Haus. Und ein jeder von uns, der die Hölle vielleicht schon auf Erden erlebt – der die Hölle im Kopf oder die Hölle in den Knochen hat – kann sich nun damit trösten, dass Christus auch in der Hölle bei uns ist.

Leben wir, so ist er da, sterben wir, so ist er da. Fahr' ich zum Himmel, so ist er da, fahr' ich zur Hölle, so ist er auch da. Ich muss also niemals ohne ihn sein. Denn er, der vom Himmel kam, auf Erden lebte, zur Hölle hinabfuhr, der auferstand aus dem Reich der Toten und wieder gen Himmel fuhr – er hat auf diesem weiten Weg überall die Fahne seiner Herrschaft aufgerichtet, auch unten an der Talsohle des Weges. Kein Himmel ist ihm zu hoch und keine Hölle zu tief, als dass er die Seinen dort nicht fände – was soll also der Kleinmut, was soll das Zittern?

Wenn nun aber einer sagt: „Ich sehe ihn doch nicht, ich spüre doch nicht Christus bei mir ...", dann muss man ihm das zugestehen. Christi Gegenwart inmitten aller irdischen Höllenfeuer will geglaubt sein. Aber bedenken Sie, dass es uns dabei ja nicht anders geht als Christus auch. Auch er ging durch die Hölle, ohne den Beistand seines himmlischen Vaters immer sehen zu können: Er wurde von seinen Gegnern verleumdet und von seinen Jüngern verlassen, er wurde zu Unrecht verurteilt, gefoltert, angespuckt und geschlagen und ermordet. Christus ging wahrhaft durch die Hölle. Und auch er musste glauben, dass der Vater im Himmel bei ihm war, ohne dass er ihn immer hätte sehen können. Auch er musste gegen den äußeren Augenschein sein Gottvertrauen durchhalten.

Seien wir also nicht zu wehleidig, wenn uns Ähnliches zugemutet wird. Seien wir lieber froh, dass wir einen Herrn haben, der sich nicht nur im Himmel, sondern auch auf der Erde und im Reich des Todes auskennt. Denn mit ihm in der Hölle zu sein, wäre immer noch besser, als mit dem Teufel die Welt zu regieren.

➟ *Die Hölle, die Menschen einander auf Erden bereiten, stellt alles in den Schatten, was man früher als „jenseitige" Hölle erwartete. Und so wird eine alte Lehre neu bedeutsam: Christus ist nach seinem Tod hinabgefahren an den Ort der Verdammten, um auch ihr Bruder zu werden, ihre Verdammnis mit ihnen zu tragen und ihnen das Evangelium zu verkünden. Wenn aber der Arm der Liebe Gottes bis in die Hölle hinabreicht, ist das der Anfang vom Ende der Hölle. Denn Christus ist des Teufels Teufel.*

33. Christi Auferstehung

Moderator: Meine Herren, ich danke Ihnen, dass Sie gekommen sind, um mit uns über das umstrittene Thema „Auferstehung" zu diskutieren. Und ich möchte mit der Frage beginnen, die unsere Zuschauer wahrscheinlich am meisten interessiert: War das Grab Christi am Ostermorgen wirklich leer, wie es das Neue Testament berichtet? Ist das ein historisches Faktum?

Pfr. Heinrich Hochmodern: Aber nein, aber nein. Dergleichen wird heute nur noch von einer unkritischen, biblizistischen Minderheit vertreten. Für mich gehört es zur intellektuellen Redlichkeit, dass ich unumwunden sage: Das Grab war voll.

Pfr. Bernhard Bibeltreu: Aber wie erklären Sie dann, dass die Jünger mit ihrer Osterbotschaft öffentlich in Jerusalem auftreten konnten? Hätten ihre Gegner sie nicht durch Vorweisen des vollen Grabes sofort widerlegen und der Lächerlichkeit preisgeben können? Warum geschah das nicht?

Pfr. Heinrich Hochmodern: Hm. Vielleicht war das Grab leer aufgrund eines Leichenraubes oder aufgrund einer Verwechslung. Es gibt viele Gründe, weshalb ein Grab leer sein kann – und die Auferstehung eines Toten ist jedenfalls die am wenigsten wahrscheinliche Erklärung. Vielleicht war die wahre Grabstelle auch einfach unbekannt. Aber wie dem auch sei – ich finde diese Frage gar nicht so wichtig.

Moderator: Das überrascht mich nun aber, Herr Hochmodern. Wie kann Ihnen das denn unwichtig sein? Ich dachte, die zentrale Frage in dieser Diskussion sei gerade, was mit dem Leichnam Christi geschehen ist?

Pfr. Heinrich Hochmodern: Nein, durchaus nicht. Meine Osterbotschaft jedenfalls wird davon gar nicht berührt. Meines Erachtens ist der Leichnam Jesu verwest wie jeder andere.

Denn etwas anderes zu behaupten, wäre ein Verstoß gegen das neuzeitliche Wahrheitsbewusstsein. Außerdem brauche ich gar keine „Reanimation" eines Leichnams anzunehmen, um fröhlich Ostern feiern zu können: Was „lebt", ist die Botschaft Jesu Christi – und nur darauf kommt es an. So lange nämlich diese Botschaft in uns lebt, so lange lebt auch Jesus darin weiter. Er lebt in der Verkündigung und im Engagement der Gemeinde, die seinen Geist weiterträgt und danach handelt.

Pfr. Bernhard Bibeltreu: Aber Herr Kollege Hochmodern, Sie werden doch wohl zugeben, dass das Neue Testament unter „Auferstehung" etwas ganz anderes versteht, als Sie gerade beschrieben haben. Auferstehung ist dort viel mehr als bloß das Fortleben bestimmter Ideale in den Schülern eines verstorbenen Meisters. Das Neue Testament kennt keine solche Trennung von Person und Botschaft Jesu, dergemäß seine Botschaft auferstehen könnte, während sein Leib verwest.

Nein. Wenn Jesus auferstand, dann der ganze Jesus, dann schloss die Auferweckung Christi auch eine Belebung, Erneuerung und Verwandlung seines Leibes ein. Und dann muss das Grab auch leer gewesen sein.

Wenn Ihre „intellektuelle Redlichkeit" Sie daran hindert, Gott dieses Wunder zuzutrauen, Herr Kollege Hochmodern, dann seien Sie bitte auch so redlich, zuzugeben, dass Sie sich damit von der biblischen Osterbotschaft verabschiedet haben!

Moderator: Bitte meine Herren, mäßigen sie sich. Und erlauben Sie mir eine weitere Frage: Die theologische Literatur erweckt den Eindruck, dies alles seien Fragen, die durch sorgfältige Erforschung der Heiligen Schrift zu klären seien. Ich stelle allerdings fest, dass da auf allen Seiten hochgelehrte Männer sind, die trotz gleichermaßen beharrlichen Forschens gegensätzliche Ergebnisse zu Tage fördern. Ich habe daher den Verdacht, dass es in diesen Fragen weniger auf das fleißige Studium der Schrift ankommt als auf die Denkvoraussetzungen, mit denen man an die Schrift herantritt.

M. a. W.: Ich habe den Verdacht, dass mancher Theologe, der so tut, als frage er ganz vorbehaltlos danach, wie es denn damals gewesen sei, längst eine Meinung darüber mitbringt, was gewesen sein kann oder nicht gewesen sein kann. Ein jeder hat seine Ansichten darüber, dass bestimmte Dinge möglich sind und andere nicht. Und kein noch so intensives Schriftstudium wird ihn davon überzeugen, dass am Ostermorgen etwas wirklich gewesen sei, was nicht im Bereich des Möglichen liegt. Tue ich Ihnen damit unrecht, meine Herren? Oder könnte es sein, dass ihre so unterschiedlichen „Osterbotschaften" auf unterschiedlichen weltanschaulichen Voraussetzungen fußen?

Pfr. Heinrich Hochmodern: Ja, das haben Sie durchaus richtig beobachtet. Ich jedenfalls mache kein Geheimnis daraus, dass ich das modern-naturwissenschaftliche Weltbild als bindende Voraussetzung auch allen theologischen Denkens ansehe. Dieses Weltbild lässt keinen Dualismus von „Diesseits" und „Jenseits" mehr zu, sondern kennt nur eine Wirklichkeit, die überall den gleichen Gesetzen folgt. Und unter Voraussetzung dieser Einheit der Wirklichkeit kann natürlich nicht sinnvoll von „Wundern" gesprochen werden. Jedenfalls nicht, wenn damit unbegreifliche Einbrüche einer göttlichen Welt in die menschliche Welt gemeint sind.

Die Naturgesetze lassen sich nicht so einfach außer Kraft setzen. Darum ist heute der Glaube an „übernatürliche" Ereignisse, wie etwa die Auferstehung eines Toten, nicht mehr zumutbar. Will die Theologie den Menschen der Gegenwart erreichen, muss sie auf solche Aussagen, die der aufgeklärten Vernunft Anstoß bereiten, verzichten. Darum vertrete ich den Grundsatz: Wenn Gott handelt, dann nur in, mit und durch die natürlichen Kausalzusammenhänge, niemals gegen sie.

Pfr. Bernhard Bibeltreu: Ich freue mich, Herr Kollege, dass Sie Ihre weltanschaulichen Vorurteile so offen aussprechen. Es wundert mich aber, mit welcher Selbstverständlichkeit Sie sie dem Wort der Bibel überordnen. Und es erschreckt mich, wie wenig Sie Gott zutrauen. Denn wenn Gottes Wirklichkeit alle kreatürliche Wirklichkeit transzendiert, sollten dann nicht auch Gottes Möglichkeiten den Rahmen dessen überschreiten, was wir „vorstellen", „erklären" oder „begreifen" können? Gott ist doch kein Gefangener der Naturgesetze, die er geschaffen hat! Darum, meine ich, ist er jederzeit frei, in den Zusammenhang weltlichen Geschehens einzugreifen.

Dass er von dieser Freiheit Gebrauch macht, belegen die Wunder, von denen die Heilige Schrift berichtet. Aber selbst wenn wir von wirklichen Wundern nichts wüssten, müsste uns doch die Möglichkeit des Wunders gewiss sein, weil der Gedanke eines allmächtigen Schöpfers dessen Freiheit gegenüber den inneren Gesetzmäßigkeiten seiner Schöpfung schon immer einschließt.

Was wäre das denn auch für ein seltsamer Gott, der Himmel und Erde erschaffen kann, den dann aber die Auferweckung eines einzigen Toten schon überfordert? Würden wir den nicht zu Unrecht „den Allmächtigen" nennen? Ich meine darum: Wenn das Wunder der Auferstehung dem modernen Menschen Anstoß bereitet, so ist dieser Anstoß schon im Gedanken des souveränen Schöpfergottes enthalten und kann nicht beseitigt werden, ohne dass man den biblischen Gottesbegriff überhaupt aufgibt.

Moderator: Erlauben Sie mir bitte, hier die Geschichtswissenschaft ins Spiel zu bringen. Gibt es für Sie einen Zusammenhang von historischen Urteilen und Glaubensurteilen? Haben Sie auch historisch-methodische Voraussetzungen, die Ihre „Osterbotschaft" beeinflussen? Ich würde Sie bitten, auch diese offen zu legen, damit wir den Ursprung Ihrer Lehrdifferenzen noch besser verstehen!

Pfr. Heinrich Hochmodern: Ja, ich kann Ihnen diesen Zusammenhang gern erklären: Bekanntermaßen vollzieht sich alle wissenschaftliche Geschichtsschreibung so, dass sie gesicherte Daten der Vergangenheit verknüpft und aus ihnen Rückschlüsse zieht auf diejenigen Teile der Geschichte, von denen keine direkten Nachrichten erhalten sind. Solch eine Rekonstruktion des Geschichtsverlaufes ist aber nur unter der Voraussetzung möglich, dass Geschichte ein prinzipiell gleichartiger Geschehenszusammenhang ist, der Analogieschlüsse von Prozessen der Gegenwart auf gleichartige Prozesse der Vergangenheit zulässt.

M. a. W.: Als historisch wahrscheinlich kann nur gelten, was analogisch verständlich ist. Analogieloses, wie z. B. die Auferstehung Jesu Christi, muss der unvoreingenommene Historiker als höchst unwahrscheinlich einstufen, weil es aus dem Rahmen der uns bekannten geschichtlichen Prozesse herausfällt. Es mag sein, dass dieses negative Urteil manche Christen verunsichert. Doch eine methodisch saubere Geschichtswissenschaft kann darauf keine Rücksicht nehmen.

Pfr. Bernhard Bibeltreu: Ich muss Ihnen noch einmal widersprechen, Herr Hochmodern. Wenn die Geschichtswissenschaft alles für „unhistorisch" hält, wofür es in unserer Gegenwart keine Analogien gibt, so erliegt sie damit doch einem Vorurteil. Denn wer sagt denn, dass alle Geschichte im Prinzip gleichförmig verlaufen müsse? Wird dieses Vorurteil zur

Methode erhoben, so macht es den Historiker blind für alles „Einmalige" und „Unableitbare" in der Geschichte. Ohne ernsthafte Prüfung der Zeugnisse muss er der Osterbotschaft von vornherein misstrauen – einfach, weil es der Gegenwart an analogen Erfahrungen fehlt. Dabei ist das ja gar nicht verwunderlich.

Das Ostergeschehen ist ja gerade deshalb erzählenswert, weil es so einmalig und so analogielos ist. Es wird uns von den neutestamentlichen Zeugen berichtet, nicht obwohl, sondern weil hier die übliche Regel geschichtlicher Verläufe in beglückender Weise durchbrochen wurde. Wer ihre Berichte schon allein deshalb als unglaubwürdig hinstellt, arbeitet keineswegs wissenschaftlich sauber, sondern erliegt lediglich dem Systemzwang seiner historischen Methode.

Moderator: Meine Herren, ich möchte die Aufmerksamkeit nun doch wieder auf den Bereich des persönlichen Glaubens zurücklenken. Denn ich meine: Erst wenn die Theologen auf die Kanzeln steigen, stellt sich heraus, was die Substanz ihres Osterglaubens ist. Ich wäre darum dankbar, wenn die Herren zum Abschluss unserer Gesprächsrunde einmal den Kern ihrer Osterbotschaft auf den Punkt bringen würden. Was ist – bezogen auf die Verkündigung – die Konsequenz Ihrer so unterschiedlichen Ansätze?

Pfr. Heinrich Hochmodern: Nun, ich kann das in einem Satz sagen, was ich an Ostern in meiner Predigt entfalte: Die Sache Jesu geht weiter, wo Jesu Lebendigkeit in uns und durch uns sozial und politisch wirksam wird – und nur dort. Das ist es, was ich den Menschen zu sagen habe. Und ich lehne es ab, diese einfache Wahrheit zu verdunkeln durch Mythen und Legenden, die ein aufgeklärter Mensch heute einfach nicht mehr glauben kann. Ostern muss so gepredigt werden, dass es den Menschen einleuchten kann.

Pfr. Bernhard Bibeltreu: Genau das ist der Punkt, an dem ich widerspreche: Ostern ist nichts Einleuchtendes und kann auch nicht dazu gemacht werden. Ostern mutet uns schließlich zu, inmitten des Todes an das Leben zu glauben, inmitten der Absurdität an den Sinn, inmitten der Finsternis an das Licht, inmitten der Lüge an die Wahrheit. Ostern ist eine Wirklichkeit, mit der wir rechnen dürfen, obwohl wir sie nicht sehen können. Und diese Spannung, den Widerspruch darin, sollten wir nicht umgehen, sondern aushalten:

Wir wissen, dass man uns einmal mit viel Erde bedeckt, wenn wir tot sind – und sollen doch glauben, dass wir im Himmel tanzen werden. Wir wissen, dass uns die Würmer fressen – und sollen doch glauben, dass wir dem Herrn gegenübertreten. Wir haben dann keine Augen mehr – und werden doch den Herrn schauen. Wir haben keine Lippen mehr – und werden ihn doch küssen. Wir haben keine Zunge mehr – und werden doch mit den Engeln singen. Wir liegen dann auf dem Friedhof – und sind doch mitten im Paradies.

Ist daran etwa irgendetwas einleuchtend? Nein. Nur wenn uns das verwirrt, haben wir es verstanden. Und wenn wir es verstünden, ohne davon verwirrt zu werden, so hätten wir es noch nicht erfasst. Denn in Wahrheit ist Ostern eben viel mehr als die dröge Feststellung, dass Jesus noch nicht vergessen ist. Ostern ist Sprengstoff und Geheimnis, es ist Tanz auf dem Grab des Todes, Emanzipation von der Macht des Faktischen, Umwertung aller Werte, es ist der Tag, da Gott die Welt vom Kopf auf die Füße stellt. Darum möchte ich auch Ihren Glaubenssatz, Herr Hochmodern, umdrehen und vom Kopf auf die Füße stellen: Auferstehung heißt gerade nicht, dass „Jesus in uns weiterlebt". Sondern Auferstehung heißt umgekehrt, dass wir in Jesus weiterleben. Nicht wir halten ihn am Leben, indem wir in seinem Sinne handeln, sondern er hält uns am Leben, indem er sein erlösendes Werk an uns tut.

Er ist nicht darauf angewiesen, „in uns" weiterleben zu dürfen, denn er herrscht über Himmel und Erde. Wir aber sind darauf angewiesen, in ihm leben zu dürfen und Glieder seines Leibes zu sein, denn nichts hat Zukunft, was nicht geborgen wäre in ihm.

Moderator: Ich danke Ihnen, meine Herren, für Ihre erhellenden Ausführungen. Man wird nicht sagen können, dass sich die Standpunkte angenähert hätten. Aber es ist deutlich geworden, dass Sie nicht zufällig predigen, was Sie predigen. Unseren Hörern wird es jetzt wohl etwas leichter fallen, ihren eigenen Standpunkt in der Debatte zu bestimmen ...

➡ *Die moderne Infragestellung der Auferstehung Christi beruht im Wesentlichen auf weltanschaulichen und historisch-methodischen (Vor-) Urteilen, die diesen Vorgang von vornherein „undenkbar" erscheinen lassen. Dagegen ist geltend zu machen, dass*

Gott kein Gefangener der von ihm geschaffenen Gesetzmäßigkeiten ist. Der Anstoß, den die Freiheit des Schöpfers unserem Denken bereitet, ist im biblischen Gottesbegriff selbst enthalten und könnte nur mit ihm gemeinsam beseitigt werden.

34. Christi Sieg

Haben Sie manchmal das Gefühl, das Leben sei ein Kampf? Mir jedenfalls geht es manchmal so. Man kämpft gegen widrige Umstände und gegen Missverständnisse, man kämpft gegen einen Berg von Arbeit an, man kämpft manchmal gegen Müdigkeit und manchmal gegen die Trägheit anderer Menschen. Es ist dies nicht immer dramatischer Kampf, es ist nicht immer Daseinskampf. Aber es ist doch ernst genug, um uns den Eindruck zu vermitteln, das ganze Menschenleben sei von Anbeginn ein Kampf:

Schon die kleinen Kinder konkurrieren um die Aufmerksamkeit der Eltern und streiten um das schönste Spielzeug. Später kämpfen sie sich durch die Schule und kämpfen um einen guten Abschluss. Sie erkämpfen sich irgendwann die Achtung der Älteren und erkämpfen sich eine Stellung im Betrieb. Sie müssen einen Lebenspartner für sich gewinnen. Und später muss mancher um den Erhalt seiner Ehe kämpfen. Wir kämpfen um die Verwirklichung unserer Pläne und gegen Enttäuschungen. Wir kämpfen gegen Widrigkeiten des Schicksals und gegen die eigenen Schwächen. Wir erkämpfen uns einen Platz in der Gesellschaft.

Und kaum ist uns das gelungen, müssen wir beginnen, gegen den Alterungsprozess zu kämpfen. Wir kämpfen gegen überzählige Pfunde und gegen die ersten grauen Haare. Wir haben mit dem Nachlassen unserer Kräfte zu kämpfen und müssen uns verteidigen gegen Jüngere, die nach oben streben. Wir kämpfen im Alter mit mancherlei Zipperlein und Krankheiten. Und schließlich kämpft ein jeder gegen den Tod, den wir hinauszuschieben versuchen, der uns aber am Ende doch eine Niederlage zufügt.

Ja – das Leben ist Kampf. An dem Satz ist schon was dran. Nur, genau besehen wirft der Satz mehr Fragen auf, als er beantwortet. Denn wenn das Leben Kampf ist, dann fragt es sich ja, wer diesen Kampf gewinnt. Wer siegt denn da am

Ende: Siegt mein Wille zum Leben, oder siegt zuletzt doch die Macht, die mir entgegensteht und meine Träume platzen lässt?

Und wie ist das aufs Ganze gesehen? Was ist mit den tausenden von Menschen, die neben mir im selben Kampf stehen? Wird der Tod am Ende über sie alle triumphieren, weil er alle Sterblichen überwindet und zum Schweigen bringt? Oder haben am Ende wir gewonnen, weil wir dem Schicksal doch etliche Jahrzehnte des Lebens abgetrotzt haben? Ist im Blick auf die Weltgeschichte der Tod der universale Sieger, weil es noch kein lebendiges Wesen gegeben hat, das er nicht zuletzt vernichtet hätte? Oder ist das Leben der universale Sieger, weil auf Bergen von Gebeinen immer wieder neues Leben keimt?

Nun – vielleicht meinen Sie, diese globalen Fragen könnten dem Einzelnen gleichgültig sein. Vielleicht denken Sie, man könne diese großen Fragen beiseite lassen und sich nur auf den eigenen kleinen Lebenskampf konzentrieren. Aber so einfach ist es nicht. Denn bedenken Sie, dass es auch einem Soldaten nicht egal sein kann, wie der Krieg am Ende ausgeht:

Die kleinen Schlachten, die der Einzelne schlägt, die vielen kleineren Scharmützel sind zwar nur winzige Ausschnitte des großen Krieges. Aber vom Ausgang des Krieges hängt es ab, ob die kleinen Gefechte sich gelohnt oder ob sie nur unnötige Opfer gefordert haben.

Am militärischen Beispiel lässt sich das leicht verdeutlichen: Wenn da ein Offizier mit einer Handvoll Männer auf gegnerische Truppen stößt, dann steht er vor der Wahl, ob er angreifen oder ausweichen will. Beides kann sinnvoll und beides kann falsch sein – je nachdem, wie der Krieg ausgeht: Geht der Offizier davon aus, dass seine Seite dabei ist, den Krieg zu gewinnen, dann macht es Sinn, für dieses Ziel auch Risiken einzugehen. Entschlossenes Vorgehen kann dann den Sieg beschleunigen. Der Offizier muss also angreifen lassen, denn auch ein kleines Gefecht kann ein entscheidender Beitrag zum großen Sieg sein.

Wenn aber der Krieg im Großen schon verloren ist – wie etwa in Deutschland Anfang 1945 – dann stellt sich die Sache auch im Kleinen anders dar. Denn wenn der Krieg nicht mehr zu gewinnen ist, wozu sollen sich die Soldaten dann noch Risiken aussetzen? Lohnt es sich etwa, zu leiden und zu sterben für eine verlorene Sache? Nein.

So ist also die Bedeutung einer kleinen Sache abhängig von dem großen Zusammenhang, in dem sie steht. Es ist nicht tragisch, eine Schlacht zu verlieren, wenn man hinterher doch den Krieg gewinnt. Und es ist nichts nütze, dieselbe Schlacht zu gewinnen, wenn man hinterher den Krieg verliert. Gilt das aber von unserem alltäglichen Lebenskampf nicht auch?

Ich denke da an manche Frau, die ihren kranken Mann pflegt und um sein Leben ringt. Ich denke an manche psychisch labilen Menschen, die immer wieder gegen ihre Depressionen kämpfen müssen, um den Lebensmut nicht ganz zu verlieren. Ich denke an Eltern, deren Kinder auf die schiefe Bahn geraten sind und die ihre Kinder doch nicht aufgeben. Sie alle und wir alle stehen im Kampf um das Leben, das Gott uns anvertraut hat. Wir alle schlagen täglich kleine Schlachten gegen die Angst, gegen die Müdigkeit und gegen die drohende Verzweiflung. Und manchmal ist die Versuchung groß, im Kampf für das Leben die Arme sinken zu lassen.

Darum wäre es für uns alle ungeheuer wichtig zu wissen, in welchem Kontext unsere Bemühungen stehen. Kämpfen wir mit in einem Kampf, der gewonnen werden kann und der zum Sieg des Lebens führen wird? Oder zögern wir nur die Niederlage qualvoll hinaus? Lohnt es sich noch, das Gute zu tun – oder ist der tägliche Einsatz doch vergebliche Liebesmüh? Es wäre sehr wichtig, das zu wissen. Denn im einen Fall würde uns Siegesgewissheit beflügeln und ermutigen. Und im anderen Fall könnten wir immerhin Kräfte sparen. Doch das Problem ist im alltäglichen Lebenskampf dasselbe wie im richtigen Krieg:

In der Regel weiß der einzelne Kämpfer an seinem kleinen Frontabschnitt nicht, wie der Krieg eines Tages ausgeht. In der Regel fehlt uns im Hin- und Herwogen des Gefechtes der Überblick, um zu beurteilen, ob wir auf verlorenem Posten stehen oder nicht. Es sei denn, uns erreichte die Nachricht, dass eine Entscheidungsschlacht stattgefunden hat. Eine Entscheidungsschlacht nämlich unterscheidet sich von anderen Gefechten dadurch, dass ihr Ausgang faktisch den Ausgang des ganzen Krieges vorwegnimmt.

Nach einer Entscheidungsschlacht kann man sagen: Der, der hier gewonnen hat, der wird letztlich nicht mehr zu schlagen sein. Und der, der hier verloren hat, wird sich von dieser Niederlage nicht mehr wirklich erholen können. Eine Entscheidungsschlacht nimmt daher den Ausgang des Krieges schon vorweg. Es ist zwar durchaus möglich, dass der Unterlegene danach noch dieses oder jenes Gefecht gewinnt. Und es ist möglich, dass der Sieger noch etliche Niederlagen einstecken muss. Aber am Ergebnis ändert das alles nichts mehr. Nach einer Entscheidungsschlacht ist der Krieg entschieden – und die Soldaten beider Seiten können ihre Konsequenzen daraus ziehen.

Erst damit aber kommen wir zur Kernfrage unseres alltäglichen Kampfes: Zu der Frage nämlich, ob es im großen und universalen Kampf von Leben und Tod, von Gut und Böse, von Gott und dem Teufel bereits eine Entscheidungsschlacht gegeben hat. Sind die stärksten Truppen beider Seiten schon einmal so aufeinander getroffen, dass der Ausgang des Gefechtes auf den Ausgang des ganzen Krieges schließen lässt? Die Antwort des christlichen Glaubens lautet: Ja.

Ja, es ist schon einmal zu einer solchen Konfrontation gekommen. Denn es gab da jenen Tag, als der Sohn Gottes die Grenze des Feindeslandes überschritt und Mensch wurde. Er war gekommen, um für alle Menschen das Leben zu erstreiten – und er wusste, dass das eine große Provokation war. Christus drang in das Gebiet ein, dass der Teufel für sich beanspruchte. Er kam allen in die Quere, die Gottes Reich auf den Himmel beschränken, auf Erden aber ihr eigenes Reich errichten wollten.

Die Lage, die durch Gottes Überraschungsangriff entstand, war von Anfang an unübersichtlich. An Karfreitag aber spitzte sie sich dramatisch zu: Christus begab sich in den Nahkampf mit der Sünde, dem Tod und dem Teufel. Und am Abend nach der Kreuzigung schien es zunächst, als hätten Sünde, Tod und Teufel Christus überwunden, gefressen und vernichtet. Christus wurde vom Felde getragen und begraben. Am Ostermorgen aber erhob er sich aus dem Grab und triumphierte über die Mächte, die ihn in das Reich der Toten hatten verbannen wollen.

Er bewies, dass er mit seinem Evangelium von der Barmherzigkeit Gottes nicht aus der Welt zu schaffen war. Er räumte das Feld nicht, er wich nicht der Gewalt seiner Gegner, sondern bekräftigte seinen Anspruch auf diese Welt und setzte ihn durch. Und damit war eine Entscheidungsschlacht gewonnen, wie wir sie eben beschrieben haben. Denn der, der am Ostermorgen gewonnen hat, der wird danach nicht mehr zu überwinden sein. Und die düstere Koalition, die am Ostermorgen verloren hat, die wird sich von ihrer Niederlage nicht mehr erholen.

Gewiss: Die Mächte der Finsternis sind nicht einfach von der Bildfläche verschwunden. Sie treiben noch ihr Unwesen, sie fügen vielen von uns noch Leid zu, sie gewinnen immer wieder die eine oder andere Schlacht. Aber – das ist entscheidend: Sie gewinnen nicht mehr den Krieg. Sondern das Ende des großen Kampfes ist vorweggenommen worden am Ostertag. Sehen wir Christus aus dem Grabe hervorgehen, so sehen wir, was einmal mit allen Gräbern geschehen wird.

Denn Christus ist nur der Erste von vielen Brüdern und Schwestern, er hat nur den Anfang der allgemeinen Totenauferstehung gemacht, er hat in unwegsamem Gelände den Weg gebahnt, der viele aus dem Gefängnis des Todes herausführen wird. Und wir alle, die wir Christus folgen auf diesem Weg, werden erleben, wie auch unsere Fesseln gesprengt werden und wir in dieselbe lichte Freiheit hinaustreten, in die er uns vorausgegangen ist.

Ostern wäre also völlig missverstanden, wenn wir meinten, es ginge da nur um das Privatschicksal Jesu Christi. Nein: Die Auferstehung Jesu Christi war vielmehr ein Dammbruch. Da begann etwas ganz klein. Aber als Christus durch die Mauer des Todes gegangen war, war das der Anfang vom Ende dieser Mauer. Der Damm war gebrochen – die Verteidigungslinie des Teufels war überrannt – und nun ist es nur noch eine Frage der Zeit, bis die Front ganz aufgerollt wird.

Mag sein, dass es noch dauert. Und doch ist das Wissen um den Sieg Christi schon heute von größter Bedeutung für unseren täglichen Lebenskampf. Denn bei allen Rückschlägen wissen wir doch, dass unser Kampf keine vergebliche Liebesmüh sein wird. Die Frau, die ihren kranken Mann pflegt und um sein Leben ringt, darf wissen, dass der Tod nur noch Rückzugsgefechte gewinnt. Und selbst wenn er ihr den Mann nimmt, so kann Gott ihn ihr doch wiedergeben am Jüngsten Tag. Die psychisch Labilen, die immer wieder gegen ihre Depressionen kämpfen müssen, dürfen wissen, dass da ein Licht ist am Ende des Tunnels, das nicht mehr verlöschen wird. Und auch die Eltern, deren Kinder auf die schiefe Bahn geraten sind, dürfen sich freuen: Denn so wie sie ihre Kinder nicht aufgeben, so gibt auch Gott seine Kinder nicht auf, sondern schenkt ihnen eine Hoffnung, die groß genug ist, um sie aller Verzweiflung entgegenzusetzen.

Der Roman der Weltgeschichte ist zwar noch nicht zu Ende – wir sind noch mittendrin und leben unser Leben auf einer von vielen tausend Seiten. Aber seit es Ostern wurde, wissen wir, was auf der letzten Seite des großen Romans steht. In der Auferstehung Christi hat sich das große Finale vorweg ereignet. Wir können schon heute einen Blick auf das glückliche Ende werfen – und dürfen dann ermutigt darauf zugehen. Die Tage der Dunkelheit sind nämlich gezählt. Gott hat sein Licht scheinen lassen in die Finsternis. Und er lässt die Sonne seiner Barmherzigkeit nicht mehr untergehen, bis ihre Strahlen auch den ärmsten Tropf erreicht, erleuchtet und gewärmt haben.

Denn nicht dazu ist Christus ans Kreuz gegangen, um dort zu hängen als eine Jammergestalt, die man bemitleidet. Nein. Sondern er hat am Kreuz die unmittelbare Begegnung mit dem Fürsten der Finsternis gesucht, um ihm eigenhändig das Genick zu brechen. Er ging in den Tod, um den Gegner auf seinem eigenen Territorium zu stellen. Er ist zur Hölle gefahren, um die Hölle niederzureißen und auszulöschen. Und dass es ihm gelang – das gilt es an Ostern zu feiern.

Darum vergessen Sie die Hasen und die Eier und den Frühling. Hören Sie aber das, was Luther so fröhlich von der österlichen Entscheidungsschlacht gedichtet hat und worin ich alles Gesagte zusammenfassen kann:

„Es war ein wunderlich Krieg, da Tod und Leben 'rungen;
das Leben behielt den Sieg, es hat den Tod verschlungen.
Die Schrift hat verkündet das, wie ein Tod den andern fraß,
ein Spott aus dem Tod ist worden." (EG 101, 4)

Lassen Sie uns dieses Lied immer wieder singen – fröhlich, beharrlich und mit Lust: Denn Christenmenschen, die Osterlieder singen, sind wie ein Schwarm lästiger Mücken, die dem Teufel um den Kopf schwirren. Wir summen ihm um den Kopf, wir summen ihm die Botschaft von seiner Niederlage in die Ohren – und wir treiben ihn damit zum Wahnsinn. O ja, Herr, lass uns solche Mücken sein!

➟ *Das Leben ist ein Kampf, in dem sich der menschliche Wille zum Leben gegen den Tod zu behaupten sucht. Ob aber dies tägliche Ringen Sinn macht, hängt davon ab, ob es ein – aufs Ganze gesehen – gewinnbarer oder schon verlorener Kampf ist. Christen glauben Ersteres, denn die Auferstehung Christi ist der entscheidende Sieg, der den Ausgang des ganzen Krieges vorwegnimmt: Seither gewinnen die Mächte der Finsternis zwar noch einzelne Schlachten. Aber sie gewinnen nicht mehr den Krieg.*

35. Christi Himmelfahrt

An Himmelfahrt feiern wir traditionell fröhliche Gottesdienste – anders als an Karfreitag oder Buß- und Bettag. Aber man wird schon mal fragen dürfen, ob das eigentlich richtig ist. Scheint Himmelfahrt für die Jünger Jesu nicht zunächst einmal ein trauriger Tag zu sein, ein Tag des Abschieds?

Die Jünger hätten Jesus doch gewiss gern weiterhin bei sich gehabt. Er konnte sie führen, er konnte sie trösten, er konnte ihre Fragen beantworten. Um bei ihm zu sein, hatten sie ihre Familien und ihre Berufe hinter sich gelassen. Sie waren ihm nachgefolgt, weil seine Nähe ihnen mehr bedeutete als alles andere. Aber gerade mit dieser Nähe ist an Himmelfahrt endgültig Schluss. Wir lesen es ja in der Schrift: Vierzig Tage war der Auferstandene bei seinen Jüngern, doch dann wird er von der Erde aufgehoben, eine Wolke hüllt ihn ein, er wird vor ihren Augen weggenommen und fährt gen Himmel.

Er verschwindet in der Ferne. Dorthin kann ihm keiner folgen. Das ist Abschied, das ist Trennung, das ist ein Verlust für die Jünger. Ich denke, sie standen einigermaßen ratlos da und starrten in den Himmel. Eine Herde, der man den Hirten weggenommen hatte. Sollten sie sich darüber freuen?

Über Himmelfahrt können anscheinend nur die jubeln, die Jesus von Anfang an los werden wollten. Die Herren dieser Welt, König Herodes, Hannas und Kaiphas, Pilatus, die Pharisäer und Schriftgelehrten – die hatte Jesus ja gestört. Die hatte er durch seine Verkündigung nervös gemacht und geärgert. Sie hatten ihn gekreuzigt, um ihn aus der Welt zu schaffen. Und Himmelfahrt scheint zu zeigen, dass es ihnen am Ende gelungen ist. Der Störenfried räumt das Feld und zieht sich in den fernen Himmel zurück. Da mag er bleiben, haben sie vielleicht gedacht, da gehört er hin. Nun haben die Mächtigen auf Erden wieder allein das Sagen. Ist es so?

Wenn das so wäre, dann müssten Christi Jünger an Himmelfahrt trauern, und Christi Feinde müssten Feste feiern. So ist es aber nicht. Der Epheserbrief sagt jedenfalls etwas ganz anderes. Und er deutet das Himmelfahrtsgeschehen auch anders. Da steht, Gott habe Christus „... *von den Toten auferweckt und eingesetzt zu seiner Rechten im Himmel über alle Reiche, Gewalt, Macht, Herrschaft und alles, was sonst einen Namen hat, nicht allein in dieser Welt, sondern auch in der zukünftigen. Und alles hat er unter seine Füße getan ...*" *(Eph 1, 20-22)*

Zunächst dürfte eines klar sein: Wenn der Epheserbrief hier sagt, dass Christus eingesetzt wird „zur Rechten Gottes", dann soll das keine Angabe über seinen Aufenthaltsort sein. Gott ist nicht lokalisierbar, er ist allgegenwärtig. Es wäre also Unsinn zu sagen: Dort ist Gott, und rechts davon ist Christus. So kann man nicht von Gott reden. Und so meint es der Epheserbrief natürlich auch nicht.

Wenn in der Bibel von der Rechten Gottes die Rede ist, dann ist damit die allmächtige Kraft und Gewalt gemeint, mit der Gott alles im Himmel und auf Erden regiert: Die Rechte Gottes ist sozusagen sein rechter Arm, seine rechte Hand, mit der er alles wirkt und ausführt, was er sich vornimmt. Wir finden das häufig in den Psalmen, dass gesagt wird: Die Rechte Gottes hat die Erde gegründet und den Himmel ausgespannt, die Rechte Gottes herrscht über Meere und Ströme, die Rechte Gottes tut Wunder und hilft mit Macht, die Rechte Gottes schlägt Gottes Feinde, die Rechte Gottes rettet aus der Not. Wo die Bibel so redet, ist mit der Rechten Gottes kein bestimmter Ort bezeichnet, sondern Gottes allmächtige Wirksamkeit, sein Arm, der überall hinreicht und dem nichts widersteht.

In diesem Sinne müssen wir es auch verstehen, wenn es heißt, Christus sei erhöht zur Rechten Gottes. Das bedeutet dann nämlich nicht, Christus habe sich in den Himmel zurückgezogen, um untätig zu sein und die Welt sich selbst zu überlassen. Sondern im Gegenteil: Er tritt die Herrschaft an, die Gott ihm übertragen hat. Gottes allmächtiges Weltregiment liegt nun in seiner, in Christi Hand, denn Gott hat den Gekreuzigten zum König der Welt eingesetzt, er hat ihm die Herrschaft über alles gegeben, hat ihn erhöht *„über alle Reiche, Gewalt, Macht, Herrschaft und alles, was sonst einen Namen hat"* – alles hat er unter seine Füße getan. Alles ist unter ihm, niemand ist über ihm.

Wenn das aber stimmt, dann ist Himmelfahrt nicht Christi Rückzug aus der Welt, sondern Antritt seiner Herrschaft in der Welt. Und dann müssen wir umdenken: Auf den ersten Blick schien Himmelfahrt ein trauriger Tag für die Christen zu sein, ein Abschied von Christus. Es lag nahe, ihn zurückzuwünschen, denn vieles schien einfacher zu sein mit einem „Jesus zum Anfassen".

Aber wenn wir verstanden haben, was Himmelfahrt bedeutet, dann können wir so nicht mehr denken. Denn wenn er zur Rechten Gottes sitzt, ist Christus uns näher, als wenn er noch heute durch Palästina wanderte. Vorher war er nur hier oder da, in Jerusalem oder in Nazareth, heute aber ist er bei allen Christen dieser Welt zugleich, denn die Rechte Gottes ist überall. Es klingt paradox – aber gerade weil Christus in den vermeintlich fernen Himmel fuhr, kann er jedem von uns heute nah sein – näher als der, der neben uns sitzt oder steht.

Das Umdenken betrifft aber auch die Feinde Christi: Anfangs schien es, als sei Himmelfahrt für sie ein Freudentag. Es schien, als räumte Christus das Feld und überließe es den Mächtigen, die Welt zu regieren. Aber das war ein Irrtum. Der Versuch, Christus durch die Gewalttat der Kreuzigung aus der Welt zu schaffen, ist gründlich gescheitert. Die Feinde Christi sind ihn nicht los geworden. Im Gegenteil: Früher, als er noch durch Palästina wanderte, war er immer nur an einem Ort. Jetzt aber ist er allgegenwärtig, in jedem Baum, in jedem Stein und in jedem Sonnenstrahl – einfach weil Gottes Rechte allgegenwärtig ist.

Welch schrecklicher Gedanke für die, die Christus hassen, und die nun auf der ganzen Erde keinen Winkel mehr finden, wo sie sich vor ihm verstecken könnten! Wie herrlich aber für die, die zu ihm gehören!

➡ *Es könnte scheinen, Himmelfahrt sei ein Trauertag für die Jünger, weil Jesus von ihnen Abschied nimmt und sich entfernt. In Wahrheit aber ist Christus, nachdem er zum Himmel aufgefahren ist, seinen Jüngern näher als zuvor. Denn früher war er immer nur hier oder dort. Seit er „zur Rechten Gottes" sitzt, hat er Teil an Gottes Allgegenwart und übt die Herrschaft aus, die ihm der Vater übertragen hat. Ein schrecklicher Gedanke ist das für seine Feinde, Freude und Trost aber für alle Gläubigen.*

ICH GLAUBE AN DEN HEILIGEN GEIST …

36. Heiliger Geist

Der Heilige Geist ist schwer zu fassen

Alle Christen verdanken ihr Christ-Sein dem Wirken des Heiligen Geistes – und doch tun sich die meisten schwer, wenn sie näher beschreiben sollen, wer der Heilige Geist ist und was er tut. Das mag zunächst verwundern. Beim näheren Hinsehen aber wird es verständlich. Denn das Wirken des Heiligen Geistes ist in besonderem Maße „unanschaulich“. Was Gott Vater geschaffen hat und erhält, das sehen wir in der ganzen Schöpfung um uns her. Auch von Christi Geburt, Leben, Sterben und Auferstehen geben uns die biblischen Schriften ein anschauliches Bild. Aber der Heilige Geist? Der ist so schwer zu greifen und darzustellen, dass er sogar die christliche Kunst in Verlegenheit bringt: Die Maler müssen da auf das Symbol der Taube oder auf Feuerzungen zurückgreifen (vgl. Mt 3,16 und Apg 2,3). Ist der Heilige Geist also etwas ganz Nebulöses? Ist er überhaupt „etwas“ (eine Sache)? Oder ist er „jemand“ (eine Person)?

Der Heilige Geist ist kein anderer als Gott selbst

Der Heilige Geist ist eine „Person“ innerhalb der Dreieinigkeit Gottes. Er steht darum keineswegs unter Gott dem Vater oder unter Gott dem Sohn, sondern er steht ihnen gleich. Er ist „eines Wesens“ mit dem Vater und dem Sohn, d.h. der Geist ist nicht etwas „neben“ Gott, auch kein bloßer Bote Gottes, der Geist ist Gott selbst.

Man muss ihn darum deutlich unterscheiden von menschlichen Geisteszuständen und Gefühlsregungen. Der Heilige Geist ist kein psychischer Zustand wie Begeisterung oder Mutlosigkeit, Frohsinn oder Nachdenklichkeit. Denn solche Geisteszustände und Gefühlsregungen sind Bestandteil unserer Natur. Der Heilige Geist dagegen ist nicht Bestandteil der geschaffenen Natur – er ist überhaupt nicht geschaffen, sondern ist Schöpfer, er ist nicht Teil der Welt, sondern ist Gott.

Und das gilt auch dann noch, wenn der Heilige Geist im Menschen und am Menschen wirkt. Der Heilige Geist kann im Herzen eines Menschen wohnen und auf den menschlichen Geist wirken, aber auch dann wird er nicht zum Bestandteil des Menschen – er bleibt Gott (wie auch Christus Mensch wurde und dabei Gott blieb). Wozu aber ist das überhaupt nötig, dass der Heilige Geist in uns wirkt?

Der Heilige Geist ist für den Glauben unentbehrlich

Das Wirken des Heiligen Geistes ist notwendig, weil wir Menschen blind sind in allen Dingen, die Gott betreffen. Wir haben zwar Augen im Kopf und können alles „Diesseitige" sehen. Wir haben Hände, mit denen wir Irdisches „begreifen". Und wir haben unsere Vernunft, mit der wir die Welt erforschen. Aber für alles, was mit Gott zusammenhängt, sind unsere Augen blind – das geht weit über unsere Vernunft. Denn wir können zwar erkennen, dass wir uns nicht selbst geschaffen haben und dass unser Schicksal nicht in unseren eigenen Händen liegt. Unsere menschliche Weisheit reicht vielleicht bis zu der Einsicht, dass es einen Gott geben muss. Alles Weitere aber – z. B. ob Gott es gut oder böse mit uns meint – würden wir ohne die Hilfe des Geistes nie herausfinden. Darum heißt es in einem unserer Gesangbuchlieder:

„Unser Wissen und Verstand ist mit Finsternis verhüllet,
wo nicht deines Geistes Hand uns mit hellem Licht erfüllet;
Gutes denken, tun und dichten musst du selbst in uns
verrichten." (EG 161, 2)

Damit ist im Grunde schon gesagt, welches die „Hauptbeschäftigungen" des Heiligen Geistes sind:

Der Heilige Geist ist ein großer Aufklärer und Befreier

Der Heilige Geist öffnet uns die Augen, d. h. er lässt uns Gott erkennen, wie er wirklich ist, und er lässt uns uns selbst erkennen, wie wir wirklich sind. Das schließt vier Einsichten ein:

1 – Dass wir Sünder sind (wir sind nicht so, wie wir nach Gottes Willen sein sollten, denn das Böse hat Macht über uns).

2 – Dass Gott zornig ist. (Gott hätte guten Grund, uns samt dem Bösen in uns zu verwerfen, wie man einen wurmstichigen Apfel wegwirft.)

3 – Dass Gott barmherzig ist. (Trotz seines berechtigten Zorns ist Gott bereit, uns zugute zu halten, was Christus am Kreuz für alle Sünder getan hat.)

4 – Dass uns der Glaube rettet. (Wer sich an Christus hält und mehr auf ihn vertraut als auf sich selbst, der ist Gott recht und steht in seiner Gnade.)

Indem der Heilige Geist uns diese vier Einsichten vermittelt, öffnet er unsere blinden Augen sowohl für das Elend, in dem wir stecken, als auch für die Hoffnung, die wir haben dürfen.

Und das ist weit mehr als ein bloß „verstandesmäßiger" Vorgang. Der Geist lässt uns Gottes Angebot nicht nur mit dem Kopf „begreifen", er lässt es uns auch mit dem Herzen „ergreifen". Er informiert also nicht nur über die mögliche Versöhnung mit Gott, sondern er verwirklicht sie zugleich. Und wie macht er das? Der Heilige Geist weckt in uns den Wunsch, Gottes Gnadenangebot zu ergreifen, wie man mit der Hand eine kostbare Perle ergreift. Solches „Sich-Sehnen" und „Nach-der-Gnade-greifen" ist Glaube. Durch den Glauben aber gehören wir zu Christus und werden um seinetwillen von Gott angenommen. Wir werden dabei frei „von" allem, was uns von Gott trennte (vgl. Röm 8,14-16). Wir werden aber zugleich frei „für" ein neues, besseres Leben.

Der Heilige Geist ist ein Erneuerer und Verwandler

Wenn der Heilige Geist in unser Leben einzieht, will er es verändern: Er greift nach dem Besen, um aus unserem Herzen alles hinauszufegen, was sich mit der Gegenwart Gottes nicht verträgt. Darum kann man ihn mit einem stürmischen Wind vergleichen: Er weht durch uns hindurch und reinigt uns, wie der Sturm durch einen Baum weht, totes Geäst herausbricht und Herbstlaub davonbläst, so dass Platz wird für neues Grün. Böse Gedanken verfliegen, schlechte Gewohnheiten werden abgelegt, Verhärtungen des Herzens aufgebrochen. Und dann zieht mit dem Heiligen Geist auch Neues ein: Er verbreitet Licht und Wärme in uns wie ein großes Feuer. Er lässt Liebe wachsen zu Gott und zu den Menschen. Er treibt uns zu guten

Taten und beschenkt uns mit mancherlei (Geistes-)Gaben (1. Kor 12,4-11).

Das Ziel dieser Wandlung ist nicht, durch gottgefälliges Leben Gottes Gnade zu „verdienen" – unsere Begnadigung hat nie einen anderen Grund als Gottes Liebe allein. Aber es gilt, aus der Erfahrung dieser Liebe Konsequenzen zu ziehen und sie auf unser tägliches Leben „abfärben" zu lassen.

Wenn wir in Gottes Gnade stehen, wäre es schließlich widersinnig, nicht auch gemäß der Gnade Gottes zu wandeln und zu handeln. Der Heilige Geist hilft uns dabei, damit wir (unserer Lebensführung nach) so „gerecht" und „heilig" werden, wie wir es (nach Gottes barmherzigem Urteil) schon sind. Der Heilige Geist kann dabei spektakuläre Verwandlungen bewirken. Doch die Mittel, durch die er es tut, sind ganz unspektakulär.

Der Heilige Geist ist ein Ausleger der biblischen Schriften

Es ist nicht die Art des Heiligen Geistes, irgendwie und irgendwo über einen Menschen zu kommen. Er überfällt Menschen nicht wie ein plötzlicher Einfall oder eine unerklärliche Laune. Vielmehr wirkt der Heilige Geist durch Gottes Wort. Es kann sein, dass ein Freund dem anderen von seinem Glauben erzählt oder dass jemand das „Wort zum Sonntag" im Fernsehen sieht. Vielleicht schlägt jemand eine alte Familienbibel auf, vielleicht stößt er in der Zeitung auf ein biblisches Wort oder er nimmt an einer Beerdigung teil.

Das alles können Ansatzpunkte für das Wirken des Heiligen Geistes sein. Das „äußere" Wort freilich, das bloß an unser Ohr dringt, reicht noch nicht aus, um Glauben zu wecken. Der Heilige Geist muss auch ein „inneres Wort" dazugeben, d. h. er muss im Geist eines Menschen bewirken, dass ihn berührt, was er hört. Der bloße Bibelspruch kann zu einem Ohr rein, zum andern wieder raus gehen – das innerliche Wirken des Geistes aber sorgt dafür, dass das Wort den Menschen ins Herz trifft, ihn bewegt, ihn nicht mehr loslässt, ihn überzeugt und im Innersten verwandelt.

Die Wirkweise des Geistes ist also eine doppelte: Er sorgt dafür, dass das Wort Gottes „äußerlich" in der Welt gepredigt, gedruckt und diskutiert wird. Er sorgt aber auch dafür, dass es die Menschen „innerlich" trifft. Wo dies beides zusammenkommt, da entsteht Glaube, und der Mensch verändert sich. Kann man das wohl feststellen – bei sich selbst und bei anderen?

Der Heilige Geist ist leicht zu erkennen

Natürlich kann man das Wirken des Heiligen Geistes in einem Menschen nicht im strikten Sinne „beweisen". Niemand von uns kann in einen anderen hineinschauen. Trotzdem gibt es, wenn nicht „Beweise", so doch deutliche „Hinweise" auf das Wirken des Geistes. Ein solcher Hinweis liegt nicht schon darin, dass jemand ganz im Allgemeinen „an ein höheres Wesen" oder an „etwas Göttliches" glaubt. Und auch wenn er Jesus als ethisches Vorbild anerkennt, beweist er damit bloß gesunden Menschenverstand.

Doch ist Gottes Geist gewiss dort am Werk, wo man Jesus als Sohn Gottes bekennt und Vertrauen zu ihm fasst. Anders gesagt: Wo Menschen sich stolz auf sich selbst verlassen, ist der Geist ihnen gewiss fern, wo sie sich auf Gottes Barmherzigkeit verlassen, da ist er ihnen gewiss nah.

Freilich: Wer sich selbst anhand dieses Maßstabes prüft, wird feststellen, dass die Kraft seines Glaubens größer sein könnte. Auch gefestigte Christen haben es allezeit nötig, dass der Heilige Geist weiter an ihnen arbeitet. Aber wie erreicht man das?

Der Heilige Geist ist ein Geschenk, um das man bitten kann

Weil der Heilige Geist Gott ist, können wir ihn uns nicht einfach nehmen, können wir ihn nicht herbeizwingen und uns nicht selber gläubig machen. Keiner kann einfach beschließen, dass er nun Christ sein will, denn der Glaube ist nicht unser Geschenk an Gott, sondern Gottes Geschenk an uns. Geschenke aber kann man nicht erzwingen, sondern nur erbitten. Darum gilt es zweierlei zu tun.

Zum einen können wir uns für das Wirken des Heiligen Geistes öffnen, indem wir uns mit der Heiligen Schrift beschäftigen und das Gespräch mit Christen suchen, die sie uns auslegen. Und zum anderen können wir Gott bitten, dass er uns Verständnis schenkt für das, was wir da hören oder lesen, damit es nicht zum einen Ohr hinein und zum andern hinausgeht, sondern tief in unser Herz hineinfällt und uns verwandelt.

Wem für solches Bitten die Worte fehlen, der kann sich Martin Luthers Gebet zu Eigen machen:

„Gib uns, Herr, nicht Gold und Silber, sondern einen starken, festen Glauben. Wir suchen nicht Lust oder Freude der Welt, sondern Trost und Erquickung durch dein heiliges Wort. Nichts begehren wir, das die Welt groß achtet, denn wir sind dadurch vor dir nicht um ein Haarbreit gebessert; sondern deinen Geist gib uns, der unsere Herzen erleuchte, uns in unserer Angst und Not stärke und tröste, und uns im rechten Glauben und Vertrauen auf deine Gnade erhalte bis an unser Ende."

➟ *Person und Werk des Heiligen Geistes sind in besonderem Maße „unanschaulich". Doch würde Gott nicht als Heiliger Geist an uns und in uns wirken, könnte niemand erlöst werden: Der Geist sorgt dafür, dass das äußere Wort der Bibel uns innerlich so betrifft, erleuchtet und erneuert, dass wir Gott in Christus erkennen, durch den Glauben das Heil ergreifen und uns dann auf den Weg machen, (unserer Lebensführung nach) so „gerecht" zu werden, wie wir es (nach Gottes barmherzigem Urteil) schon sind.*

37. Gesetz und Evangelium

Erinnern Sie sich an die Vogelkinder, die man – selbst noch ein Kind – manchmal am Wegesrand gefunden hat? Sie waren zu früh aus dem Nest gefallen, bei den ersten ungeschickten Flugübungen abgestürzt und saßen dann irgendwo im Gras: eine leichte Beute für die Katze. Als Kinder wollten wir diese Vögel natürlich nicht ihrem Schicksal überlassen. Wir hoben sie vorsichtig auf, um sie zu Hause durchzufüttern. Aber man musste sehr vorsichtig sein mit diesen halbstarken, halbreifen Vögelchen, denn sie blieben in der Hand nicht einfach sitzen: Sie flatterten immer wieder hoch hinauf, stürzten zu Boden und verletzten sich dabei immer mehr. Man musste sie deshalb in ganz bestimmter Weise tragen: eine Hand darunter und eine Hand darüber. Nur so waren sie sicher, nur so – nach oben und nach unten begrenzt – konnte man sie tragen.

Nun fragen Sie sich vielleicht, warum ich das erzähle. Es hat einen einfachen Grund: Ich meine, dass wir Menschen alle solche halbstarken, halbreifen Vögel sind. Und zwar nicht nur die Jugendlichen, sondern ebenso die Erwachsenen. Wir alle sind in dieser doppelten Gefahr, dass wir immer wieder viel zu hoch hinaus wollen und dabei immer wieder tief hinabstürzen.

Die einen denken immer zu groß von sich, schmieden große Pläne, wollen einander übertrumpfen, steigen auf die Schultern ihrer Nachbarn und schauen auf sie herab. Und die anderen, die von solchen Höhenflügen abgestürzt sind, verlieren leicht jegliche Selbstachtung und verfallen in bodenlose Depression und Weinerlichkeit. Die einen sind dauernd damit beschäftigt, sich über ihre eigentliche Größe hinaus aufzublasen. Und die anderen hassen sich selbst und die Welt.

Bedarf es einer besonderen Erklärung, dass beide Haltungen Sünde sind?

Selbstüberhebung ist Sünde, weil der Überhebliche den Rang nicht akzeptiert, den Gott ihm zugemessen hat. Und Verzweiflung ist auch Sünde, weil der, der sich selbst hasst, damit all das Gute leugnet, das Gott in ihn gelegt hat.

Zu hoch hinaus – zu tief hinab: Das ist demnach nicht nur das Problem jener Vögel, die bei den ersten Flugübungen abstürzen – es ist unser aller Problem. Denn so groß die Zahl der Aufgeblasenen in unserer Gesellschaft ist, so groß ist auch die Zahl derer, die ihr Selbstwertgefühl verloren haben. Und viele wechseln zeitlebens von einem Extrem ins andere.

Daher drängt sich der Gedanke auf: Wir alle bräuchten zeitlebens so eine Hand unter uns, die den Absturz verhindert, und eine Hand über uns, die den Höhenflug begrenzt. Wir bräuchten eine Instanz, die uns gleichermaßen mit realistischer Selbsterkenntnis und mit unverwüstlichem Selbstwertgefühl ausstattet. Gibt es diese Instanz? Gibt es solche Hände?

Ja – zum Glück. Es sind Gottes Hände. Und sie können uns durch unser Leben tragen, wie jene Kinderhände einen Vogel tragen. Denn Gottes Wort enthält die doppelte Botschaft von Gesetz und Evangelium – eine obere und eine untere Hand gewissermaßen:

Das strenge Gesetz Gottes ist über uns, damit wir uns nicht erheben in gefährliche Höhen, damit wir uns nicht erheben über unseren Mitmenschen und uns schon gar nicht erheben über Gott. Das Gesetz erzwingt nüchterne Selbsterkenntnis, es lehrt uns, unsere Grenzen realistisch zu sehen und auf dem

Teppich zu bleiben. Es duldet nicht, dass wir vor unserer Schuld und unserem Versagen die Augen verschließen, sondern hält uns all die Gebote Gottes vor, gegen die wir verstoßen. So verhütet Gottes Gesetz alle Aufgeblasenheit und allen Übermut: Es schärft uns ein, dass wir uns Gott zu beugen und ihn zu fürchten haben.

Und dennoch: Das Gesetz, Gottes Hand, die über uns ist, drückt uns nicht etwa in den Staub. Denn unter uns ist die andere Hand Gottes, das Evangelium, das unseren Absturz verhütet. Es sagt uns Gottes Barmherzigkeit und Freundlichkeit zu. Das Evangelium, die gute Nachricht von Gottes Gnade, ist fester Boden unter unseren Füßen: Mögen da noch so viele Misserfolge und Selbstzweifel sein, mögen auch noch so viele Mitmenschen auf unserem Selbstwertgefühl herumtrampeln, mag noch so viel schief gehen im Leben – das Evangelium duldet dennoch keine Resignation und keine Verzweiflung.

Vielmehr erwächst uns aus dem Evangelium ein unverwüstliches Selbstwertgefühl. Dieses christliche Selbstwertgefühl ist nämlich unabhängig von den eigenen Erfolgen und Leistungen. Es kommt aus dem Bewusstsein, ein Kind und Ebenbild Gottes zu sein. Das Evangelium gibt uns darauf Brief und Siegel: Du bist bei Gott geliebt, bei Gott anerkannt, bei Gott wohl angesehen – lass die anderen schwatzen, was sie wollen ...

Das Ergebnis aber ist nicht etwa ein Schwanken zwischen Hochmut und Verzweiflung, wie es für den Unglauben typisch ist. Sondern Gesetz und Evangelium geben gemeinsam einen festen Rahmen, innerhalb dessen unsere Selbsteinschätzung beides sein kann: Vorbehaltlos realistisch und illusionslos einerseits, getrost und zuversichtlich aber andererseits – gerade so wie es folgende Geschichte sichtbar macht:

Ein Schüler fragte den Rabbi: „Was ist der Mensch?" Dieser antwortete, er solle zwei Zettel nehmen: „Auf einen Zettel schreibe 'Der Mensch ist nur Staub.' Diesen Zettel sollst du in die linke Tasche stecken. Auf dem Zettel, den du in die rechte Tasche steckst, soll stehen: 'Gottes Odem hab ich in mir.' Und nun, wenn du hochmütig zu werden drohst, fasse in die linke Tasche, und du wirst daran erinnert, dass du sterblich bist und dich nicht so wichtig nehmen darfst. Wenn du traurig bist, dann fasse in die rechte Tasche, und du wirst daran erinnert, dass Gott dein Leben will und es in seiner Einzigartigkeit kostbar ist."

➟ *Der Mensch neigt dazu, sich entweder stolz zu überschätzen und zu überheben oder – von solchen Höhenflügen abgestürzt – in Verzweiflung zu versinken und die Selbstachtung zu verlieren. Gott aber will uns vor beidem bewahren und gibt uns darum als „Begrenzung nach oben" sein Gesetz (es zwingt uns zu nüchterner Selbsterkenntnis und schützt so vor aller Aufgeblasenheit) und als „Begrenzung nach unten" sein Evangelium (auch wo wir versagen, sagt es uns Gottes Liebe zu, die uns trägt).*

38. Rechtfertigung

Der Begriff „Rechtfertigung" beschreibt das Zentrum des evangelischen Glaubens. Und darum ist es gerade hier höchst wichtig, klar und verständlich zu reden. Doch leider gibt schon das Wort selbst Anlass zu Missverständnissen. Denn unter einer „Rechtfertigung" verstehen wir gewöhnlich den Versuch eines Menschen, kritische Stimmen zurückzuweisen und die eigene Unschuld zu beteuern.

Und das ist es gerade nicht, was der evangelische Glaube mit „Rechtfertigung" meint. Dem Gläubigen geht es nicht darum, Recht zu haben, sondern recht zu sein: nämlich Gott recht zu sein. Und die große Frage ist, wie ein Mensch dahin kommt. Wie kann es geschehen, dass Gott, statt zu zürnen und zu verdammen, zu einem schuldbeladenen Menschen sagt: „Du gehörst zu mir und ich meine es gut mit dir. Ich zähle dich zu meinen Freunden. Für dich ist ein Stuhl frei an meinem Tisch. Du bist in Ordnung. Du bist mir recht."

In dieser Weise von Gott angenommen zu werden, ist wahrscheinlich der Wunsch aller Menschen. Wir wünschen uns, dass Gott ein positives Urteil über uns fällt. Aber wie kann es dazu kommen?

Die evangelische Antwort auf diese Frage ist nicht schmeichelhaft, aber sehr klar: Wenn Gott zu einem Menschen sagt „Du bist mir recht", dann geschieht das nie, weil Gott diesem Menschen seine menschlichen Qualitäten oder Verdienste zu Gute hielte (davon haben wir einfach zu wenig). Sondern es geschieht immer nur, weil Gott dem Menschen die Qualitäten und Verdienste Jesu Christi zugute hält. Der Grund für Gottes positives Urteil liegt somit nie im Menschen, sondern liegt immer in Gott. Es ergibt sich aus seinem und gerade nicht aus unserem Wesen. „Rechtfertigung" meint daher einen positiven Richterspruch, einen Freispruch, der nicht aus der Unschuld des Angeklagten, sondern nur aus der Barmherzigkeit des Richters zu erklären ist.

Heißt das dann aber, dass Gott bloß „so tut als ob"? Handelt er unwahrhaftig, weil er Sünder „gerecht" nennt und wie „Gerechte" behandelt? Nein. Denn man muss hier zwei Arten des Urteilens unterscheiden: Es gibt Urteile, durch die man feststellt, was etwas ist. Und es gibt Urteile, durch die etwas erst zu etwas wird. Im ersten Fall nimmt das Urteil Fakten zur Kenntnis. Und im zweiten Fall schafft das Urteil Fakten. Am Beispiel der Vater-Sohn Beziehung kann man sich klar machen, wieso dieser Unterschied wichtig ist: Denn dass einer Vater ist und einer Sohn – das kann auf zweierlei Weise „festgestellt" werden. Entweder durch einen Gentest. Oder durch eine Adoption.

Der Gentest ist ein Urteil der erstgenannten Art. Es ist ein Urteil, durch das man feststellt, was einer ist. Er ist das leibliche Kind seines Vaters, selbst wenn der Vater das nicht weiß oder es bestreitet. Denn die Kindschaft ist durch den Gentest nachweisbar. Wer das Testergebnis vorliegen hat und daraufhin urteilt „A ist der Sohn von B", stellt nur ein Faktum fest – es liegt in der Person des Sohnes selbst begründet, dass man ihn als solchen anerkennen muss. Jede einzelne Zelle beweist es: Die Sohnschaft ist eine ihm innewohnende Qualität.

Ganz anders aber verhält es sich im Falle der Adoption: Wenn da ein Mann sagt: „Ich will diesen Jungen an Kindes statt annehmen, er soll von heute an mein Sohn sein", dann ist das ein Urteil, das nicht ein bestehendes Faktum zur Kenntnis nimmt, sondern dieses Faktum erst schafft.

Würde der Vater nicht seinen Willen zur Adoption erklären, so gäbe es keine Kindschaft. Denn in der Person des Sohnes ist nichts enthalten, woraus sich ein entsprechender Anspruch ableiten ließe. Das Sohn-Sein ist keine ihm innewohnende Qualität, sondern es wird ihm erst im Vorgang der Adoption zugesprochen. Die Kindschaft wird hier durch das positive Urteil des Vaters nicht bloß anerkannt, sondern allererst geschaffen.

Welcher Art ist aber nun das positive Urteil, das Gott über einen Christen fällt? Darauf kommt nun alles an: Wäre es ein Urteil der ersten Art, so liefe es darauf hinaus, dass Gott lediglich die in uns liegenden Qualitäten festzustellen hätte (und auch nichts anderes tun könnte, ohne „unwahrhaftig“ zu urteilen). Im besten Fall nähme er dann zur Kenntnis, dass ein Mensch ein gerechtes Leben geführt hat. Er würde als vorgegebenes Faktum erkennen: „Das ist ein Gerechter.“ Und er müsste daraufhin urteilen: „Er soll mir recht sein. Ich anerkenne, dass er für den Himmel taugt.“ Der Grund der Erlösung läge dann weniger in Gott als im Menschen selbst und müsste bloß zu Tage gefördert werden – so wie der Gentest ein Kindschaftsverhältnis zu Tage fördert.

Doch so ist es nach dem Zeugnis des Neuen Testamentes gerade nicht. Das positive Urteil Gottes über den Christen ist von der anderen Art: Es ist ein Urteil, das Fakten nicht feststellt, sondern Fakten erst schafft. Denn in der Person eines Sünders ist ja nichts enthalten, was Gott zu dem Urteil nötigte: „Das ist ein Gerechter.“ Ganz im Gegenteil! Darum gilt: Wie ein Adoptivsohn erst durch den Willen des Vaters zum Sohn wird, so wird der Christ erst durch das positive Urteil Gottes zu einem „Gerechten“. Das positive Verhältnis zwischen Gott und uns wird dabei nicht festgestellt, sondern erst durch das Urteil hergestellt. Und der Grund dafür liegt in keiner Weise im Menschen. Sondern der Grund liegt einzig in Gott, der um Christi willen sagt: „Ihr, für die Christus gestorben ist, sollt mir recht sein“. Das nämlich ist Gottes barmherzige Art, an seinen gefallenen Geschöpfen festzuhalten:

Er betrachtet ihre Schuld als getilgt, weil Christus ihre Strafe getragen hat, und er lässt sie als rein und heilig gelten, als wären sie so rein und heilig wie Christus selbst. Als Christen werden sie von Gott in das positive Urteil mit eingeschlossen, das er über Christus fällt. Und darum ist jeder echte Christ ein „Gerechter“. Er ist es aber nicht auf Grund seiner „Moralität“, sondern ist es nur durch die Gerechtigkeit Christi, an der er teilhat und partizipiert.

Spätestens hier wird uns bewusst, dass es nicht nur zwei Arten von Urteilen, sondern auch zwei Arten von Gerechtigkeit gibt: Weltliche Gerechtigkeit ist eine Tugend, gemäß der man jedem gibt, was ihm zukommt, und niemandem etwas schuldig bleibt. Geistliche Gerechtigkeit aber ist keine Charaktereigenschaft, sondern eine Beziehung, in der „gerecht“ ist, wer Gott recht ist (und sonst keiner). Nach weltlicher Gerechtigkeit bekommt jeder, was er verdient. Nach geistlicher

Gerechtigkeit bekommt der Sünder, was er braucht. Die beiden Arten von „Gerechtigkeit" haben also nicht viel mehr gemeinsam als den Namen:

Die weltliche Gerechtigkeit ist eine Eigenschaft, die geistliche ist eine Beziehung. Die weltliche kann man erwerben, die geistliche muss man geschenkt bekommen. Die weltliche haben nur die Anständigen, die geistliche wird auch Verbrechern zugesagt. Die weltliche gehört uns selbst, die geistliche bleibt immer „Leihgabe". Die weltliche basiert auf guten Werken, die geistliche basiert auf dem Glauben. Die weltliche gilt etwas vor der Welt, die geistliche aber gilt etwas vor Gott. Die weltliche kommt aus dem Gesetz, die geistliche aus dem Evangelium.

Auf welche aber kommt es nun an? Welche ist wichtiger? Nach welcher wollen wir streben? Mit welcher gedenken wir, vor Gott zu treten und vor ihm zu bestehen? Eigentlich dürfte das keine Frage mehr sein. Denn unsere selbstgestrickte weltliche Gerechtigkeit, unser kleines bisschen Disziplin und Moralität, das bleibt allemal ein löchriges Gewand: Wollten wir uns dahinein hüllen, so guckte immer noch aus tausend Löchern der nackte Sünder hervor. Die geistliche Gerechtigkeit dagegen, die Christus uns erworben hat und die er uns leiht, die ist ein dicker, warmer Mantel, der die Blöße unserer Sünde vollständig zu bedecken vermag. Wie also wäre es ihnen lieber, vor Gott zu treten: Im Netzhemd ihrer eigenen Tugend, oder im warmen Mantel der Gnade Christi? Ich jedenfalls weiß, welche Art von Gerechtigkeit mir lieber ist. Und ich hoffe, sie wissen es auch.

Ergänzung

Es muss sich wohl 1946 ereignet haben, als es nach Kriegsende zwischen den von verschiedenen Alliierten besetzten Zonen streng bewachte Grenzen gab: Mein Großvater war in der amerikanischen Zone unterwegs gewesen und musste dringend nach Hause zurück, in die französisch besetzte Zone auf der anderen Seite des Rheins. Die Brücke in Speyer war gesprengt worden, die in Mannheim aber stand noch, darum wollte er dort hinüber.

Aber zu seinem Schrecken wurde er von den französischen Posten auf der Brücke abgewiesen. Sie verlangten einen speziellen Passierschein, den mein Großvater nicht besaß. Da zog er alle Register der Überredungskunst. Er schilderte den Soldaten eindringlich seine Lage, dass auf der anderen Seite seine Familie auf ihn wartete und dass er auch aus beruflichen Gründen dringend in seinem Heimatort gebraucht würde. Er musste dabei nicht einmal übertreiben. Er war tatsächlich in seinem Ort ein wichtiger und angesehener Mann. Doch selbst, als er in der Diskussion mit dem Posten seine guten Verbindungen durchblicken ließ, half ihm das nicht.

Er wurde zurückgeschickt auf die amerikanische Seite. Da stand er dann ratlos auf dem falschen Rheinufer und war enttäuscht, dass sein guter Name hier nichts galt. Er wusste nicht, wo er die nötigen Dokumente herbekommen könnte, und obendrein wurde es langsam dunkel.

Doch da sprach ihn jemand an und versprach ihm zu helfen. Jener Fremde besaß nämlich einen gültigen Passierschein. Und den drückte er meinem Großvater in die Hand. Es wurde abgesprochen, dass er bei Dunkelheit über die Brücke gehen sollte, wenn die Posten sein Gesicht nicht erkennen konnten. Mein Großvater ließ sich darauf ein. Und was ihm mit den eigenen Papieren und unter dem eigenem Namen nie gelungen wäre, gelang nun unter fremdem Namen mit dem fremden Passierschein.

Mit viel Herzklopfen, aber unbehelligt kam er auf dem französisch besetzten Rheinufer an und machte sich fröhlich auf den Heimweg. Er hat später von dieser Begebenheit immer wieder erzählt und fügte hinzu, er habe damals begriffen, was Gnade sei.

Und wirklich: Sein Erlebnis ist ein Gleichnis für das, was Rechtfertigung bedeutet. Denn so wie mein Großvater vom anderen Rheinufer getrennt war, so sind wir getrennt von Gott. Es liegt kein Fluss dazwischen, aber es liegt viel Schuld, viel Unglaube und viel Misstrauen zwischen uns und Gott. Wer nun meint, er hätte etwas vorzuweisen und in seinem eigenen Namen über die Brücke gehen will, der scheitert. Unsere Arbeitsleistung, unsere guten Taten, unsere Charaktervorzüge, unser Fleiß, guter Wille, Anstand und ein guter Name – all das ist als Passierschein nicht gültig. Wie lange wir auch darauf pochen – der Brückenposten ist nicht zu beeindrucken durch Empfehlungsschreiben, die wir uns selbst ausstellen. Und so müssten wir eigentlich verzweifeln.

Doch da ist einer, der uns seinen Passierschein anbietet. Er heißt Jesus Christus. Und er ist wirklich auf dem anderen Ufer zuhause. Er gehört zur himmlischen Welt, ist heilig und gerecht. Er hat freien Zugang zu Gott dem Vater. Und er will, dass auch wir durchschlüpfen können und zu Gott kommen. Darum stattet er uns mit gültigen Papieren aus, die seinen Namen tragen, und leiht uns seine Identität. Wir dürfen gewissermaßen in seine Kleider schlüpfen, wir dürfen unsere Identität in seiner Identität aufgehen lassen. Wir dürfen uns mit seinem Namen schmücken, dürfen uns Jünger Christi nennen und finden um dieses Namens willen Gnade vor Gott. Da gehen die Schranken dann hoch, und die Brückenposten treten zur Seite – die Tore springen auf, und wir haben freie Bahn, einzuziehen in Gottes Reich.

➟ *Gottes Reich bleibt uns verschlossen, wenn wir aufgrund eigener Leistungen oder Qualitäten Einlass begehren, denn nichts von dem, was wir sind oder haben, kann vor Gottes Augen bestehen. Doch wenn wir durch den Glauben Christus angehören, so legt Christus uns seine Gerechtigkeit wie einen Mantel um die Schultern, bedeckt damit unsere Schande, leiht uns seine Identität und rettet uns dadurch, denn dann hält uns Gott zu Gute, was (nicht wir, sondern) Christus für uns getan hat.*

39 *Heilsgewissheit*

Wie schätzen Sie Ihre Chancen ein, in den Himmel zu kommen? „Ganz gut“ oder „eher schlecht“? Haben Sie bloß eine vage Hoffnung, dass Gott Sie freundlich aufnehmen wird? Oder haben Sie feste Gewissheit?

Viele versuchen, sich in dieser Frage Klarheit zu verschaffen, indem sie sich selbst und ihren moralischen Zustand kritisch beobachten. An „guten Tagen“ sind sie dann optimistisch und denken: „Ich bin mit mir zufrieden, warum soll Gott nicht auch mit mir zufrieden sein?“

Aber an „schlechten Tagen“ – wenn sie mal wieder lieblos mit ihren Mitmenschen umgegangen sind – sind sie pessimistisch. „So wie ich bin, kann Gott mich unmöglich lieben“, heißt es dann: „Ich bin kein guter Mensch.“

Und weil solche Selbsteinschätzungen immer Schwankungen unterliegen, kommen die Betroffenen nicht zur Ruhe. Woran aber liegt's?

Bestimmt nicht daran, dass solche Menschen wirklich „schlechtere Christen“ wären als andere. Vielmehr vermute ich, dass ihre Angst, religiös zu „versagen“ und von Gott abgelehnt zu werden, auf einem Missverständnis beruht:

Sie nehmen an, Gottes Wohlwollen sei daran gebunden, dass sie sich seines Wohlwollens würdig erweisen. Und sie folgern, sie könnten nur in Gottes Reich aufgenommen werden, wenn sie zu ihrer Erlösung einen gewissen „Eigenbeitrag“ leisten. Sie geben wohl zu, dass die Erlösung eines Menschen ein Geschenk ist. Vielleicht sogar zu 99 %. Aber das verbleibende 1 %, das sie selbst meinen beisteuern zu müssen, genügt als „Unsicherheitsfaktor“:

Denn mag auch Gottes Gnade außer Zweifel stehen, so bleibt doch immer fraglich, ob auch der Mensch „seinen Teil“ getan und sich ausreichend bemüht hat. Man kann schließlich immer noch mehr tun, als man tut. Man wird nie sagen können, man habe nun genug geliebt, genug gebetet, genug vergeben, genug geglaubt, genug gegeben.

Was aber folgt daraus? Müssen wir wirklich bis zuletzt zittern und zagen? Erfahren wir erst im Himmel, ob Gott uns wirklich wohlgesonnen ist?

Die evangelische Kirche bestreitet das, weil der Gedankengang, der zu solcher Besorgnis führt, auf falschen Voraussetzungen beruht. In Wahrheit gibt es nämlich gar keinen „Eigenbeitrag“, den wir zu unserer Erlösung leisten müssten. Und darum gibt es hier auch keinen „Unsicherheitsfaktor“:

Alles, was nötig war, hat Jesus Christus aus Liebe zu uns getan, als er am Kreuz für uns starb. Und seine Tat bedarf keiner „Ergänzung“ oder „Vervollständigung“ durch menschliche Anstrengungen.

Darum können wir als Christen gewiss sein, dass Gott uns nicht ablehnen und verwerfen wird – auch wenn wir uns manchmal wie religiös-moralische Versager vorkommen. Dass Gott uns liebt und in sein Reich aufnehmen will, ist trotzdem gewiss. Einfach weil das, was nicht auf unseren Leistungen gründet, auch nicht durch unser Versagen gefährdet werden kann. Ich will das an einem Beispiel aus der Tierwelt verdeutlichen:

Wenn eine Affenmutter eine Gefahr wahrnimmt und mit ihrem Jungen auf die Bäume fliehen will – wie trägt sie dann ihr Kind? Sie haben das sicher schon mal in einem Tierfilm gesehen: Die Affenmutter trägt ihr Kind am Bauch. Das Kind krallt sich mit Händen und Füßen fest in das Fell der Mutter. Die Mutter aber hat Arme und Beine frei, um in die Bäume zu steigen.

Katzen dagegen tragen ihre Jungen anders. Wenn in der Umgebung der Katzen eine Gefahr auftaucht und die Katzenmutter ihr Junges schnell in Sicherheit bringen muss, packt sie es mit den Zähnen im Genick. Das Katzenjunge macht sich dann ganz steif und tut gar nichts, die Mutter aber hat das Nackenfell fest im Maul und kann das Kleine davontragen.

So merkwürdig es auch klingt: Dieser Unterschied zwischen Affen und Katzen ist dem eben beschriebenen ganz ähnlich. Es ist der Unterschied zwischen 99 und 100 Prozent:

Ob das Affenjunge gerettet wird, hängt zwar zu 99 % von der Schnelligkeit der Mutter ab. Es hängt aber wenigstens zu 1 % auch davon ab, ob sich das Junge fest genug in das Fell der Mutter krallt. Indem es sich fest hält, muss das Affenjunge einen Beitrag zu seiner Rettung leisten, denn wenn es nicht zupackt, fällt es herunter.

Genau so missverstehen jene von Selbstzweifeln geplagten Christen ihr Verhältnis zu Gott: Sie meinen, sie müssten sich unermüdlich um persönlichen „Fortschritt“ bemühen, weil sie anderenfalls das Wohlwollen Gottes verspielen und verlieren würden. Ihre Rettung erscheint ihnen dann natürlich bis ans Ende ungewiss, weil sie nie wissen, ob sie „genug“ getan haben.

Doch diese Sorge beruht – wie gesagt – auf falschen Voraussetzungen. Denn in Wahrheit gleichen Christen den Katzenkindern. Und ob ein Katzenjunges gerettet wird, hängt in keiner Weise von ihm selbst ab: Es tut nichts zu seiner Rettung und kann insofern auch nichts falsch machen. Es wird am Nackenfell aus der Gefahrenzone herausgetragen und könnte nur dann herunterfallen, wenn die Katzenmutter ihren Biss lockerte.

Hier hängt alles zu 100 % von der Mutter ab. Und ebenso hängt für den Christen alles zu 100 % von Gott ab. Er kann und muss zu seiner Rettung keinen Beitrag leisten, sondern wird von Gottes Gnade getragen. Und gerade das macht ihm die Rettung gewiss: Denn was nicht auf meiner Leistung gründet, kann eben auch nicht durch mein Versagen gefährdet werden. Ist das nicht ungeheuer tröstlich für alle, die um ihre Schwäche wissen?

Einem von Selbstzweifeln geplagten Christen kann man darum nur raten, statt der eigenen Schwäche lieber Gottes Stärke in den Blick zu nehmen. Auch einem Kätzchen, das an seiner Rettung zweifelt, würde man ja sagen: „Spürst du nicht den festen Griff deiner Mutter im Nacken? So fest dieser Griff und so stark deine Mutter ist, so gewiss ist deine Rettung!" Dem Christen aber, der an Gottes Wohlwollen zweifelt, muss man dasselbe sagen:

„Spürst du nicht, dass Gott nach dir gegriffen hat? Bist du nicht getauft? Gehst du nicht zum Abendmahl? Ist dir nicht zugesagt, dass Gott es gut mit dir meint? Na also! So verlässlich wie Gottes Zusage, so gewiss ist auch deine Erlösung! Grüble also nicht dauernd darüber nach, ob du wohl gut genug, fromm genug, gläubig genug bist. Du bist es gewiss nicht. Trotzdem aber wird dein Versagen Gottes guten Plan keineswegs zu Fall bringen.

Er hat dich nie wegen deiner Leistungen geliebt. Warum also soll er dich wegen deiner Fehlleistungen verwerfen? Er hat zwar keinen Grund, aber er braucht auch keinen Grund, um dich zu lieben. Seine Liebe hat ihren Grund in sich selbst. Darum finde dich einfach damit ab, dass du unverdient in den Himmel kommen wirst (wie die anderen auch).

Du sollst zwar vieles tun zum Wohle deiner Mitmenschen, aber nichts sollst du tun zu deiner eigenen Rettung. Denn was Christus für dich tat, war keine halbe Sache. Er hat die Entscheidung über deine Seele wohlweislich nicht deinen eigenen Händen überlassen. Sie liegt allein in seiner Hand – und dort liegt sie gut. Sei dessen gewiss und freue dich!"

➡ *Ein Christ kann und muss zu seiner Erlösung keinen eigenen „Beitrag" leisten. Und das ist ein Glück. Denn sonst bliebe immer ungewiss, ob er „genug getan" hätte. Da aber die Erlösung in keiner Weise auf dem Tun des zu Erlösenden und ausschließlich auf dem Tun des Erlösers beruht, kann der Christ seines Heiles gewiss sein. Er soll zwar vieles tun zum Wohle seiner Mitmenschen, aber nichts soll er tun zu seiner eigenen Rettung. Denn was Christus für uns tat, war keine halbe Sache.*

40. Nachfolge

Wer getauft ist, gehört kraft seiner Taufe zur Gemeinschaft der „einen heiligen christlichen Kirche“ und darf sich „Christ“ nennen. Das ist allgemein bekannt. Was aber „Christ-Sein“ bedeutet, davon haben viele Zeitgenossen nur noch eine vage Vorstellung. Manche meinen, das Christentum sei ein Verein zur Pflege religiösen Brauchtums und zur Steigerung der Volksmoral. Und andere verstehen sich als Förderer eines Interessenverbandes genannt „Kirche“, dem sie gern als „passive Mitglieder“ angehören wollen, wie sie auch „passive Mitglieder“ im Gesangverein sind. Doch ist das natürlich Unsinn und ist viel zu harmlos gedacht.

Denn aus unserer Taufe folgt nicht nur, dass unser Name in der Gemeindegliederkartei des Pfarramtes auftaucht. Sondern in Wahrheit wurden wir durch die Taufe Teil einer Schicksalsgemeinschaft. Ja, durch die Taufe wurde unser persönliches Geschick verknüpft mit dem Geschick der Kirche, und es wurde vor allem verknüpft mit dem Herrn der Kirche – mit Jesus Christus, auf dessen Namen wir getauft sind. Wir sind Glieder des Leibes Christi (1. Kor 12,27) und sind an Christus dauerhaft gebunden, weil (in der Regel) unsere Eltern uns diesem Herrn anvertraut, uns unter seinen Schutz gestellt und uns ihm zu Eigen gegeben haben.

Was für eine ernste Sache das aber ist, gilt es zu bedenken: Denn sein Schicksal mit dem Schicksal eines anderen verknüpft zu wissen – auf Gedeih und Verderb, wie man so sagt – das ist eine zweischneidige Sache. Auch und gerade dann, wenn dieser andere Jesus Christus heißt. Schicksalsgemeinschaften können nämlich etwas Fatales sein:

Denken Sie nur an einen Urlaubsflug. Sie besteigen das Flugzeug, und schon bilden Sie mit den anderen Passagieren eine Schicksalsgemeinschaft. Sie sind dem Vermögen oder Unvermögen des Piloten ausgeliefert. Oder bauen Sie irgendwo ein Haus. Schon gehören Sie zur Schicksalsgemeinschaft ihres neuen Wohnortes. Wenn plötzlich daneben eine Autobahn oder eine Müllkippe gebaut wird, heißt es „mitgefangen – mitgehangen“. Oder heiraten Sie in eine Familie ein. Auch da geraten Sie in eine Schicksalsgemeinschaft. Der schlechte oder gute Ruf dieser Familie wird plötzlich auf Sie übertragen. Die Feinde dieser Familie sind plötzlich Ihre Feinde und die

Freunde sind Ihre Freunde. In allen diesen Fällen kann uns die Zugehörigkeit zu einer Gruppe großes Glück oder großes Unglück bescheren, denn in allen diesen Fällen bringt Zugehörigkeit Verbindlichkeit mit sich. Und weil wir das wissen, sind wir vorsichtig mit solchen Dingen. Nur: Welche Art von Verbindlichkeit muten wir eigentlich Kindern zu, wenn wir sie in die Schicksalsgemeinschaft unserer Kirche einbinden? Und in welcher Verbindlichkeit stehen wir da selbst? Kennen wir überhaupt die Risiken und Chancen des Weges, auf den wir durch unsere Taufe geraten sind?

Schlagen wir die Bibel auf, so beantwortet sie alle diese Fragen mit einem einzigen schlichten Wort: „Nachfolge". „Nachfolge" heißt der Weg, der mit der Taufe beginnt. Und worin „Nachfolge" besteht, das war jedenfalls zur Zeit Jesu eine anschauliche, leicht verständliche Sache: Denn Jesus zog ja über die Dörfer Galiläas. Er blieb mal hier und mal da. Bald aber wanderte er weiter. Und wer den Kontakt nicht verlieren wollte, der musste eben „nachfolgen". Hatte ihn die Botschaft Jesu so sehr gepackt, dass er unbedingt in der Nähe dieses Mannes bleiben wollte, so musste er Haus und Hof zurücklassen und mit Jesus auf Wanderschaft gehen. Es war gewiss faszinierend, Jesu Taten zu sehen und immer mehr von seiner Lehre zu hören. Der Preis aber war, dass man das unstete Leben des Meisters teilen musste.

„Nachfolge", das hieß darum: Ruhen, wenn Jesus ruht, wandern, wenn Jesus wandert. Hinter sich lassen, was Jesus hinter sich lässt, und suchen, was er sucht. Ein Nachfolger zu sein, das hieß: mit Jesus lachen und mit Jesus weinen, mit ihm essen und mit ihm hungern, mit ihm reden und mit ihm schweigen. Es ist nicht weiter schwer, sich vorzustellen, wie das damals aussah.

Inzwischen allerdings trennen uns 2000 Jahre vom Erdenleben Jesu. Der Herr ist nicht mehr in Menschengestalt unter uns, so dass wir ihm zu Fuß folgen könnten. Und das wirft natürlich die Frage auf, worin Nachfolge heute besteht. Worauf lassen wir uns heute ein, wenn wir unsere Taufe bejahen und auch unsere Kinder taufen lassen? Begründen wir damit auch heute noch eine enge Schicksalsgemeinschaft mit Christus?

Ja, muss man da sagen. Im Grundsatz hat sich nichts geändert: Nachfolge besteht auch heute noch darin, den Weg Jesu mitzugehen und Freude und Leid des Herren zu teilen. Nur – was wir teilen, sind nicht mehr die staubigen Straßen Galiläas, sondern etwas anderes: Wer heute durch die Taufe in die Schicksalsgemeinschaft eintritt mit dem Gekreuzigten und Auferstandenen, für den bedeutet das, dass er teilhaben wird am Kreuz Christi und teilhaben wird an der Auferstehung Christi.

Anders gesagt: Wer Christus nachfolgt, der bekommt etwas zu leiden, wie sein Herr zu leiden hatte. Und er bekommt am Ende etwas zu jubeln, wie Christus am Ende zu jubeln hatte. Nicht mehr und nicht weniger werden wir kriegen als das Kreuz und den Sieg. Und eines werden wir nie ohne das andere kriegen. Denn wie könnte es anders sein unter Weggefährten?

Wenn ein Jünger dem Herrn nachfolgt, so gehen schließlich beide in dieselbe Richtung, auf demselben Weg, Seite an Seite. Wo dem Herrn kalter Regen ins Gesicht klatscht, da wird auch der Jünger nass und friert. Und wenn dem Herrn strahlende Sonne den Rücken wärmt, dann wird auch der Jünger warm und froh. Was aber ist der Regen, den Christus erduldete, und was ist die Sonne, die ihn wärmte?

Nun, der hässliche Regen, das war der Widerstand, den Jesus erfuhr. Das Neue Testament berichtet uns ja ausführlich, wie ihm Pharisäer und Schriftgelehrte das Leben schwer machten. Sie erkannten im Gesandten Gottes immer mehr einen Störenfried. Und sie beschlossen, ihn schließlich zu beseitigen. Die Kreuzigung Christi war ja kein tragisches Missverständnis. Sie war der äußerste Widerstand des Bösen gegen Gottes Sohn.

Es glaube aber keiner, dieser Widerstand sei bis heute erlahmt. Nein, auch heute müssen wir damit rechnen, dass wir als Jünger Jesu etwas von diesem Widerstand zu spüren bekommen. Ja, gerade dann, wenn wir gute Nachfolger sind und dicht dranbleiben an dem, was der Herr will, kann das gar nicht ausbleiben. Als Christ darf man sich darum nicht wundern, wenn man seine persönliche, moderne Passion erlebt und sein persönliches, modernes Kreuz zu tragen bekommt. Jeder, der die Fronten wechselt und sich auf die Seite des Guten stellt, macht sich damit das Böse zum Feind. Und wer mit dem Teufel keine Kompromisse mehr schließt, dem ist auch der Teufel ein kompromissloser Gegner. So wenig sich nämlich der Christ mit dem gottlosen Treiben dieser Welt abfinden kann, so wenig können sich die, die „Gott-los-sein" wollen, mit dem Dasein der Christen abfinden. Und wo sie können, werden sie es uns spüren lassen.

Nicht unbedingt mit der Deutlichkeit der Hammerschläge, die Christus am Kreuz spüren musste. Aber doch so, dass es wehtut. So, dass wir merken: Die Schicksalsgemeinschaft mit Jesus Christus ist immer auch Leidensgemeinschaft.

Doch Gott sei Dank ist sie nicht nur das. Sind wir Weggefährten und Nachfolger Christi, gehen wir an seiner Seite, so wärmt uns auch, was ihn wärmt – und wir werden gekräftigt durch die Kraft, die in ihm wohnt. Denn haben wir Anteil an seinem Kreuz, wie sollten wir nicht auch Anteil bekommen an seiner Auferstehung? Wenn wir den Weg gehen, den er geht, wie sollte da nicht auch unser Weg durch Leiden hindurch zur Seligkeit führen, so wie seiner?

Gewiss verliert, wer in dieser Welt ein Nachfolger Christi sein will, die Freundschaft derer, die im alten Fahrwasser der Sünde und des Unglaubens bleiben wollen. Aber dieser Verlust kann aufgewogen werden durch die Glaubensgeschwister an unserer Seite, und durch die Freundschaft Gottes, die der Christ gewinnt.

Bekennen wir uns zu Gottes Sohn, so bekennt er sich auch zu uns und gewährt uns seinen Schutz und seine Hilfe. Tragen wir sein Kreuz mit ihm, so erweist sich inmitten aller Schwäche seine Gnade als mächtig und gibt uns am Ende seine Siegesfahne in die Hand. Denn schließlich hat er nicht im eigenen Interesse mit den Mächten der Finsternis gerungen, sondern für seine Jünger hat er es getan. Und nicht für sich ist er durch die Mauer des Todes hindurchgebrochen, sondern für die, die ihm nachfolgen.

Er zahlte den hohen Preis, der nötig war, um uns den Weg ins Reich Gottes zu bahnen – wir aber haben den Vorteil davon, dass wir uns schon heute stolz „Kinder Gottes" nennen dürfen. Bleiben wir dicht an Christus dran und wandern wir in seinen Fußstapfen, dann dürfen wir eines Tages auch mit ihm einziehen in sein Reich. Bleiben wir im Windschatten unseres Herrn, so kann uns keiner mehr was – Gott sei's gedankt.

Ich denke, damit ist deutlich geworden, welche Risiken und welche Chancen es birgt, wenn jemand sich bewusst in die Schicksalsgemeinschaft der Kirche stellt. Dass die Nachfolge

Christi kein Spaziergang ist, hat Christus selbst oft genug gesagt. Sie ist auch nicht billiger zu haben. Und doch ist die Schicksalsgemeinschaft mit Christus das Beste unter den guten Dingen dieser Welt. Denn Christus verspricht uns zwar keine sanfte Reise – aber er verspricht uns eine sichere Landung. Und darauf kommt es an.

➡ *Die Taufe begründet zwischen dem Christen und Jesus Christus eine enge Schicksalsgemeinschaft, die durch den Begriff der „Nachfolge" charakterisiert wird: Die heutigen „Nachfolger" und „Jünger" Jesu teilen mit ihrem Herrn nicht mehr die staubigen Straßen Galiläas. Aber wie Christi Weg ins Leid führte, so bekommt auch der Christ sein Kreuz zu tragen. Und wie Christi Weg durchs Leid hindurch zum Triumph führte, so gewinnt auch der Christ Anteil an der Auferstehung.*

41. Gutes Wollen

Unser Neues Testament ist voller Mahnungen und Weisungen zum Tun des Guten: Liebt eure Nächsten, segnet die euch fluchen, haltet Frieden mit jedermann, besucht Gefangene, speist Hungrige, kleidet die Nackten, tröstet die Trauernden, vergebt den Schuldigen usw. Wir kennen diese Mahnungen und sind es gewohnt, ihnen zuzustimmen. Wir wissen, dass wir Gutes tun sollen, und hinterfragen das normalerweise auch nicht. Manchmal aber begegnet uns jemand, dem das Selbstverständliche doch nicht so selbstverständlich ist und der uns fragt:

„Wie? Ich soll helfen, soll abgeben, eigene Interessen zurückstellen? Ja warum denn? Was hab ich denn davon? Was bringt mir das? Was nützt es mir, ein guter Mensch zu sein? Wird es einem denn gedankt? Hat man irgendeinen Vorteil davon? Kommt man ohne den Ballast moralischer Prinzipien nicht viel leichter durchs Leben?"

Angesichts solcher Fragen ist man vielleicht geneigt, sich zu empören, weil da jemand für das Tun des Guten erst mal Gründe verlangt. Man fragt sich vielleicht, aus welchem Elternhaus so einer wohl kommt. Doch dürfen wir die Fragen deswegen nicht einfach beiseite schieben. Ich denke, wir sollten sie lieber zum Anlass nehmen, uns selbst Klarheit darüber zu verschaffen, warum wir das Gute zu tun bemüht sind: Wie ist das denn, wenn wir etwa an Weihnachten einen gewissen Betrag an „Brot für die Welt“ spenden? Wenn wir einem kranken Nachbarn unter die Arme greifen? Wenn wir die Gelegenheit, einem alten Gegner etwas heimzuzahlen, ungenutzt verstreichen lassen?

Tun wir das dann, um ein reines Gewissen zu haben? Tun wir es, weil man uns dafür loben und uns danken wird? Tun wir es, um einmal im Himmel für solches Wohlverhalten belohnt zu werden? Tun wir es, weil es vernünftig ist, oder weil wir so erzogen wurden? Tun wir es vielleicht, damit man uns gern hat? Tun wir es, weil Gott es geboten hat? Oder tun wir vielleicht Gutes, weil es uns freut, wenn der andere sich freut?

Es könnte jemand meinen, das sei doch egal – Hauptsache, es wird getan, was getan werden muss. Aber so einfach ist es nicht: In Wahrheit hängt es gerade von der Motivation des Täters ab, ob eine „gute Tat“ eine wirklich gute Tat ist. Denn gut ist sie ja nur, wenn es dem Täter wirklich um das Wohl seines Mitmenschen geht. Geht es ihm um etwas anderes – um sein Selbstwertgefühl oder um den Lohn im Himmel –, wird man schwerlich von Nächstenliebe reden können. Nächstenliebe, wie Jesus sie fordert, heißt nämlich, ganz dem Gegenüber zugewandt zu sein – und keinem anderen. Es heißt, für den Hilfsbedürftigen da zu sein – und für nichts sonst.

Nächstenliebe in Jesu Sinne betrachtet ihr Gegenüber immer als Selbstzweck und nie als ein Mittel für irgendetwas anderes. Ihr Ziel ist, dass der Nächste gut dasteht, nicht, dass der Wohltäter gut dasteht. Aber wie leicht geht das durcheinander! Wie oft vermischen und verwechseln wir das!

Denn schließlich: Wer von uns wollte nicht gern gut dastehen – vor sich selbst, vor den anderen und vor Gott? Wir wollen doch alle gern ein gutes Gewissen haben und wollen uns nichts vorwerfen müssen. Natürlich erfüllt es uns mit Befriedigung, wenn wir das Gefühl haben, gute Menschen zu sein. Und die Aussicht, für gutes Tun gelobt und anerkannt zu werden, beflügelt uns zusätzlich. Wir werden deswegen nicht so unbescheiden sein, die eigene Herzensgüte zur Schau zu stellen. Aber wir verlassen uns darauf, dass wenigstens Gott sie nicht übersieht. Wird er es uns nicht lohnen, wenn wir uns weniger haben gehen lassen als andere? Wäre das nicht nur recht und billig? Gutes Tun ist schließlich anstrengend – darf man nicht erwarten, dass es sich irgendwie auszahlt?

Nun – menschlich gesehen klingt das alles durchaus verständlich. Und doch verraten solche Gedanken, wie weit wir von wahrer Nächstenliebe entfernt sind. Denn wir erweisen uns dabei als Wohltäter mit Nebenabsichten: Wir strecken zwar die rechte Hand aus, um zu geben – strecken aber zugleich die linke aus, um zu nehmen. Und wehe, die Rechnung geht nicht auf! Wehe, ich beschenke meine Enkelkinder, und sie lieben mich nicht dafür! Wehe, wenn ich der Kirchengemeinde etwas gespendet habe, und der Pfarrer vergisst, mir öffentlich zu danken! Wehe, einer tut Gutes und bekommt nicht dafür den Bauch gepinselt! „Das tue ich nie wieder", heißt es dann, „Undank ist der Welt Lohn".

Der vermeintliche Wohltäter empört sich – und hat sich im selben Moment selbst verraten: Denn ginge es ihm wirklich ums Helfen, könnte es ihm ja egal sein, wenn der Dank ausbleibt. Mit der vollendeten guten Tat hätte er sein Ziel erreicht und könnte zufrieden sein. Zieht er sich aber beleidigt zurück, weil seine Tat nicht gewürdigt wurde, so wird offenbar, dass es ihm weniger ums Helfen ging als um die erwartete Anerkennung. Mit dem Geist Jesu Christi ist dergleichen natürlich nicht vereinbar. Denn Jesus hat alle scharf kritisiert, die Gutes tun, um vor sich selbst, vor den anderen oder vor Gott gut dazustehen:

„Wenn ihr alles getan habt, was euch befohlen ist," sagt er, *„so sprecht: Wir sind unnütze Knechte; wir haben getan, was wir zu tun schuldig waren." (Lk 17,10)* Und *„Wenn du ... Almosen gibst"*, mahnt er an anderer Stelle, *„sollst du es nicht vor dir ausposaunen lassen, wie es die Heuchler tun in den Synagogen und auf den Gassen, damit sie von den Leuten gepriesen werden. Wahrlich, ich sage euch: Sie haben ihren Lohn schon gehabt." (Mt 6,2)*

Nächstenliebe mit Hintergedanken ist Jesus offenbar zuwider. Darum sollten wir ruhig einmal in uns gehen und kritisch nach den Motiven unserer eigenen Lebensführung fragen: Was steht wirklich hinter unseren Versuchen, ein anständiges Leben zu führen? Wollen wir ein gutes Gewissen als sanftes Ruhekissen? Wollen wir gemocht und gebraucht werden? Wollen wir uns den Himmel verdienen? Weiden wir uns an unserer moralischen Überlegenheit? Meiden wir das Böse vielleicht bloß, weil wir Angst haben, erwischt zu werden? Täten wir auch dann noch Gutes, wenn wir wüssten, dass es weder von Gott noch von den Menschen bemerkt und honoriert werden würde?

Was bei Ihrer Selbstprüfung herauskommt, weiß ich natürlich nicht. Ich aber für meinen Teil könnte bei keiner einzigen meiner Taten unlautere Motive ausschließen. Ja, ich bezweifle, dass ich je etwas wirklich Selbstloses getan habe. Und ich finde es erschreckend, das so sagen zu müssen, weil es zeigt, wie fremd uns wahre Nächstenliebe ist. Sie ist uns so fremd, dass wir erst Gründe für sie suchen müssen. Doch das Gute will nun einmal nicht aus Gehorsam, Angst oder Berechnung getan sein. Das Gute will um seiner selbst willen getan, der Nächste um seiner selbst willen geliebt sein. Und das heißt: Solange ich Gründe brauche, um das Gute zu wollen, bin ich fern vom Guten. Und solange ich für meine Nächstenliebe Argumente suchen muss, schleppt sich diese Nächstenliebe auf Krücken dahin.

Die fröhliche Nächstenliebe dagegen, die Jesus gelebt und gefordert hat, bedarf dessen nicht. Sie erwächst einfach aus dem Wunsch, ein Stückchen Himmel auf der Erde vorwegzunehmen. Sie wächst aus der Liebe zu dem Guten, das Gott geschaffen hat und erhalten will. Sie wächst daraus, dass wir einem jeden von Herzen ein schönes Leben gönnen. Nächstenliebe ist nur echt, wenn sie eine ganz ungekünstelte Empfindung ist. Und darum, denke ich, preist Jesus die selig, die „hungern und dürsten nach Gerechtigkeit“.

So selbstverständlich nämlich wie Hunger und Durst soll unsere Sehnsucht sein, das Gute zu tun: Man braucht keinen Grund, um hungrig und durstig zu sein. Und ebenso wenig sollten wir Gründe brauchen, um uns für das Gute zu entscheiden. Denn das Gute ist es wert, um seiner selbst willen gewollt zu werden. M. a. W.: Es sollte uns schlicht ein Bedürfnis sein, unseren Mitmenschen von himmlischer Liebe und irdischem Wohlstand umhüllt zu sehen. Sein Wohlergehen sollte uns nicht weniger am Herzen liegen als unser eigenes.

Bitten wir also Gott, in uns jenen Hunger und Durst nach Gerechtigkeit zu wecken und uns für das Gute zu begeistern. Denn dieses Gute, das Gott von uns will, ist wahrlich schön genug, dass wir es um seiner selbst willen anstreben können: Frieden und Barmherzigkeit, Demut und Liebe, Reinheit und Güte, Klarheit und Wahrheit – hat all das nicht in sich selbst so viel Anziehungskraft, dass wir uns danach sehnen können? Braucht man denn Gründe, um solchen Zielen zuzustreben?

Nein: Wenn wir in uns ein Heimweh nach dem Reich Gottes spüren, dann ist das Streben nach dem Guten selbstverständlich – und dann muss man der Moral auch nicht mit Lockungen, Argumenten oder Drohungen auf die Sprünge helfen. Sondern da ergibt sie sich einfach aus dem Wunsch, dass Gottes Wille geschehe „wie im Himmel, so auf Erden". Ganz von selbst werden da die Hände das Gute tun, nach dem sich das Herz sehnt. Ganz von selbst wird uns das Böse anwidern. Und so wenig man einem guten Baum zureden muss, damit er gute Früchte bringt, so wenig wird man einem guten Menschen zureden müssen, gute Werke zu tun.

Wird er aber für diese Werke nicht gelobt, so ist es ihm ganz egal. Denn selbst wenn die Welt unser gutes Tun nicht bemerkte, selbst wenn Gott es nicht bemerkte und wir selbst es morgen vergessen hätten, so sollten wir doch heute die Hungernden speisen, die Traurigen trösten und die Gefangenen besuchen. Denn das Gute ist wert, um seiner selbst willen getan zu werden. Und wenn es geschieht, so ist das Lohn genug.

➡ *Solange wir noch Gründe brauchen, um das Gute zu wollen, sind wir fern vom Guten. Denn das Gute will nicht getan sein, damit der Täter vor sich, vor den anderen oder vor Gott gut dasteht. Das Gute will um seiner selbst willen getan werden, d. h. aus unmittelbarem „Hunger" nach Gerechtigkeit. Wo solcher „Hunger" ist, werden die Hände von selbst das Gute tun, nach dem das Herz sich sehnt. Solchem guten Tun ist es dann Lohn genug, dass das Gute geschieht.*

42. Nächstenliebe

Wenn irgendwo das Wort Jesu zitiert wird »Du sollst deinen Nächsten lieben wie dich selbst«, so löst es in uns aus, was alle altbekannten Mahnungen und Weisungen auslösen: Wir beginnen innerlich zu nicken und sagen: Ja, wir sollten unsere Mitmenschen lieben – ja, ich weiß. Jesus hat Recht. Wer könnte auch etwas sagen gegen Nächstenliebe?

Doch ist da in diesem „Ja" oft ein Unterton der Resignation. Bei mir jedenfalls. Denn: Freilich hat Jesus Recht – sagt meine innere Stimme –, aber es klappt trotzdem nicht mit der Nächstenliebe. Wissen wir das nicht alle? Wie soll man denn auch den Nachbarn lieben, der immer vor meiner Einfahrt parkt? Wie soll man die Großmutter lieben, die doch immer nur nörgelt? Soll ich etwa den Vorgesetzten lieben, dem man es nicht recht machen kann, oder den Hauseigentümer, der schon wieder die Miete erhöht hat? Kann ich die Kinder von nebenan lieben, die meine Mittagsruhe stören, oder die Witwe drei Häuser weiter, die böses Gerede über mich verbreitet? Soll ich sogar den lieben, dessen Hund immer auf meinem Grundstück sein Geschäft verrichtet – und etwa auch den, von dem ich weiß, dass er seine Frau schlägt?

Sind diese Leute denn überhaupt der Liebe wert, die da von mir gefordert wird? Vielleicht hatte Jesus ein so großes Herz, dass er die alle hätte lieben können! – sagt die innere Stimme. Aber ich bin schließlich nicht Jesus – ich kann das nicht ... Und so nickt man zwar pflichtgemäß, wenn Nächstenliebe gefordert wird. Innerlich aber verbucht man es als „frommen Wunsch". Man hakt die Sache ab – als lobenswert, aber lebensfern.

Allerdings: Im Sinne Jesu ist das nicht, wenn wir uns mit der allgemeinen Lieblosigkeit in unserer Gesellschaft abfinden. Und darum müssen wir uns als Christen fragen, ob man nicht etwas tun kann, um die Kälte aus den Herzen zu vertreiben. Was kann getan werden, damit mehr Verständnis, mehr Hilfsbereitschaft zwischen den Menschen möglich wird? Was muss geschehen, damit nicht mehr jeder sich selbst der Nächste ist? Wenn ich recht sehe, gibt es drei Rezepte zur Verbreitung der Nächstenliebe, die immer wieder empfohlen werden.

1. Das erste heißt: Wir müssen uns alle anstrengen, netter zueinander zu sein, denn wenn du deinem Mitmenschen freundlich gegenübertrittst und nett zu ihm bist, wird er auch nett sein zu dir. Und wenn wir uns alle nur genug Mühe geben, liebenswert zu sein, dann werden wir einander auch liebenswert finden, und dann wird das Gebot der Nächstenliebe auch immer leichter zu erfüllen sein. Erwiesene Liebe ruft Gegenliebe hervor – so lautet das Kalkül, darum müsste eigentlich eine inflationäre Vermehrung der Liebe unter den Menschen möglich sein.

Nur leider erweist sich das in der Praxis als Irrtum. Denn guter Wille wird in unserer Gesellschaft oft schlecht gelohnt. Der Hilfsbereite erlebt, dass seine Hilfsbereitschaft oft ausgenutzt und sein guter Wille keineswegs mit Gegenliebe beantwortet wird. Der Ehrliche merkt, dass er in unserer Gesellschaft immer wieder der Dumme ist. Und so verliert er schnell die Lust an der Nächstenliebe. Der bloße, erhobene Zeigefinger „Streng dich an, die anderen zu lieben!" führt darum nicht weiter.

2. Ein zweites Rezept zur Vermehrung der Liebe unter den Menschen lautet: Wir müssen einander besser kennen lernen. Die es empfehlen, gehen davon aus, dass Misstrauen und Argwohn unter den Menschen auf mangelnde Kenntnis des anderen zurückgeht:

Wären wir also vertrauter mit dem anderen, mit seinen Wünschen und Nöten, seinen Hoffnungen und Ängsten, würden wir verstehen, warum der andere die Dinge anders sieht und könnten wir uns in seine Lage einfühlen, so schwände ganz von selbst alle Fremdheit, und die Nächstenliebe hätte freie Bahn. Denn würden wir unseren Nächsten nur richtig kennen, so entdeckten wir auch, dass er eigentlich einen „guten Kern" hat – und um dieses „guten Kernes" willen würde es uns gelingen, ihn zu lieben.

Allerdings muss man sagen: Auch dieses Rezept scheitert an der Wirklichkeit. Denn der tiefe Blick in die Seele des Mitmenschen macht ihn mir nicht immer sympathischer. Im Gegenteil. Es kann sein, dass er mir immer fremder wird, je mehr ich von ihm weiß. Es kann sein, dass ich erst recht vor dem anderen erschrecke, wenn ich seine Gedanken und Wünsche erkenne. Und wenn ich beim Versuch der Annäherung nicht auf den guten Kern meines Mitmenschen stoße, sondern auf ein steinernes Herz oder Schlimmeres?

3. Weil zu befürchten ist, dass Nächstenliebe dann unmöglich wird, empfiehlt ein moderner Politologe einen dritten Weg, der genau in die entgegengesetzte Richtung führt. Er meint nämlich, Liebe sei nur dann zwischen Menschen möglich, wenn sie sich nicht zu gut kennen – wenn nämlich die Abgründe ihrer Seele verhüllt bleiben. Der Mann behauptet z. B., dass wenn in der Ehe einer die Gedanken des anderen lesen könnte, diese Ehe nicht mehr lange bestehen würde. Und wenn ein Arbeitskollege immer wüsste, was der andere

wirklich von ihm hält, könnten sie nie zusammen arbeiten, sondern gingen sich an die Gurgel.

Ja, dieser Politologe meint, wenn wir nicht mit höflichem Verschweigen, mit alltäglichen Lügen und gutem Benehmen einander ständig etwas vormachten, wäre überhaupt kein Zusammenleben möglich. Ob er wohl Recht hat? Ist die von Jesus geforderte Nächstenliebe also nur möglich, weil wir in den Nächsten nicht hineinschauen können? Kann man uns Menschen vielleicht nur lieben, wenn man uns nicht kennt? Erfordert die Nächstenliebe Illusionen – oder ist sie gar selbst eine Illusion?

Tatsächlich könnte man zu diesem Schluss kommen, denn keines der drei genannten Rezepte scheint geeignet, um die Welt mit Liebe zu erfüllen: Wir können uns nicht selbst zwingen, willentlich die zu lieben, die uns unsympathisch sind. Wir können unsere Liebe nicht auf den „guten Kern" der anderen gründen, weil sie diesen „guten Kern" so wenig haben wie wir selbst.

Und wir können auch nicht dauernd alles Abstoßende und Ärgerliche mit Höflichkeit und Nachsicht bedecken. Wir finden in unseren eigenen, kalten Herzen nichts, was die Anstrengung beharrlicher Nächstenliebe ermöglichte. Und wir finden auch in den anderen nichts, um dessentwillen sie verdient hätten, geliebt zu werden. Man müsste also wirklich folgern, die Forderung Jesu sei unerfüllbar.

Wenn es da nicht einen Trick gäbe, den ich Ihnen verraten möchte. Ja, tatsächlich, es gibt einen Trick, mit dem man sich selbst der Nächstenliebe nähern und sich selbst zur Nächstenliebe erziehen kann. Und dieser Trick besteht einfach darin, die anderen Menschen nicht mit den eigenen Augen, sondern mit Gottes Augen anzuschauen.

Man versucht dabei, die Perspektive Gottes einzunehmen und den Mitmenschen sozusagen durch Gottes Brille zu betrachten. Dann sehe ich nämlich nicht mehr die geschwätzige Nachbarin, die mir auf die Nerven geht, sondern ich sehe in ihr plötzlich ein einsames Geschöpf Gottes, das dem Schöpfer am Herzen liegt. Ich sehe plötzlich im Bettler an der Haustür nicht mehr den sozialen Bodensatz, sondern sehe in ihm einen Menschen, für den Christus sein Blut vergossen hat. Und selbst wenn mir ein tyrannischer Vorgesetzter gegenübertritt, so sehe ich auch in ihm ein Kind Gottes, das zur Gemeinschaft mit dem Vater berufen ist.

Und diese neue Perspektive verändert dann mein Verhältnis zu diesem Menschen. Denn schaue ich durch Gottes Augen, so wird es unwichtig, ob dieser Mensch meiner Liebe wert ist, ob mir seine Nase gefällt und ob er meine kleinen Pläne stört. Entscheidend ist dann nur noch, dass ihm Gottes Liebe gilt.

Natürlich finde ich ihn deswegen nicht gleich sympathisch. Aber mir ist dann bewusst, dass der, der mir so schwer fällt, Gott am Herzen liegt. Gott hat ihn gemacht, und ich würde den Schöpfer beleidigen, wenn ich annähme, er habe in sein Werk nur Schlechtes hineingelegt.

Nein. Dieser Mitmensch ist für Gott so kostbar, dass Christus am Kreuz für ihn gestorben ist. Selbst also wenn er „an und für sich" wertlos wäre, so würde dieses Opfer Christi ihm doch unendlichen Wert verleihen. Schaue ich also mit Gottes Augen in die Welt, so beginne ich zu bejahen, was Gott bejaht, zu achten, was er achtet, und zu lieben, was er liebt. Dann ist jeder Mensch geadelt dadurch, dass Gott ihn gewollt hat. Und jeder ist kostbar wie Gottes Augapfel, weil Gott ihn in der Schar der Erlösten nicht missen will.

Kann ich also auch nur einen von denen verfluchen, die Gott doch segnen will? Kann mir irgendeiner gleichgültig sein, wenn er Gott nicht gleichgültig ist? Kann ich feindselig sein, wenn Christus der Freund dieses Menschen sein will? Ist er denn nicht eine Pflanze in Gottes Garten, die Gott hegt und pflegt wie auch mich? Ist es da nicht selbstverständlich, dass auch ich das Leben zu schützen und zu fördern versuche, um das Gott sich so bemüht?

All das versteht sich von selbst, wenn man sich angewöhnt, die Menschen mit Gottes Augen zu sehen. Und es ist meines Erachtens der einzige Weg, Mitmenschen zu lieben, ohne sich Illusionen über sie zu machen. Denn wenn ich versuche, mit Gottes Augen auf die Menschen zu blicken, so muss ich den Grund zur Nächstenliebe weder in mir selbst noch im Anderen finden. Weder seine noch meine Fehler bringen diese Nächstenliebe zu Fall. Denn der Grund der Liebe, des Respektes und der Wertschätzung liegt dann allein in Gott – und in seiner Liebe, die auch dem Nichtswürdigen Würde zu verleihen vermag. Gott liebt uns nicht, weil wir wertvoll wären, sondern nur weil er uns liebt, sind wir wertvoll.

Darum wünschte ich mir selbst, dass die anderen mich mit Gottes Augen anschauten: So illusionslos wie er, aber auch so barmherzig wie er. Und ich wünschte mir, dass es mir bei den anderen umgekehrt auch immer gelänge. Denn damit kämen Friede und Liebe in unsere zerrissene Welt.

Probieren Sie es also ruhig einmal aus: Denken Sie fest an den Menschen, den sie am allerwenigsten leiden können. Und dann sagen Sie es sich im Stillen vor: „Dieser unsympathische Kerl ist Gottes Geschöpf. Er liegt Gott am Herzen. Christus ist für ihn gestorben, damit er erlöst werde. Gott will ihm alle Schuld vergeben, weil er in Gottes Augen kostbar ist. Gott liebt ihn, wie eine Mutter ihr Kind liebt. Gott hat ihn zum Heil berufen wie mich auch. Gott will nicht, dass dieser da zugrunde geht. Gott leidet mit, wenn sein Kind leidet. Und Gott freut sich, wenn er sein Kind auf guten Wegen sieht."

Tun Sie das nicht nur einmal, sondern immer wieder. Dann wird Ihre Ablehnung gegenüber diesem Menschen nach und nach schwinden. Sie werden Ihren Feind nicht mehr so sehen, wie er in einer Welt voller Schuld und Sünde geworden ist, sondern so, wie er von Gott gemeint war.

Und vielleicht beginnen Sie sogar darüber nachzudenken, wie Sie ihm helfen können, das Ziel zu erreichen, zu dem Gott ihn bestimmt hat. Das ist dann Nächstenliebe, wie Christus sie fordert. Und bestimmt sie erst einmal den Blickwinkel, so ist es ganz leicht, konkrete Taten daraus abzuleiten. Luther hat einmal ganz einfach erklärt, wie man das macht:

„Willst du denn nun wissen, wie du deinen Nächsten lieben sollst und dafür ein klar und gewiss Exempel haben, so gedenke mit Fleiß, wie lieb du dich selbst hast; so wirst du gewiss befinden, dass du dich also lieb hast, dass du gerne wolltest, man hülfe und riete dir, wenn du in Ängsten und Nöten wärst, nicht allein so viel Menschen mit ihrem Leibe und Gut, sondern auch so viel alle Kreaturen vermöchten. Darum bedarfst du keines Buchs, daraus du lernst, wie du deinen Nächsten lieben sollst. Denn da hast du in deinem Herzen das allerfeinste und beste Buch, darinnen du beschrieben findest alles das, was dich allerlei Gesetze nimmermehr lehren mögen."

➟ *Nächstenliebe, wie sie Christus fordert, erwächst weder aus einer moralischen Willensanstrengung des Christen noch aus der Illusion, der „Nächste" habe einen „guten Kern", um dessentwillen er liebenswert sei. Vielmehr wird Nächstenliebe möglich, wo wir beginnen, Mitmenschen mit Gottes Augen anzuschauen. Wird uns dabei bewusst, wie sehr sich Gott um seine schwierigen Kinder bemüht, so können wir nicht auf Dauer verfluchen, was er segnen will, sondern beginnen zu bejahen, was er bejaht.*

DIE HEILIGE CHRISTLICHE KIRCHE …

43. Kirche

Die Stellung der Kirche in unserer Gesellschaft hat sich in den letzten Jahrzehnten stark gewandelt: Früher gehörte Mut dazu, sich von der Kirche abzuwenden. Wer das tat, war ein Außenseiter. Heute ist es umgekehrt. Heute gehört schon Mut dazu, sich zur Kirche zu bekennen. Jedenfalls in den Städten. Wenn da ein junger Mensch zu seinem Christ-Sein steht, gilt er unter den Altersgenossen schon als Sonderling. Denn die Kirche ist da ganz „out". Wer als modern gelten will, muss über die Kirche spotten und sich von ihren angeblich altmodischen Anschauungen distanzieren. Nun – wie soll man sich als Christ dazu verhalten?

Der dumme Spott, die Kirchenfeindschaft, die auf Unkenntnis beruht, kann uns ziemlich kalt lassen. Aber es gibt natürlich auch begründete Kritik an der Kirche. Und die trifft in eine Wunde, die wohl jeder Christ schon empfunden hat. Sie trifft und verstärkt unser eigenes Leiden an der Unvollkommenheit unserer Kirche. In jedem Gottesdienst sprechen wir im Glaubensbekenntnis von der „heiligen christlichen Kirche" – aber in der alltäglichen Realität sehen wir wenig davon. Sie und ich – sind wir erkennbar als Gemeinschaft der Heiligen? Sind wir Licht der Welt und Salz der Erde, wie wir es nach Christi Willen sein sollen? Man mag das nicht recht glauben. Denn auch abgesehen von dem, was kirchenferne Journalisten zu mäkeln haben, gibt es ja genug Kritikwürdiges in unserer Kirche.

Da gibt es Bürokraten in Landeskirchenämtern, die die Tragweite ihrer Entscheidungen nicht erkennen. Da gibt es Tausende von Karteileichen unter den Gemeindegliedern, denen es bloß an der Entschlusskraft und der Konsequenz mangelt, auszutreten. Da gibt es resignierte Pfarrer, die ihre Pflichten vernachlässigen. Da scheitern gute Ideen an der Gleichgültigkeit von Kirchenvorstehern oder an der Inkompetenz von Synodalen – all das gibt es. Menschliches Versagen „en masse", menschliche Schwächen, kleinliches Gezänk und

Lieblosigkeit auf allen Ebenen – eben all das, was in jeder anderen Großorganisation auch vorkommt.

Dabei sollte doch bei der Kirche alles ganz anders sein – nicht wahr? Tatsächlich enttäuschen uns die Fehler der Kirche mehr. Denn wir erwarten eigentlich, dass es in der Gemeinschaft der Gläubigen geschwisterlich zugehen sollte, gerechter, überhaupt humaner als anderswo – eben so, dass überall der Geist der Nächstenliebe herrscht. Und wenn wir entdecken, dass das nicht so ist? Wenn wir als Kirche selbst an den Wertmaßstäben scheitern, die wir predigen? Sind wir dann solches Salz, das nicht mehr salzt, und das nach Jesu Wort nur noch weggeschüttet werden kann, damit es die Leute zertreten? Was sollen wir dann denken, wenn wir im Glaubensbekenntnis an die Stelle kommen, wo von der „heiligen christlichen Kirche" die Rede ist?

Nun – das Problem ist nicht neu. Man hat in der Geschichte der Kirche schon oft an ihren Mängeln Anstoß genommen. Und hat verschiedene Folgerungen gezogen. Manche meinten, wenn die real existierende Kirche Mängel habe, dann müsse man diese Mängel eben ausmerzen. Sobald man entdeckte, dass ein Pfarrer oder ein Gemeindeglied eine Sünde begangen hatte, wurde der Betreffende aus der Kirche ausgeschlossen. Alle strengten sich an, ein gottgefälliges, heiliges Leben zu führen. Und damit der Leib Christi ohne Makel sei, warf man alle hinaus, an deren Glauben oder Lebenswandel etwas auszusetzen war. Sie können sich vorstellen, dass das Schwierigkeiten gab. Denn wenn wir heute anfangen wollten, alle Sünder aus der Gemeinde auszuschließen – wer würde dann wohl übrig bleiben? In kürzester Zeit hätten wir uns alle gegenseitig exkommuniziert.

Man sah bald ein, dass dem Problem so nicht beizukommen war. Auch und gerade in der Kirche muss man das Unkraut mit dem Weizen wachsen lassen und darf Gottes Urteil nicht vorgreifen. Doch bleibt dann die Frage: Wenn die Kirche ein Gemisch von Heuchlern und von Gläubigen ist – wo ist dann die „eine heilige christliche Kirche", von der das Glaubensbekenntnis spricht? Man behalf sich oft, indem man sagte: Wenn die sichtbare Kirche, diese irdische Institution, voller Mängel ist, dann muss die wahre Kirche unsichtbar sein. Es begann damit eine Art doppelte Buchführung, die auch heute noch beliebt ist. Auf die sichtbare Kirche, ihre Mitglieder und Amtsträger und Institutionen schimpft man von Herzenslust und macht sie verächtlich, weil man ja all die falschen Christen zu durchschauen meint. Man identifiziert sich aber mit jener ganz anderen, unsichtbaren Kirche, zu der nur wahrhaft Heilige gehören – und man selbst natürlich. Offenkundig hat diese Unterscheidung etwas tief Verlogenes an sich. Denn diese ideale Kirche, die keiner je gesehen hat, ist ja nur ein Phantasiegebilde. Wurden wir denn in unsichtbaren Kirchen mit unsichtbarem Wasser getauft? Oder empfingen wir irgendwo ein unsichtbares Abendmahl? Nein. Was uns zu Christen gemacht hat – die Sakramente, die Unterweisung in der Schrift und die Lehre des Wortes Gottes haben wir in sehr sichtbaren Kirchen von sehr sichtbaren Menschen empfangen.

Die doppelte Buchführung ist darum nur eine vergebliche Ausflucht: Eine andere Kirche als die sichtbare, mit Mängeln behaftete Großorganisation, der ein konkreter Bischof vorsteht, haben wir nicht. Und wenn unser Glaubensbekenntnis nicht diese sichtbare Kirche meinte, dann wüssten wir gar nicht, wovon da die Rede ist. Haben wir nicht den Mut, diese Kirche heilig zu nennen, dann sollten wir den Satz lieber ganz aus dem Glaubensbekenntnis streichen. Es muss diese sichtbare, realexistierende Kirche die „heilige Kirche" sein. Ist sie aber unvollkommen, schuldbeladen und mangelhaft – woran wohl kein Zweifel ist –, dann muss ihre Heiligkeit in etwas anderem liegen. Und das ist in der Tat des Rätsels Lösung.

Unsere Kirche trägt den Ehrentitel der „heiligen Kirche" gar nicht deshalb, weil ihre Glieder und ihre Amtsträger vollkommen wären. Vielmehr ist unsere Kirche so etwas wie ein irdenes Gefäß – unansehnlich, wie ein verbeulter Blechnapf oder eine gesprungene Kaffeetasse. Aber der Inhalt dieses Gefäßes, die Botschaft, die sie durch die Jahrhunderte transportiert, ist unendlich kostbar.

Die Kirche ist ein unvollkommenes und brüchiges Gefäß, aber sie ist ein Gefäß des Wortes Gottes – und solange sie diesen heiligen Schatz in sich birgt und ihn zu den Menschen trägt, ist sie um des Wortes Gottes willen heilig. Das vermag ja jeder einzusehen: Eine Auster mag schwarz und klebrig und hässlich sein – aber sie ist kostbar um der Perle willen, die sie enthält. Die Auster als solche ist nicht wertvoll – aber ohne Auster hätte man keine Perle. Ein Liebesbrief mag aus dem billigsten, vergilbten und eingerissenen Papier sein – er ist trotzdem kostbar um seiner Botschaft willen. Das Papier des Briefes ist nicht wertvoll – aber ohne das Papier hätte man die Liebesbotschaft nicht. Ein alter Eimer ist auch nicht wertvoll – aber wenn ein Verdurstender mit dem Eimer Wasser aus einem tiefen Brunnen heraufziehen kann, dann rettet der Eimer ihm das Leben.

So dürfen wir es auch von der Kirche sagen: Die Gemeinden, die Ämter und Institutionen haben keinen Wert in sich selbst – aber ohne all das hätte das Evangelium nicht seinen Weg durch die Jahrhunderte zu uns genommen. Zweitausend Jahre ging das kostbare Gut von einer Generation zur nächsten, von einer Hand in die andere, wurde gefährdet und gerettet, ging verloren und wurde wiedergefunden. Immer war der Schatz in irdenen Gefäßen, immer machten die Vertreter der Kirche Fehler, immer blieb die Kirche hinter dem zurück, was sie nach dem Willen Christi sein sollte. Doch dass die Kirche Kirche blieb und heilig war, das hing nie ab von der Vollkommenheit der Kirchenglieder. Das hängt immer nur davon ab, ob sie ihren Auftrag erfüllt und das ihr anvertraute Wort Gottes hochhält.

Gibt die Kirche dieses Wort aus irgendeinem Grund preis, dann hat sie ihre Existenzberechtigung verloren – sie wäre es nicht wert, dass man ihr eine Träne nachweinte. Bleibt die Kirche aber treu bei Gottes Wort, dann ist es gleich, ob die Medien ihr applaudieren oder nicht, sie ist dann aller Ehren wert, ja sie ist wert, dass wir sie um ihres Dienstes willen lieben.

Lieben Sie ihre Kirche? Vielleicht hält das mancher für etwas viel verlangt angesichts so zahlreicher Defizite. Doch wo nicht Liebe ist, kann zumindest Respekt sein. Der katholische Theologe Karl Rahner hat das einmal so ausgedrückt:

> *„Die Kirche ist eine alte Frau mit vielen Runzeln und Falten. Aber sie ist meine Mutter. Und eine Mutter schlägt man nicht.“*

Es wäre gut, wenn man jedem Christenmenschen etwas von diesem Respekt abspüren könnte. Denn dann hätte die Kirche es nicht nötig, sich irgendwem anzubiedern. Es würde ganz von selbst erkennbar, dass die Kirche auf festem Grund gepflanzt ist und dass ihre Wurzeln tief genug hinabreichen, um immer wieder Wasser des Lebens aufzusaugen und weiterzugeben an alle künftigen Generationen.

➟ *Die Kirche trägt den Ehrentitel der „heiligen christlichen Kirche" nicht etwa, weil ihre Glieder und ihre Amtsträger „heilig" oder „vollkommen" wären. Sie sind es nicht und waren es nie. Aber wie eine klebrige Auster kostbar wird durch die Perle in ihr, so wird unsere sehr fehlbare Kirche „heilig" durch das Evangelium, das sie durch die Jahrhunderte trägt. Solange sie ein Gefäß ist, das diesen Schatz bewahrt, verdient sie um seinetwillen sogar geliebt zu werden. Aber nur solange.*

44. Kirchliches Amt

Wenn ich Sie einlade, über den seltsamen Beruf eines Pfarrers nachzudenken, so könnte vielleicht einer sagen: „Wozu? Da gibt es doch nicht viel nachzudenken. Wir wissen, was ein Pfarrer ist: Der hält sonntags Gottesdienst, der unterrichtet die Konfirmanden, der besucht die Senioren zum Geburtstag und leitet Kirchenvorstandssitzungen. Er kümmert sich um Baumaßnahmen an unseren Kirchen, um den Borkenkäfer im Pfarreiwald, um die Schwangerschaftsvertretung im Kindergarten und um die Verpachtung des Kirchenlandes. Der Pfarrer unterrichtet in der Grundschule, er schreibt den Gemeindebrief, er fährt zu Pfarrkonferenzen und Kreissynoden, er zeigt Ahnenforschern die Kirchenbücher, tauft und traut und beerdigt, er unterhält den Frauenkreis, er bestellt neue Altarkerzen, er trifft sich mit den Kindergottesdienst-Mitarbeitern und wälzt ansonsten viel Papier auf seinem Schreibtisch herum."

Ja, gewiss – das ist alles richtig. Und trotzdem meine ich, dass die äußerliche Beschreibungen dessen, was ein Pfarrer tagein-tagaus zu tun hat, noch nicht wirklich etwas über das Wesen seines Amtes besagt. Wer nach dem Wesen des Pfarrerberufes fragt, der muss einmal vom Tagesgeschäft absehen und den Wurzeln dieses Amtes nachgehen. Er landet dabei zwangsläufig im Neuen Testament. Und er erlebt da zunächst eine Überraschung. Denn da wird im Brief an die Hebräer klargestellt, dass es eigentlich nur einen „Pfarrer", einen „Pastor", „Hirten" und „Priester" gibt. Und das ist Christus selbst. Gewiss gab es vor ihm viele, viele Generationen von Priestern und Leviten, die nach alttestamentlicher Ordnung im Tempel dienten, sangen, beteten und ein Opfertier nach dem anderen darbrachten, um Gottes Vergebung zu erwirken. Aber ihre Arbeit hatte kein Ende, und keines ihrer Opfer war vollkommen und genugsam.

Jesus Christus dagegen, so lehrt es der Hebräerbrief, hat ein unvergängliches Priestertum, durch das er alle selig macht, die durch ihn zu Gott kommen. Er hat dem unablässigen Opferdienst ein Ende gemacht durch das eine, vollkommene Opfer, dass er sein eigenes Leben opferte für unsere Sünden. Und das war das Ende des priesterlichen Berufsstandes. Christus hat die vielen, vielen Priester überflüssig gemacht, weil er die traditionelle Aufgabe der Priester – zwischen Gott und den Menschen zu vermitteln – ein für alle Mal erledigt hat. Er ist der eine, wahre Hohepriester – nach und neben ihm kann es keinen anderen mehr geben. Denn wer Christus hat, der braucht keinen Menschen mehr als Vermittler, der hat bereits den besten Mittler, der steht schon in unmittelbarem Bund mit Gott. So ist es nur konsequent, dass unsere Kirche keinen priesterlichen Dienst mehr kennt: Wir haben zwar noch den Altar, aber wir bringen dort keine Opfer mehr dar. Vielmehr steht auf unserem Altar das Kreuz als Zeichen für das eine, auf ewig genügsame Opfer Christi, durch das Christus allen weiteren priesterlichen Mittlerdienst überflüssig gemacht hat.

Warum aber gibt es dann noch Pfarrer? Wenn das Vorbild des Pfarrerberufes der alttestamentliche Tempelpriester wäre, so dürfte es in der Christenheit tatsächlich keine Pfarrer geben. Doch liegen die Wurzeln dieses Berufes anderswo – sie liegen bei Christus selbst, in Christi Tun. Denn was hat Christus denn an seinen Jüngern getan? Er war ihnen Prophet und Lehrer, er predigte in den Synagogen und auf den Gassen das Evangelium von der Barmherzigkeit Gottes. Er lud sie zum Abendmahl, er lehrte sie Gottes Wahrheit begreifen und war ihr Seelsorger. Christus war für seine Jünger der gute Hirte, der seinen Schafen den Weg zum Leben wies. So ist das geistliche Amt unserer Kirche zunächst Christi eigenes Amt: Denn wer dürfte sich Prediger des Wortes Gottes nennen, wenn nicht er, der selbst das Wort Gottes ist? Wer verdient den Namen eines „Seelsorgers“, wenn nicht er, der die Seelen rettet? Wer ist ein „Hirte“, wenn nicht er, der sein Leben gab für die Schafe? Ja, Christus ist der Hirte, der Mittler zwischen Gott und Mensch, der große Menschenfischer – und niemand dürfte sich anmaßen, es ihm nachzutun, wenn Christus nicht selbst dazu aufgefordert hätte. Das hat er aber. Er hat den Schafen seiner Herde aufgetragen, selbst Hirten zu werden. Der große Menschenfischer hat seinen Jüngern befohlen, selbst auch Menschenfischer zu sein.

Er, der seinen Jüngern in aller erdenklichen Weise diente, bis hin zur Fußwaschung, hat diesen Jüngern geboten, einander dasselbe zu tun. Sie sollen einander – und aller Welt – diesen Dienst der Liebe erweisen, dass sie weitergeben, was sie von Christus empfangen haben. Wir alle kennen den Wortlaut dieses Auftrages:

„... Jesus trat herzu und sprach zu ihnen: Mir ist gegeben alle Gewalt im Himmel und auf Erden. Darum gehet hin und machet zu Jüngern alle Völker: Taufet sie auf den Namen des Vaters und des Sohnes und des heiligen Geistes und lehret sie halten alles, was ich euch befohlen habe. Und siehe, ich bin bei euch alle Tage bis an der Welt Ende." (Mt 28, 18-20)

Der Gehorsam der Jünger gegen dieses Wort ist der Ursprung des geistlichen Amtes. Denn Christus fordert hier, dass die Jünger sein Werk fortsetzen, dass sie hingehen, weitere Jünger gewinnen, taufen und lehren und weitergeben, was sie empfangen haben. Sie sollen Hirten und Propheten sein, sollen weiterhin zur Umkehr rufen, zur Buße und zur Versöhnung mit Gott. Das befreiende, erleuchtende und erlösende Werk, das Christus an ihnen getan hat, sollen sie aneinander tun, so gut sie es vermögen, ja einer soll dem anderen zum Christus werden, soll den anderen annehmen, wie Christus ihn angenommen hat und ihm Seelsorger sein, wie Christus ihm Seelsorger war.

Und an wen ging dieser Auftrag? Es ist entscheidend, sich das klar zu machen. Dieser Auftrag ging an alle Jünger. Christus hat nicht Einzelne herausgehoben, die frömmer oder heiliger gewesen wären als der Rest, um ihnen das geistliche Amt als Privileg beizulegen. Nein. Christus ermächtigte alle Christen, sein Werk weiterzutreiben – und keiner ist ausgenommen: Jeder soll am anderen den Dienst tun, den Christus ihm tat.

Daher ist die Kirche keine Zweiklassengesellschaft von Geistlichen und Laien, sondern eine Gemeinschaft von Geschwistern, die alle gleichermaßen den Auftrag haben, Lehrer, Prophet, Hirte und Seelsorger zu sein. Jeder hat Teil an diesem „allgemeinen Priestertum", jeder ist Pfarrer, denn so sagt es uns der 1. Petrusbrief:

„Ihr ... seid das auserwählte Geschlecht, die königliche Priesterschaft, das heilige Volk, das Volk des Eigentums, dass ihr verkündigen sollt die Wohltaten dessen, der euch berufen hat von der Finsternis zu seinem wunderbaren Licht; ...“ (1. Ptr 2,9)

Jeder Christ hat Teil am geistlichen Amt – ja, Christ-Sein ist ein geistliches Amt. So entspricht es dem Auftrag Christi. Und doch wird üblicherweise immer nur einem am Ort das Pfarramt übertragen. Warum eigentlich? Darf das sein? Nun – wie es in der Kirche zur Ausbildung des Pastorenamtes kam, ist leicht erklärt. Es stellte sich immer wieder heraus, dass die Gaben des Heiligen Geistes in der christlichen Gemeinde unterschiedlich verteilt waren. Der eine konnte prophetisch reden, der andere war ein guter Kassenwart. Der eine taugte zum Lehrer, der andere widmete sich eher der Armenfürsorge und der dritte konnte schön singen. So lag es nahe, die einzelnen Aufträge Christi zu delegieren und verschiedene Ämter in der Kirche einzurichten. Schließlich konnten nicht alle die Gemeinde leiten – und es wollten auch nicht alle.

So schien es zweckmäßig, dass ein kirchliches Amt entstand und ein Einzelner als Pastor die Dinge der Gemeinde regelte, während die anderen ihren Berufen nachgingen. Denn dieses Prinzip der Arbeitsteilung praktizieren wir ja auch sonst: Nicht jeder im Dorf macht seine Schuhe selbst, der Schuster macht sie für alle. Nicht jeder muss Arzt werden, einer studiert Medizin und versorgt dann die anderen. Warum also sollte es in Kirchendingen anders sein: Einer wird zum Pfarrer ausgebildet und tut dann für die anderen, was zu tun ist. Das ist in Ordnung so. Aber, das möchte ich betonen: Es ist nur so lange in Ordnung, als darüber das „allgemeine Priestertum“ aller Gläubigen nicht in Vergessenheit gerät. Denn in der Arbeitsteilung liegt auch eine Gefahr, dass nämlich die Mehrheit der Gemeindeglieder sich aus dem „allgemeinen Priestertum“ zurückzieht nach dem Motto: „Wofür man einen hauptamtlichen Pfarrer hat, das muss man nicht mehr selber machen, das geht uns nichts mehr an.“

Das aber wäre nicht mehr im Sinne Christi. Darum möchte ich Sie ermutigen, dass jeder versucht, in seinem Umfeld für die anderen Hirte und Seelsorger zu sein. Denn wenn einer im Ort Pfarrer ist, heißt das nicht, dass Christi Missionsbefehl die übrigen Gemeindeglieder nichts mehr anginge. Jeder Christ ist aufgerufen, das Wort Gottes zu verkündigen – in seiner Familie, im Freundeskreis und am Arbeitsplatz. Jeder soll Fürbitte halten, soll Gott loben und danken. Jeder soll seinen Glaubensgeschwistern Seelsorger, Zuhörer und Ratgeber sein. Jeder Christ soll den anderen dienen so gut er kann.

Denn nur wenn alle das tun, kann auch der Pfarrer sein Amt gut führen. Die so genannten „Laien" sind nämlich näher dran an den Menschen, von denen so viele den Weg in die Kirche und zum Pfarrhaus nicht finden. Darum sollte jeder versuchen, mit den Augen und Ohren eines Pfarrers durch den Alltag zu gehen. Wo er dort auf geistliche Not und geistlichen Hunger stößt, dort fühle er sich bitte zuständig. Denn das ist Jesu Wille, dass jeder Christ ein Pfarrer, Helfer und Hirte seines Nachbarn sei, wenn er gebraucht wird. Man braucht dazu keine höheren geistlichen Weihen. Denn eine höhere Weihe, als die Taufe verleiht, gibt es in der Kirche nicht.

➟ *Als Christus sein Leben opferte, machte er allen weiteren Opfer- und Priesterdienst alttestamentlicher Art überflüssig. Indem er aber seine Jünger beauftragte, missionierend, taufend und lehrend sein Werk weiterzuführen, begründete er das kirchliche Amt. Grundsätzlich hat jeder Getaufte Anteil an diesem Amt und Auftrag. Um aber eine möglichst geordnete und qualifizierte Ausübung zu gewährleisten, überträgt die Kirche das geistliche Amt Einzelnen, die dazu besonders geeignet und ausgebildet sind.*

45. Taufe

Die Taufe ist ein Fest des Dankes

Wenn zwei Menschen Eltern werden, wird ihnen darin ein Geschenk zuteil. Sie sind zwar beim Werden des neuen Lebens höchst aktiv beteiligt gewesen: vom ersten Gedanken an ein Kind, über die Zeugung, die Schwangerschaft, die Entbindung, bis hin zur Pflege des Säuglings. Und doch haben sie ihr Kind nicht „gemacht". Wäre es ihr „Produkt", dann würde es ihnen auch „gehören" wie ein „Besitz" (und es gäbe keinen Grund, irgendwem zu danken). So ist es aber nicht: Kinder werden ihren Eltern geschenkt, sie werden ihnen von Gott dem Schöpfer als kostbare Gabe und als Aufgabe anvertraut. Das ist eine große Ehre und ein Vertrauensbeweis: Gott hält uns für würdig, Mitarbeiter und Werkzeuge seines schöpferischen Tuns zu sein, er beteiligt uns an dem wunderbaren Geschehen, durch das er das Leben auf dieser Erde erhält und von Generation zu Generation erneuert. Die Taufe ist eine Gelegenheit, ihm dafür zu danken.

Die Taufe unterstellt uns der Herrschaft Gottes

Neugeborene Kinder ähneln jenen Inseln, die nach Vulkanausbrüchen manchmal aus dem Meer emporsteigen. Sie sind neues Land, Niemandsland. Nur dass das nicht so bleibt. Denn schnell kommt jemand, um seine Fahne darauf zu errichten und dem beginnenden Leben seinen Stempel aufzudrücken. Viele strecken ihre Hände aus, um auf dem „unbeschriebenen Blatt" erste Linien zu zeichnen und in der Seele des Kindes ihre Spuren zu hinterlassen. Und nicht alle meinen es gut. Auch der Teufel ist ganz vorne dabei. Eltern aber können durch die Taufe dafür sorgen, dass Gott als erster seine Hand auf das Kind legt. Sie geben dabei ihr Kind Gott zu Eigen und sagen: „Hier ist unser Kind, Herr, es ist Neuland, errichte du als erster deine Fahne darüber. Nimm du diese kleine Seele in deine Obhut, bevor ein anderer sich ihrer bemächtigt." Wird das Kind daraufhin im Namen des dreieinigen Gottes getauft, so trägt es fortan unwiderruflich und unauslöschlich Gottes Zeichen an sich. Es ist Gottes Kind geworden. Und es kann später unter Berufung auf seine Taufe die Ansprüche all derer abweisen, die zu Unrecht sein Leben bestimmen wollen.

Die Taufe ist ein Ersäufen des „alten Adam"

Neugeborene Kinder gelten uns als Inbegriff der Unschuld und der Reinheit. Doch stimmt das leider nur zur Hälfte. Sie sind natürlich unschuldig, insofern sie noch keine Gelegenheit hatten, durch konkrete Taten schuldig zu werden. Sie sind deswegen aber nicht frei von dem Grundübel und der fatalen Anlage, die uns Erwachsene sündigen lässt. Sie sind schon infiziert mit jener Krankheit der Seele, die die Bibel „Sünde" nennt – nur dass sich die Symptome dieser Krankheit noch nicht zeigen. Wer wollte, nur weil jene „Symptome" fehlen, daran zweifeln, dass unsere Kinder von unserer Art, von der Art Adams und Evas sind?

Der Taufakt mit Wasser, bei dem ursprünglich der ganze Mensch untergetaucht wurde, symbolisiert, dass das, was an dem Kind „alter Adam" ist, „ersäuft" werden soll. Aber das geschieht natürlich nicht zum Schaden des Kindes. Im Gegenteil: Das, was dieses Kind von Gott trennt, was seine Seele belastet und sein Leben beeinträchtigt, soll „ersäuft", „umgebracht", abgestreift und der Vergangenheit anheim gegeben werden. Ein Heide stirbt und ein Christ wird geboren.

Die Taufe ist ein Abwaschen der Sünde

So wie Wasser eine tödliche Wirkung haben kann, kann es auch eine reinigende Wirkung haben. Es spült den Schmutz von uns herunter. Und auch das kommt in der Taufe zum Ausdruck: Sie bringt das Kind in eine ganz enge Verbindung mit Christus, also in Verbindung mit dem, der durch sein Sterben am Kreuz alle Schuld überwunden hat.

Christus ist frei von Sünde und ganz rein – und wer mit ihm durch die Taufe verbunden ist, der wird dadurch so rein wie Christus selbst. Die Taufe ist also tatsächlich ein reinigendes Bad – nur dass nicht der Körper, sondern die Seele gewaschen wird. Das Übel, das der Seele des Täuflings anklebt, wird gelöst und abgespült – er ist befreit davon und lässt es hinter sich: Ein weißes Taufkleid ist ein sehr schönes Zeichen dafür!

Die Taufe ist ein Auferstehen mit Christus

Das Taufwasser hat noch eine dritte Bedeutung. Wasser hat nicht nur bedrohliche und reinigende, sondern auch lebensspendende Kraft. Die lebensspendende Kraft des Taufwassers liegt wiederum darin, dass es den Täufling ganz eng mit Christus verbindet. Denn Christus ist der, der an Ostern dem Tod die Macht genommen und in seiner Auferstehung über den Tod triumphiert hat.

Wer durch die Taufe zu Christus gehört, ist damit dem Tod entzogen. Denn der Tod hat nicht die Macht, jemanden aus der Hand Christi zu reißen. Natürlich muss auch der Christ irgendwann sterben – aber dieses Sterben ist für ihn nicht Zerstörung, sondern nur Wandlung – ein Durchgang zum Ewigen Leben.

Die Taufe ist ein „Zuvorkommen" Gottes

Es liegt nahe zu denken: Wenn die Taufe so große Vorteile mit sich bringt, ist sie gewiss an Vorbedingungen geknüpft. Was also muss man tun, um der Taufe würdig zu sein? Welche Verdienste muss man vorweisen, was ist der Preis der Taufe?

Es ist der größte Vorzug der Kindertaufe, dass sie solche Gedanken ausschließt und zum Ausdruck bringt: Die Taufe ist „gratis". Sie kommt all unserem Tun „zuvor", sie wird uns zu einem Zeitpunkt geschenkt, wo wir rein gar nichts vorzuweisen haben: keine guten Werke und keine frommen Gedanken, kein anständiges Leben und keine Tugenden.

Kinder stehen mit leeren Händen vor Gott – und darin können sie uns Vorbild sein –, denn genau das ist die richtige Haltung, um etwas zu empfangen, was wirklich „gratis", wirkliche Gnade ist.

Die Taufe ist ein Geschenk, das ausgepackt werden will

Die Taufe ist ein echtes Geschenk. Der Schenker knüpft es nicht an Vorbedingungen und er hat es auch nicht auf irgendeine Gegenleistung abgesehen. Nur eines will er: dass wir das Geschenk auspacken und uns daran freuen. Denn das ist ja ärgerlich: wenn man etwas Wertvolles verschenkt, und der Beschenkte sein Päckchen nicht öffnet, sondern es achtlos in irgendeinen Schrank legt und vergisst. Gehen nicht viele Menschen so mit ihrer Taufe um?

Sie sind zu Rittern geschlagen – aber sie kämpfen nicht. Sie sind zu Botschaftern ernannt – aber sie machen den Mund nicht auf. Christus hat ihnen seine Freundschaft zugesagt – aber sie leben, als würden sie ihn nicht kennen. Und sie schaden sich damit selbst. Denn wie kann ihnen ihre Taufe nützen, wenn nicht der Glaube hinzukommt, durch den die Taufe ihre Kraft entfaltet? Erst durch entschlossenen Glauben nehme ich das Geschenk der Taufe an, bejahe meine Taufe und schlage in Gottes ausgestreckte Hand ein.

Die Taufe ist eine Selbstverpflichtung der Gemeinde, der Eltern und Paten

Damit ein Mensch bewusst „Ja“ zu seiner Taufe sagen kann, muss er ein gewisses Alter erreicht haben. Aber noch mehr: Es muss ihm jemand von seiner Taufe erzählen – in der Regel kann man sich ja nicht daran erinnern –, und es muss ihm jemand erklärt haben, was seine Taufe bedeutet.

Es ist also nicht damit getan, das Kind taufen zu lassen. Es soll auch durch eine christliche Erziehung zum Glauben hingeführt werden – das liegt in der Verantwortung der Gemeinde, der Eltern und der Paten. Die Gemeinde macht dazu entsprechende Angebote: durch den evangelischen Kindergarten, den Kindergottesdienst, den Konfirmandenunterricht und die Konfirmation. Ein entsprechendes Engagement der Eltern und Paten ist dadurch aber nicht zu ersetzen.

Die Taufe ist die Aufnahme in die Kirche Christi

Durch die Taufe wird ein Mensch Glied der christlichen Kirche. Das ist zwar auch ein Akt von rechtlicher Bedeutung. Es ist aber sehr viel mehr als der Beitritt zu irgendeinem Verein. Wer ein Glied der Kirche ist, ist ein Glied am Leibe Christi.

So unlöslich wie ein Körperteil am anderen hängt, so unlöslich ist er mit seinem Herrn und Erlöser Jesus Christus verbunden – zugleich aber mit all den anderen Christen der Gegenwart, der Vergangenheit und der Zukunft. Er ist nun beheimatet in der „Gemeinschaft der Heiligen“ (= derer, die durch die Vergebung der Sünden rein und heilig gemacht sind).

Die Taufe ist ein für alle Mal und immer wieder neu

In der Taufe handelt eigentlich nicht der Pfarrer, sondern Gott selbst handelt am Täufling. Deswegen ist sie unwiderruflich. Was Gott tut, kann kein Mensch rückgängig machen – auch der Getaufte selbst nicht. Und das ist sehr tröstlich:

Wie oft ich auch in Zweifel falle, wie oft ich auch Gottes Willen verfehle – meine Taufe bleibt gültig, Gottes großes Angebot bleibt bestehen, seine Hand bleibt ausgestreckt. Er hat einmal gesagt „Fürchte dich nicht, denn ich habe dich erlöst; ich habe dich bei deinem Namen gerufen; du bist mein!" Dies ist der feste Boden meiner Taufe, auf den kann ich nach allen Irrwegen immer wieder zurückkehren. Das ist viel wert. Denn so treu und verlässlich wie Gott ist keiner von uns.

Immer wieder geraten wir auf Abwege, immer wieder entfernen wir uns von Gott. Darum ist unsere Taufe auch immer wieder aktuell. Immer wieder muss der „alte Adam" ersäuft und die Sünde abgewaschen werden, damit wir neues Leben in Christus haben.

Dazu muss der äußere Akt der Taufe nicht ständig wiederholt werden. Aber innerlich können und sollen wir immer wieder zu unserer Taufe zurückkehren, um neue Kraft zu schöpfen aus dem Wissen: Ich bin getauft!

➟ *Die Taufe ist ein Herrschaftswechsel, durch den ein Mensch dem Machtbereich des Bösen entnommen und in das Eigentum Gottes überführt wird. Als Heide wird er im Taufwasser „ersäuft". Und als Christ geht er aus dem Taufwasser hervor: eine neue Kreatur, die zwar noch nicht vollendet, aber doch unzweifelhaft zur Vollendung bestimmt ist. Wenn er die in der Taufe zugesagte Gnade durch den Glauben annimmt, wird nichts und niemand mehr die heilvolle Bindung an Christus durchbrechen können.*

46. Konfirmation

Die Konfirmation ist ein Schritt in die Selbständigkeit!

Konfirmanden befinden sich im Übergang von der Kindheit zur Jugend. Sie beginnen, nach und nach ihr Leben selbst in die Hand zu nehmen. Lange haben die Eltern fast alles für das Kind entschieden – sie gestalteten sein Leben von der Kleidung und Ernährung bis zur Freizeitgestaltung und Bildung. Nun aber übernimmt das Kind einen Bereich nach dem anderen in eigene Verantwortung – auch seine eigene religiöse Identität. Das ist nicht leicht. Darum versucht die Kirche, gemeinsam mit den Eltern Hilfestellung zu geben: den Konfirmandenunterricht.

Die Konfirmation ist nachgeholter Taufunterricht!

Konfirmandenunterricht ist zunächst einmal nachgeholter Taufunterricht. Denn in der Frühzeit der Christenheit war die Reihenfolge der Ereignisse ja eine andere: Erwachsene Menschen hörten zuerst vom Evangelium, interessierten sich dafür und wurden im christlichen Glauben unterwiesen. Dann – wenn sie verstanden hatten, worum es ging – trafen sie ihre Entscheidung und ließen sich taufen. Heute ist die Reihenfolge umgekehrt: Christen lassen ihre Kinder meist schon im Säuglingsalter taufen. Sie treffen damit stellvertretend für das noch unmündige Kind eine Entscheidung – wie sie es in anderen Lebensbereichen auch tun.

Es gibt gute Gründe, die für dieses Verfahren – für die Kindertaufe – sprechen (sie macht deutlich sichtbar, dass die Taufe ein Geschenk ist und keine Belohnung für Geleistetes). Aber die Kindertaufe wirft auch Fragen auf: Wo bleibt dabei die Unterweisung im Glauben, wo bleibt die eigenverantwortliche Entscheidung? Zum vollen Christ-Sein gehört das unbedingt hinzu. Wenn es also der Taufe nicht vorangeht, so muss es ihr folgen und nachgeholt werden: Hier liegt die Aufgabe des Konfirmandenunterrichts und der Konfirmation.

Die Konfirmation ist Suche nach der eigenen religiösen Identität!

Der Konfirmandenunterricht soll die Voraussetzungen dafür schaffen, dass die Jugendlichen sich über ihr Verhältnis zu Gott, zum christlichen Glauben und zur Kirche klar werden können. Dass heißt zunächst einmal: Sie müssen zuverlässig und gründlich darüber informiert werden, was es mit alledem auf sich hat. Die Fragen, auf die man dabei stößt, sind teils „allgemein-theoretischer“, teils aber auch ganz „persönlich-praktischer“ Art:

Bin ich ein Zufallsprodukt oder von Gott gewollt? Was tun Menschen, wenn sie beten? Warum steht in unserer Kirche ein Kreuz? Gilt „Du sollst nicht töten“ auch für Tiere? Haben alle Menschen einen „guten Kern“? Wer war dieser Jesus – ein Mensch, ein Gott, ein Halbgott? Wohin gehen wir, wenn wir sterben? Muss ich meine Feinde lieben? Glauben Muslime an denselben Gott wie wir? Warum dürfen wir in der katholischen Kirche nicht zum Abendmahl? Ist mein Leben von Gott vorherbestimmt? Gibt es den Teufel? Was feiert man eigentlich an Ostern?

Eine zufällige Auswahl von Fragen ist das. Aber jede kann wichtig sein, wenn man verstehen will, was es bedeutet, ein Christ zu sein. Und nur wenn man weiß, was ein Christ ist, kann man entscheiden, ob man einer sein möchte.

Die Konfirmation ist ein offener Prozess!

Der Konfirmandenunterricht soll den Jugendlichen helfen, im Gespräch mit ihren Altersgenossen und dem Pfarrer Klarheit über die eigene religiöse Identität zu gewinnen. Das geht natürlich nur, wenn sie sich frei fühlen. Frei nämlich, gegebenenfalls auch eine für die Eltern unerwartete Entscheidung zu treffen – und sich nicht konfirmieren zu lassen. Das muss möglich sein und darf von den Eltern nicht sanktioniert werden. Denn nichts bringt die Konfirmation mehr in Verruf, als wenn Jugendliche sich „bloß der Geschenke wegen“ oder „bloß den Eltern zuliebe“ konfirmieren lassen. Wer für die Konfirmation und das Christ-Sein werben will, sollte das durch sein Vorbild und nicht durch große Geschenke tun. Er raubt sonst den Jugendlichen die innere Freiheit und verführt sie zur Heuchelei.

Die Konfirmation ist ein Ja-Sagen zur eigenen Taufe!

Entscheidet sich jemand für die Konfirmation, so sagt er damit „Ja“ zu seiner Taufe. Er bejaht nachträglich, was seine Eltern einmal stellvertretend für ihn entschieden haben, und stellt sich nun mit Bewusstsein auf das Fundament, das in der Taufe gelegt wurde. Was ihm schon damals geschenkt wurde, eignet er sich nun bewusst an. Er begreift, dass Gott ihm damals in der Taufe freundlich seine Hand entgegengestreckt hat – und schlägt ein. Das setzt keine „vollkommene“ Glaubensgewissheit voraus – wer könnte schon von sich sagen, dass er die hätte? Aber es bringt zum Ausdruck, dass jemand bereit ist, sich mit Gott auf einen Weg zu begeben.

Die Konfirmation ist Befähigung zum Patenamt!

Es macht einen Unterschied, ob man seinen Lebensweg „mit“ oder „ohne“ Gott zu gehen versucht. Wer diesen Unterschied im Konfirmandenunterricht kennen gelernt hat und sich entschließt, Ersteres zu versuchen, der wird von der Kirche in alle Rechte und Pflichten eines Christen eingesetzt. Er kann als Konfirmierter z. B. ein Patenamt übernehmen. Denn in der Konfirmation wird ihm bestätigt, dass er nun die nötige Reife und die nötigen Kenntnisse besitzt, um selbst Verantwortung für die christliche Erziehung eines Täuflings zu übernehmen. Er hat gelernt, über seinen Glauben Auskunft zu geben.

Die Konfirmation ist Hinführung und Zulassung zum ersten Abendmahl!

Wichtiger noch als die Befähigung zum Patenamt ist die Zulassung zum Sakrament des Abendmahles. In keinem anderen Geschehen ist die christliche Gemeinde so unmittelbar mit Christus, ihrem Herrn, verbunden. Denn wer am Abendmahl teilnimmt, empfängt mehr als Brot und Wein. In, mit und unter dem sichtbaren Brot und Wein empfängt er Christi Leib und Blut – also Christus selbst – und zugleich das, was Christus für ihn erworben hat: Vergebung der Sünden, Freiheit und Ewiges Leben. Einem so heiligen Geschehen darf man sich nicht leichtfertig nähern; nicht, bevor man nicht in Ansätzen weiß, was man da tut und was man empfängt; nicht, bevor man sich selbst prüfen kann. Denn nur sofern wir glauben (d. h. ernstlich die Vergebung begehren, die uns da angeboten wird), sind wir würdig, das Abendmahl zu empfangen. Da dies bei Kindern noch nicht vorausgesetzt werden kann, wird ihnen in der Regel kein Abendmahl ausgeteilt. Erst durch die Konfirmation werden sie in dieses höchste Recht eines Christen eingesetzt und erhalten Zugang zur heiligen Feier der Eucharistie.

Die Konfirmation ist kein Ende, sondern ein Anfang!

Sich konfirmieren lassen bedeutet, die eigene Taufe und das eigene Christ-Sein bejahen. Es bedeutet aber freilich nicht, alle Fragen geklärt zu haben und aller Zweifel enthoben zu sein.

Christlicher Glaube ist kein sicherer „Besitz", religiöse Identität ist nie „fertig". Vielmehr gibt es im Glaubensleben Bewegung, stetes Wachstum, Veränderungen und auch manchmal Rückschläge. Darum kann und will die Konfirmation „die Sache mit Gott" nicht „erledigen". Der Prozess des „Gott-Suchens" wird durch sie nicht abgeschlossen, sondern erst recht eröffnet. Was für viele Lebensbereiche gilt, gilt eben auch im Blick auf den Glauben: Es ist wichtig, dass ein Mensch nicht auf dem Stand seiner Jugend stehen bleibt, sondern ein Leben lang weiter wächst und reift.

➡ *Die Taufe und der Glaube gehören sachlich zusammen, sie treten aber zeitlich auseinander, wo man Säuglinge tauft. Damit dort zur Taufe der Glaube nachträglich hinzutreten kann, schuldet man den Kindern eine christliche Erziehung, durch die sie befähigt und ermutigt werden, jene Taufgnade, die ihrer bewussten Stellungnahme zuvorkam, eigenverantwortlich zu bejahen. Tun sie dies, so werden ihnen durch die Konfirmation die vollen Rechte und Pflichten eines mündigen Christen zuerkannt.*

47. Ehe

Die Ehe ist eine herrliche Erfindung Gottes

Kann man Gott genug dafür danken, dass er Mann und Frau füreinander geschaffen hat? Nicht für die Einsamkeit und nicht für den Trübsinn hat er uns bestimmt, sondern zur umfassenden seelischen und leiblichen Gemeinschaft, in der Mann und Frau aneinander Freude haben. Geliebt werden, verstanden werden, trotz aller Schwächen vorbehaltlos angenommen werden – gibt es etwas Schöneres und Beglückenderes? Darum ist ein rechter Ehepartner ein „Geschenk des Himmels", genauer gesagt: ein Geschenk Gottes. Er selbst nämlich, der Schöpfer, ist es, der seine freundliche Fürsorge zeigt, wenn er einem Menschen den oder die „Richtige" über den Weg laufen lässt. Er tut das mit Freude, weil er uns das Liebesglück gönnt. Aber er tut es nicht bloß zum Spaß, sondern mit der ernsten Absicht, jedem Mann und jeder Frau einen Beistand und Helfer mitzugeben.

Der Sinn der Zweisamkeit ist also nicht, dass Mann und Frau einander anhimmeln und einander durch die rosa Brille betrachten. Sondern ihr Sinn liegt darin, dass sie gemeinsam weiter kommen, als sie einzeln je hätten kommen können: Wenn der eine stolpert, soll der andere ihm aufhelfen. Wenn der eine friert, soll der andere ihn wärmen. Wo der eine Schwäche zeigt, soll der andere für ihn einspringen. Und wo der eine auf Abwege gerät, soll der andere ihn zurückrufen. Der Mann soll jemanden haben, dem er ohne Scheu sein Herz ausschütten darf. Und die Frau soll jemanden haben, auf den sie sich blind verlassen kann. Ehepartner sollen einander in Liebe die Wahrheiten sagen, die ihnen sonst niemand zu sagen wagt. Und sie sollen miteinander die Nöte teilen, die man sonst mit niemandem teilen kann. Sie sind dazu da, einander zu schützen und zu stärken und füreinander zu sorgen in Treue und Geduld. Denn zu keinem anderen Zweck werden sie einander anvertraut.

Die Ehe ist der Schlüssel zur Selbstverwirklichung

Es ist ein gängiges Vorurteil, dass die Ehe der „Selbstverwirklichung" des Menschen hinderlich sei. Doch ist dieses moderne Schlagwort wert, hinterfragt zu werden. Denn was ist das eigentlich für ein Selbst, das da nach Verwirklichung strebt? Ist unser wahres Selbst eine Art versunkener Schatz auf dem Grunde unserer Seele, der sich am besten in vornehmer Isolation und Einsamkeit heben lässt? Die Bibel ist da anderer Meinung. Sie lehrt, dass Selbstverwirklichung nicht in Vereinzelung, sondern nur in Gemeinschaft gelingen kann. Denn das „Selbst", das uns zu verwirklichen aufgegeben ist, hat Gott uns zugewiesen, als er uns zu Männern und Frauen machte. Er gab uns unsere geschlechtliche Identität nicht als abgeschlossenen Tatbestand, sondern als einen Auftrag, das uns bestimmte Mann-Sein oder Frau-Sein im Leben zu verwirklichen. Weil aber Mann und Frau füreinander geschaffen sind, kann das keiner für sich allein.

Wollen wir unserer Bestimmung folgen und uns selbst „verwirklichen", so bedürfen wir dazu eines andersgeschlechtlichen Gegenpoles. Wir brauchen eine eheliche „bessere Hälfte", um mit ihr zu der Einheit und Ganzheit zu werden, die Gott gewollt hat. Darum ist keiner von uns „für-sich" genommen etwas, sondern wir sind nur etwas, wenn wir es für jemanden sind. Oder wäre ein „Lehrer“ wirklich „Lehrer“, wenn er nicht in Beziehung zu einem konkreten Schüler stünde? Und könnte der „Schüler“ ernstlich „Schüler“ genannt werden, wenn es seinen Lehrer nicht gäbe? Sind sie ohne einander nicht bloß „potentiell“ das, was sie sind?

Entsprechend gilt: „Mann-Sein“ verwirklicht sich, indem der Mann zum Mann einer Frau wird. Und „Frau-Sein“ verwirklicht sich, indem die Frau zur Frau eines Mannes wird. Fragt also jemand nach Selbstverwirklichung, so kann man ihm oder ihr nur empfehlen zu heiraten. Als Wesen, die zur Gemeinschaft bestimmt sind, kommen wir nämlich nicht anders zu uns selbst, als indem wir uns öffnen und für unser „Ich“ ein „Du“ suchen.

Die Ehe besteht nicht in Romantik, sondern in treuer Fürsorge

Für junge und verliebte Menschen steht dieser Aspekt der Ehe meist noch nicht im Vordergrund. Aber auch hier gilt schon: Die Trauung ist eine „Anver-Trauung“. Die Frau wird dem Mann, der Mann der Frau „anvertraut“. Und zwar von Gott! Vor ihm sind sie nun füreinander verantwortlich. Sie sollen einander helfen, füreinander sorgen und in schwerer Zeit füreinander da sein. Und darin liegt viel Trost: Auch dann – und gerade dann – wenn meine „Attraktivität“ einmal geschwunden und die erste „Verliebtheit“ vergangen ist, bleibe ich meinem Partner „anvertraut“. Und die wechselseitige Fürsorge, die daraus erwächst, trägt viel weiter als alle Romantik.

Wer darum wissen will, was wirklich Ehen zusammenhält, der achte nicht auf große Worte und heiße Schwüre, nicht auf Herz und Schmerz und Traumtänzerei. Sondern er achte auf die unscheinbaren kleinen Gesten, die man manchmal an glücklichen alten Ehepaaren beobachten kann: Wenn sie ihm die Krawatte zurecht rückt, damit niemand über ihn lacht. Und wenn er ihre Vergesslichkeit stillschweigend übergeht. Wenn sie ihm das größere Kuchenstück gibt, und er sie auch mit Falten noch schön findet. Wenn sie immer noch gerne seine Hand hält, und er nicht aufhört, stolz auf seine Frau zu sein – ja dann, dann haben wir vor Augen, was Ehen zusammenhält.

Die Ehe ist kein Geschäft auf Gegenseitigkeit

Damit ist schon gesagt, dass die Ehe nicht auf Kosten-Nutzen-Rechnungen beruht. Viele Menschen missverstehen ihre Ehe allerdings als eine Art Geschäft, auf das sie sich einlassen, weil der andere etwas zu bieten hat: „Er“ ist lustig, wohlhabend und sehr aufmerksam, „sie“ ist gut aussehend, gebildet und charmant. Die Beziehung „lohnt“ sich also für beide, sie „bringt“ beiden etwas – hält aber nur so lange, wie die „Bilanz“ für beide stimmt.

Büßt einer seine Vorzüge ein (schnell ist ein Arbeitsplatz verloren, ein hübsches Gesicht durch Unfall entstellt), schaut der andere sich nach einer vorteilhafteren Beziehung um. Wie immer man solche Partnerschaften bewerten mag – den Namen einer Ehe verdienen sie nicht. Zwei Menschen sind erst reif für eine Ehe, wenn sie aufgehört haben zu „rechnen“ und zu „bilanzieren“, wenn sie den Mut haben zu sagen: „Wir gehören auf jeden Fall zusammen, bis der Tod uns scheidet.“ Erst wo die Vorbehalte und Hintertürchen vergessen sind, beginnt die Ehe.

Die Ehe ist ein guter Rahmen für erfüllte Sexualität

Sexualität ist eine wunderbare Schöpfungsgabe und gehört zu dem Besten, was Gott uns gönnt. Aber wie jede Gabe Gottes kann sie missbraucht und pervertiert werden – wenn nämlich aus dem natürlichen Begehren des anderen Geschlechts bloße Gier wird. Wo solche Gier einen Menschen beherrscht, da degradiert sie den Partner zum auswechselbaren Objekt, und es bewahrheitet sich, was schon Beethoven wusste: *„Sinnliche Lust ohne seelische Hingabe ist und bleibt Viecherei.“*

Wer sich dafür zu schade ist, der findet in der Ehe einen Rahmen für erfüllte Sexualität. Sie ist ein stabiler Rahmen, weil sie Sexualität in unbedingtes Vertrauen und wechselseitige Verantwortung einbettet. Eine lustfeindliche „Zwangsjacke“ ist die Ehe aber keinesfalls. Schließlich erkennt man musikalische Menschen auch nicht daran, dass sie versuchen, möglichst viele Instrumente gleichzeitig zu spielen ...

Die Ehe ist Mitwirkung an Gottes Schöpfungswerk

Mann und Frau dürfen aneinander die Schönheit der Schöpfung entdecken. Aber noch mehr: Sie sollen nicht nur „Genießer" und „Bewunderer" des Schöpfungswerkes sein, sondern „Mitarbeiter" des Schöpfers – indem sie an der Erneuerung des Lebens mitwirken und Kinder bekommen. Kann es eine größere Ehre geben als diese, dass man zum Mitarbeiter Gottes berufen wird, das empfangene Leben weitergeben und „am eigenen Leibe" das Wunder der Schöpfung erleben darf?

Ob einem Brautpaar diese Erfahrung geschenkt werden wird, kann man nicht im Voraus wissen. Eine positive und offene Einstellung zu eventuellem „Nachwuchs" gehört aber zur christlichen Ehe dazu. Denn Gott, unter dessen Segen die Brautleute sich stellen, ist ein Freund des Lebens.

Die Ehe ist nicht auf Sand gebaut

Große Gefühle, Romantik und Verliebtheit gehören zu einer jungen Ehe. Aber wer wäre sich seiner Gefühle so sicher, dass er daraufhin ein Versprechen lebenslanger Treue geben könnte? Darum muss die Ehe ein festeres Fundament haben, als es unsere Gefühle sind:

Die Zuversicht nämlich, dass Gott seinen Segen dazu gibt und dass seine Liebe weiter tragen wird, wenn unsere Liebe flügellahm wird. Es macht deshalb viel Sinn, wenn die Traufragen vor dem Altar beantwortet werden „Ja, mit Gottes Hilfe". Denn nur so kann man diesen großen Schritt wagen, dass man sich darauf verlässt, Gott werde nicht nur am Tag der Trauung helfend und segnend dabei sein, sondern an jedem Tag der Ehe.

➟ *Gott hat Mann und Frau füreinander geschaffen und hat ihnen die Ehe als die Ordnung angewiesen, in der sie aneinander Freude haben, einander stützen und einander ergänzen sollen. Wo aus der Ehe Kinder hervorgehen, wird den Eltern die Ehre zuteil, „Mitarbeiter" in Gottes Schöpfungswerk sein zu dürfen. Beide aber – Ehepartner und Kinder – werden nie unser „Eigentum", sondern sind uns von Gott anvertraut, damit wir sie in Verantwortung vor ihm wie kostbare Geschenke achten und pflegen.*

48. Abendmahl

Das Abendmahl ist eine ehrenvolle Einladung zum Essen

Als Jesus durch Palästina zog, erregte er oft Ärgernis, weil er bei Menschen einkehrte, die allgemein verachtet wurden (Mt 9,9-13). Jesus wandte sich denen zu, mit denen niemand an einem Tisch sitzen wollte, er aß mit denen, die nicht gesellschaftsfähig waren. Die „besseren" Leute fanden das zwar höchst anstößig. Aber für die Betroffenen war es eine Ehre und ein unerwartetes Zeichen der Hoffnung. Denn wenn Gottes Sohn sich nicht zu schade ist, mit ihnen gemeinsam zu essen, dann zeigte er ihnen damit, dass sie bei Gott nicht abgeschrieben und nicht aufgegeben sind.

Auch wir empfangen heute dieses freundliche Zeichen, wenn wir im Gottesdienst am Abendmahl teilnehmen. Denn diese Feier ist die direkte Fortsetzung der Mahlgemeinschaft Jesu mit seinen Anhängern. Zwar sind auch wir der Gemeinschaft Gottes nicht würdig und müssten eigentlich sagen: *„Herr, ich bin nicht wert, dass du unter mein Dach gehst ..." (Mt 8,8)* Aber wie damals, so überwindet Gott auch heute, was die Menschen von ihm trennt. Wie sehr wir auch hinter unseren Zielen zurückbleiben – Gott hält uns einen Stuhl an seinem Tisch frei und lädt uns ein: *„Kommt, denn es ist alles bereit. Schmecket und sehet wie freundlich der Herr ist!"* Eine großzügige Einladung ist das – aber das Abendmahl ist natürlich noch viel mehr als das:

Das Abendmahl ist ein von Jesus umgedeutetes Passahmahl

Das erste eigentliche Abendmahl hat Jesus mit seinen Jüngern gefeiert, als seine Gefangennahme und Kreuzigung kurz bevorstanden. Es war nicht irgendein Abendessen, sondern das traditionelle, jüdische Passahmahl. Und darum war klar, woran die Jünger dachten, als sie am Tisch saßen: Die Juden erinnern sich beim Passahfest des Auszuges des Volkes Israel aus Ägypten. Lange hatte sich der Pharao ja geweigert, das Volk gehen zu lassen. Dann aber kam die zehnte Plage: Gottes Engel tötete in jedem Haus in Ägypten den erstgeborenen Sohn. Nur den Israeliten wurde ein Erkennungszeichen zu ihrem Schutz gegeben:

Anstelle des erstgeborenen Sohnes sollte bei ihnen ein Lamm sein Leben lassen. Es wurde geschlachtet – es starb gewissermaßen stellvertretend –, und mit seinem Blut wurden die Türpfosten bestrichen. Gottes Todesengel erkannte an diesem Zeichen die Häuser der Israeliten und ging vorbei. Nach dieser zehnten Plage kamen die Israeliten endlich frei aus der ägyptischen Sklaverei. Und seither begehen sie jährlich das Passahfest mit einem feierlichen Passahmahl: Wie damals am letzten Abend in Ägypten essen sie ungesäuertes Brot, Lammbraten, bittere Kräuter und trinken Wein. Auch Jesus feierte mit seinen Jüngern so ein Mahl – am letzten Abend vor seiner Kreuzigung. Doch er gab dem Geschehen eine neue Deutung:

„Als sie aber aßen, nahm Jesus das Brot, dankte und brach's und gab's den Jüngern und sprach: Nehmet, esset; das ist mein Leib. Und er nahm den Kelch und dankte, gab ihnen den und sprach: Trinket alle daraus; das ist mein Blut des Bundes, das vergossen wird für viele zur Vergebung der Sünden." (Mt 26,26-28)

Jesus gibt damit seinen Jüngern zu verstehen: „Ich, Jesus, bin euer neues Passahlamm. Wie damals in Ägypten das Lamm sein Leben ließ, damit das Volk Gottes verschont blieb und befreit wurde, so sterbe jetzt auch ich, damit ihr verschont bleibt und befreit werdet. Wie damals das Blut des Lammes Erkennungszeichen und Schutz für das Volk Gottes war, so soll künftig das Abendmahl für euch Erkennungszeichen und Schutz sein: Unterpfand eines neuen Bundes und Mittel zu eurer Erlösung." Die Jünger Jesu wunderten sich damals – und wir tun es auch heute: Wie können ein Schlückchen Wein und ein Bissen Brot so gewaltige Macht haben?

Das Abendmahl ist ein geheimnisvolles Lebensmittel für die Seele

Die Worte, durch die Jesus das Abendmahl stiftete, erklären die besondere Macht des Sakraments: Jesus Christus ist bei dieser Mahlzeit nicht nur unser Gastgeber, er selbst ist auch die „Speise", die wir bei seinem Gastmahl in der Gestalt von Brot und Wein empfangen. Das ist freilich ein höchst seltsamer Gedanke, der schon viele verwirrt hat *(„Wie kann der uns sein Fleisch zu essen geben?" Joh 6,52)*. Die Theologen aller Zeiten haben versucht, dies begreiflich zu machen, sind aber über das rechte Verständnis bis heute uneinig: Die einen lehren, Brot und Wein würden beim Abendmahl dergestalt in Leib und Blut Christi verwandelt, dass die Elemente nur noch die äußeren Eigenschaften von Brot und Wein behielten, in Wirklichkeit aber nicht mehr Brot und Wein seien – sie bleiben demgemäß auch nach der Abendmahlsfeier Leib und Blut Christi (katholische Lehre).

Andere dagegen sind überzeugt, dass sich an der Substanz von Brot und Wein überhaupt nichts ändert. Die Abendmahlselemente sind für sie nichts weiter als äußere Zeichen und Sinnbilder für das, was der Glaube innerlich vom Heiligen Geist empfängt. Wer den Glauben nicht hat, empfängt also beim Abendmahl nichts weiter als gewöhnliches Brot und Wein (reformierte Lehre).

Die dritte Gruppe schließlich vertritt, dass zwar Brot und Wein substanziell bleiben, was sie sind, dass zugleich aber „in, mit und unter" diesen Elementen Christi Leib und Blut real präsent sind und leiblich gegessen und getrunken werden – auch von denen, die nicht glauben (lutherische Lehre).

Man darf annehmen, dass das Abendmahl immer ein Mysterium bleibt, das über unser Begreifen geht. Und das ist auch nicht schlimm. Es genügt, wenn wir das große Geschenk darin erkennen. Denn als Jesus seinen Jüngern Brot und Wein reichte, sagte er damit: „Das bin ich – für euch gegeben, dass ihr daran Gemeinschaft habt mit mir, mit Gott dem Vater und untereinander. Mich selbst, meinen Segen, meine ganze heilvolle Macht lege ich in diese Speise hinein, damit sie auf euch übergeht, wenn ihr esst und trinkt." Freilich – wie dieses „Hineinlegen" geschieht, bleibt ein Geheimnis. Niemals wird ein Lebensmittelchemiker nachweisen können, dass eine Wandlung von Brot und Wein geschieht, wenn der Pfarrer die Einsetzungsworte darüber spricht. Dass sie aber geschieht, ist wunderbar – denn so können wir in und mit dem Brot und dem Wein Christus selbst empfangen und zugleich das, was er durch sein Leben, Sterben und Auferstehen für uns erworben hat: Vergebung unserer Schuld, die herrliche Freiheit der Kinder Gottes und das Ewige Leben.

Das Abendmahl ist Gottes Entgegenkommen in die Reichweite unserer Sinne

Manch einer hat schon gefragt, warum Gott uns das alles gerade durch eine Mahlzeit zukommen lässt. Ginge es nicht auch ohne Brot und Wein, einfach durch den Glauben? Gewiss ginge es – aber Gott weiß um die Schwäche unseres Glaubens. Er weiß, dass wir Sinnenwesen sind, die Schwierigkeiten haben, etwas für wirklich zu halten, das sie nicht sehen und anfassen können. Darum passt Gott sich unserem Auffassungsvermögen an. So war das schon in Bethlehem, als Gott Mensch wurde:

Der unfassliche und unbegreifliche Gott wurde einer Unseresgleichen und nahm die Gestalt eines Menschen an, um für uns fasslich und begreiflich zu werden. Und dieses Entgegenkommen in die irdischen Niederungen und in die Reichweite unserer Sinnesorgane setzt sich im Abendmahl fort. Weil unser Geist oft zu schwach ist, um Gottes Wort zu fassen und festzuhalten, kleidet Gott es in die fassbare, sichtbare, schmeckbare Gestalt von Brot und Wein. So liebevoll ist Gott: Um uns nahe zu sein, ist er sich nicht zu schade, sich im Stall von Bethlehem in eine Futterkrippe zu legen – und er schreckt nicht einmal vor unserem Magen zurück!

Das Abendmahl ist vollkommene Gemeinschaft mit Gott und den Glaubensgeschwistern

Das Abendmahl ist nicht bloß eine Sache zwischen dem Einzelnen und Gott. Wie im Glauben die Gottesliebe und die Nächstenliebe nicht zu trennen sind, so gehört auch beim Abendmahl die Gemeinschaft mit Gott und die Gemeinschaft mit den Glaubensgeschwistern zusammen. Die „Kommunion" hat also eine vertikale und eine horizontale Dimension: Die Teilnahme am Abendmahl verbindet uns mit Christus, der über uns ist, sie verbindet uns zugleich aber auch mit den Brüdern und Schwestern, die am Altar neben uns stehen – und das eine ist nicht ohne das andere denkbar. Schließlich ist Christus das Haupt, und alle Christen sind Glieder seines Leibes, der Kirche.

„Der gesegnete Kelch, den wir segnen, ist der nicht die Gemeinschaft des Blutes Christi? Das Brot, das wir brechen, ist das nicht die Gemeinschaft des Leibes Christi? Denn ein Brot ist's: So sind wir viele ein Leib, weil wir alle an einem Brot teilhaben." (1. Kor 10,16-17)

Was wäre das aber für ein Leib, in dem sich die verschiedenen Glieder und Organe miteinander stritten? Die enge Verbindung, die das Abendmahl stiftet, wird zerstört, wenn die „Gäste" einander nicht so annehmen, wie der „Gastgeber" sie angenommen hat (vgl. Röm 15,7). Darum sollte man nicht zum Abendmahl gehen, wenn man mit einem Mitchristen in unversöhntem Streit liegt, sondern sollte die Sache vorher bereinigen (vgl. Mt 5,23-24). Gibt es noch mehr, was man bedenken sollte, bevor man zum Abendmahl geht? Ja!

Das Abendmahl ist nicht für jeden, aber für alle, die wissen, dass sie es nötig haben

Aus dem Gesagten ergibt sich schon, dass das Abendmahl für die Glieder des Leibes Christi bestimmt ist, also für Menschen, die durch die Taufe Glieder seiner Kirche geworden sind und sich auch dazu bekennen. Wenn andere vom Abendmahl ausgeschlossen bleiben, geschieht dies nicht, um ihnen etwas vorzuenthalten, sondern zu ihrem Schutz. Denn das Abendmahl ist heilig, das Heilige aber ist eine große Kraft und Energie (wie eine Hochspannungsleitung etwa).

Wer damit umzugehen weiß, dem nützt diese Kraft. Aber wer sich ihr leichtfertig und gedankenlos nähert, kann Schaden davontragen. Nicht umsonst warnt uns das Neue Testament davor, „unwürdig" am Abendmahl teilzunehmen (vgl. 1. Kor 11,27-29).

Es ist aber wichtig, diesen Begriff richtig zu verstehen. „Unwürdig" sind nämlich nicht die Fehlbaren und Unvollkommenen, die Kleingläubigen und Sünder (gerade für die ist das Abendmahl ja zum Trost gegeben). „Unwürdig" sind vielmehr die, die nicht wirklich Gemeinschaft mit Gott und Vergebung ihrer Schuld suchen, sondern von irgendwelchen anderen Motiven getrieben werden, am Abendmahl teilzunehmen (z. B. bloß aus Gewohnheit oder „weil die anderen ja auch gehen").

Soll man also, damit es nicht zur bloßen Gewohnheit wird, möglichst selten zum Abendmahl gehen? Nein. Vielmehr sollten wir davon ausgehen, dass es sich beim Abendmahl so verhält, wie bei jeder anderen Einladung zum Essen: Wer des Öfteren freundlich eingeladen wird, die Einladung aber selten oder nie annimmt, der stößt damit den Gastgeber vor den Kopf. Das mag manchmal etwas mit der Ehrfurcht vor dem Sakrament zu tun haben. Und die ist ja durchaus angebracht. Sie sollte uns aber nicht abschrecken, sondern gerade locken, fröhlich an dem heiligen Mahl teilzuhaben.

Schließlich sorgen wir ständig für irgendetwas: für unser Einkommen, für unsere Gesundheit, für unseren guten Ruf und für unser Auto. Da sollten wir nicht vergessen, auch ab und zu für unsere Seele zu sorgen – und zwar öfter als einmal im Jahr ...

➟ *Beim Abendmahl empfangen wir in und mit dem Brot und dem Wein zugleich Christi Leib und Blut, d. h. wir empfangen ihn selbst und das Heil, das er durch sein Leben, Sterben und Auferstehen für uns erworben hat. Wie Christus dabei Gastgeber und Speise zugleich sein kann, werden wir nie restlos verstehen. Dass er es aber ist, ist wunderbar: Christus legt all seine heilvolle Macht in dieses Mahl hinein, damit sie auf uns übergeht und uns mit ihm und untereinander zu engster Gemeinschaft verbindet.*

49. Gottesdienst

Es ist bekannt, dass Sonntag für Sonntag 95 % der evangelischen Gemeindeglieder dem Gottesdienst fernbleiben. Und man kann lange darüber diskutieren, warum sie das tun. Produktiver aber scheint es mir, die Frage einmal andersherum zu stellen: Suchen wir nicht nach Gründen, warum Menschen dem Gottesdienst fernbleiben, sondern suchen wir lieber nach Gründen, warum sie kommen sollten. Denn an solchen, zum Gottesdienstbesuch motivierenden Gründen, fehlt es offenbar: „Wozu soll ich immer in die Kirche laufen," heißt es. „Was bringt mir das?" „Was habe ich davon?" „Kann man nicht auch ohne das ein guter Christ sein?"

Solch unverhohlene Fragen nach dem „Nutzen" des Gottesdienstes kann man unangemessen finden. Beantworten muss man sie aber trotzdem. Und indem wir das versuchen, stehen wir schon mitten im Problem. Denn der „Nutzen" eines Gottesdienstes ist nicht so leicht zu benennen. Was schließlich verpasst jemand, der den Gottesdienst verpasst? Einen Genuss? Oder ein Erlebnis? Eine Begegnung? Oder eine Belehrung? Das alles scheint immer nur die halbe Wahrheit zu sein. Denn: Zweifellos können Gottesdienste bilden. Aber sie sind keine Bildungsveranstaltung. Gottesdienste haben „ästhetische" Qualität. Und trotzdem dienen sie nicht dem Kunstgenuss. Gottesdienste sind manchmal unterhaltsam. Und doch wollen sie kein „Entertainment" bieten. Gottesdienste sind Sammelbecken großer Traditionen. Und doch geht es nicht um Brauchtumspflege. Gottesdienste können das innere Gleichgewicht eines Menschen stützen. Und doch sind sie keine „therapeutischen" Veranstaltungen.

Man könnte lange so weiter machen und weitere Aspekte hinzufügen. Einer Wesensbestimmung des Gottesdienstes kommt man damit aber nicht näher. Sondern im Gegenteil: Man stellt fest, dass die genannten Aspekte weder einzeln noch in ihrer Summe eine schlagende Begründung für die Notwendigkeit von Gottesdiensten ergeben. Es gibt nämlich immer eine Möglichkeit, dasselbe anderswo besser zu bekommen: Entertainment macht Thomas Gottschalk professioneller. Ästhetik bietet auch ein Konzert. Gemeinschaft findet man am Stammtisch. Und Bildung holt man sich in der Volkshochschule. Feierliche Riten gibt es auch im Fußballstadion. Für die Seele hat man Psychotherapeuten. Und große Traditionen pflegt auch mancher Schützenverein.

Wozu also – um alles in der Welt – braucht der Mensch den Gottesdienst? Gerade für den evangelischen Christen, dessen Religiosität sich im Gegenüber von Wort und Glaube vollzieht, scheint der öffentliche Gottesdienst durchaus entbehrlich. Er weiß, dass kein Priester ihn vor Gott vertreten kann. Er braucht keinen anderen Mittler als Christus. Und er kennt keine Funktion des Gottesdienstes, die nicht auch außerhalb eines Gottesdienstes erfüllt werden könnte:

Das biblische Wort kann man nämlich auch zu Hause lesen. Und wenn man Erbauungsliteratur mag, hat man auch an Auslegungen keinen Mangel. Beten kann man auch im stillen Kämmerlein. Und singen erst recht. Die Gemeinschaft der Christen beschränkt sich nicht auf den Sonntagvormittag. Und Vergewisserung im Glauben kann auch das Zweiergespräch geben. Kurz: Will man sich nicht allein auf das Gebot der Feiertagsheiligung stützen, so lässt sich eine „Notwendigkeit" des Gottesdienstbesuches nicht nachweisen.

Nur fragt sich, wenn das so ist, warum die evangelische Christenheit nicht aufgehört hat, Gottesdienste zu feiern. Könnte es vielleicht sein, dass dort – jenseits aller Nützlichkeitserwägungen – doch etwas zu finden ist, was es anderswo nicht gibt? Etwas, das sich der Art unseres bisherigen Fragens wesensmäßig entzieht? In der Tat ist dies die These, die ich vertreten möchte: Die manchmal so kümmerlichen und scheinbar so entbehrlichen Veranstaltungen, die wir „Gottesdienste" nennen, sind in Wirklichkeit nichts anderes als ein

Vorgeschmack des Himmels auf Erden. Sie sind Orte, wo Gott heute „zur Welt kommt“, wo sich also das Weihnachtswunder fortsetzt und wiederholt. Und sie sind Orte, wo das Reich Gottes im Hier und Jetzt schon begonnen hat.

Denn im Mittelpunkt des Gottesdienstes stehen eigentlich nicht Wort und Sakrament. Sondern im Mittelpunkt des Gottesdienstes steht die durch Wort und Sakrament vermittelte heilvolle Gegenwart Gottes. Wenn aber gilt, dass Gott nicht da ist, wo der Himmel ist, sondern der Himmel immer da ist, wo Gott ist, dann kann man nur folgern, dass ein Gottesdienst der Himmel auf Erden sein muss; oder mit anderen Worten: ein Einbruch himmlischer Wirklichkeit in das irdische Raum-Zeit-Gefüge.

„Eine gewagte Behauptung!“, wird vielleicht mancher sagen. Aber sie wird plausibel, wenn man bedenkt, dass der Gottesdienst keine menschliche „Erfindung“, sondern eine Stiftung Gottes ist: Jesus selbst hat ihn begründet durch die Einsetzung des Abendmahles, durch den Befehl zur Wiederholung dieses Abendmahles und durch die damit verbundene Verheißung. Denn Jesus Christus sagt: *„Wo zwei oder drei versammelt sind in meinem Namen, da bin ich mitten unter ihnen.“ (Mt 18,20)*

Wo Christen das Mahl der Gemeinschaft fortführen, da ist Christus in Brot und Wein real präsent. Er ist gegenwärtig durch das Wort, das ihn verkündet. Und er ist gegenwärtig durch den Geist, der von ihm zeugt. Kurz: Wo die Glieder des Leibes Christi sich versammeln, da ist ganz gewiss auch das Haupt bei ihnen. Und das nicht nur manchmal (nicht nur, wenn der Pfarrer gut vorbereitet und die Gemeinde aufnahmebereit ist), sondern immer. Denn die heilvolle Gegenwart Gottes beruht nicht auf der „Qualität“ eines Gottesdienstes und nicht auf der „Würdigkeit“ der Feiernden, sondern allein auf Gottes Verheißung: Er hat versprochen, sich uns heilvoll zuzuwenden, wenn wir ihn suchen, wo er gefunden werden will – dort, wo man sich um Gottes Wort versammelt, betet, tauft und Abendmahl feiert. Ist aber bei solchem Tun Christus präsent, und gewährt er uns dabei seine Gemeinschaft – wie sollte da nicht im selben Moment das Reich Gottes unter uns Wirklichkeit sein?

Diese Folgerung ist zwingend, weil Jesus den Anbruch des Reiches Gottes untrennbar mit seiner Person verknüpft hat. Ist also Christus in unseren Gottesdiensten „da“, so ist mit ihm zugleich das Reich Gottes „da". Und wer beim Abendmahl am Tisch dieses Herren isst und trinkt, der sitzt in verborgener Weise schon mit Gott in Gottes Reich zu Tisch. Wort und Sakrament sind Tore, durch die überirdische Heilswirklichkeit in das irdische Raum-Zeit-Gefüge einbricht. Und Gottesdienste sind dementsprechend Feiern, in denen wir vorgreifend schon an himmlischer Herrlichkeit teilhaben. Es sind Feiern, in denen der Mensch ganz Mensch wird, weil er Gott ganz Gott sein lässt. Es sind Brückenköpfe des Himmels auf Erden.

Und indem wir sie feiern, vereinen wir uns nicht nur mit der Zeit und Raum übergreifenden Gemeinschaft der Heiligen. Sondern wir vereinen zugleich unseren Lobgesang mit dem Lobgesang der Engel im Himmel: Wir nehmen schon zeitlich teil an dem ewigen Gottesdienst der Engel um Gottes Thron, in den aller irdische Gottesdienst einst einmünden wird.

Fazit: Jene kurze Stunde am Sonntagvormittag ist viel mehr als Unterhaltung, Belehrung oder Brauchtumspflege – sie ist Heilsgeschehen, in dem der Himmel die Erde berührt. Und das erklärt, warum unsere Eingangsfrage so schwer zu beantworten war: Wenn wir Schwierigkeiten hatten, den Zweck und den Nutzen eines Gottesdienstes anzugeben, so lag das einfach daran, dass die Gegenwart des Reiches Gottes keinen anderen Zweck haben kann als eben die Gegenwart des Reiches Gottes. Das Stehen vor Gottes Angesicht hat kein anderen „Nutzen" als vor Gottes Angesicht zu stehen. Denn wie bei Verliebten, deren Zusammensein zu nichts „nütze" sein muss, weil die Nähe im vertrauten Zusammensein sie glücklich macht, so hat auch das gottesdienstliche Zusammensein mit Gott seinen Wert in sich selbst. Wer es erfährt, der braucht keine weiteren „Gründe", um den Gottesdienst zu besuchen. Wer es aber nicht erfährt – wie sollten dem Ermahnungen helfen? Welche Argumente könnten einen Blinden von der Schönheit der Farbe überzeugen?

Bitten wir darum Gott, dass er uns allen die stumpfen Sinne schärft. Zuerst den 95 % der Gemeindeglieder, die nicht zum Gottesdienst kommen. Dann aber auch den fünf %, die kommen. Denn so wahr es auch ist, was oben über die Gegenwart Gottes im Gottesdienst gesagt wurde – so bleibt es doch ein Rätsel und ein Ärgernis, dass wir oft so wenig davon spüren ...

Gott vergebe uns diese Trägheit unserer Herzen. Und er

lehre uns, wieder tiefer zu empfinden, was wir in unseren Kirchenliedern singen:
„Tut mir auf die schöne Pforte, führt in Gottes Haus mich ein;
ach wie wird an diesem Orte meine Seele fröhlich sein!
Hier ist Gottes Angesicht, hier ist lauter Trost und Licht.
Ich bin, Herr, zu dir gekommen, komme du nun auch zu mir.
Wo du Wohnung hast genommen, da ist lauter Himmel hier.
Zieh in meinem Herzen ein, lass es deinen Tempel sein."
(EG 166)

➞ *Sinn und Nutzen eines Gottesdienstes liegen nicht darin, dass er die Gemeinschaft, die Kunst oder das Brauchtum pflegt, dass er bildet, unterhält oder therapiert. Vielmehr steht im Mittelpunkt die durch Wort und Sakrament vermittelte heilvolle Gegenwart Gottes. Die gottesdienstliche Erfahrung dieser Gegenwart, das Stehen vor Gottes Angesicht, ist zu nichts „nütze" und muss es auch nicht sein: Die Gemeinschaft mit dem Herrn, dieser Vorgeschmack auf Gottes Reich, hat seinen Wert in sich selbst.*

50. Gebet

Es gibt ein Buch, das den Titel trägt „Beten ist menschlich". Ich weiß aber nicht genau, wie der Titel gemeint ist. „Beten ist menschlich" – soll das besagen, dass das Beten eine natürliche Fähigkeit des Menschen ist, etwas, was man eben „kann", wie man lachen und weinen, essen, trinken und schlafen „kann"? „Beten ist menschlich" – soll das heißen, es verhielte sich mit dem Beten so wie mit dem Laufen – irgendwann als Kleinkind hat man es gelernt, und dann kann man es für den Rest seines Lebens? Wenn es so gemeint ist, dann wird man widersprechen müssen.

Denn laufen lernt eigentlich jeder irgendwann. Aber beten? Damit haben viele Menschen große Schwierigkeiten. Viele sagen: „Ich kann nicht beten." Und ich glaube, dass viele dieser Menschen es sehr ernsthaft versucht haben und daran gescheitert sind.

Wenn man es recht bedenkt, so ist das auch nicht verwunderlich: Denn was ist weniger selbstverständlich, was ist erstaunlicher als dies, dass Menschen beten, dass sie mit Gott im Gespräch sein können? Das Beten liegt uns ja nicht im Blut. Wir sind nicht so ohne weiteres per „Du" mit Gott. Er ist uns erst einmal fremd. Und es sind Zweifel angebracht, ob er denn mit sich reden lässt.

Lässt Gott mit sich reden? Redet er mit Sündern? Und umgekehrt: Lassen wir mit uns reden? Suchen wir wirklich das Gespräch mit ihm? Wir sind ja keine ebenbürtigen Gesprächspartner für ihn – wir sind aus krummem Holz geschnitzt. Wir wissen ganz gut, dass wir nicht die sind, die wir sein sollten.

Und darum suchen wir nichts weniger als ein offenes Gespräch mit Gott – er könnte uns ja zur Rechenschaft ziehen. Er könnte uns Fragen stellen, auf die wir keine Antwort wissen. Adam, als er von der verbotenen Frucht gekostet hatte, versteckte sich vor Gott – und er wusste warum. Er wollte der Frage ausweichen, die Gott ihm dann doch stellte: *„Hast du nicht gegessen von dem Baum, von dem ich dir gebot, du solltest nicht davon essen?" (1. Mose 3,11)*

Und selbst ein Mann wie der Prophet Jesaja fürchtete sich vor der direkten Begegnung mit Gott: Als ihm Gott gegenübertrat, als er vor ihm stand, da sagte Jesaja nicht etwa: „Endlich, Gott, jetzt kann ich dir alles erzählen, was ich dir schon immer erzählen wollte und fragen, was ich dich schon immer fragen wollte ..." Nein. Er sagt: *„Weh mir, ich vergehe! Denn ich bin unreiner Lippen und wohne unter einem Volk von unreinen Lippen ..." (Jes 6,5)*

Sollten unreine Lippen beten können? Sollte Gott geneigt sein, Aufrührern freundlich zuzuhören? Nein, Gott verhängt über den Menschen, der nicht Rede und Antwort stehen will, sein Gericht. Er hüllt sich in Verborgenheit, er offenbart seinen Zorn – ein unüberwindlicher Graben tut sich auf. Sollte hier ein Gebet von der einen Seite auf die andere dringen können?

Auch Martin Luther hat mit dieser Frage gerungen. Er war ja zunächst Mönch gewesen. Und da hatte er in Sachen Gebet einiges durchprobiert. Er gab sich große Mühe dabei. Aber die Worte, die er gen Himmel schickte, tropften von der Decke seiner Klosterzelle wieder herunter. Dass es keinen Sinn hat, Gott mit vielen Worten, mit unendlichen Litaneien, mit Ave-Marias und Rosenkränzen in den Ohren zu liegen – das merkte er schnell. Die Menge der Worte macht's nicht.

Luther hat darum versucht, besonders innig und intensiv, besonders konzentriert und diszipliniert zu beten. Aber wiederum ohne Erfolg: Er drang nicht durch zu Gott. Die Worte, die er gen Himmel schickte, tropften von der Decke seiner Klosterzelle wieder herunter. Er musste lernen: Auch die Intensität des Gebets macht's nicht. Und irgendwann begriff Luther woran das lag:

Es macht keinen Unterschied, ob man Gott durch die Masse der Gebete oder durch ihre Intensität zu beeindrucken sucht. So oder so bleibt es ein Versuch, den Graben zwischen uns und Gott aus eigener Kraft zu überwinden. Und das geht eben nicht. Es gibt keine „Gebetstechnik", mit der das zu schaffen wäre.

Mag der Beter sich in eine Mönchskutte kleiden oder in eine modernere „spirituelle" Gewandung, mag er sich mit dem Fleiß des Vielbeters schmücken oder mit fernöstlichem Tiefsinn – sitzend oder stehend, rezitierend oder schweigend, asketisch, ekstatisch oder nüchtern – es bleibt dabei: *„Setz dir Perücken auf von Millionen Locken, / Setz deinen Fuß auf ellenhohe Socken, / Du bleibst doch immer, was du bist."* ... ein Sünder nämlich. Einer, der keinen Zugang zu Gott hat.

Allerdings hat Luther dann eine Entdeckung gemacht: Es gibt ein Gewand, eine Kleidung in der der Mensch betend vor Gott erscheinen darf. Es gibt einen Weg, eine Brücke über den Graben. Nicht von uns aus, aber von Gott aus. Ich zitiere aus einer Predigt Luthers:

„... Gott kann's nicht leiden, dass wir mit ihm handeln ohne Christus, so wie wir Toren es gelehrt haben, als ob wir in unserem Namen zu Gott kommen müssten. Gott wird nicht anders angebetet, als ... so, dass du bekleidet bist, mit Christi Kleidern, seinem Namen und seinen Gaben, so dass du sogar selber Christus bist. Dann wirst du Erhörung finden."

Ein seltsames Bild ist das. Aber was es bedeutet, ist klar. Zum einen: Gott kann's nicht leiden, dass wir mit ihm handeln ohne Christus. Ohne eine Vermittlung durch Christus kann man nicht beten. Er muss uns seine Kleider leihen, er muss dabei sein, wenn wir Gott unter die Augen treten. Denn Gott im Vaterunser als „Vater unser" anreden, das ist so lange eine erschlichene Vertraulichkeit, als nicht Christus unser Bruder geworden ist und uns zu Kindern seines Vaters gemacht hat. Wer das nicht bedenkt und einfach meint, er sei mit dem lieben Gott auf Du und Du, der weiß nicht, worauf er sich einlässt.

Zum anderen ist mit jenem Bild aber gesagt, dass Gott mit uns auf Du und Du sein will. Er findet einen Weg, uns gesprächsfähig zu machen: Wer sich an Christus hält, wird nämlich neu eingekleidet – Christus nimmt ihm das Bettelgewand der Sünde von den Schultern, um es selbst zu tragen. Und wiederum nimmt Christus den Mantel seiner Gerechtigkeit von den Schultern und hängt ihn dem Sünder um. Bekleidet mit Christi Kleidern kann der Mensch dann Gott gegenübertreten.

Seine Schuld ist getragen, seine Lippen sind rein geworden, sein Gebet dringt nun durch und findet Gehör bei Gott dem Vater. Ob sein Gebet Gott gefällt, darum muss der Mensch sich dann nicht mehr sorgen. Es hängt ja überhaupt nicht von seiner Andacht, seiner Konzentration, seiner Wortwahl oder sonstiger Geschicklichkeit ab. Dass sein Gebet Gott gefällt, beruht allein auf Christi Verheißung. Denn er hat ja gesagt: *„Wahrlich, wahrlich, ich sage euch: Wenn ihr den Vater um etwas bitten werdet in meinem Namen, wird er's euch geben." (Joh 16,23)*

So gesehen ist Beten viel einfacher, als wir meist denken. So ungeschickt wir uns auch anstellen – beten wir in Christi Namen, so gefällt es Gott wohl. Und all die scheinbar so wichtigen Fragen treten in den Hintergrund:

Was soll ich sagen, wenn ich bete? Soll ich Gott alles erzählen, was mich bewegt? Kann ich ihm überhaupt etwas erzählen, was er nicht schon wüsste? Soll ich konkrete Bitten äußern? Weiß er nicht ohnehin viel besser als ich, was für mich und meine Mitmenschen gut ist? Soll ich eigene Worte benutzen oder lieber vorformulierte Gebete? Soll ich allein beten oder besser mit anderen gemeinsam? Sitzend oder stehend, laut sprechend oder nur innerlich, lang oder kurz?

Nun – das alles sind Fragen, über die man einmal nachdenken kann. Aber es ist nicht gut, wenn man ihnen zu viel Aufmerksamkeit schenkt. Denn diese Fragen können einen Menschen so beschäftigen, dass er schließlich nicht einmal mehr weiß, wie er sein Gebet anfangen soll. Und vor lauter Angst, etwas falsch zu machen, lässt er es dann ganz bleiben. Das ist schade. Und es ist unnötig. Denn nicht einmal der Apostel Paulus wusste, wie man richtig betet. Er wusste es nicht, hat es aber doch nicht gelassen. Und woher nahm er den Mut? Im 8. Kapitel des Römerbriefes schreibt er:

„... der Geist hilft unsrer Schwachheit auf. Denn wir wissen nicht, was wir beten sollen, wie sich's gebührt; sondern der Geist selbst vertritt uns mit unaussprechlichem Seufzen. Der aber die Herzen erforscht, der weiß, worauf der Sinn des Geistes gerichtet ist; denn er vertritt die Heiligen, wie es Gott gefällt.“

Das heißt nichts anderes, als dass Gottes Geist für uns einspringt. Gott weiß sehr gut, dass wir uns nicht aufs Beten verstehen. Darum: Beten wir im Namen Jesu, so vertritt uns der Heilige Geist vor Gott, so wie es Gott gefällt. Praktisch gesprochen: Wenn wir auch bloß dasitzen und die Hände falten und vor lauter Dumpfheit und Unruhe keinen Satz herausbringen, so tut's auch ein bloßer Seufzer – Gott weiß, wie es gemeint ist.

Er erbarmt sich auch so und hört aus dem einen Seufzer mehr heraus, als wir ihm an einem ganzen Abend erzählen könnten. So freundlich ist der Herr: Er hat ein offenes Ohr für das Stammeln seiner Kinder und lässt es gelten, als sei es die schönste und geschliffenste Rede. Er macht es uns leicht und lädt uns ein, ihn anzureden. Auf diese Einladung hin nicht viel „Aber, aber ...“, sondern kurz und voller Vertrauen „Amen“ sagen – das ist schon die ganze Kunst des Gebets.

Neun Grundregeln des Betens

1. Bete immer so, dass du die Erfüllung deiner Bitten Gott anheim stellst.

Du darfst zwar alle deine Wünsche und Sehnsüchte vor Gott bringen. Aber du musst bereit sein, deine Pläne den Plänen Gottes unterzuordnen. Er weiß sowieso besser, was dir und den anderen gut tut. Egal also, wie sehr dich dein Anliegen drängt: Schließe dein Gebet, wie Jesus es schloss: *„Vater, ... nicht mein, sondern dein Wille geschehe!“ (Lk 22,42)*

2. Versuche im Gebet nie, Gott zum Mittel eines außer Gott liegenden Zweckes zu machen.

Denn das Ziel des Gespräches mit Gott ist nichts weiter, als mit Gott im Gespräch zu sein. Bete darum nicht, um eine religiöse Pflicht zu erfüllen. Bete nicht, um Gott deinen Plänen dienstbar zu machen. Sondern wie die Unterhaltung von Verliebten, deren Gespräch zu nichts dienen muss, weil die Nähe im vertrauten Gespräch sie glücklich macht, so sei auch dein Gespräch mit Gott. Es hat kein anderes Ziel, als dass du bei ihm bist, dich in ihm gründest und verankerst. Alles Weitere findet sich dann schon ...

3. Meine nicht, du müsstest Gott erst informieren über das, was dich bewegt.

Denn Christus sagt: *„... euer Vater weiß, was ihr bedürft, bevor ihr ihn bittet.“ (Mt 6,8)*

4. Bete immer im Namen Jesu Christi, auch wenn du es nicht ausdrücklich sagst.

Denn ein Gebet in deinem eigenen Namen könnte nie Gehör finden. Du betest schließlich mit unreinen Lippen und mit unreinem Herzen. Nie könntest du wagen, Gott anzureden wie Deinesgleichen, nie dürftest du das vertraute Gespräch mit ihm suchen, wenn dich nicht Christus mit dem Vater versöhnt hätte. Nur in seinem Namen, als seine Brüder dürfen wir sagen „Abba, lieber Vater“.

5. Lass dein Gebet nicht zum Selbstgespräch verkommen.

Denn es ist zwar wahr, dass meditative Selbstbesinnung deine psychische Balance fördern und Selbstklärungsprozesse vorantreiben kann. Doch die entscheidenden Antworten kommen nicht aus der verborgenen Tiefe der menschlichen Seele. Sie kommen von Gott. Und sie widersprechen manchmal allem, was wir empfinden. Willst du diese überraschenden Antworten nicht hören, so meditiere – aber rede nicht Gott an!

6. Vergiss über den Bitten nie den Dank, das Lob und die Fürbitte für andere.

Denn deine Bitten halten dich bei dir selbst fest. Sie lassen dich um dich selbst und deine Wünsche kreisen. Dank, Lob und Fürbitte aber durchbrechen alle Egozentrik und öffnen dich für Gott und deinen Nächsten.

7. Verliere dich nicht in der Suche nach angemessenen Worten.

Denn die Worte, die du findest, werden nie angemessen sein. Und es kommt auch gar nicht so sehr darauf an. Gott nämlich, der uns besser kennt, als wir uns selber kennen, kommt uns zu Hilfe. Gottes Heiliger Geist, der in den Gläubigen wohnt, hilft unserer Schwachheit auf und überbrückt die Kluft zwischen uns und Gott, die menschliche Redekunst auch mit den angemessensten Worten niemals überbrücken könnte.

8. Bete kurz, aber konzentriert.

Denn durch Weitschweifigkeit und Zerstreutheit missachtet man den Gesprächspartner. Das ist schon zwischen Menschen so. Erst recht aber gilt es gegenüber Gott. Hier brauchen wir nicht viele Worte, aber einen hellwachen Geist. Darum gilt es, sich zum Gebet möglichst zurückzuziehen und eine geeignete Körperhaltung zu finden. Welche, ist nicht wichtig. Was dich ruhig und konzentriert macht, ist richtig.

9. Gib dich im Gebet nie anders, als du bist, und vermeide alle Künstlichkeit.

Denn wer meint, er könne oder müsse Gott etwas vormachen, der hat noch gar nicht begriffen, mit wem er da redet. Gott durchschaut ohnehin jede Maske. Darum stelle dich im Gebet nicht frömmer, als du bist. Öffne vielmehr dein Herz vor Gott und sei zuversichtlich, dass er mit dem, was du vor ihm ausschüttest, etwas anzufangen weiß.

➡ *Beten ist keine menschliche Möglichkeit, denn als Sünder sind wir „unreiner Lippen“ und haben Grund, den offenen Austausch mit Gott zu scheuen. Keine „Gebetstechnik“ vermag diese Distanz zu überwinden, solange wir im eigenen Namen beten. Das Gebet im Namen Christi dagegen findet Gehör, weil Christi Brüder und Schwestern seinen Vater mit Fug und Recht „Vater unser“ nennen dürfen. „Gebetstechnik“ spielt dabei keine Rolle. Denn der Heilige Geist vertritt uns vor Gott, wie es ihm gefällt.*

DIE AUFERSTEHUNG DER TOTEN UND DAS EWIGE LEBEN ...

51. Tod

Immer wenn es Herbst geworden ist und der Winter seine kalten Vorboten über die Natur gelegt hat, werden wir an die Vergänglichkeit unseres Daseins erinnert. Und mancher beginnt dann, über den Tod nachzudenken:

Was ist das eigentlich für ein Widerfahrnis, das uns da allen bevorsteht? Ist der Tod etwas Natürliches, wie manche sagen, etwas, das wir annehmen sollen, weil es nun einmal zum Leben gehört? Ist der Tod ein überlegener Feind, den wir fürchten müssen, weil er uns am Ende alles nimmt, was wir sind und haben? Oder können wir den Tod vielleicht begrüßen als einen Freund, der uns Ruhe und Frieden schenkt, wenn uns unsere Füße nicht mehr tragen wollen? Nun – der eine sagt es so, der andere anders. Und man kann daraus zunächst nur folgern, dass unsere Erfahrungen des Todes vielgestaltig sind.

Als Christ nimmt man dann vielleicht die Bibel zur Hand, um Klarheit zu gewinnen. Aber wenn man eine schnelle, einfache Antwort gesucht hat, wird man enttäuscht. Denn auch das biblische Zeugnis über den Tod ist vielgestaltig. Die Bibel bestätigt uns, dass der Tod nicht ein Gesicht, sondern mindestens drei verschiedene Gesichter hat. Wir gehen sie einmal durch:

1. Das erste Gesicht des Todes, das wir kennen lernen, ist gewissermaßen neutral. Denn an vielen Stellen scheint uns die Bibel einfach sagen zu wollen, dass der Tod etwas Natürliches ist, etwas, was zu unserer Geschöpflichkeit dazugehört, etwas, wodurch wir in den großen Zyklus des Werdens und Vergehens eingebunden sind wie das liebe Vieh und die Pflanzen auch: Der Mensch ist *„... wie ein Gras, das am Morgen noch sprosst, das am Morgen blüht und sprosst und des Abends welkt und verdorrt.“ (Ps 90, 5-6)* Und man könnte mit einem Schulterzucken sagen: So hat es Gott nun einmal geordnet. Alles hat seine Zeit, das Leben hat seine Zeit und das Sterben eben

auch. Allen seinen Kreaturen hat der Schöpfer gewisse Grenzen gesetzt. Und eine solche Grenze ist auch der Tod. Dass es ihn als natürliche Grenze unserer Lebenszeit gibt, wird niemanden freuen. Dagegen zu rebellieren besteht aber ebenso wenig Anlass.

Denn jeder sieht wohl ein, dass immer eine alte Generation abtreten muss, damit eine neue Generation wirken und sich entfalten kann. Wir sehen ein, dass diese Welt nicht so voller Lebensreichtum und Lebensvielfalt sein könnte, wenn nicht das Alte immer wieder dem Neuen Platz machen würde. Schließlich muss im Herbst auch das Laub von den Bäumen, damit im Frühling wieder neue Blätter sprießen können. Und insofern müssen wir gestehen, dass es auch mit unserem Sterben seine Ordnung hat.

Natürlich ist diese Ordnung nicht ganz leicht zu bejahen, weil sie mich am Ende auch „mein" Leben kostet.

Aber wenn der Tod wirklich erst am Ende kommt, nach 70, 80 oder 90 Jahren erfüllten Lebens, dann können wir ihn normalerweise ganz gut hinnehmen. Wir rebellieren ja auch nicht dagegen, dass auf den Sommer ein Herbst und ein Winter folgen. Ist das also die rechte, christliche Einstellung zum Tod, dass wir uns einfach mit ihm abfinden? Man könnte es meinen.

2. Blättern wir aber in der Bibel weiter, so finden wir, dass sie an anderer Stelle wieder ganz anders vom Tod spricht und uns ein anderes, viel bedrohlicheres Gesicht des Todes zeigt: Paulus z. B. lehrt uns, der Tod des Menschen sei keineswegs eine einfache Naturgegebenheit, sondern er sei „der Sünde Sold", also eine Strafe und ein Gerichtsakt Gottes, ein Verhängnis, das nur deshalb über den Menschen gekommen ist, weil er sich von Gott abgewandt hat.

Paulus schreibt im Römerbrief: *„... wie durch einen Menschen die Sünde in die Welt gekommen ist und der Tod durch die Sünde, so ist der Tod zu allen Menschen durchgedrungen, weil sie alle gesündigt haben." (Röm 5,12)*

Demnach wäre es eine Verharmlosung und eine Oberflächlichkeit, wenn wir den Tod nur als eine Naturgegebenheit ansehen und ihn darum gelassen hinnehmen wollten. Nein, er hat daneben noch ein zweites, ein hässliches Gesicht: Der Tod zerschlägt uns, er zerbricht uns, er verdirbt uns und gibt uns dem Vergessen anheim. Und was das Schlimmste daran ist –

er ist dabei im Recht. Denn das ist es, was das Neue Testament meint, wenn es sagt, der Tod sei der Sünde Sold: Zerschlagen zu werden vom Tod, das ist der Lohn, den wir dafür erhalten, dass wir uns von Gott weg dem Bösen zugewandt haben. Mit anderen Worten:

Wenn das Leben des Sünders Widerspruch gegen Gott ist, dann ist unser Tod Gottes Widerspruch gegen die Sünde. Es ist sein Widerstand gegen das Böse, dass er durch das von Bösem gekennzeichnete Leben einen dicken Strich zieht und durch den Tod das, was nicht sein soll, ins Nicht-sein befördert. Das mag uns hart erscheinen. Aber Gott hat leider Recht damit. Denn warum sollte er uns ewig leben lassen, wenn dieses ewige Leben nur eine unendliche Verlängerung unserer Gottlosigkeit wäre?

Darum ist es recht, dass der Geist, der sich gegen Gott auflehnt, vergehen muss. Es ist recht, dass der Widerstand gegen Gott einmal endgültig gebrochen wird. Es ist recht, dass der, der sich vom Licht abwendet, dem Dunkel des Todes anheim fällt. Sofern wir Sünder sind, ist also unser Tod nie bloß ein harmloses Naturgeschehen, sondern ist immer zugleich auch Vollzug des Gerichts über uns und eine schreckliche Manifestation dessen, dass wir in Entzweiung mit Gott gelebt haben.

Ist es demnach die rechte Einstellung eines Christen zum Tod, dass man ihn fürchtet? Es mag so scheinen.

3. Wenn wir uns aber gerade an diesen Gedanken gewöhnt haben, stoßen wir plötzlich auf biblische Worte, die den Tod als etwas Schönes und geradezu Erstrebenswertes darstellen. Die Bibel zeigt uns noch einmal ein total anderes, ein sehr freundliches Gesicht des Todes. Denn derselbe Paulus, der im Tod ein verdientes Gericht über des Menschen Sünde sieht, schreibt im Brief an die Philipper, er *„... habe Lust, aus der Welt zu scheiden und bei Christus zu sein, was auch viel besser wäre."* Und er sagt dort sogar *„... Christus ist mein Leben und Sterben ist mein Gewinn." (Phil 1, 21-23)*

Da haben wir nun das dritte Gesicht des Todes: Für den Christen ist der Tod erstens Naturgeschehen, zweitens Vollzug des göttlichen Gerichts – und drittens das Tor in den Himmel. Dieser letzte, der freundliche Aspekt des Todes ist es, der uns an Gräbern nicht bloß weinen und schweigen, sondern auch singen und reden lässt: Tatsächlich ist „Christus unser Leben und Sterben unser Gewinn". Denn der Tod ist unsere Durchgangsstation in eine ungetrübte Gemeinschaft mit dem Herrn, wie wir sie heute noch nicht haben können:

In diesem irdischen Dasein ist ja schließlich alles Stückwerk und alles Halbheit. Wir werden in diesem Leben den Zweifel nicht los, wir werden die Anfechtung nicht los, wir werden die Sünde nicht los, weil uns das alles zu sehr in den irdischen Knochen steckt. Jetzt sehen wir wie durch einen Spiegel nur ein dunkles und verschwommenes Bild, sagt Paulus. Dann aber werden wir Gott sehen von Angesicht zu Angesicht. Jetzt erkennen wir nur stückweise, dann aber werden wir erkennen, wie wir erkannt sind. Und das ist in der Tat eine verlockende Aussicht: Alle Schwachheit wird dann von uns abgetan, wir werden teilhaben an der Auferstehung Jesu Christi, wir werden bekleidet mit Ehre und Gerechtigkeit und ziehen als Vollendete ein in das Haus des himmlischen Vaters, das viele Wohnungen hat.

Sind wir uns dieser großen Verheißungen bewusst, so können wir den Tod nicht mehr für einen Feind halten, sondern nur für einen Freund. Denn er ist nichts weiter als ein kurzer Schlaf, nichts weiter als ein Fährmann, der uns zu besseren Ufern übersetzt, nichts weiter als unsere Geburt zum Ewigen Leben: etwas, wonach sich der Christ mit Fug und Recht sehnen kann und sehnen darf.

Nun allerdings, da wir drei Gesichter des Todes kennen gelernt haben, scheint die Verwirrung komplett: Denn ein jeder wird sich fragen, was er nun von seinem eigenen Tod halten soll, auf den er ja zugeht. Welches der drei Gesichter schaut mich da an? Muss ich mich nun fürchten oder darf ich mich freuen – oder etwa beides zugleich? Um das zu beantworten, müssen wir zuerst klarstellen, welche Geschöpfe es mit welcher Gestalt des Todes zu tun bekommen. Das ist nämlich nicht bei allen gleich:

1. Für Pflanzen und Tiere ist der Tod ein Naturgeschehen im großen Schöpfungszyklus des Werdens und Vergehens – und nichts weiter. Über Pflanzen und Tiere ergeht kein Gericht, darum bedürfen sie auch keiner Erlösung. Sie sehen nur das erste, das neutrale Gesicht des Todes.

2. Für Menschen ohne Glauben, die in Entzweiung mit Gott leben, ist der Tod ebenfalls Naturgeschehen. Er ist darüber hinaus aber auch Gottes Gericht über ihr gottloses Dasein. Gott macht durch den Tod einen Strich durch ihr Leben und

vernichtet die, die sich für das Nichtige und Böse entschieden haben. Der Ungläubige sieht also nur das erste und zweite Gesicht des Todes: das neutrale und das feindliche.

3. Dem Christen begegnen alle drei Gesichter des Todes: Er ist Geschöpf unter Geschöpfen und kennt daher den Tod als Naturgeschehen. Er ist auch als Christ immer noch Sünder und erfährt darum den Tod auch als Gericht über all das, was in ihm noch der alten Adamsnatur angehört. Schließlich aber ist er nicht nur Sünder, sondern um Christi willen ein gerechtfertigter und begnadigter Sünder und hat darum die Verheißung des Ewigen Lebens, die ihn fröhlich und getrost auf den Tod zugehen lässt. Und dies Letzte ist am Ende bestimmend für das Verhältnis des Christen zum Tod.

Denn er ist zwar für uns gleichzeitig natürliche Grenze <u>und</u> Gericht <u>und</u> Erlösung. Aber diese drei Dinge stehen nicht gleichberechtigt nebeneinander, sondern sie werden klar dominiert von der Gewissheit der Erlösung: Wer sich nämlich darauf freut, ganz bei Gott zu sein, wird nicht darüber grollen, dass sein irdisches Leben begrenzt ist. Und wer ein neuer Mensch werden will, wird nicht widerstreben, wenn im Gericht des Todes alles Alte an ihm untergeht.

Vielmehr wird er sich freuen, dass der Tod dasjenige von ihm abstreift, was das Reich Gottes nicht ererben kann. So verliert der Christ die Scheu vor dem Tod und kann ihn begrüßen als den von Gott gesandten Fährmann, der ihn hinüberbringt in das himmlische Jerusalem.

Freilich ist solche Glaubenszuversicht schwer durchzuhalten, wenn's dann wirklich ans Sterben geht. Wenn wir den Boden unter den Füßen verlieren, tun wir uns nicht leicht damit, uns in Gottes Hände fallen zu lassen, sondern klammern uns fest am letzten Quäntchen Lebenskraft, das uns bleibt. Das gereicht uns nicht zur Ehre. Doch trotzdem wird sich am Ende Gottes Gnade als stärker erweisen als unsere Furcht und wird mächtig sein in unserer Schwäche. Das letzte Wort hat darum nicht das Gericht, sondern die Gnade und das österliche Lachen, denn – Gott sei's gedankt – Christus ist unseres Todes Tod.

Vier Regeln zum Umgang mit dem Tod:

1 – Wenn mir der Tod begegnet, mein eigener oder ein fremder Tod, so darf ich von Herzen seufzen. Ich darf meine Trauer, meine Angst und meine Wut in dieses Seufzen hineinlegen, darf in den vielstimmigen Chor aller vergänglichen Geschöpfe einstimmen. Ich darf gewiss sein, dass Gott mein Stöhnen hört und meine Sehnsucht kennt.

2 – Wenn mir der Tod begegnet, mein eigener oder ein fremder Tod, dann sollte ich mich trotz des Schmerzes und der Trauer nicht verhalten, als würde mir Unrecht getan. Ich habe das Leben aus Gottes Hand empfangen. Darum kann ich es auch ohne Bitterkeit in seine Hand zurückgeben: seufzend, aber nicht selbstmitleidig, klagend, aber nicht anklagend.

3 – Wenn mir der Tod begegnet, mein eigener oder ein fremder Tod, dann will ich ihm nicht zu viel Ehre antun. Ich will nicht vor ihm verzweifeln, denn er ist nicht mächtiger als Christus, mein Herr und Bruder. Ich brauche vor dem Tod nicht zu resignieren, er hat nicht das letzte Wort. Darum soll er auch nicht meine Gedanken beherrschen, und seine Schatten sollen mich nicht auf Dauer niederdrücken.

4 – Wenn mir der Tod begegnet, mein eigener oder ein fremder Tod, so soll ich nicht vergessen, dass ich ein Kind Gottes bin. Der Tod vermag mich nicht von der Liebe des Vaters zu trennen. Im Gegenteil: Er wird die Reste der Sünde von mir abstreifen, die mir doch im Leben immer noch anhängen, und er wird mich zum Vater bringen, bei dem ich gut aufgehoben bin und bei dem ich meine Lieben gut aufgehoben wissen darf.

➡ *Der Tod hat mehr als ein Gesicht: Er ist für alle Geschöpfe die natürliche, vom Schöpfer gesetzte Grenze ihres Daseins. Für Sünder ist er zugleich ein Gerichtsakt, durch den Gott das ihn Verneinende verneint und das Nicht-sein-sollende ins Nicht-sein befördert. Für begnadigte Sünder aber ist er außerdem auch noch das Tor in den Himmel, die Durchgangsstation in die ungetrübte Gemeinschaft mit Gott. Christen müssen den Tod darum nicht fürchten: Für sie ist das Sterben nicht Vernichtung, sondern Vollendung.*

52. Gericht

Wer sich viel mit älteren Menschen unterhält, weiß, wie nachhaltig der Krieg diese Generation geprägt hat und wie häufig die Kriegszeit in den Mittelpunkt der Gespräche tritt. Einige denken ganz gern an diese Zeit, denken an ihre Jugend und wie sie es geschafft haben, mit Fleiß und Geschick durch die harte Zeit hindurchzukommen. Da verklärt sich manches im Abstand der vielen Jahre. Doch gibt es auch die anderen, denen es nie gelungen ist, Abstand zu gewinnen von diesen Ereignissen. Es gibt immer noch jene Kriegsteilnehmer, die Nacht für Nacht von Alpträumen heimgesucht werden und schweißgebadet erwachen, weil ihnen das Morden nicht aus dem Kopf geht, weil sie die Schreie verwundeter Kameraden noch immer hören, weil sie die eigene Todesangst und die Angst um die Familie nicht loswerden.

Freilich – diesen Menschen wird gesagt, sie sollten doch endlich die alten Geschichten vergessen. Und sie täten es wohl selbst gern – aber wenn sie abends im Bett die Augen schließen, sind die Bilder wieder da: brennende Häuser und sterbende Soldaten, endlose Flüchtlingstrecks und Leichen am Straßenrand. Diese Leute werden nicht gesprächig, wenn es um den Krieg geht, sondern schweigsam. Denn ihre Erfahrungen eignen sich nicht als Anekdoten für die Enkelkinder. Sie waren ja gewissermaßen Augenzeugen einer biblischen Tragödie. Sie haben erlebt, wie Kain den Abel erschlug, ja sie waren selbst Kain oder waren selbst Abel, waren Gewalttäter oder Gewaltopfer oder beides – und sie werden damit nicht fertig. Ihre Erfahrungen rauben ihnen den Schlaf, weil sie spüren, dass Krieg, Mord und Gewalt mehr sind als bloße Zwischenfälle im normalen Betrieb der Weltgeschichte. Sie spüren, dass durch Mord und Gewalt die ganze von Gott gewollte Weltordnung aus den Fugen gerät. Sie spüren, dass der Krieg nicht bloß ein kleiner Riss ist im Gebäude unserer Welt, sondern etwas grundstürzend Falsches, wobei man sich einfach nicht beruhigen kann – etwas, das auch durch tausendfache Wiederholung nicht normal und nicht akzeptabel wird.

Es sind dies sensible Menschen, es sind verstörte Menschen – und sie sind gerade durch ihr Verstört-sein dem christlichen Glauben sehr nahe. Denn ich meine, sie empfinden, was auch Gott empfindet. Die Sache mit Kain und Abel lässt nämlich auch Gott nicht ruhen. Auch er leidet daran, dass jener erste Totschlag eine tiefe Unordnung in die Welt gebracht hat. Etwas, was man nicht auf sich beruhen lassen kann und das auch nicht mal so eben „vergeben und vergessen“ werden darf.

Gewiss, Kain wäre es so am liebsten gewesen. Er hätte die Angelegenheit gern schnell vergessen. Es steht zwar nicht ausdrücklich in der Bibel – aber ich vermute, er hat die Leiche seines Bruders auf dem Acker verscharrt, gleich dort am Ort der Tat. Und er hat wohl gehofft, damit sei die ganze Angelegenheit begraben. Doch dummerweise kommt da einer, der sich für die Gewaltopfer dieser Welt interessiert. Gott kommt und fragt Kain: „Wo ist dein Bruder Abel?“

Kain aber ist dreist genug, selbst Gott zu belügen. Und so antwortet er: „Ich weiß nicht“. Und weil Angriff die beste Verteidigung ist, fügt er noch ein freches Wortspiel an: „Soll ich des Hirten Hirte sein? – Soll ich meines Bruders Hüter sein?“

Ja, so redete Kain damals und so reden Kains Söhne bis heute. Denn die Gewalttäter aller Zeiten folgen seinem Beispiel. Erst vor kurzem erlebten wir das wieder im ehemaligen Jugoslawien. Auch dort haben Brüder Brüder erschlagen. Auch dort wurden die Opfer irgendwo auf dem Acker in Massengräbern verscharrt. Und auch dort verlässt man sich darauf, dass wortwörtlich Gras über die Sache wächst, dass die Überreste der Opfer nicht gefunden und ihre Namen vergessen werden. Ja, überall auf der Welt verfolgen Kains Söhne dieselbe Strategie wie ihr Stammvater. Sie schüchtern Zeugen ein, verwischen Spuren und hoffen, dass kein Richter sie je belangen wird. Sie rechnen mit der Vergesslichkeit und Gleichgültigkeit der Weltöffentlichkeit – und diese Rechnung geht oft auf.

Ist das nicht unerträglich? Ja, ich denke, es müsste uns allen mehr als eine schlaflose Nacht bereiten, dass die Frechheit der Täter so oft das letzte Wort behält und die Tränen der Opfer so oft ungesühnt bleiben. Oder können Sie sich daran gewöhnen, dass die Mörder und Vergewaltiger, die Kinderschänder und Folterer dieser Welt so oft ungeschoren davonkommen? Können Sie sich daran gewöhnen, dass so viele Opfer nicht rehabilitiert werden und keine Gelegenheit haben, als Ankläger gegen die Täter aufzutreten?

Mir jedenfalls gelingt es nicht, darüber zur Ruhe zu kommen. Und darum bin ich froh, dass es da einen gibt, der nicht vergesslich und nicht gleichgültig ist, einen Richter, der nicht getäuscht und nicht umgangen werden kann. Und das ist Gott.

Denn so lesen wir es ja im biblischen Text: Abel selbst war mundtot gemacht und verscharrt. Aber das Blut Abels schrie zu Gott von der Erde. Dieses eindrückliche Bild vom vergossenen Blut, das zum Himmel schrie, verweist uns auf den Umstand, mit dem Kain nicht gerechnet hatte. Mag man auch Menschen täuschen können, so kann man doch nichts verbergen vor Gott: Kein Grab ist so tief, dass Gott die Ermordeten darin nicht fände, keine Gefängnismauer ist so dick, dass Gott die Schreie der Gefangenen nicht hörte, keine Nacht ist so dunkel, dass sie die Täter vor Gottes Auge verbergen könnte. Gott zählt jede Träne, die eine Mutter um ihre Kinder weint, er zählt jeden Schlag, der einen Unschuldigen trifft – und das ist gut so. Denn das Leid, das Menschen Menschen antun, schreit zum Himmel, wie Abels Blut zum Himmel schrie. Gott hört dieses Schreien – und das ist gut.

Denn wer immer auch der irdischen Gerechtigkeit entgeht, wird doch von der himmlischen eingeholt. Mag sich einer auch dem internationalen Gerichtshof in Den Haag entziehen können, so wird er doch am Ende vor Gottes Richterstuhl landen. Und das ist gut so, denn ohne Sühne kommt diese Welt nie wieder ins Lot. Darum bin ich ein Freund und Fürsprecher des Jüngsten Gerichts – auch wenn das seltsam klingt: Ich sehne den Tag des Gerichtes herbei, wenn Gott Kain und Abel aus der Erde erweckt, wenn er alle Täter und alle Opfer einander gegenüberstellt und durch seinen Richterspruch beiden Seiten Gerechtigkeit widerfahren lässt. Ich freue mich auf diesen Tag, denn den Tätern darf die Konfrontation mit ihrer Schuld nicht erspart bleiben, und die Opfer müssen wiederhergestellt werden durch Gottes Hand. Erst dann werden sich die Wunden schließen, erst dann finden die ruhelosen Geister Ruhe, und die letzten offenen Rechnungen werden geschlossen.

Freilich, ich weiß, dass mancher sich wundern wird über meine Freude am Jüngsten Gericht. Denn: „Wo bleibt denn da die Gnade Gottes, Herr Pfarrer, wo bleibt die Vergebung und die Barmherzigkeit, von der Jesus immer sprach?“ Doch irritiert mich der Einwand nicht. Ich meine nämlich, dass Jesu Verkündigung von der Vergebungsbereitschaft Gottes immer den Horizont des Gerichtes hatte und ihn auch unbedingt brauchte, weil sie anderenfalls zynisch wirken würde. Wäre nämlich Gottes Gnade nicht Gnade im Gericht, sondern Gnade ohne Gericht, so bliebe den Tätern die Konfrontation mit ihrer Schuld erspart. Vergebung hieße dann, dass die Leiden der Opfer ignoriert, großzügig übergangen und dem Vergessen preisgegeben würden – Jesu Botschaft von der Vergebung wäre also ohne den Horizont des Gerichtes eine zynische Botschaft. Denn man bedenke: Das Evangelium, das wir zu verkündigen haben, stellt auch dem größten Sünder die Möglichkeit der Begnadigung in Aussicht. Gottes Gnade ist groß genug sogar für einen Adolf Hitler, einen Josef Stalin, einen Idi Amin. Niemand ist so schuldig, dass ihm nicht um Christi willen vergeben werden könnte, wenn er sich im Glauben nach dieser Vergebung ausstreckt.

Doch was wäre das für eine Vergebung, wenn sie über die Opfer einfach hinwegginge? Was wäre das für ein Gott, der angesichts von Millionen ermordeter Juden bloß sagen würde „Schwamm drüber – ich vergebe den Tätern"? Es wäre kein barmherziger Gott, es wäre bloß ein zynischer, mit den Mördern kollaborierender Gott. Denn das ist ja das Kalkül so vieler Täter, dass ihre Opfer, die irgendwo verschwinden, vergessen werden. Die Täter verlassen sich auf die Vergesslichkeit der Weltgeschichte, sie verlassen sich auf das Schweigen eingeschüchterter Zeugen, sie verlassen sich darauf, dass kein Richter je ihre Taten ans Licht bringen wird.

Und nun sollte gerade Gott dafür sorgen, dass ihre Rechnung aufgeht? Gerade er sollte durch eine schnelle himmlische Amnestie einen Federstrich durch die Leiden der Vergangenheit machen und damit erlittene Schmerzen bagatellisieren? Gott sollte so einfach Fünf gerade sein lassen und sich damit auf die Seite der Täter und gegen die Opfer stellen?

Nein – weil das nicht sein kann, darum liegt mir Gottes Gericht am Herzen. Denn das heißt ja Gericht, dass den Opfern Recht widerfährt, dass die Toten als Ankläger aufstehen und dass die namenlosen Gequälten und Geschundenen Rehabilitation erfahren. Den Schuldigen aber darf das Geständnis ihrer Schuld nicht erspart bleiben, denn anderenfalls beruhte ihre Seligkeit nur auf der Verharmlosung der Not, die sie angerichtet haben. Der Gott, der ihnen leichtfertig vergäbe, demonstrierte damit, dass ihn das Leid der Unterdrückten nur oberflächlich berührt hat, seine Vergebung erschiene mehr als Ausdruck von Gleichgültigkeit denn von Liebe.

Weil das aber nicht dem biblischen Zeugnis von Gott entspricht, darum bin ich ein Freund und Fürsprecher des Jüngsten Gerichtes. Und ich meine, wir sollten mehr davon reden und öfter daran denken, als wir es bisher tun.

Nicht um Menschen damit zu belasten und ihnen Angst zu machen, sondern um sie zu entlasten. Denn stellen Sie sich einmal vor, es gäbe Gottes Gericht nicht – was wäre die Folge? Wir würden nicht etwa aufatmen können, sondern wir bekämen eine drückende Verantwortung aufgelegt:

Denn dann müssten wir Menschen selbst versuchen, die aus den Fugen geratene Weltordnung wiederherzustellen. Der Mensch müsste selbst auf Gottes verwaisten Richterstuhl klettern. Denn gäbe es kein jenseitiges Gericht Gottes, so gäbe es auch keine Gerechtigkeit außer der, die Menschen selbst in dieser Weltgeschichte herstellen. Könnten wir uns nicht auf Gottes Gericht verlassen, dann trügen wir alle Verantwortung für die sittliche Weltordnung auf den eigenen Schultern. Wir müssten dann wohl oder übel die Exekutive in die Hand nehmen, müssten strafen, was zu strafen ist, und belohnen, was zu belohnen ist. Wir müssten mit dem Jüngsten Gericht schon zu Lebzeiten der Täter beginnen, weil ja zu fürchten wäre, dass die Toten nicht mehr belangt werden.

Was das aber für den Frieden in der Welt bedeutete, kann sich jeder selbst ausmalen: Einer würde sich zum Richter des anderen aufschwingen, einer würde zum Racheengel und zum Henker des anderen, und das Ergebnis wäre nicht Gerechtigkeit, sondern weiteres schreckliches Blutvergießen. Denn die Menschheit zerfällt in Täter und Opfer und solche, die beides sind – als Richter in letzter Instanz aber eignet sich keiner von uns. Wir wären überfordert, sollten wir Gottes Rolle als Richter übernehmen.

Und auch darum ist es gut, dass wir ihm das Gericht überlassen können, wie es Paulus im Römerbrief empfiehlt. Er schreibt: *„Rächt euch nicht selbst, meine Lieben, sondern gebt Raum dem Zorn Gottes; denn es steht geschrieben: „Die Rache ist mein; ich will vergelten, spricht der Herr.“ (Röm 12,19)* Gott gebe uns die Kraft und Besonnenheit, dies allezeit zu beherzigen, so dass wir Gottes Zorn Raum geben – seiner Liebe aber noch viel mehr ...

➞ *Gott verbündet sich nicht mit den Tätern, die es gerne sähen, wenn ihre Opfer vergessen würden. Sondern er sorgt dafür, dass die, die der irdischen Gerechtigkeit entgehen, spätestens im Jüngsten Gericht von der himmlischen Gerechtigkeit eingeholt werden. Er wird uns die Konfrontation mit unserer Schuld nicht ersparen. Und das ist gut so. Denn Vergebung ohne Reue und ohne Rehabilitation der Opfer wäre zynisch. Vergebung ohne Gericht beruhte bloß auf Verharmlosung der angerichteten Not.*

53. Jüngster Tag

Eigentlich ist es seltsam, dass die Themen „Weltuntergang“, „Apokalypse“ und „Jüngster Tag“ so viele Gemüter bewegen. Denn – so könnte man denken – warum soll die Welt, die so viele hunderttausend Jahre bestand, nun ausgerechnet während unserer Lebenszeit untergehen? Und wenn es nach unserem Tod geschieht – was geht's uns dann noch an?

Wenn sich dennoch viele Menschen über Ziel und Ende der Welt Gedanken machen, so hat das ganz verschiedene Gründe: Manche tun es wohl aus bloßer Sensationslust und Neugier. Und manche denken mit wohligem Schaudern über den Weltuntergang nach, so wie man sich einen Film über den Untergang der Titanic anschaut. Doch gibt es daneben auch ernsthafte Motive. Und davon will ich drei nennen. Nämlich Erkenntnisdrang, Sehnsucht und Besorgnis.

1. Der Erkenntnisdrang des Menschen, der die Welt begreifen will, interessiert sich für das Ende dieser Welt, wie man sich für das Ende eines Theaterstückes interessiert. Denn es gilt ja eigentlich für jedes große Drama, dass der Sinn des Ganzen sich erst vom Ende her erschließt. Ob ein Theaterstück eine Tragödie oder eine Komödie war, ob die eine Partei oder die andere den Sieg davonträgt, das weiß man erst am Ende, wenn der Vorhang fällt.

Der letzte Akt entscheidet im Theater über Sinn und Bedeutung des ganzen Werkes. Und so entscheidet auch das letzte Kapitel der Weltgeschichte über den Sinn und die Bedeutung alles Vorangegangenen. Verständlich, dass man da gerne schon mal die letzte Seite des Buches aufschlagen und etwas über Ziel und Ende der Welt erfahren möchte.

2. Das zweite Motiv für Endzeitinteresse liegt in der Sehnsucht von Menschen, die sich in dieser Welt nicht recht zu Hause fühlen und darum über ihre zeitlichen und räumlichen Grenzen hinausfragen. Sie haben einfach das Empfinden, dass etwas nicht stimmt mit dieser Welt, dass es eine verkehrte, in sich zerrissene, von vielen Übeln entstellte Welt ist: Man sucht in ihr nach Wahrheit und findet nur Wahrscheinlichkeiten, man hungert nach der Fülle des Lebens und hat doch nur einen sterblichen Leib, man fragt nach Liebe und bekommt oft nur Nettigkeit.

Gerade die Sensibleren unter uns haben da manchmal das Gefühl, sie seien irgendwie „schief hineingebaut" in diese Welt. Sie empfinden an dieser Welt den Geschmack des Unausgegorenen. Und ihre Frage nach dem Ende der Welt ist darum eigentlich die Frage nach der Vollendung des so offenkundig Unvollendeten. Es ist die Sehnsucht nach einer Welt, die nicht mehr so voller schiefer Töne ist.

3. Das dritte Motiv schließlich, das Menschen nach Ziel und Ende der Welt fragen lässt, ist ernste Besorgnis über den Weg, den die Menschheit eingeschlagen hat: Naturwissenschaftlicher und technischer Fortschritt haben dem Menschen ja ungeahnte Möglichkeiten eröffnet. Errungenschaften wie die Kernspaltung oder die Genmanipulation bedeuten einen ungeheuren Machtzuwachs.

Nur leider ist die ethische Kompetenz des Menschen, die den Missbrauch dieser Macht verhüten könnte, nicht in gleichem Tempo mitgewachsen. Es braucht daher nicht viel Phantasie, um sich vorzustellen, dass der Mensch die Kontrolle verlieren und die Apokalypse selbst herbeiführen könnte. Man hat das Gefühl, dass das alles nicht mehr lange gut gehen kann – und befasst sich aus dieser Besorgnis heraus mit dem Thema „Weltuntergang".

Erkenntnisdrang, Sehnsucht und Besorgnis – das sind ganz unterschiedliche Motive, die Menschen nach dem Jüngsten Tag fragen lassen. Welche Antwort aber hat der christliche Glaube zu geben? Bietet die Bibel den Neugierigen klare Prognosen, gibt sie den Sehnsüchtigen Hoffnung und den Besorgten Zuversicht? Vergegenwärtigen wir uns zunächst, was die kirchliche Tradition über die Endereignisse zu sagen hat:

Da der Tag des Herrn überraschend kommen wird wie ein „Dieb in der Nacht" (Mt 24,43), lässt sich der Termin nicht vorausberechnen. Doch gibt uns die Bibel immerhin den Hinweis, dass sich das Ende durch große Katastrophen, durch Hungersnöte und Erdbeben, große Kriege und Christenverfolgungen ankündigen wird. Es wird eine Zeit großer Bedrängnis sein, denn gemäß dem 2. Thessalonicherbrief wird sich vor dem Kommen Christi der große Widersacher, der Antichrist, breit machen in der Welt.

Die Wiederkunft Christi macht dieser schlimmen Zeit ein Ende. Sie fällt zusammen mit der Auferstehung der Toten und der Entrückung bzw. Verwandlung der Lebenden. Diese allgemeine Auferstehung der Toten ist nicht etwa gleichzusetzen mit dem Eingang ins Ewige Leben, sondern ist lediglich die Voraussetzung für das Gericht. Denn wie es im Glaubensbekenntnis heißt, kommt Christus „zu richten die Lebenden und die Toten". Und um vor seinen Richterstuhl treten zu können, müssen erst einmal alle auferstehen.

Das dann folgende Jüngste Gericht vollzieht sich natürlich nicht willkürlich, sondern unter Berücksichtigung des Lebens, das der Mensch geführt hat. Dabei ist das Gericht „nach den Werken" der erste Schritt. Ein jeder wird mit den Verfehlungen seines Lebens konfrontiert und sein Tun wird an Gottes Geboten gemessen. Weil aber alle Menschen Sünder sind, ist das Ergebnis bei allen Menschen das gleiche:

Den Werken nach geurteilt ist keiner würdig, in den Himmel einzugehen. Es wird im Gericht zwar zu Tage treten, dass einige im Streben nach dem Guten weiter gekommen sind als andere. Die moralische Differenz zwischen den Menschen ist Gott nicht einfach egal.

Doch wie bei einem Wettlauf, in dem einige 500 Meter vor dem Ziel und andere erst 50 Meter vor dem Ziel aufgeben, so relativieren sich auch hier die Unterschiede. Denn erreicht hat das Ziel keiner: Wir alle scheitern an Gottes strengem Gesetz und müssten darum auch alle in die Hölle geworfen werden, wenn es nur das Gericht nach Werken gäbe. Doch wird danach, im zweiten Schritt, noch das „Buch des Lebens" aufgetan. Dort sind die Namen derer verzeichnet, die durch ihre Taufe und ihren Glauben Gottes Kinder geworden sind. Sie gehen zum Ewigen Leben ein – doch nicht etwa, weil sie besser gewesen wären als die anderen, sondern einzig, weil sie zu Christus gehören und um seinetwillen Vergebung erlangen.

Sie sind genauso schuldig wie die anderen auch. Aber sie berufen sich darauf, dass Christus am Kreuz ihre Schuld getragen hat. Solches „Sich-auf-Christus-berufen" ist Glaube. Und allein um seinetwillen, nicht aufgrund irgendwelcher „Verdienste", werden die Erlösten in die himmlische Wirklichkeit eingehen dürfen, um sich dort auf ewig der Nähe Gottes zu erfreuen. Wer sich aber der Gnade beharrlich verschließt, wird verbannt an den höllischen Ort der ewigen Strafe und Verdammnis. Das ist der so genannte „zweite Tod", der in nichts anderem besteht als in der Verewigung der Gottferne, die der Mensch für sich gewählt hat.

Nach vollzogenem Gericht vollendet Gott sein Reich, indem er alles neu macht. Himmel und Erde werden dabei nicht durch etwas anderes ersetzt, aber sie werden ganz und gar verwandelt und neu geschaffen.

Alles Übel, das unsere alte Erde entstellt, wird überwunden, und Gottes gute Intention, die er schon bei der Schöpfung hatte, kommt endlich zum Ziel. Alle, die meinten, Gott habe seine Verheißungen vergessen, werden beschämt dastehen und werden trotzdem glücklich sein, wenn sich die Verheißung des Neuen Testamentes realisiert: *„Gott wird abwischen alle Tränen von ihren Augen, und der Tod wird nicht mehr sein, noch Leid noch Geschrei noch Schmerz wird mehr sein; denn das Erste ist vergangen." (Offb 21,4)*

So weit die grobe Skizze der Endereignisse. Das biblische Zeugnis ist natürlich noch viel reichhaltiger und komplizierter. Doch wir wollen uns nicht in die Details vertiefen, sondern zurückkehren zum Erkenntnisdrang unserer Zeitgenossen, zur Sehnsucht und zur Besorgnis. Entsprechend dem unterschiedlichen Zugang zum Thema hat das biblische Zeugnis ihnen Unterschiedliches zu sagen:

– Diejenigen, die die Weltgeschichte von ihrem Ende her zu begreifen suchen, bekommen die klare Auskunft, dass der gute Wille des Schöpfers sich am Ende durchsetzen wird. Die Weltgeschichte ist also kein offener Prozess mit ungewissem Ausgang, keine Schmierenkomödie und auch keine unendliche Tragödie. Sie wird sich nicht wiederholen und wird nicht unvermittelt abbrechen. Sie wird nicht im Sande verlaufen und wird auch nicht vieldeutig bleiben. Sondern die Weltgeschichte wird an das Ziel kommen, das Gott ihr bestimmt hat. Die Wahrheit siegt dann über die Lüge, das Gute über das

Böse und das Leben über den Tod. Gott behält am Ende die Oberhand. Und wenn der Pulverdampf sich verzogen hat, kommt alles, was war, noch einmal auf den Tisch.

Bedeutsam ist das aber nicht erst „dann“, sondern bedeutsam ist es schon „hier und heute“. Denn wer die Zukunft kennt, sieht die Gegenwart in anderem Licht und weiß: Wer heute für das Leben streitet, wird ewig auf der Siegerseite stehen, selbst wenn er in der Zeit untergeht. Und wer heute dem Tod zuarbeitet, der wird ewig auf der Verliererseite stehen, selbst wenn er in der Zeit triumphiert.

– Diejenigen, die besorgt sind, weil die Menschheit ihre ökologischen Grundlagen zerstört und sich evtl. selbst zugrunde richtet, muss die biblische Botschaft wohl irritieren. Denn der Jüngste Tag, der Weltuntergang, von dem die Bibel redet, wird weder durch menschliche Unvernunft herbeigeführt, noch lässt er sich durch menschliche Vernunft abwenden. Vielmehr ist es Gott, der die Stunde festsetzt. Das enthebt uns natürlich nicht der Verantwortung, mit der Schöpfung pfleglich umzugehen. Wir sollen pflegen, bewahren und schützen, was Gott uns anvertraut hat, so gut es geht und so lang es geht.

Doch wenn wir alles getan haben, was in unserer Macht steht, und Gott dieser Welt dennoch den Untergang verordnet, so gilt es, diesen Untergang durchaus zu begrüßen. Denn nicht nur wir, auch diese Welt muss sterben, um neu und besser auferstehen zu können.

Und wer das Neue will, muss dann auch bereit sein, das Alte hinter sich zu lassen. Es gilt also, der Welt genauso gegenüberzutreten wie einem Sterbenskranken: Wir tun alles medizinisch Mögliche, um ihn am Leben zu erhalten. Wenn Gott ihn aber abberufen will, so lassen wir ihn in Frieden gehen, weil Gott ein neues und besseres Leben für ihn bereithält.

– Den Sehnsuchtsvollen wird dieser Abschied leichter fallen als den Besorgten, denn die biblische Botschaft bestätigt ihr Grundgefühl, dass die Welt in ihrem jetzigen Zustand nicht der Weisheit letzter Schluss sein kann. Ihnen dürfen wir zusagen, dass sie, die in diesem irdischen Leben ein unbestimmtes Heimweh gespürt haben, Gottes Reich als den Ort erkennen werden, nach dem sie sich gesehnt haben. Denn auch wenn es manchmal scheint, als habe Gott die Menschheit sich selbst überlassen, damit sie an ihrer eigenen Schlechtigkeit zugrunde gehe, so hat er doch in Wahrheit seine Schöpfung nicht aufgegeben.

Ist er Mensch geworden, um das Kaputte zu heilen – wie sollten wir da nicht gespannt auf den Tag warten, da Gott dem Leid und dem Geschrei dieser Erde ein Ende macht? Große Verheißungen stehen noch im Raum, und wir haben Grund, uns auf ihre Erfüllung zu freuen. Denn was Jung-Stilling sagt, hätte wohl auch Jesus Christus sagen können: „Selig sind, die Heimweh haben, denn sie sollen nach Hause kommen."

Alles in allem ist es gar nicht so wichtig, ob wir das Weltende nun herbeisehnen, mit Neugier oder eher mit Besorgnis betrachten. Und es ist auch gleich, ob es heute, morgen oder in tausend Jahren kommt. Entscheidend ist nur, dass wir wissen: „Gott wird's richten". Natürlich ist das eine zweischneidige Erkenntnis, denn „Gott wird's richten" heißt auch: Er wird jeden von uns richten. Nichts werden wir verbergen können vor seinem kritischen Blick.

Doch als Christen wissen wir, dass Gottes Gnade größer ist als sein Zorn. Darum heißt „Gott wird's richten" vor allem: „Gott wird das Krumme und Schiefe gerade richten." Und für den, der seine eigenen krummen Wege und die schiefen Wände dieser Welt kennt, ist das ein fröhlicher Ruf und eine gute Nachricht: „Gott wird's richten." – Ich jedenfalls freue mich darauf. Und ist es auch noch „Zukunftsmusik", so kann man doch schon heute darauf tanzen.

➡ *Die biblische Botschaft vom kommenden Weltende hat uns, je nach persönlichem Zugang, Unterschiedliches zu sagen: Wer die Weltgeschichte von ihrem Ende her begreifen will, erfährt, dass der gute Wille des Schöpfers sich am Ende durchsetzen wird. Wer den Untergang der Welt fürchtet, muss lernen, ihr „Sterben" zu akzeptieren, wenn (!) es ihr von Gott verordnet wird. Und wer unter der Zerrissenheit dieser Welt leidet, darf wissen, dass Gott das Krumme richten und das Kaputte heilen wird.*

54. Himmel

Kennen Sie jenen merkwürdigen Ort, der auf keiner Landkarte verzeichnet ist, den auch noch keiner von uns gesehen hat – und wo trotzdem alle hinwollen? Ich meine den „Himmel".

Viele verschiedene Namen haben wir für diesen Ort. Im Anschluss an verschiedene biblische Worte sprechen wir vom

„Ewigen Leben“, vom „Paradies“ und vom „Reich Gottes“. Aber wenn uns Kinder fragen, wohin die Verstorbenen gehen, dann sagen wir wohl meist: „Sie kommen in den Himmel.“ Was man sich darunter vorstellt, ist freilich sehr verschieden:

Für den einen ist der Himmel eine Art Schlaraffenland, wo uns gebratene Tauben in den Mund fliegen. Und für den anderen ist der Himmel ein musikalischer Ort, wo man unablässig Harfe spielt – wie in einem nicht endenden Weihnachtskonzert. Einer beschreibt den Himmel als den Ort, wo wir einmal mit allen lieben Verstorbenen ein großes Wiedersehen feiern. Und der Nächste versteht den Himmel als ein Instrument des gerechten Ausgleichs, weil dort die Zukurzgekommenen für irdische Entbehrungen entschädigt werden. Mancher träumt von einer Art himmlischem Balkon, von dem aus man verfolgen kann, wie es auf Erden weitergeht. Und für einen Dritten ist der Himmel die Heimat, nach der er sich sehnt, weil er sich auf Erden immer ein bisschen fremd gefühlt hat.

So sind die Vorstellungen vom Ewigen Leben sehr vielfältig: mal mit biblischem Hintergrund, mal phantasievoll und mal klischeehaft. Aber dass diese Vielfalt ein Ausdruck starken religiösen Interesses sei, wird man nicht behaupten können. Im Gegenteil: Ich habe den Eindruck, dass die Erwartung des Himmels unseren Glauben heute viel weniger bestimmt als früher. Frühere Generationen, die die Welt oft als Jammertal voller Blut, Schweiß und Tränen erlebten, konnten es noch aus vollem Herzen singen:

„Jerusalem, du hochgebaute Stadt,
wollt Gott, ich wär in dir.
Mein sehnend Herz so groß Verlangen hat
und ist nicht mehr bei mir.
Weit über Berg und Tale, weit über Flur und Feld
schwingt es sich über alle und eilt aus dieser Welt.“
(EG 150, 1)

Ja, so freuten sich unsere Väter und Mütter im Glauben über ihr Heimatrecht im Himmel. Was aber ist mit uns los? Früher hatten die Menschen keine größere Sorge als in den Himmel zu kommen. Heute aber bemüht man sich nach Kräften, möglichst lange das Diesseits auszukosten. Wir wissen wohl noch, dass wir als Christen Kandidaten des Himmels sind – und im Blick auf den Tod empfinden wir das wohl auch als tröstlich. Aber dass uns diese Himmelshoffnung beflügelte, dass man uns die Vorfreude anmerkte, wird man wohl von den wenigsten sagen können. Woran aber liegt's?

Wenn Christus seinen Jüngern großen Lohn im Himmel verheißt – warum ziehen wir dann Gesichter, als wären wir auf ewig Gefangene dieser trüben Welt? Sind wir einfach zu satt, geht es uns einfach zu gut in unserem irdischen Wohlstand, so dass wir an den irdischen Gütern kleben, statt nach himmlischen zu streben? Vermeiden wir es, über den Himmel nachzudenken, weil uns das an unseren kommenden Tod erinnern würde? Ist uns der Himmel zu selbstverständlich geworden? Oder ist er im Gegenteil zu fern und zu unwahrscheinlich?

Viele Gründe mag es geben, weshalb unser Verhältnis zu diesem Glaubensgegenstand gestört ist. Besonders schwer aber wiegt meines Erachtens der immer wieder geschürte Verdacht, christliche Himmelshoffnung sei eine Flucht vor den Problemen dieser Erde – ja man wende sich dabei von der Erde ab, weil man mit ihr nicht klarkommt und flüchte in den Wunschtraum vom Himmel.

Ist's nicht so? – sagen die Kritiker: Man redet vom Himmel, um die Kinder zu beruhigen, um den Sterbenden eine Perspektive zu geben und um die Leidenden auf später zu vertrösten. Man redet vom Himmel, um nicht verlegen schweigen zu müssen. Im Grunde aber baut man bloß fromme Luftschlösser, weil man die Ausweglosigkeit des irdischen Elends sonst nicht ertragen würde. Man gaukelt sich und anderen den Himmel als tröstliches „Happyend" der Weltgeschichte vor. Wem aber ist damit geholfen?

Statt sich der harten Realität zu stellen, weicht man ihr aus – und man verändert diese Realität auch nicht. Vielmehr beruhigt man sich dabei, dass der Himmel schon den gerechten Ausgleich für alle irdische Ungerechtigkeit bringen wird – und legt die Hände in den Schoß. So eine Jenseitshoffnung, sagen die Kritiker, habe zwar den Schein des Frommen für sich, komme aber einem Verrat an der Erde gleich. Denn wer auf den Himmel wartet, der kämpft nicht mehr für diese Erde. Der ändert nicht die Verhältnisse auf dieser Welt, sondern träumt lieber von einer besseren, jenseitigen Welt. Das irdische Leben aber wird durch die Erwartung des Himmels entwertet und erscheint bedeutungslos, weil es ja doch nur ein Vorspiel des Eigentlichen sein soll – etwas, was man lieber heute als morgen hinter sich lassen möchte.

Diese Entwertung des Diesseitigen zugunsten eines himmlischen Jenseits wollen die Kritiker jedoch nicht mitmachen, sondern sie wollen dieser Erde treu bleiben. Sie wollen die Leidenden nicht auf später vertrösten und wollen ihren Schmerz nicht mit frommen Versprechungen betäuben, sondern wollen den Armen schon hier und heute Gerechtigkeit verschaffen. Darum verkündet z. B. Heinrich Heine: *„Den Himmel überlassen wir den Engeln und den Spatzen."* Er spottet über das *„alte Entsagungslied, das Eiapopeia vom Himmel"*. Und er verspricht Besseres: *„Ein neues Lied, ein besseres Lied, Ihr Freunde, will ich euch dichten. Wir wollen hier auf Erden schon das Himmelreich errichten."*

Nun – es wäre leicht zu zeigen, dass auch dieses Programm entschiedener Diesseitigkeit seine Schwächen hat und dass die daraus erwachsenen politischen Versuche der Menschheitsbeglückung allesamt gescheitert sind. Aber der darin enthaltenen Anfrage an unseren Glauben müssen wir uns dennoch stellen. Denn wenn jene Kritiker des Himmels Recht hätten – wenn man sich zwischen der Liebe zum Diesseits und der Hoffnung auf das Jenseits entscheiden müsste –, hätten wir wirklich ein Problem: Wir müssten dann entscheiden, ob wir loyale Bürger der Schöpfung oder lieber Kandidaten des Himmels sein wollten. Und wenn wir uns dann für den schönen, verheißenen Himmel entschieden, so hätten wir damit unserer von viel Elend gezeichneten Erde die Treue aufgekündigt:

Wir handelten dann etwa wie ein Mann, dem seine Ehefrau nicht mehr gefällt, weil sie durch Krankheiten, Ausschläge und Falten entstellt ist, und der – statt sich um die Gesundung seiner Frau zu bemühen – von der schönen Nachbarin träumt. Wir würden uns dann von unserer arg geschundenen Welt, der wir so viel verdanken, innerlich verabschieden, um sie gegen die bessere, himmlische Welt einzutauschen. Und eine Himmelshoffnung von dieser Art wäre in der Tat eine zweifelhafte, eine gegen Gottes Schöpfung gerichtete, eine die Zukunft dieser Schöpfung verneinende Hoffnung.

Doch liegt hier ein Missverständnis vor, dem Heinrich Heine und seine Gesinnungsgenossen (nicht ohne Schuld der zeitgenössischen Kirche) aufgesessen sind. Denn eine Alternative zwischen dieser Welt, der Schöpfung, und jener kommenden Welt, dem Himmel, gibt es im christlichen Glauben gerade nicht. Diese Erde ist nicht die von Krankheit entstellte

Frau und der Himmel ist nicht die schöne Nachbarin, sondern beide sind dieselbe Person: Der Himmel ist nichts anderes, als die durch Gottes Gegenwart gesundete Erde. Und darum ist auch der Himmel keine Alternative zur Schöpfung, sondern er ist die Zukunft der Schöpfung, an der die Toten schon heute teilhaben, an der aber einst auch alle übrige Kreatur teilhaben wird.

Christen, das ist der entscheidende Punkt, erwarten keine andere Welt, sondern sie erwarten die Vollendung dieser Welt. Und wenn wir uns auf den Himmel freuen, heißt das nichts anderes, als dass wir an die Gesundung dieser Welt glauben, weil Christus ihr Arzt ist. Den Himmel lieben heißt die Vollendung dieser Erde ersehnen. Denn wer seine von Krankheit entstellte Frau liebt, der liebt ja auch nicht die Krankheit, sondern er liebt gerade das, was der hässliche Augenschein verbirgt.

Seine Treue zu seiner Frau besteht darin, dass er sich nicht mit der Entstellung abfindet, sondern gegen den Augenschein fest an ihre Gesundung glaubt. Ebenso aber besteht die christliche Treue zur Schöpfung darin, dass wir nicht etwa nach einer anderen, attraktiveren Welt schielen, wie nach einer schönen Nachbarin, sondern fest an die Gesundung und Vollendung dieser Schöpfung glauben, die mit Gottes Reich anbrechen wird.

Es verhält sich also gerade umgekehrt als die Kritiker meinen: Je treuer wir der Erde sind, umso ungeduldiger werden wir den Himmel ersehnen. Und je mehr wir uns nach dem Himmel strecken, umso mehr bringt das unsere Liebe zur Erde zum Ausdruck. Eine Alternative zwischen Himmel und Erde gibt es dabei aber gerade nicht. Wir müssen uns nicht von dieser Welt weg einer anderen zuwenden. Denn Gottes Plan ist keineswegs, eine misslungene, vom Bösen verdorbene Schöpfung durch eine andere, bessere zu ersetzen, sondern diese alte Schöpfung endlich zum Ziel zu führen.

Wer das begreift, meine ich, wird darin keine Verlegenheitsauskunft für Kinder und alte Leute sehen. Sondern der wird in der Hoffnung auf den Himmel ein zentrales Motiv des Glaubens finden, auf das alle anderen hinzielen: Die Vollendung unseres Lebens, die Vollendung der ganzen Welt in Gottes Reich, ist nämlich kein Nebenthema des christlichen Glaubens, sie ist kein entbehrlicher Anhang, den man evtl.

vernachlässigen könnte. Sondern sie ist ein Prüfstein für die Echtheit unseres Glaubens:

– Wenn nämlich Gott in Christus offenbart hat, dass er seine Schöpfung nicht im Zorn vernichten, sondern gnädig vollenden will ...

– wenn Sünde, Tod und Teufel, die Haupthindernisse dieser Vollendung, durch Christus entmachtet und überwunden wurden ...

– und wenn Gott in der Auferweckung Jesu gezeigt hat, dass er seinen guten Willen gegen jeden Widerstand durchzusetzen in der Lage ist ...

... wie kann man dann am Erfolg seines heilvollen Handelns zweifeln?

Ist das Neue Testament nicht in Gänze eine Lüge, dann will Gott uns unsere Schuld vergeben und mit uns den Himmel bevölkern. Und wenn er das will und wenn er es unzweifelhaft kann, wie sollte dann nicht mit strenger Logik folgen, dass er es auch tun wird? Glaubt denn jemand ernsthaft, dass der Allmächtige mit seinem Vorhaben scheitern könnte?

Nein: Wenn Christus nicht vergeblich für uns gestorben sein soll, dann ist dieser Schluss unausweichlich. Und darum ist die Erwartung des Paradieses von der Gesamtheit der anderen christlichen Glaubenssätze nicht abzutrennen, sondern ist die ebenso logische wie erfreuliche Konsequenz dieser Glaubenssätze: Gott hat sich noch nicht zur Ruhe gesetzt, er ist noch nicht fertig mit seiner Schöpfung, sondern er hat noch viel vor mit uns. Wir werden einmal sein, wie er uns haben will. Und darauf können wir uns freuen, ja das dürfen wir mit Ungeduld und Spannung erwarten. Denn mögen auch unsere Vorstellungen vom Himmel noch so kindlich und mangelhaft sein, so stehen doch fünf Dinge schon fest:

- Wir werden ganz bei Gott sein – ohne alle Furcht und Scham, beglückend nah an ihm, der Quelle des Lebens.
- Wir werden ganz bei denen sein, die wir lieben – und kein Missverstehen wird uns mehr trennen.
- Wir werden ganz bei uns selbst sein – wir werden nämlich die guten Menschen sein, die wir von Anbeginn sein sollten und auf Erden nicht sein konnten.
- Was verkehrt war an dieser Welt, Blut, Schweiß und Tränen, Schuld und Schmerz und Tod, wird vergangen sein.

• Was aber gut war an dieser Welt, werden wir nicht vermissen, sondern die Essenz alles Guten, das wir auf Erden zu lieben lernten, wird sich im Himmel wiederfinden.

Gott stärke uns in diesem Glauben, damit Hoffnung unseren trägen Herzen Flügel verleiht.

➟ *Den Himmel zu ersehnen bedeutet keineswegs, in fromme Luftschlösser zu fliehen, aufs „Jenseits" zu vertrösten und der alten Erde die Treue aufzukündigen. Denn der Himmel ist nichts anderes als die durch Gottes Gegenwart gesundete Erde. Er ist keine Alternative zur Schöpfung, sondern die herrliche Zukunft, die sie haben wird: Wenn Gott sein Werk gegen den Widerstand des Bösen vollenden will und es in seiner Allmacht auch vollenden kann, so folgt zwingend, dass er es vollenden wird.*

NACHWORT

Manchmal, wenn man Sonntagspredigten hört oder erbauliche Bücher liest, kann man den Eindruck gewinnen, das Christ-Sein sei die tollste Sache der Welt, geradezu ein Königsweg zu innerem Frieden und frommer Heiterkeit. Denn oft werden da – in missionarischer Absicht – nur die Sonnenseiten des Glaubens hervorgekehrt:

Der Glaube schenkt beständigen Trost. Der Glaube gibt verlässliche Orientierung. Der Gläubige weiß sich immer bei Gott geborgen. Der Gläubige findet mit seinem Gebet immer ein offenes Ohr bei Gott. Macht er Fehler, so ist er der Vergebung gewiss. Hat er Fragen, so gibt die Bibel ihm Antwort. Die Gemeinschaft mit anderen Gläubigen gibt ihm Halt. Und selbst wenn er sterben muss, bringt ihn das nur näher ans Ziel. Klingt das nicht wunderbar?

Solcher Glaube scheint eine ganz feine Sache zu sein: ein Heilmittel gegen jeden seelischen Missstand. Eine unwiderlegliche, in sich abgerundete Weltanschauung, die den Gläubigen mit innerer Stärke erfüllt und keine Frage mehr offen lässt. Nur einen Nachteil hat solcher Glaube:

Dass es ihn nämlich nicht gibt. Der Christ mit dem ewig erlösten Lächeln auf den Lippen ist eine Illusion. Und an dieser Feststellung ist mir sehr gelegen. Denn wer so einem falschen Idealbild des Glaubens nacheifert, wird es nie erreichen. Er wird mit dem eigenen Glaubensleben immer weit dahinter zurückbleiben und wird deswegen vielleicht sehr verzweifelt sein. Darum will ich hier einmal deutlich sagen, dass der realexistierende Glaube ein ziemlich mühseliges, schwankendes und brüchiges Ding ist. Nichts daran versteht sich von selbst. Und manchmal schafft er mehr Probleme als er löst.

Vielleicht wundern Sie sich, das am Ende dieses Buches zu lesen. Denn ich habe hier ja meinen Ehrgeiz darein gesetzt, in Glaubensdingen auf möglichst viele Fragen möglichst gute Antworten zu finden. Doch wenn dabei der Eindruck entstanden wäre, der Glaube gäbe dem Menschen keine Rätsel auf, so fände ich das fatal. Und es wäre ein großer Mangel an diesem Buch.

Denn keineswegs trabt der Glaube auf dem hohen Ross unangefochtener Gewissheiten daher. Sondern gerade da, wo er lebendig ist, ist er auch angefochten. Und zwar so sehr, dass die Seele zugleich an der Berechtigung ihres Glaubens als auch an der Berechtigung ihrer Zweifel zweifelt. Erschrecken Sie darum nicht, wenn es Ihnen so geht. Es ist normal. Und es ist in der Geschichte der Kirche auch nie anders gewesen. Wer mit klarem Verstand und sehenden Augen in die Welt blickt, musste schon immer der Erfahrung zum Trotz glauben. Denn unser Gott ist ein verborgener Gott. Und die Welt ist voll von gräulichen Dingen, die seine Barmherzigkeit zu widerlegen scheinen. Darum gibt es keinen echten Glauben, der nicht beständig aus der Wunde des Zweifels blutete. Es gibt keinen Glauben ohne Ärgernis. Es gibt keinen Glauben, den wir nicht täglich unserem notorischen Unglauben abringen müssten.

Denn der Glaube ist kein Königsweg zu innerer Ausgeglichenheit, sondern der Glaube ist ein Kreuzweg. Er geht einen steinigen Weg und muss dabei ein Kreuz aus bohrenden Fragen auf seinen Schultern tragen. Ja, ich behaupte noch mehr: So wie Christus gekreuzigt ist, an den wir glauben, so ist auch unser Glaube gekreuzigt und blutet aus vielen Wunden. Soll ich ihnen die Nägel beschreiben, mit denen der Glaube ans Kreuz genagelt ist? Es sind die Nägel der Verborgenheit Gottes, es sind die dunklen Rätsel, von denen uns Gott bisher noch nicht befreit hat:

Wo ist Gott, wenn Kinder sexuell missbraucht und ermordet werden? Wo war er in Stalingrad, in Auschwitz und in Hiroshima? Das ist ein Nagel im Fleisch des Glaubens. Warum, wenn der Heilige Geist der Kirche beisteht, konnte die Kirche jahrhundertelang in die Irre gehen, Hexen verbrennen, Kreuzzüge anzetteln und das Evangelium verdunkeln? Das ist auch ein Nagel im Fleisch des Glaubens. Warum, wenn Christus die Macht des Teufels gebrochen hat, kann der Teufel noch 2000 Jahre später scheinbar ungehindert sein Unwesen treiben? Warum, wenn alle Menschen unausweichlich Sünder sind, werden sie dennoch von Gott für diese Sünde verantwortlich gemacht und vor Gericht gezogen?

Warum, wenn Christus für alle gestorben ist, schenkt Gott so vielen den Glauben nicht? Warum übergeht der Heilige Geist so viele Menschen und überlässt sie den Folgen ihrer

Sünde? Warum ließ Gott das Böse überhaupt in seine gute Schöpfung eindringen? Warum lässt Gott 600 Jahre nach Christus die Weltreligion des Islams entstehen, die viele blühende Kirchen im Nahen Osten ausgelöscht hat? Warum hat Christus eine Gestalt angenommen, die ihn in der Fülle der historischen Heilandsgestalten so verwechselbar macht?

All das sind Nägel im Fleisch des Glaubens. Und noch viele andere ließen sich nennen. Es sind dunkle Rätsel, denen mit frommen Kalendersprüchen ebenso wenig beizukommen ist wie mit hoher Theologie. Man kann viel darum herumreden. Aber der Stachel bleibt. Und weil der Stachel bleibt, bleibt auch der Glaube immer ein armseliges Ding. Ein Wagnis in dieser Welt. Ein Gespött für die Gebildeten. Mehr ein Fragment als ein Kunstwerk. Mehr ein Versuch als ein Besitz. Mehr Hoffnung als Sicherheit ...

Ich versichere Ihnen: Ich habe als Theologe, als sozusagen professioneller „Bescheidwisser" in Glaubensdingen, viel Mühe darauf verwendet, meinen Glauben besser dastehen zu lassen. Ich habe, wie viele, weit größere Theologen, versucht, die lästigen Nägel aus dem Fleisch des Glaubens zu ziehen. Doch inzwischen dämmert mir, dass es vielleicht gar nicht recht wäre, wenn es gelänge. Denn, wie würde denn ein glänzender und zufriedener Glaube zum gekreuzigten Christus passen? Wie könnten wir dem Herrn gleichgestaltet werden, wenn unser Glaube keine Not und kein Dunkel kennen würde?

Selbst der Glaube Jesu Christi war ja angefochten. Selbst sein Gebetswunsch im Garten Gethsemane wurde nicht erhört. Selbst er musste den Kelch des Leides trinken. Selbst er rief am Kreuz: „Mein Gott, mein Gott, warum hast du mich verlassen ...?" Selbst Christus starb und stieg hinab ins Reich des Todes. Warum also sollte nicht auch unser Glaube durch eine Hölle des Zweifels gehen? Warum sollte gerade uns erspart bleiben, was die Christen quer durch die Jahrhunderte immer wieder erfuhren: dass der Weg zu Gott durch Disteln und Dornen führt?

Es muss wohl einfach so sein. Und vielleicht ist es auch gut so. Denn auf diese Weise vergessen wir nie, woher die Kraft des Glaubens kommt: Es sind nicht Beweise, die er vorlegen könnte. Es ist nicht seine vernünftige Begründung. Es ist nicht seine argumentative Kraft. Es ist nicht seine historische Leistung. Es ist nicht seine therapeutische Wirkung, und es ist nicht meine eigene Willenskraft, die diesen Glauben am Leben hält. Sondern es ist Gottes Kraft, die die Flamme des Glaubens nicht verlöschen lässt. Und nur von Gottes Kraft dürfen wir erwarten, dass sie dem gekreuzigten Glauben irgendwann die Dornenkrone der vielen Zweifel vom Haupt heben wird. Wie könnte es auch anders sein?

Schließlich ist auch Christus nicht vom Kreuz herabgestiegen, um seine Not selbst zu beenden. Er hat nicht selbst die Nägel aus seinem Fleisch gezogen und hat nicht selbst seine Wunden geheilt. Er hat sich nicht selbst auferweckt. Sondern er ist vom Vater auferweckt worden. Und so wird es auch bei der Auferstehung unseres Glaubens nicht anders sein können:

Wir werden das Kreuz unserer Zweifel nicht einfach abwerfen. Sondern wir werden sie tragen und werden warten müssen, bis Gott uns dieser Zweifel entledigt. Erst dann, wenn aus unserem Glauben ein Schauen wird, werden wir nicht mehr gegen den Augenschein glauben müssen: Dann nämlich, wenn Christus sichtbar wiederkehrt, um zu richten die Lebenden und die Toten. Dann, wenn der Jüngste Tag anbricht, kommt die Wahrheit ans Licht.

Und dann wird es keine quälenden Fragen mehr geben. Bis dahin aber lassen Sie uns ohne Murren den Kreuzweg gehen, den Gott uns zumutet. Und lassen Sie uns darum ringen, dass die Flamme unseres Glaubens nicht erlischt. Denn mag sie auch klein sein und mag sie belächelt werden von der Welt – sie ist doch das kostbare Geschenk unseres Herrn, der kommen wird, um das Kreuz des Zweifels von unseren Schultern zu nehmen.

Gebe Gott, dass Christus uns bei seiner Wiederkunft unverdrossen, geduldig und wachsam vorfindet.

DIE THESEN IM ÜBERBLICK

Ich glaube ...

1. Sinn: Der Sinn einer Sache ist immer abhängig von dem Zusammenhang, in dem sie steht. Da wir aber den großen Zusammenhang, dessen Teil unser Leben ist, nicht überblicken und nur bruchstückhaft erkennen, müssen wir ihn (so oder so) deuten. Christlicher Glaube ist die Deutung des Daseins von Gott her. D. h. der Christ sieht Gottes Plan als den „großen Zusammenhang" seines Lebens an und findet dementsprechend den Sinn seines Lebens darin, die eigene Rolle in Gottes Plan zu erkennen und auszufüllen.

2. Glaube: Obwohl die verschiedensten Anteile unserer Person am Glauben beteiligt sind (Wille, Gefühl, Erfahrung, Vernunft, etc.), lässt sich der Glaube weder auf eine noch auf die Gesamtheit dieser Funktionen zurückführen. Glaube ist vielmehr eine facettenreiche Reflektion göttlichen Lichtes: Wie ein Spiegel Licht nicht erzeugen, sondern nur reflektieren kann, so kann unsere Seele das Licht des Evangeliums nicht erzeugen, sondern nur reflektieren – und eben diese Reflektion nennen wir „Glaube".

3. Bekehrung: Glaube ist nichts, wofür wir uns souverän „entscheiden" oder was wir „tun" könnten. Er ist aber auch nichts, was mit uns oder an uns „getan wird" wie an unbeteiligten Objekten. Sondern wie die Sonne mich schwitzen oder die Kälte mich frieren lässt, so lässt Gott mich glauben: Der Mensch ist dabei ganz beteiligt und bewegt. Aber wo die äußere Einwirkung fehlt, kann er nicht (schwitzen, frieren) glauben – und wo sie ist, kann er es nicht lassen.

4. Offenbarung: Weil Gott den menschlichen Horizont überschreitet, wissen wir von ihm nur, was er uns hat wissen lassen in seiner Offenbarung. Sie geschah, als Gott in den menschlichen Gesichtskreis trat und Mensch wurde. Darum ist Jesus Christus Grund und Grenze aller christlichen Rede von Gott: Wir dürfen nicht mehr von Gott sagen, als wir am Leben, Sterben und Auferstehen seines Sohnes ablesen können – aber auch nicht weniger.

5. Heilige Schrift: Die Bibel ist das einzige Medium, das uns zuverlässig mit Gottes geschichtlicher Offenbarung in Jesus Christus verbindet. Sie ist darum der verbindliche „Original-

ton", an dem sich alle späteren Interpretationen des Evangeliums und alle Gestalten kirchlichen Lebens messen lassen müssen. Dass Menschenhände das eine Wort Gottes niedergelegt haben, ändert daran nichts: Gott bleibt der „Autor" hinter den biblischen Autoren, denn sie waren Instrumente seines Geistes.

6. Bekenntnis: Das Glaubensbekenntnis ist keine Konkurrenz zur Heiligen Schrift, sondern lediglich deren leicht lernbare Kurzfassung. Es ist unentbehrlich, weil es die Identität der Christenheit beschreibt, Christen verschiedenster Konfessionen zu einer Gemeinschaft verbindet und zugleich die Grenze markiert, wo Glaube aufhört und Irrglaube anfängt. Im Gottesdienst bildet es den stabilen Gegenpol zu allen theologischen Fehlgriffen des Predigers.

7. Evangelisch-Sein: Das Wesen des Evangelischen ist eine glückliche Selbstvergessenheit, die alle Aufmerksamkeit auf das Evangelium konzentriert und im Interesse seiner Geltung alles menschliche Geltungsstreben negiert. Evangelisch-Sein heißt, nicht glänzen zu wollen und nicht glänzen zu müssen, weil man sich daran genügen lässt, in dem Licht zu stehen, das von Christus ausgeht. Evangelisch ist die Kirche, in der alles nur insofern Wert hat, als es zum Brennmaterial für die Flamme des Evangeliums taugt.

8. Wahrheit: Es liegt im Wesen des Glaubens, dass er die Wahrheit (und die vorbehaltlose Suche danach) nicht fürchten muss, ja nicht einmal fürchten kann. Denn wenn Gott der Grund aller Wirklichkeit ist, dann kann, wer den Grund aller Wirklichkeit sucht, letztlich nichts anderes finden als Gott. Und ist Wahrheit Übereinstimmung mit Wirklichkeit, so wird sich am Ende der Glaube – die Übereinstimmung mit Gott – von selbst als die größte Wahrheit erweisen.

an Gott ...

9. Gottes Existenz: Gott ist als Bestandteil des Universums nicht auffind- und nicht nachweisbar, weil er kein Teil des Universums ist, sondern ihm als Schöpfer gegenübersteht. (Man sucht ja auch nicht den Komponisten zwischen den Noten.) Dass Gottes Existenz nicht „nachweisbar" ist, muss den Gläubigen aber nicht verunsichern: Er bleibt in jedem Falle, was er ist. Auch ein Fisch, dem man bewiese, dass es das Meer nicht gibt, würde deswegen ja nicht zum Vogel.

10. Gottes Gottheit: Gott überschreitet das menschliche Fassungsvermögen so sehr, dass die angemessenste Rede von Gott immer die ist, die ihre Unangemessenheit benennt und die Gottsuchenden mit den Mitteln der Sprache über den Einzugsbereich unseres Sprechens und Denkens hinaus verweist. Wir vermögen uns kein Bild von Gott zu machen und wir dürfen es auch nicht, denn Gott hat sich vorbehalten, selbst das einzige authentische und treffende Bild Gottes zu geben: Jesus Christus.

11. Gottes Ewigkeit: Gottes Ewigkeit ist keine ins Endlose gedehnte Zeitlichkeit, sondern eine aller Zeitlichkeit enthobene Freiheit gegenüber der Zeit. Gottes Ewigkeit ist also keine quantitative Steigerung der Zeit, sondern eine ganz andere Qualität. Umso erstaunlicher ist es, dass der Ungewordene und Unvergängliche als Jesus Christus in die Zeit einging, um uns vergänglichen Kreaturen Anteil an seiner Ewigkeit zu gewähren.

12. Gottes Allgegenwart: Die Frage, wo Gott ist, kann nicht mehr mit dem Hinweis auf den „Himmel" beantwortet werden, seit Luft- und Raumfahrt den „Himmel" erschlossen haben. Gott ist allgegenwärtig, d. h.: Er ist in allem, alles ist in ihm und nichts ist außerhalb von ihm, denn er ist nirgends nicht. Weil wir aber dazu neigen, „überall" und „nirgends" gleichzusetzen, ist es wichtig, den Ort zu kennen, an dem Gott in besonderer Weise gegenwärtig ist: nämlich dort, wo zwei oder drei im Namen Christi versammelt sind.

13. Gottes Allmacht: Gottes Allmacht ist eine lückenlose, alles Geschehen bestimmende Wirksamkeit, durch die Gott die Geschicke der Welt nach seinem Willen lenkt. Der Mensch wird dadurch keineswegs zur willenlosen Marionette: Ein jeder tut durchaus, was er will. Nur werden die Folgen unserer Handlungsfreiheit Gott niemals überraschen. Unsere Entschlüsse sind, längst bevor wir sie fassen, in Gottes Plan vorgesehen und tragen selbst dann zu seiner Erfüllung bei, wenn wir das Gegenteil beabsichtigen.

14. Gottes Liebe: „Gott ist die Liebe", aber er ist nicht „lieb" im harmlosen Sinne. Denn Gottes Liebe ist die kraftvoll-entschlossene Weise, in der Gott das Dasein seiner Geschöpfe bejaht. Wo dieses Dasein bedroht und gefährdet wird, dort schließt Gottes Liebe (wie alle wirkliche Liebe) Zorn und Konfliktbereitschaft nicht aus, sondern ein: Gerade weil Gott Liebe ist, kann er nicht immer „lieb" sein. Und er verlangt es auch nicht von uns.

15. Gottes Zorn: Gottes Zorn ist der Wider-Wille des Schöpfers gegen das Böse, das seine Schöpfung zu zersetzen droht. Darum kann man nicht wünschen, dass Gottes Zorn nachließe. Denn wie sollte Gott das Leben seiner Geschöpfe bejahen ohne die Sünde zu verneinen, die ihnen den Tod bringt? Es macht daher keinen Sinn, gegen Gottes Zorn zu opponieren. Es ist besser, vom Ausmaß des Zorns auf das Ausmaß seiner Liebe zu uns zu schließen – denn dann beginnt man Gott zu verstehen.

16. Gottes Dreieinigkeit: Die Lehre von Gottes Dreieinigkeit ist kein Denkproblem: Fließendes Wasser, Dampf und Eis sind schließlich auch ganz verschieden – und sind doch immer nur H_2O. Ebenso sind der Schöpfer, Jesus Christus und der Heilige Geist ganz verschieden – und sind doch immer nur der eine Gott. Wer Gott verstehen will, muss das wissen. Denn betrachtet man eine der drei „Personen" isoliert, so verkennt man sie zwangsläufig. Sieht man jedoch ihre Zusammengehörigkeit, so erschließt eine die andere.

den Vater, den Schöpfer des Himmels und der Erde ...

17. Schöpfung: Das fundamentalste Staunen ist das Staunen darüber, dass wir da sind, obwohl wir auch nicht sein könnten. Warum ist etwas – und warum ist nicht nichts? Der Grund dafür liegt weder in uns, noch in der uns umgebenden Welt, denn nichts in dieser Welt ist Grund seiner selbst: Alles ist Wirkung irgendwelcher Ursachen. Ist der Grund der Welt aber nicht in der Welt ausfindig zu machen, so muss er jenseits dieser Welt liegen. Und was wäre jenseits dieser Welt außer Gott?

18. Erhaltung: Zwischen Schöpfung und Urknall besteht ebenso wenig eine Alternative wie zwischen göttlicher Fürsorge und menschlicher Selbsterhaltung. Unser „täglich Brot" kommt vom Bäcker und kommt doch von Gott. Denn so wie wir für unsere Arbeit Werkzeuge benutzen, so bedient sich Gott der natürlichen und kulturellen Kräfte: Sie sind Instrumente in seiner Hand, die ohne ihn unser Leben sowenig erhalten könnten, wie ein Hammer ohne Tischler einen Nagel einzuschlagen vermag.

19. Mensch: Der Mensch ist dazu bestimmt, Gottes Ebenbild zu sein. Doch ist dies nicht als „Gottähnlichkeit" misszuverstehen. Gemeint ist vielmehr eine gegenbildliche Entsprechung wie sie zwischen Siegelring und Siegelabdruck besteht: Der Mensch ist bestimmt zu empfangen, wo Gott schenkt, zu ge-

horchen, wo Gott befiehlt, zu folgen, wo Gott ruft. Bisher verfehlen alle Menschen dieses Ziel, bis auf einen: Jesus Christus ist das wahre Ebenbild Gottes und dadurch der Maßstab des wahrhaft Menschlichen.

20. Gesetz: Gottes Gesetz ist die „Hausordnung", die der Schöpfer seiner Schöpfung gegeben hat. Ihre Notwendigkeit und Güte müsste eigentlich jeder einsehen. Für uns Sünder allerdings, die wir das geforderte Gute nicht vorbehaltlos bejahen, wird das Gesetz zur Bedrohung, weil es unser Versagen schonungslos aufdeckt. Die Einsicht in das eigene Versagen ist aber in Wahrheit ein Gewinn: Das Gesetz zwingt uns dadurch, nicht auf die eigene Moralität, sondern auf die Gnade Gottes zu vertrauen.

21. Sünde: Sünde ist kein äußeres Fehlverhalten, sondern ist zuerst ein seelischer Schaden. Er besteht in der egozentrischen Unterstellung, (nicht Gott, sondern) wir selbst seien der Mittelpunkt der Welt und das Maß aller Dinge. Dieser Grundirrtum, die eigene periphere Stellung mit der zentralen Stellung Gottes zu verwechseln, führt dazu, dass wir unseren Willen dem Willen der Mitmenschen und dem Willen Gottes überordnen. Und daraus resultiert alles, womit wir einander das Leben zur Hölle machen.

22. Leid: Wer nach dem Zusammenhang von Gott und Leid fragt, sollte vier Dinge beachten: Gott schuldet uns keine Rechenschaft und kann – weil er keinem Gesetz unterliegt – auch nie Angeklagter sein. Gott schwebt nicht über dem Leid, sondern befindet sich inmitten des Leides an unserer Seite. Leid kann durch Annahme des Leides überwunden und fruchtbar gemacht werden. Die letzten Antworten zum Thema Leid wird Gott selbst am Jüngsten Tag geben – wir können und sollen dem nicht vorgreifen.

23. Das Böse: Wie kommt das Böse in Gottes gute Schöpfung? Manche Gelehrte versuchen, das Rätsel zu lösen, indem sie dem Bösen einen Sinn abgewinnen und ihm einen Nutzen beilegen. Doch verharmlosen sie es damit. Denn die Natur des Bösen besteht gerade darin, für nichts gut zu sein. Es ist ein Fremdkörper im Organismus der Schöpfung, dem wir nicht „verstehend" begegnen sollten, sondern bewusst „verständnislos". Es hat keine Daseinsberechtigung. Und so sollten wir es auch behandeln.

24. Jesus Christus: Gott begegnet uns nicht nur in Jesus Christus, aber er begegnet uns nur in Jesus Christus so, dass wir ihn begreifen können. Denn Gottes Offenbarung in Natur und Geschichte ist so zweideutig, dass wir aus ihr nicht entnehmen können, ob Gott zuletzt unser Freund oder unser Feind sein will. Erst in Christus – und nur in Christus – wird Gottes Heilswille eindeutig erkennbar und greifbar, so dass Christen sagen: Einen anderen Gott als den Menschgewordenen kennen, wollen und verehren wir nicht.

25. Christi Menschwerdung: Dass Gott in Jesus Christus Mensch wurde, ist Ausdruck großer Liebe zu seinen missratenen Geschöpfen. Er ist uns schon zuvor auf mancherlei Weise nachgegangen, mit Freundlichkeit und mit Strenge und durch viele Propheten. Zuletzt aber hat er sich selbst auf die Ebene des Menschen begeben und hat die Geburt im stinkenden Stall zu Bethlehem gewählt, um noch dem Ärmsten auf gleicher Augenhöhe begegnen zu können. Er wollte unsere Not teilen, um sie schließlich zu überwinden.

26. Christi jungfräuliche Geburt: Wenn Christen bekennen, Christus sei „empfangen durch den Heiligen Geist" und „geboren von der Jungfrau Maria", so gilt ihr Interesse nicht gynäkologischen Besonderheiten der Mutter Jesu. Vielmehr wendet sich dieses Bekenntnis gegen jeden Versuch, Christus aus einer Familie, einem Volk oder einer religiösen Entwicklungsgeschichte „herzuleiten". Nicht die Menschheit hat den Erlöser der Menschheit „hervorgebracht", sondern Gott Vater hat seinen Sohn zu uns gesandt.

27. Christi zwei Naturen: Die Kirche entspricht dem Zeugnis der Bibel, indem sie Christus zugleich als „wahren Menschen" und „wahren Gott" bekennt. Wie sich beide „Naturen" in der Person Christi vereinen konnten, übersteigt unseren Horizont. Aber wir vermögen einzusehen, dass diese Vereinigung nötig war: Wie eine Brücke auf beiden Ufern des Flusses aufruhen muss, um sie zu verbinden, so musste Christus ganz zu Gottes und ganz zu unserer Welt gehören, um zwischen Himmel und Erde eine Brücke schlagen zu können.

28. Christi Wundertaten: Die Wundertaten Jesu laufen den uns bekannten Gesetzmäßigkeiten zuwider und irritieren uns darum. Doch gerade in der Irritation liegt ihre Botschaft: Wo Jesus Christus ins Spiel kommt, muss nicht alles bleiben, wie es

immer war, und der fatale Lauf der Welt ist nicht mehr unabänderlich. Krummes kann durch ihn gerade und Totes lebendig werden. Darum glauben Christen nicht unbedingt alle Mirakel der Vergangenheit – aber sie glauben, dass Gott jederzeit frei ist, unser Geschick zum Guten zu wenden.

29. Christi Botschaft: Christi gute Botschaft ist, dass Gott uns nicht geben will, was wir verdienen, sondern was wir brauchen. Seine Gnade überschreitet damit das Maß, das uns „gerecht" und der Moral förderlich erscheint. Doch Christus erwartet von uns, dass wir uns vor Gottes Freiheit beugen: Wenn es Gott gefällt, den Zuspätkommern, Sündern und Versagern ein Übermaß an Gnade zukommen zu lassen, ist es klüger „Hier!" zu rufen und die Hände auszustrecken, als auf vermeintlichem Recht zu beharren.

30. Christi Stellvertretung: Gott befindet sich der sündigen Menschheit gegenüber im Zwiespalt: Die Gerechtigkeit Gottes fordert, die Sünde durch Vernichtung der Sünder aus der Welt zu schaffen. Die Liebe Gottes aber bejaht auch die Geschöpfe, die sich vom Schöpfer abkehren. Durch das Leiden Christi wird Gott beidem gerecht und vereint Sühne mit Bewahrung: Gott selbst nimmt die Strafe auf sich, die wir verdient haben. Er stirbt unseren Tod, damit wir leben. Er lässt sich verwerfen, damit wir nicht verworfen würden.

31. Christi Kreuz: Die Kreuzigung Christi war kein Justizirrtum und kein Missverständnis, sondern eher eine Kampfhandlung. Christus war ein Opfer der Menschheit, die sich dem Anspruch Gottes entziehen wollte, indem sie seinen Repräsentanten aus der Welt schafft. Und Christus war zugleich ein Opfer Gottes, der ihm als Repräsentanten der Menschheit diesen Tod zugemutet hat. Erst von Ostern her erschließt sich der Sinn dieses schrecklichen Vorganges: Gottes Sohn ging durch die Hölle, damit wir es nicht müssen.

32. Christi Höllenfahrt: Die Hölle, die Menschen einander auf Erden bereiten, stellt alles in den Schatten, was man früher als „jenseitige" Hölle erwartete. Und so wird eine alte Lehre neu bedeutsam: Christus ist nach seinem Tod hinabgefahren an den Ort der Verdammten, um auch ihr Bruder zu werden, ihre Verdammnis mit ihnen zu tragen und ihnen das Evangelium zu verkünden. Wenn aber der Arm der Liebe Gottes bis in die Hölle hinabreicht, ist das der Anfang vom Ende der Hölle. Denn Christus ist des Teufels Teufel.

33. Christi Auferstehung: Die moderne Infragestellung der Auferstehung Christi beruht im Wesentlichen auf weltanschaulichen und historisch-methodischen (Vor-)Urteilen, die diesen Vorgang von vornherein „undenkbar" erscheinen lassen. Dagegen ist geltend zu machen, dass Gott kein Gefangener der von ihm geschaffenen Gesetzmäßigkeiten ist. Der Anstoß, den die Freiheit des Schöpfers unserem Denken bereitet, ist im biblischen Gottesbegriff selbst enthalten und könnte nur mit ihm gemeinsam beseitigt werden.

34. Christi Sieg: Das Leben ist ein Kampf, in dem sich der menschliche Wille zum Leben gegen den Tod zu behaupten sucht. Ob aber dies tägliche Ringen Sinn macht, hängt davon ab, ob es ein – aufs Ganze gesehen – gewinnbarer oder schon verlorener Kampf ist. Christen glauben Ersteres, denn die Auferstehung Christi ist der entscheidende Sieg, der den Ausgang des ganzen Krieges vorwegnimmt: Seither gewinnen die Mächte der Finsternis zwar noch einzelne Schlachten. Aber sie gewinnen nicht mehr den Krieg.

35. Christi Himmelfahrt: Es könnte scheinen, Himmelfahrt sei ein Trauertag für die Jünger, weil Jesus von ihnen Abschied nimmt und sich entfernt. In Wahrheit aber ist Christus, nachdem er zum Himmel aufgefahren ist, seinen Jüngern näher als zuvor. Denn früher war er immer nur hier oder dort. Seit er „zur Rechten Gottes" sitzt, hat er Teil an Gottes Allgegenwart und übt die Herrschaft aus, die ihm der Vater übertragen hat. Ein schrecklicher Gedanke ist das für seine Feinde, Freude und Trost aber für alle Gläubigen.

Ich glaube an den Heiligen Geist ...

36. Heiliger Geist: Person und Werk des Heiligen Geistes sind in besonderem Maße „unanschaulich". Doch würde Gott nicht als Heiliger Geist an uns und in uns wirken, könnte niemand erlöst werden: Der Geist sorgt dafür, dass das äußere Wort der Bibel uns innerlich so betrifft, erleuchtet und erneuert, dass wir Gott in Christus erkennen, durch den Glauben das Heil ergreifen und uns dann auf den Weg machen, (unserer Lebensführung nach) so „gerecht" zu werden, wie wir es (nach Gottes barmherzigem Urteil) schon sind.

37. Gesetz und Evangelium: Der Mensch neigt dazu, sich entweder stolz zu überschätzen und zu überheben oder – von solchen Höhenflügen abgestürzt – in Verzweiflung zu versinken

und die Selbstachtung zu verlieren. Gott aber will uns vor beidem bewahren und gibt uns darum als „Begrenzung nach oben" sein Gesetz (es zwingt uns zu nüchterner Selbsterkenntnis und schützt so vor aller Aufgeblasenheit) und als „Begrenzung nach unten" sein Evangelium (auch wo wir versagen, sagt es uns Gottes Liebe zu, die uns trägt).

38. Rechtfertigung: Gottes Reich bleibt uns verschlossen, wenn wir aufgrund eigener Leistungen oder Qualitäten Einlass begehren, denn nichts von dem, was wir sind oder haben, kann vor Gottes Augen bestehen. Doch wenn wir durch den Glauben Christus angehören, so legt Christus uns seine Gerechtigkeit wie einen Mantel um die Schultern, bedeckt damit unsere Schande, leiht uns seine Identität und rettet uns dadurch, denn dann hält uns Gott zugute, was (nicht wir, sondern) Christus für uns getan hat.

39. Heilsgewissheit: Ein Christ kann und muss zu seiner Erlösung keinen eigenen „Beitrag" leisten. Und das ist ein Glück. Denn sonst bliebe immer ungewiss, ob er „genug getan" hätte. Da aber die Erlösung in keiner Weise auf dem Tun des zu Erlösenden und ausschließlich auf dem Tun des Erlösers beruht, kann der Christ seines Heiles gewiss sein. Er soll zwar vieles tun zum Wohle seiner Mitmenschen, aber nichts soll er tun zu seiner eigenen Rettung. Denn was Christus für uns tat, war keine halbe Sache.

40. Nachfolge: Die Taufe begründet zwischen dem Christen und Jesus Christus eine enge Schicksalsgemeinschaft, die durch den Begriff der „Nachfolge" charakterisiert wird: Die heutigen „Nachfolger" und „Jünger" Jesu teilen mit ihrem Herrn nicht mehr die staubigen Straßen Galiläas. Aber wie Christi Weg ins Leid führte, so bekommt auch der Christ sein Kreuz zu tragen. Und wie Christi Weg durchs Leid hindurch zum Triumph führte, so gewinnt auch der Christ Anteil an der Auferstehung.

41. Gutes Wollen: Solange wir noch Gründe brauchen, um das Gute zu wollen, sind wir fern vom Guten. Denn das Gute will nicht getan sein, damit der Täter vor sich, vor den anderen oder vor Gott gut dasteht. Das Gute will um seiner selbst willen getan werden, d. h. aus unmittelbarem „Hunger" nach Gerechtigkeit. Wo solcher „Hunger" ist, werden die Hände von selbst das Gute tun, nach dem das Herz sich sehnt. Solchem guten Tun ist es dann Lohn genug, dass das Gute geschieht.

42. Nächstenliebe: Nächstenliebe, wie sie Christus fordert, erwächst weder aus einer moralischen Willensanstrengung des

Christen noch aus der Illusion, der „Nächste" habe einen „guten Kern", um dessentwillen er liebenswert sei. Vielmehr wird Nächstenliebe möglich, wo wir beginnen, Mitmenschen mit Gottes Augen anzuschauen. Wird uns dabei bewusst, wie sehr sich Gott um seine schwierigen Kinder bemüht, so können wir nicht auf Dauer verfluchen, was er segnen will, sondern beginnen zu bejahen, was er bejaht.

die heilige christliche Kirche ...

43. Kirche: Die Kirche trägt den Ehrentitel der „heiligen christlichen Kirche" nicht etwa, weil ihre Glieder und ihre Amtsträger „heilig" oder „vollkommen" wären. Sie sind es nicht und waren es nie. Aber wie eine klebrige Auster kostbar wird durch die Perle in ihr, so wird unsere sehr fehlbare Kirche „heilig" durch das Evangelium, das sie durch die Jahrhunderte trägt. Solange sie ein Gefäß ist, das diesen Schatz bewahrt, verdient sie um seinetwillen sogar geliebt zu werden. Aber nur solange.

44. Kirchliches Amt: Als Christus sein Leben opferte, machte er allen weiteren Opfer- und Priesterdienst alttestamentlicher Art überflüssig. Indem er aber seine Jünger beauftragte, missionierend, taufend und lehrend sein Werk weiterzuführen, begründete er das kirchliche Amt. Grundsätzlich hat jeder Getaufte Anteil an diesem Amt und Auftrag. Um aber eine möglichst geordnete und qualifizierte Ausübung zu gewährleisten, überträgt die Kirche das geistliche Amt Einzelnen, die dazu besonders geeignet und ausgebildet sind.

45. Taufe: Die Taufe ist ein Herrschaftswechsel, durch den ein Mensch dem Machtbereich des Bösen entnommen und in das Eigentum Gottes überführt wird. Als Heide wird er im Taufwasser „ersäuft". Und als Christ geht er aus dem Taufwasser hervor: eine neue Kreatur, die zwar noch nicht vollendet, aber doch unzweifelhaft zur Vollendung bestimmt ist. Wenn er die in der Taufe zugesagte Gnade durch den Glauben annimmt, wird nichts und niemand mehr die heilvolle Bindung an Christus durchbrechen können.

46. Konfirmation: Die Taufe und der Glaube gehören sachlich zusammen, sie treten aber zeitlich auseinander, wo man Säuglinge tauft. Damit dort zur Taufe der Glaube nachträglich hinzutreten kann, schuldet man den Kindern eine christliche Erziehung, durch die sie befähigt und ermutigt werden, jene Taufgnade, die ihrer bewussten Stellungnahme zuvorkam, ei-

genverantwortlich zu bejahen. Tun sie dies, so werden ihnen durch die Konfirmation die vollen Rechte und Pflichten eines mündigen Christen zuerkannt.

47. Ehe: Gott hat Mann und Frau füreinander geschaffen und hat ihnen die Ehe als die Ordnung angewiesen, in der sie aneinander Freude haben, einander stützen und einander ergänzen sollen. Wo aus der Ehe Kinder hervorgehen, wird den Eltern die Ehre zuteil, „Mitarbeiter" in Gottes Schöpfungswerk sein zu dürfen. Beide aber – Ehepartner und Kinder – werden nie unser „Eigentum", sondern sind uns von Gott anvertraut, damit wir sie in Verantwortung vor ihm wie kostbare Geschenke achten und pflegen.

48. Abendmahl: Beim Abendmahl empfangen wir in und mit dem Brot und dem Wein zugleich Christi Leib und Blut, d. h. wir empfangen ihn selbst und das Heil, das er durch sein Leben, Sterben und Auferstehen für uns erworben hat. Wie Christus dabei Gastgeber und Speise zugleich sein kann, werden wir nie restlos verstehen. Dass er es aber ist, ist wunderbar: Christus legt all seine heilvolle Macht in dieses Mahl hinein, damit sie auf uns übergeht und uns mit ihm und untereinander zu engster Gemeinschaft verbindet.

49. Gottesdienst: Sinn und Nutzen eines Gottesdienstes liegen nicht darin, dass er die Gemeinschaft, die Kunst oder das Brauchtum pflegt, dass er bildet, unterhält oder therapiert. Vielmehr steht im Mittelpunkt die durch Wort und Sakrament vermittelte heilvolle Gegenwart Gottes. Die gottesdienstliche Erfahrung dieser Gegenwart, das Stehen vor Gottes Angesicht, ist zu nichts „nütze" und muss es auch nicht sein: Die Gemeinschaft mit dem Herrn, dieser Vorgeschmack auf Gottes Reich, hat seinen Wert in sich selbst.

50. Gebet: Beten ist keine menschliche Möglichkeit, denn als Sünder sind wir „unreiner Lippen" und haben Grund, den offenen Austausch mit Gott zu scheuen. Keine „Gebetstechnik" vermag diese Distanz zu überwinden, solange wir im eigenen Namen beten. Das Gebet im Namen Christi dagegen findet Gehör, weil Christi Brüder und Schwestern seinen Vater mit Fug und Recht „Vater unser" nennen dürfen. „Gebetstechnik" spielt dabei keine Rolle. Denn der Heilige Geist vertritt uns vor Gott, wie es ihm gefällt.

51. Tod: Der Tod hat mehr als ein Gesicht: Er ist für alle Geschöpfe die natürliche, vom Schöpfer gesetzte Grenze ihres Daseins. Für Sünder ist er zugleich ein Gerichtsakt, durch den Gott das ihn Verneinende verneint und das Nicht-sein-sollende ins Nicht-sein befördert. Für begnadigte Sünder aber ist er außerdem auch noch das Tor in den Himmel, die Durchgangsstation in die ungetrübte Gemeinschaft mit Gott. Christen müssen den Tod darum nicht fürchten: Für sie ist das Sterben nicht Vernichtung, sondern Vollendung.

52. Gericht: Gott verbündet sich nicht mit den Tätern, die es gerne sähen, wenn ihre Opfer vergessen würden. Sondern er sorgt dafür, dass die, die der irdischen Gerechtigkeit entgehen, spätestens im Jüngsten Gericht von der himmlischen Gerechtigkeit eingeholt werden. Er wird uns die Konfrontation mit unserer Schuld nicht ersparen. Und das ist gut so. Denn Vergebung ohne Reue und ohne Rehabilitation der Opfer wäre zynisch. Vergebung ohne Gericht beruhte bloß auf Verharmlosung der angerichteten Not.

53. Jüngster Tag: Die biblische Botschaft vom kommenden Weltende hat uns, je nach persönlichem Zugang, Unterschiedliches zu sagen: Wer die Weltgeschichte von ihrem Ende her begreifen will, erfährt, dass der gute Wille des Schöpfers sich am Ende durchsetzen wird. Wer den Untergang der Welt fürchtet, muss lernen, ihr „Sterben" zu akzeptieren, wenn (!) es ihr von Gott verordnet wird. Und wer unter der Zerrissenheit dieser Welt leidet, darf wissen, dass Gott das Krumme richten und das Kaputte heilen wird.

54. Himmel: Den Himmel zu ersehnen bedeutet keineswegs, in fromme Luftschlösser zu fliehen, aufs „Jenseits" zu vertrösten und der alten Erde die Treue aufzukündigen. Denn der Himmel ist nichts anderes als die durch Gottes Gegenwart gesundete Erde. Er ist keine Alternative zur Schöpfung, sondern die herrliche Zukunft, die sie haben wird: Wenn Gott sein Werk gegen den Widerstand des Bösen vollenden will und es in seiner Allmacht auch vollenden kann, so folgt zwingend, dass er es vollenden wird.

STICHWORTREGISTER